中央司法警官学院特色专业系列教材

监狱人民警察管理理论与实务

Theory and Practice of
Prison Police Management

王怡然　主编

法律出版社
LAW PRESS·CHINA
北京

前　言

中国人民警察警旗授旗仪式于2020年8月26日在人民大会堂举行。中共中央总书记、国家主席、中央军委主席习近平向中国人民警察队伍授旗并致训词,代表党中央向全体人民警察致以热烈的祝贺。习总书记强调,我国人民警察是国家重要的治安行政和刑事司法力量,新的历史条件下,我国人民警察要对党忠诚、服务人民、执法公正、纪律严明,全心全意为增强人民群众获得感、幸福感、安全感而努力工作,坚决完成党和人民赋予的使命任务。

监狱是国家刑罚执行机关,承担着惩罚和改造罪犯的重要职责。监狱人民警察是一支重要的执法队伍,这支队伍的整体素质,不仅关系到罪犯的教育改造质量,关系到监狱的监管安全与稳定,而且关系到监狱事业的健康顺利发展,关系到党执政地位的巩固,关系到国家和社会的长治久安。党的十八大以来,我们党对社会主义法治的理论认识和实践探索达到了新的历史高度。以习近平同志为核心的党中央从关系党和国家长治久安的战略高度坚持依法治国、依法执政、依法行政共同推进,人民群众的法治意识不断增强,对公正廉洁执法的要求越来越高。因此,监狱机关和监狱人民警察必须强化管理、严明纪律、规范行为,切实提高执法水平和执法公信力。与新时代、新形势、新任务的要求相比,我国监狱人民警察队伍的整体素质还有待进一步提高。为此,中央司法警官学院警察管理系组织部分教师编写《监狱人民警察管理理论与实务》这本教材,以适应新时期监狱人民警察队伍建设的现实需要。

本教材以《人民警察法》《监狱法》等国家法律法规和工作方针政策为依据,以监狱人民警察应该具备的一般知识和基本规范为内容,在广泛吸收我国警察学界研究成果的基础上,紧密结合监狱系统执法环节和工作重心编写成书。在内容上既注意创新又注重继承,力求做到理论成熟,观点正确、内容全面、专业性强,将知识的系统性、学术性、新颖性相结合,以更好地适应高等司法警官教育的需要。本教材是中央司法警官学院一流本科专业(行政管理专业)建设项目和专业综合改革试点项目"行政管理专业(警察管理方向)"系列成果之一,它既可作为司法行政系统人民警察掌握理论、提高认识、锻炼能力的培训用书,又可作为司法警官院校刑罚执行、监所管理、狱政管理等专业的教学用书。

本教材由主编王怡然拟定编写提纲和编写计划,经教材组集体讨论、修改后,由主编王怡然统一修改、定稿。各位编写人员撰写分工如下(以撰写章节先后为序):

王怡然(中央司法警官学院):第一、七、八、九、十一章

孙海杰(中央司法警官学院):第二章

王怡然、丁卫杰(中央司法警官学院):第三章

刘灵芝(中央司法警官学院):第四章

郭远远(中央司法警官学院):第五、六章

苏金铠(中央司法警官学院):第十章

郭远远、王谦(中央司法警官学院):第十二章

本书在编写过程中,参阅、借鉴了有关的教材、学术著作和网络媒体资源,并吸收和借鉴了学者、专家的研究成果,对此谨向原作者致以衷心的感谢。本书在撰写和出版中得到了中央司法警官学院有关领导、专家和部门的大力支持,在此特作说明并表示感谢。由于可供参考的资料有限,加之编写者的理论水平和经验有限,书中难免有疏漏和不妥之处,敬请广大读者谅解和指正,以便今后补充修订。

编　者

2020 年 9 月

目录
Contents

第一章　监狱人民警察管理概述　1

第一节　管　　理　1

第二节　监狱人民警察　7

第三节　监狱人民警察管理　10

第四节　监狱人民警察管理原理　14

第二章　监狱人民警察的性质、任务及历史沿革　21

第一节　监狱人民警察的性质　21

第二节　监狱人民警察的任务　25

第三节　监狱人民警察的作用　28

第四节　监狱人民警察的历史沿革　30

第三章　监狱人民警察的职责与职权、义务与纪律　42

第一节　监狱人民警察的职责　42

第二节　监狱人民警察的职权　47

第三节　监狱人民警察的义务　55

第四节　监狱人民警察的纪律　59

第四章　监狱人民警察的组织管理　70

第一节　监狱人民警察组织概述　70

第二节　监狱人民警察组织的功能　74

第三节　监狱人民警察的组织结构　77

第四节　监狱人民警察管理的组织体制　83

第五章　监狱人民警察人力资源管理　89

第一节　监狱人民警察人力资源管理概述　89
第二节　监狱人民警察人力资源获取前的准备　95
第三节　监狱人民警察人力资源的获取　111
第四节　监狱人民警察人力资源的激励与开发　118
第五节　监狱人民警察人力资源的退出　130

第六章　监狱人民警察警务保障　139

第一节　监狱人民警察警务保障概述　139
第二节　监狱人民警察政治和法治保障　147
第三节　监狱人民警察资源保障　156
第四节　监狱人民警察职业保障　161

第七章　监狱人民警察的执法监督　172

第一节　监狱人民警察执法监督概述　172
第二节　监狱人民警察执法的外部监督　177
第三节　监狱人民警察执法的内部监督　182
第四节　监狱人民警察警务督察　185

第八章　监狱人民警察的执法风险与防范　193

第一节　监狱人民警察执法风险概述　193
第二节　监狱人民警察执法风险的类型　197
第三节　监狱人民警察的法律责任　201
第四节　监狱人民警察执法风险的防范　210

第九章　监狱人民警察的素质与职业能力提升　220

第一节　监狱人民警察的素质　220
第二节　监狱人民警察的职业能力　230
第三节　监狱人民警察的职业能力训练　235

第十章　监狱人民警察职业压力与心理健康维护　249

第一节　监狱人民警察职业压力概述　249
第二节　监狱人民警察职业压力的类型　254
第三节　监狱人民警察职业压力的应对策略　257
第四节　监狱人民警察的心理健康与维护　263

第十一章　监狱人民警察队伍建设　276

第一节　监狱人民警察队伍建设概述　276
第二节　监狱人民警察领导班子建设　291
第三节　监狱人民警察基层基础建设　296

第十二章　国外监狱工作人员管理及借鉴　302

第一节　国外监狱工作人员管理机构　302
第二节　国外监狱工作人员管理制度　311
第三节　国外监狱工作人员经费保障　331

附　录　340

中华人民共和国公务员法　340
中华人民共和国人民警察法　356
中华人民共和国监狱法　363
监狱和劳动教养机关人民警察违法违纪行为处分规定　371
监狱劳动教养人民警察着装管理规定　375
中华人民共和国人民警察使用警械和武器条例　378

第一章　监狱人民警察管理概述

学习目标

1. 理解管理的含义、职能及管理要素。
2. 掌握警察尤其是监狱人民警察的性质与作用。
3. 掌握监狱人民警察管理的概念、特点与原则。
4. 掌握监狱人民警察管理的基本原理。

管理是人类生活中最基本、最重要的活动之一。中国古代儒家提出的“修身、齐家、治国、平天下”的管理思想既表明了管理由近及远的层次,也说明了管理的领域范围,小至个人、组织,大到国家,都需要管理。管就是管人、管财、管物、管目标,理就是理体制、理关系,管和理密不可分,它渗透在政治、经济、社会、军事、科技、文化和生活等方方面面。

人类社会活动遇到的基本矛盾就是人们所追求的目标与资源有限性之间的矛盾,这也是管理的基本矛盾。人们追求的目标多种多样,而实现这些目标所需要的资源则是有限的、稀缺的,这就产生了一系列的管理问题:稀缺的资源如何在多目标之间进行合理分配?分配到的有限资源又如何通过计划、组织和协调来提高其利用效率?如何使既定的资源投入获得更大的产出?这些问题的解决都要涉及一项重要的活动——管理。

第一节　管　　理

管理是一门科学,同时也是一门艺术,要掌握管理学的相关知识,首先要了解管理的概念、性质、过程、要素等问题,了解管理在社会实践中的地位和作用。

一、管理的含义

关于管理的含义，不同的学者所处的角度不同，所研究的问题不同，因此对管理也就有了不同的见解。

科学管理之父、美国古典管理学家——弗雷德里克·泰勒是科学管理的主要奠基人。他创立的科学管理制度对管理思想的发展有重大影响。在其代表作《科学管理原理》一书中，泰勒强调，管理就是要确切地知道要别人干什么，并注意他们用最好最经济的方法去干。

亨利·法约尔，是西方古典管理理论的奠基人之一，被称为"管理过程之父"。其代表作《工业管理与一般管理》对西方管理理论的发展有着深远的影响。法约尔认为，管理是所有的人类组织都有的一种活动，这种活动是由五项要素组成的：计划、组织、指挥、协调和控制。

1978 年诺贝尔经济学奖获得者、美国管理学家和经济学家赫伯特·西蒙在其代表作《管理决策新科学》中提出，管理就是决策，决策贯穿于管理的全过程。

彼得·德鲁克，对当代西方管理思想影响较大的管理学家之一，被世人称作"管理大师中的大师"。他认为，应该通过管理的任务来阐明管理。管理的本质和基础是执行任务的责任。由此管理的三大任务应该是：(1)本机构的特殊目的和使命；(2)使工作富有活力并使员工有成就；(3)处理本机构对社会的影响和责任。

综合上述观点，本书认为，管理是指一定组织中的管理者，通过实施决策、计划、组织、控制等职能来协调他人的活动，合理配置组织内部的各种资源，以达组织既定目标的过程。

理解和掌握这一定义的核心要点有：

1. 管理是在一定的环境下开展的，环境既为管理提供了机遇，也构成了挑战和制约，管理必须顺应环境的变化，审时度势、因势利导。

2. 计划、组织、指挥、领导、控制、决策等是管理的基本职能。

3. 管理的对象是组织所拥有的资源，包括人、财、物、知识、信息、时间等有形和无形资源。其中，人是管理的最主要对象，也是最具能动性的因素。

4. 管理要解决的基本矛盾是有限的资源与相互竞争的多目标之间的矛盾。管理必须服务于实现组织目标，管理工作的有效性由效果和效率来衡量。

5. 管理是为了实现组织目标，它是一个有意识、有目的的行为过程。

二、管理的职能

管理的基本职能就是管理者应做的主要工作。最早系统提出管理职能的是法国的法约尔。他提出管理的职能包括计划、组织、指挥、协调和控制五个职能。至今,当代管理学家对管理职能的划分,大体没有超出法约尔提出的范围。

计划就是确定组织的发展目标,解决“干什么”的问题,即我们要去哪里,计划多久完成。组织就是分工协作,解决“如何干”的问题。确立哪些部门,人员如何配置,他们各自该干什么,谁该对这些任务负责,各任务之间关系如何等。领导职能是广义的领导,包括领导、激励、沟通、协调等,核心是解决“如何干得更好”的问题,即信息如何传递,部门与人员的相互冲突如何解决,组织成员士气不高怎么办。控制就是确保计划以及预定目标的达成。由于受到各种因素的干扰,实践活动常常出现偏离原定目标的现象,为了保证目标及计划得以实现,就需要采取措施予以纠正。

可见,管理的基本职能也构成了管理的过程(程序)。从理论上讲,管理的基本职能之间存在某种逻辑上的前后顺序关系,但在实际工作中并不是被严格分割开的,它们更多的是有机融合在一起进行的。管理过程是各职能活动相互交叉、周而复始的不断反馈和循环的过程。

随着管理理论研究的深化和客观环境对管理工作要求的变化,人们对管理职能有了进一步的认识并提出了其他新的管理职能,或者更准确地说,是对原有五个职能的某些方面进行强调,从而分离出新的职能,其中特别值得一提的是决策和创新。

决策职能从 20 世纪 50 年代开始受到人们的重视,赫伯特·西蒙也因在决策科学理论领域的重大贡献获得诺贝尔经济学奖。西蒙强调,管理就是决策。因为无论计划、组织、领导还是控制,其工作过程说到底都是由决策的制定和决策的执行两大活动所组成。因此,决策渗透于管理的所有职能之中,贯穿于管理过程的始终,管理者在某种程度上也被称为决策者。

经济学上,创新概念起源于美籍经济学家彼得·熊彼特在 1912 年出版的《经济发展概论》。熊彼特在其著作中提出:创新是指把一种新的生产要素和生产条件的“新结合”引入生产体系。管理领域对创新职能的重视始于 20 世纪 60 年代,由于当时企业的外部环境面临着急剧的变化,竞争日益激烈,许多企业认为不进行创新就难以生存下去,所以不少管理学者主张将创新看作管理的一项新的重要职能。当然,创新与旨在使组织按照既定方向及轨迹持续运行的“维持”之间常常会发生矛盾,有效的管理者就是要在适度的维持与适度的创新之间取得平衡。

三、管理的要素

管理实践活动是随着人类共同劳动而产生的,并且在长期实践经验基础上有了逐步的积累和总结。构成管理活动的必不可少的基本内容就是管理要素。由于管理活动涉及的范围非常宽泛,人们对管理要素的说法也不尽相同。但归纳起来,管理要素大体上是由管理主体、管理客体、管理目标、管理职能与方法、管理信息这五大要素所构成。

(一)管理主体

所谓管理主体,就是管理者或管理机构,是指在管理过程中具有支配和影响作用的管理人员及其机构。管理者是组织的心脏,在管理活动的各要素中处于主导地位,是管理活动的组织者和实施者。管理者决定着管理的性质和方向,决定着管理的效率和效果,其工作绩效的好坏直接关系着组织的兴衰成败。在具体的管理活动中,管理者通常不仅是组织目标的提出者、倡导者,更是目标达成的计划者、组织者、领导者、控制者、协调者。彼得·德鲁克说过:"管理者要创造出一个大于其各组成部分的总和的真正的整体,创造出一个富有活力的整体。"

管理者在管理活动中能否起到主导和支配的作用,能否顺利达成管理目标,必须具备以下两个条件:

第一,要具备一定的权力。权力大体上可以来源于以下几个方面:一是由财产所有权所获得的支配权;二是由某种法律程序或特定标准所赋予的地位和职权;三是由某种传统制度所获得的继承权;四是由某种威信和声望所获得的影响权。管理实践证明,以上四种权力类型都可能会获得某种管理主体的地位,但是比较符合现代组织管理原则和规范,并能获得良好管理效果的还是来自第二种类型的权力。因为,获得第一、三种权力的管理者,有可能不是按其管理能力挑选的。而获得第四种权力的管理则过于掺杂感情色彩,难以获得所有人的共识,规范性和约束性不强。

第二,要有一定的能力。具有一定的权力是成为管理主体的必备条件,无权力则无法支配资源、无法号召所属人员。但权力不是唯一条件,管理者还需要具备相应的能力。无能力的管理者即使拥有权力,也不能使权力发挥应有的效力。关于管理者的能力要求,不同专家学者有不同的见解,但无外乎组织能力、指挥能力、沟通与协调能力、业务能力、决策能力、创新能力等。按照现代组织管理的要求,管理者应具备的能力其实更多强调的是其综合能力与素质,包括不同的范畴。

(二)管理客体

所谓管理客体,意指管理对象,是能够被管理主体影响、作用和控制的对象。管理客体的成分构成非常复杂,我们可以从各个不同角度对管理客体进行分类。从管理组织的角度看,可囊括不同管理对象,大至国家、地区、行业,小到军队、企业、学校、医院,乃至到部门、机构及人员等;从管理领域的角度看,可分为政治、经济、文化、科技、军事、教育等不同领域的管理;从管理业务流程看,又可分为设计、生产、后勤、流通、服务等不同业务范畴。

这里需要注意的是,当人作为管理客体时,情况就会尤为复杂。人、财、物、信息等管理客体中,人区别于其他客体的最主要方面在于人是有思想、有意识的,而且人的活动是在意识支配之下的自觉活动。人这一自然客体与其自身的意识和思想是无法分开的,但人又不是纯粹的自然客体,他还要受到各种生产关系的影响,因此就具备了社会客体的属性。正是基于这一原因,要求管理者在管理中必须要对作为管理客体的人作特殊的、全面的考虑,既要考虑人作为管理客体的自然需要,又要考虑人的社会性需求和参与管理的主观能动作用。

在管理活动中,人既是管理主体,也是管理客体。这一区分是根据人在管理中的不同地位和作用来划分的。很显然,处于被管理地位的人要以服从和约束为前提,自觉接受管理者的管理。另外,人又不是简单地、被动地接受着管理,他还以自身的主观能动性参与到管理活动中,从而促进管理的广泛参与与民主化程度。这种主动地位表现在:(1)积极主动地参与决策。在现代组织管理中,民主管理和参与式管理已成为一种共识。作为管理客体的人,即便是操作层的普通成员也有参与组织决策的权利和义务。(2)在决策实施过程中,作为管理客体的人具有了更多的自觉性和自主性,他们往往会以主人翁的态度和精神积极开展各项监督活动,包括组织计划的执行、组织活动的实施,甚至于管理主体的履职尽责等。(3)在管理客体中,人与其他组织要素,如物的要素、资金要素、时间要素相比,作为管理客体的人,也总是处于主动支配的地位。

(三)管理目标

管理是人类的一种有目的的自觉活动,确定管理目标并为实现这一目标而积极努力,是管理的目的性和自觉性的重要体现。管理目标是指人们在管理活动中,通过采用合理、科学的管理措施所要达到的预期结果。可见,管理目标这一概念包括双重内容:一是预期结果;二是为达到预期结果所应采取的管理措施。

管理目标在管理活动中具有十分重要的作用,其主要作用表现在以下几个方面:

1. 凝聚作用

管理活动是一种共同的社会劳动。共同劳动就必然要具有共同目标的牵引,否则就难以形成集体协作的意愿和众人一体的团队氛围。共同目标是组织成员共有价值观的反映,拥有了共同的价值观,人们才会思想统一,齐心协力,形成整体凝聚力。

2. 激励作用

目标的激励作用表现在三个方面:一是在目标确定后,它能使组织成员看到前景,辨明方向,因而能起到鼓舞人心、激发斗志的作用:二是在目标执行过程中,有利于激发人们努力工作,实现期望;三是目标实现后,由于人们的愿望和追求得到了实现,因而在心理上会产生一种满足感和自豪感,从而激励人们以更大的热情去承担新的任务。

3. 导向作用

管理是一个复杂的组织过程。在此过程中,要求各部门、各层次、各人员都能发挥能动性,又不至于偏离方向,没有一个明确的目标导向是不行的。管理的各项活动都应该以管理目标作为统一的基础,依靠管理目标来协调统一工作。因此,管理目标既可对人们总的努力方向起导向作用,又能对人们的具体管理活动起导向作用。

4. 评价作用

一般来说,对于管理工作成绩大小的评价,要从目标管理的完成程度、管理目标的复杂难易程度和完成目标的努力程度三个方面来衡量。这三者的指标值越大,说明管理工作的成绩就越大;反之,成绩就越小。因此,管理目标是评价各项管理工作成绩大小、质量高低的一个重要尺度。

(四)管理职能与方法

管理职能就是管理过程中各项活动的基本职能,是管理主体对管理客体进行支配和施加影响过程中所发挥的作用。由于前面对管理职能进行了具体阐述,这里不再赘述,主要介绍管理的一般方法。

管理的基本方法主要包括经济方法、法律方法、行政方法和启发教育方法四种。经济方法就是强调运用经济手段来促进管理目标实现的方法,即通过经济手段把组织内成员的个人目标与组织整体目标协调起来,使个人目标与组织目标协调一致,以确保管理目标的实现。所谓法律方法,是指运用法律规范以及类似法律规范性质的各种规则进行管理的方法,依据法律方法处理问题比较客观公正,可以减少管理者主观色彩的影响。行政方法就是管理主体运用行政权力,按照行政层级,运用命令、指示、决议等手段,直接对管理对象发生影响的管理方法。它具有权威性、直接性和垂直性等特点,其缺点在于不便于组织内部的横向沟通,行政命令的执行效果,管理效率的高低,在很大程度上依赖于管理者的领导艺术和管理水平。所谓启发教育方法,是指在管理者对被管理者的需要有一定了解的基础上,通过适当的教育方法对被管理者进行宣传教育，激发他们的动机，引导他们的行为为实现组织目标而努力工作的方法。启发教育的方法主要有集体教育、个别教育等形式，以教育促共识，以教育达一致。

上述管理方法，作为理论可以各自独立成篇，但在管理活动中，单独使用则往往难以达到良好效果，而应多种方法综合并用，从而更好地实现管理目标。

（五）管理信息

信息是管理活动不可或缺的资源，是整个管理系统不可缺少的“神经系统”。随着科学技术和信息技术的发展，信息在管理中的地位与作用越来越凸显。从管理系统的角度来看，整个管理过程其实就是信息的输入、输出与反馈的过程。信息是各管理部门、层次、人员相互间沟通联络、协调行动的桥梁，缺少了管理信息就无法实现各个管理要素的有机和动态协调。

第二节　监狱人民警察

一、警察

警察是代表国家依法对社会进行管理的行政武装治安力量。它是国家机器的重要组成部分和统治阶级维护自己统治的重要工具。

（一）警察的概念

我国古代文献中很早就有对“警”“察”二字的记载。先事戒备谓之“警”，见微知著谓之“察”。严格意义上讲，中国古代并没有专门的警察制度，封建社会的府、县衙门及巡守、捕快充当了警察的角色、行使着警察的职能。在中国警察发展史上，警察一词始见于《宋史·蔡挺传》——“河北多盗，精择诸郡守，以挺知博州，申饬属县五保，得居停奸盗者数人，驰其缩负，补为吏，使之警察，盗每发辄得。”警察二字连用含有侦查、缉拿之意。现代意义上的警察制度，以时任直隶总督的袁世凯于光绪二十八年（公元 1902 年），效仿西方和日本警察机关在天津创办的清末第一个中国警察治安机构——“巡警局”为发端。《清朝续文献通考》称：“警察乃内治安要政。且是专门之学，自奉旨饬办，挑年轻敏者，认真教练。”这里的警察表述，就已经是指近代专门负责治安的专职警察了。

西方国家的“警察”一词，最早起源于古希腊，其最初的含义是指城市统治方法及城市管理活动。14 世纪的欧洲，德国、法国等国家的“警察”一词的含义是良好秩序，泛指国家的整个政策，将警察作为国家政务活动的总称。17 世纪以后，“警察”

一词的含义逐渐变窄,开始与军事和司法分离,专指国家内务行政。18 世纪末到 19 世纪中叶,由于自然法学在西方昌盛,讲求个人自由、限制国家权力,警察的含义更加缩小,以内务行政为限,内务行政中必须是以国家权力的强制方法,维护公共安宁、安全和秩序的,才称为警察。无论是西方国家,还是东方国家,最早的警察组织和警察人员,虽然在称谓上有所不同,履行的职能与现代社会警察的职能也不完全相同,但是都有现代意义警察职能的属性。

按照《人民警察法》第 2 条的规定,“人民警察的任务是维护国家安全,维护社会治安秩序,保护公民的人身安全、人身自由和合法财产,保护公共财产,预防、制止和惩治违法犯罪活动。人民警察包括公安机关、国家安全机关、监狱、劳动教养管理机关的人民警察和人民法院、人民检察院的司法警察”。[①] 因此,我国的人民警察可以定义为,国家政权中按照统治阶级的意志,依靠暴力的、强制的、特殊的手段,维护国家安全和社会治安秩序的行政武装治安力量——组织机构及其工作人员。

(二)警察的性质

警察的性质是指警察本身所具有的本质特征。不同性质的警察体现不同的阶级属性。警察性质是确定警察任务、职权、权限、义务等方面内容的依据,并且体现在警察的执法活动之中。警察的性质主要表现在以下几个方面:

1. 警察是国家政权的组成部分。警察是随着国家的产生而产生的。恩格斯曾指出,警察是“和国家一样古老的”。警察是统治阶级实现专政的重要工具之一,是按照统治阶级的意志和利益,依靠暴力、强制和特殊的手段维护社会秩序和国家安全的武装性质的治安行政力量和刑事司法力量。在我国,人民警察是人民民主专政的重要工具之一。

2. 警察是具有武装性质的国家治安行政力量。警察是一种有组织的专政职能工具,警察的职责决定了警察承担着维护国家安全和社会治安秩序的保卫工作。警察的行为是秉承统治阶级的意志,维护统治阶级的利益而实施的。警察的任务就是要与一切危害国家安全和危害社会秩序的敌对势力和犯罪分子作斗争,该行为具有明显的对抗性。因此就需要警察拥有相应的武装力量,才能确保战胜敌对势力和犯罪。所以,警察的任务以及职权决定了警察是具有武装性质的国家治安力量。

3. 警察活动是依靠国家强制力保障实施的。警察依法实施的一切活动体现着统治阶级的意志,警察行为是一种国家行为,警察活动具有不可违抗性和服从性。

---

① 2013 年 12 月 28 日全国人大常委会通过了关于废止有关劳动教养法律规定的决定后,原属司法行政机关管理的劳动教养机构被废除,代之以强制隔离戒毒。此后,各地劳动教养工作管理局纷纷加挂戒毒管理局的牌子,劳动教养人民警察也被称为戒毒人民警察。

因此,警察活动就必然要由国家作为坚强后盾,由国家强制力保障实施。

(三)警察的地位和作用

1. 警察的地位。警察是阶级社会统治阶级实现专政的重要工具之一,是国家机器的组成部分,是国家意志的执行者。警察与国家共存亡,只要国家存在,统治阶级需要完成其组织管理形式,就必定有警察这种维护阶级统治的暴力工具。

警察的主要任务就是同危害国家安全、危害社会秩序的敌对势力和犯罪分子作斗争。警察的武装性质,实质上就是警察暴力作用的体现。警察与军队共同构成保卫国家安全和维护社会秩序的两大力量。

2. 警察的作用。警察的作用就是警察行为在保卫国家安全和维护社会秩序中的具体体现。警察的作用是由警察在国家中的法律地位和性质决定的,是掌握政权的统治阶级意志的忠实执行者和捍卫者。

警察是保障国家安全的暴力工具。国家赋予警察特殊的权力,警察依靠特殊的职权和强制力,对威胁国家政权、违背统治阶级意志的敌对势力和犯罪分子实施坚决的镇压和制裁。这充分体现了警察在国家政治生活中的专政职能。

警察是维护社会秩序的重要力量。通过警察的管理职能活动,维护正常的社会治安秩序、生产与生活秩序等。这体现在警察参与国家对社会管理的职能,保障国家安定和社会政治稳定,预防、制止和惩治违法犯罪活动中。警察针对具有社会危害性的违法、犯罪人员予以严厉打击和制裁,目的就是创造一个良好的社会面貌及工作、生活环境,从而进一步巩固统治阶级的统治地位。

二、监狱人民警察

监狱人民警察,是指依法从事监狱管理、执行刑罚、监管改造罪犯工作的人民警察。监狱人民警察是国家行政力量的重要组成部分。它具有人民警察所共有的国家性、武装性、治安性特征,同时其特殊性质决定了监狱人民警察在社会职能、承担任务、工作环境等方面的特殊性。

(一)刑罚执行职能的重要性

监狱人民警察是国家的一支重要刑事执法力量,在功能上具有特殊性。我国刑事司法活动的根本目的是预防和打击犯罪、执行刑罚以惩罚和改造罪犯,监狱人民警察担负的刑罚执行工作任务尤为重要。只有通过刑罚执行,才能将国家判决落到实处,把罪犯改造成为守法的公民,实现刑罚的根本目的。可见,刑罚执行工作才是刑事司法活动中最重要的内容。因此,这种特殊的行政管理功能,是监狱人民警察所特有的。

（二）扮演角色的多样性

监狱人民警察由于工作需要，虽然在警察身份上具有唯一性，是行使国家职权的人民警察，但在社会角色上却具有多重性。在刑罚执行过程中，他们不仅是刑罚执行的具体落实者，也是教育者，担负着教育改造罪犯的行刑教育工作任务；同时作为组织者，担负着组织罪犯劳动的行刑劳动组织工作。作为监狱人民警察，只有全面履行工作职责，充当好多种角色，才能把破坏社会秩序的违法犯罪分子改造、转化成为守法公民。

（三）承担任务的艰巨性

监狱人民警察在执行刑罚和改造罪犯的工作中，需要变消极因素为积极因素，改造罪犯使其成为守法公民的转化过程是非常复杂与艰巨的社会工程，这是由其工作对象所决定的。监狱人民警察面对的是危害社会的特殊群体——罪犯是一个有思想、意识、行为的群体，这个群体里的多数人思想偏离社会主流意识、法律意识淡薄、行为违背社会规范，具有较强的现实危害性。如何改造他们原有的思想、意识和行为，转变成社会规范所认可的人——守法公民，是一项复杂、反复而又长期的过程，与此相对应的教育改造工作也必定是艰难、反复和漫长的。监狱人民警察只有充分运用法律、行政、经济、教育等多样化手段和方法才能有效管理监狱，才能奠定改造罪犯的工作基础。

（四）工作环境的特定性

监狱人民警察执行刑罚与惩罚改造罪犯的工作是在监狱环境内进行的，这一环境的特定性主要包括：

1. 工作场所特定性。监狱人民警察代表国家和人民在监狱里实施监禁管理，维护社会治安。

2. 工作对象特定性。监狱人民警察的工作对象是依法被判处死刑缓期两年执行、无期徒刑、有期徒刑的罪犯。

3. 监狱的封闭性。由于工作对象的特殊和工作岗位的需要，高墙、电网、特殊设施和特殊的犯罪群体，构成了一个独特的工作环境，监狱环境最大的特点在于其封闭性。

第三节　监狱人民警察管理

一、监狱人民警察管理的含义

监狱人民警察管理，是指监狱警察组织为实现刑罚执行的目的，通过合理配置组织内外的各种资源,有计划地对监狱警察组织和监狱警察人员进行的组织、协调和控制活动。

监狱人民警察是代表国家和人民对监狱及罪犯进行有效管理的组织及人员。监狱人民警察的执法素质、执法能力、执法手段直接影响着监狱职能的发挥。如何有效地对监狱人民警察进行管理是一项艰巨的任务。作为一名监狱人民警察必须具有坚定的政治立场和方向,严明的组织纪律,对党忠诚,通晓相关法律法规,掌握监狱工作和监狱管理基本原理,具备较强的组织、协调和管理能力,同时要具备开展监管改造所必备的专业知识和实战技能,能够胜任监狱各项职能工作。

二、监狱人民警察管理的特点

监狱人民警察的性质、任务与职能的特殊性决定了对于这支队伍的管理要有以下五个方面的特殊性。

(一)在行为上实行准军事化管理

这里指的是从监狱人民警察的政治建设、组织建设、技能建设、纪律建设等方面的实际需要出发,仿效军队正规化管理的模式所实行的内部规范化管理。也就是说,要参照中国人民解放军的有关条令、条例和工作要求,使监狱人民警察队伍的各项建设接近或相当于军事化的标准,进而打造一支忠诚担当、纪律严明、作风硬朗的监狱人民警察队伍。

(二)在组织指挥上实行职务和警衔管理

在警务活动中,为了确保警令畅通,监狱人民警察组织实行严格的等级制度,即上级指挥和领导下级,下级按照上级的各项指令开展刑罚执行活动。具体来讲,就是按照职务和警衔的高低来进行指挥和决策。职务高与职务低者以职务高者为上,警衔高与警衔低者以警衔高者为上,当出现职务高而警衔低的特殊情况时则以职务高者为上。

(三)在人事管理上实行国家公务员管理

1993 年,我国正式推行国家公务员制度,此后监狱人民警察纳入国家公务员序列。因此,监狱人民警察的招录、考核、奖惩、交流、辞职、辞退和退休等一系列人事管理活动都是参照国家公务员的管理模式和办法来进行。

(四)在领导体制上实行党委领导下的行政首长负责制

党委制和行政首长负责制是两种不同的领导体制和决策机制。党委领导下的行政首长负责制,简单来说就是党委集体领导与个人分工负责相结合的制度。其中,党委集体领导,主要是指那些涉及监狱警察组织重大的、方向性、战略性问题的决策，必须经由党委集体讨论，充分发扬民主，最后按少数服从多数的原则投票表决决定。因此，党委制可以有效防止个人或少数人因独断专行所造成的决策偏差。行政首长负责制是在监狱党委集体领导的前提条件下，监狱机关的正常运转、日常性狱政管理以及各项警务活动的开展，主要由监狱人民警察组织的行政长官即监狱长全权负责。我们通常所说的监狱长负责制就属于这一范畴。

（五）在管理模式上实行分类管理

党的十八大以来，随着经济社会的快速发展，社会各领域的不稳定因素逐渐凸显。我国的监狱工作呈现以下基本特点：第一是任务重。在错综复杂的社会形势下监狱警察组织的工作任务非常繁复也异常艰巨，监狱民警的“5 + 2”“白 + 黑”已成为一种工作常态。第二是风险高。近年来，随着监狱在押犯的构成成分日趋复杂，涉黑涉恶涉毒以及暴力犯、重刑犯占很大比重，监狱日常管理面临巨大挑战，监狱人民警察的人身安全风险和执法风险非常高。第三是压力大。长期的加班加点、超负荷工作，而且经常遇到一些不配合甚至暴力抗法的现象，这也导致广大监狱人民警察尤其是一线监狱民警易产生巨大的职业压力。与之相对的是基层监狱民警往往受到机构规格和职数比例限制，出现大量压职、压级现象，职业发展空间受到很大限制。因此，2015 年公安部出台了《关于全面深化公安改革若干重大问题的框架意见》，该意见中提出，要根据人民警察的性质特点，建立有别于其他公务员的人民警察管理制度和保障机制。

2018 年 3 月 28 日召开的中央全面深化改革委员会第一次会议通过了《公安机关执法勤务警员职务序列改革方案（试行）》《公安机关警务技术职务序列改革方案（试行）》，标志着人民警察从此告别沿用多年的国家机关工作人员统一的职务序列，开始步入分类管理、专门管理的轨道。这两套方案在人民警察职务序列中，专门设计执法勤务和警务技术职务序列，并且在职务称谓和职务层次上与公务员非领导职务序列有明显区别。其目的是贯彻落实“从优待警”，打破职务晋升的“天花板”，建立一个相对独立的晋升通道，使从事执法勤务和警务技术工作的警员能够得到正常晋升，享受相关经济待遇，逐步建立起与人民警察职业特点相适应的分级管理制度，拓展人民警察，尤其是基层人民警察的职业发展空间，从根本上、制度上解决压职压级问题。

三、监狱人民警察管理的原则

警察是国家机器的重要组成部分，是以依法维护国家安全和管理社会治安秩序为职责的特殊机构和人员。警察管理势必具有不同于其他管理的特殊性。监狱人民警察管理更是在警察管理的共性中凸显其个性。在监狱警察管理活动中，必须遵循以下三个原则：

(一)坚持党的绝对领导的原则

在我国，警察是人民民主专政的重要工具，人民民主专政的集中表现就是坚持中国共产党的绝对领导。党的十九大报告中明确指出："坚持党的领导、人民当家作主、依法治国三者是有机统一的。党的领导是人民当家作主和依法治国的根本保证，人民当家作主是社会主义民主政治的本质特征，依法治国是党领导人民治理国家的基本方式，三者统一于我国社会主义民主政治伟大实践。"因此，在警察管理活动中坚持党的绝对领导，即是坚持人民警察政治性和人民性的集中表现。

坚持党对监狱人民警察的绝对领导，是指在政治上、思想上、组织上必须自觉接受和服从党的领导。党的政治领导，就是党的纲领、路线、方针、政策和政治原则的领导；党的思想领导，就是坚持马列主义、毛泽东思想、邓小平理论、三个"代表"重要思想、科学发展观以及习近平新时代中国特色社会主义思想的领导；党的组织领导，就是通过党对监狱人民警察的各级组织和干部实施有效领导。坚持党的领导是监狱人民警察管理工作的一项基本原则，是我国监狱人民警察管理工作的灵魂和核心，任何时刻都不能动摇和削弱中国共产党的领导。

(二)依法管理的原则

依法管理是监狱人民警察管理的重要原则。依法管理原则强调在监狱人民警察管理活动中，对管理的各个方面、各个环节，必须依照有关法律法规的规定进行。目前我国颁布实施的《宪法》《人民警察法》《监狱法》《公务员法》等是我国监狱人民警察管理的重要法律依据。对于罪犯的刑罚执行、监禁管理、教育改造等执法活动都必须在相关法律法规的标准下进行。

(三)从严治警与从优待警相结合的原则

从严治警，是指对监狱人民警察的管理必须以严肃的态度、严密的组织、严格的要求、严明的纪律，对其进行严格管理、严格教育、严格训练。它包括多方面的内容，即政治思想、业务素质、纪律作风、职业道德、职业责任等。

从严治警是由监狱人民警察工作的特殊性所决定的。在依法管理监狱、执行刑罚等活动中，监狱人民警察被依法赋予了各项权力，为了防止和杜绝滥用权力、以权谋私等不法行为，就必须对监狱人民警察队伍进行严格管理。

如果说落实从严治警，可以有效规范警察权的运行，最大限度地限制警察权的滥用。那么，落实从优待警，则可以有效解除监狱人民警察的后顾之忧，最大限度地调动其工作积极性。"从优待警"这一倡议最早是在 1995 年的全国政法工作会议上提出的。在和平时期,警察相较其他职业来说具有更高的危险性,这是不争的事实。从优待警,就是要想民警之所想,急民警之所急,如解决民警各项实际困难、关心看望生病民警及家属,定期为民警进行免费健康体检、为其发放节日福利,为困难民警发放救助金,提高管教一线民警福利待遇等。只有这样,监狱人民警察才能真正感受到党的关怀和组织的温暖,从优待警才会产生强大的凝聚力量。

第四节　监狱人民警察管理原理

管理原理是指具体的管理思想、管理方法和管理经验的抽象,是对管理活动的规律性概括。管理原理要根据适用对象的不同和适用范围的宽窄而有不同的运用。本节主要介绍监狱人民警察共性的管理原理。

一、系统原理

(一)系统的概念及特征

系统即由若干要素按一定结构组成的具有特定功能的统一整体。任何管理活动都处于特定的系统中。系统与系统之间相互交换物质、能量和信息。从整体上把握系统运行规律,运用系统方法调节控制组织系统的运动,实现组织目标,这就是系统原理。系统有大有小,大系统中包含小系统(子系统),这也是客观的、普遍的。例如,监狱人民警察系统,从司法部监狱管理局到各省、自治区、直辖市监狱管理局再到各个基层监狱,是一个相对独立的系统,以把罪犯改造成为守法公民为目标而运作,在运作过程中系统内外相互交换物质、能量和信息;同时,监狱人民警察系统隶属于更大的系统,即中国人民警察系统和国家行政系统,是它们的子系统。

系统的特征表现为:

1. 整体性。整体性是系统最基本的特征。任何一个系统都由两个或两个以上的系统要素所组成,所有系统要素共同致力于系统目标的实现。

2. 层次性。层次性是指系统各要素之间的联结方式(系统结构)是有层次的,处于不同层次的系统要素功能不同,作用和地位也不同。

3. 相关性。系统内各要素之间是相互作用又相互联系的。任一系统要素都要与其他要素互相联系和相互制约,要素的变化对应的是关联要素的改变和调整。

4. 目的性。目的性是指任何系统都必然存在特定的系统目标,都是以实现系统目标为基本前提。每一个系统要素就是通过各种各样的相互作用和联系实现其特定目标。

（二）系统原理的内容

1. 整体性原理。系统是一个整体，这个整体的功能不是其所构成要素的简单相加之和，而是远远大于各要素简单相加之和的全新功能。系统各要素之间的相互关系以及要素与系统之间的关系必须以整体为主进行协调，使各要素居于合理的层次上发挥其功能，使局部服务于整体，从而实现整体优化，实现整体具有比各要素简单相加大得多的崭新的功能。反过来讲，如果某一构成要素逆转或损毁，也将造成对整个系统的重大破坏，以致整个系统功能的丧失。显而易见，如果管理者在管理活动中违背了这一要求，系统的整体效应就会受到损害，系统目的的实现就会受到严重的影响。整体性原理是系统理论最根本的原理。

2. 相对封闭与绝对开放原理。各系统就本系统内部而言是封闭的。封闭是指系统内部的结构，必须多个环节首尾相接形成回路，成为本系统的独特的有序运动。这个相对封闭构成使此系统与其他系统区别开来，以便形成为实现一定目的的自我系统。此外，任何系统对外而言又都是开放的，也即必须与外界进行物质、能量和信息的交换，既有输入，也有输出，否则就难以存在下去。同时，任何一个系统又处在更大的系统之中、是更大的系统的子系统。这两点就决定了系统的开放性。

系统是相对封闭性和绝对开放性的统一。系统内部各层次、各要素之间是相互连接、相互作用的，系统与外部也是相互联系、相互作用的。对内的封闭性以保证各层次结构的功能得以在有目的和有秩序的运动中发挥、形成回路和反馈；对外的开放性保证本系统与外系统及更大系统的物质、能量和信息的输入输出。封闭性和开放性都是系统得以存在的必要条件。

3. 动态原理。任何系统都是不断发展和变化的。因为不仅系统内部各要素之间相互联系和相互作用，而且各系统之间也相互联系、相互作用，这就构成了系统的动态性。另外，系统又都是相对静止、相对稳定的，这是系统整体存在的必要条件。因此，系统是绝对运动和相对静止的统一，系统总是在相对静止中运动发展。世界上没有只绝对运动不相对静止的系统，也没有只相对静止不绝对运动的系统，绝对运动和相对静止都是系统存在的必要条件。

二、人本原理

（一）人本原理的内容

1. 人是管理的根本。人本原理认为：现代管理的核心和动力是如何有效调动人的积极性的问题,一切管理都应以调动人的积极性、做好人的工作为本。管理主体在管理实践中应当一切从“人”出发,以人为根本,管理的核心对象是人,管理的最终还是为了人。在监狱各项管理要素中,只有“人”的因素是最具能动性和创造性的。这里强调的是两个主体的能动性:一是如何最大限度地发挥监狱人民警察在刑罚执行与改造罪犯活动中的主导作用;二是如何确保罪犯在服刑中能够真正认罪悔罪、洗心革面、重新做人。因此,监狱内外的全部改造要素,如财、物、信息、技术、时间、空间等,都必须紧密围绕“罪犯”和“监狱人民警察”这两个根本来展开,抓不住这两个根本,其他一切管理都是没有意义的。

2. 管理的核心是调动人的积极性。在管理对象中,人是最活跃、最积极的,因此也是最重要的组成部分。在刑罚执行活动中,监狱人民警察的积极性发挥的程度与管理效应成正比,也就是说,监狱警察积极性发挥的程度越高,管理的效应越大;反之就越低,甚至会出现负效应。另外,罪犯改造的主观能动性越强,改造质量和改造效果越佳。如果罪犯只是消极、被动甚至机械地参与各种教育改造、劳动改造,而不能真正认识到改造对于自身、家庭乃至社会的积极意义,那么一切的说教都是空洞而无力的。因此,必须抓住“人”这一根本,充分运用多种激励和奖惩机制,努力调动起他们的主动性和创造性,从而实现管理的目标。

3. 重视提高人的素质。既然管理要以人为本,管理的核心和动力是人,那么,要提高工作效率,要实现管理的目标,就必须重视人的素质的提高,即重视人的教育、培养和智力开发,使之掌握从事本职工作的各种知识和能力。显而易见,监狱人民警察如果不具备从事监管改造的基本知识和能力素质,即使他们的工作积极性很高也没有意义。因此,监狱人民警察管理的关键在于培养政治坚定、本领过硬的专业人才,要不断提高监狱人民警察的综合素质。

(二)人本原理运用的要求

运用人本原理要遵循以下具体要求:

1. 关心和爱护下属人员。这是监狱人民警察管理的基本要求。只有依靠全体监狱人民警察的共同努力,才能实现监狱职能并提升罪犯改造质量,所以这种关心和爱护就成为监狱机关及其领导应尽的职责。不仅要关心监狱人民警察的物质和精神生活,更要着力培养他们,把促进监狱人民警察的全面发展作为管理的核心。关心和爱护下属人员不仅是科学管理理论的要求,也是新时代中国特色社会主义思想框架下管理活动的根本要求。

2. 充分发挥人的积极性和创造性。人的积极性和创造性如何,对管理目标的实现与否具有决定意义。为此,应当做好以下工作:

（1）在给下属人员分配工作时，要充分考虑到个人的特长、志趣，尽可能把组织需要和个人志向结合起来。从管理角度讲，这不仅是知人善任、用人所长，而且是为了实现使人施展才能、全面发展的终极目标。那种只强调组织需要而不考虑个人合理要求的管理行为是不可取的。

（2）为下属人员履行职责创造良好平台。每一项工作的完成都需要具备相应的条件，如空间环境、必备设施、时间保障、合理的规章制度、后勤保障、团结协作的氛围等。为下属人员创造上述条件，既是使他们做好工作的要求，也是对管理活动的客观要求，是管理者应尽的职责。

3. 公正评价下属人员优劣。即管理者对下属人员的工作进行客观公正的评价，并运用激励机制赏优罚劣，及时兑现。这不仅能强化人员的工作积极性，而且有利于及时纠正偏差和错误，提高工作效率，促进下属人员的健康发展。

三、动力原理

任何社会组织的有序运作都需要动力。这种动力不仅有必要的物质要素，还包括更为重要的人的要素和信息要素。作为管理者必须重视对这些动力的保护和开发。

推动组织运作的内在动力有多种，诸多的物质要素是组织运作的基本条件，但物质要素是依赖人去调度和使用的，同时物质要素也依赖信息要素才能使之发挥更大的作用，所以比物质要素更重要的是人的要素和信息要素，特别是人的要素。人的要素再加上信息要素，才能使组织的运作产生强大的推动力。所谓人的要素，主要是指人的积极性及人的精神动力。而调动人的积极性需要依靠科学合理的管理。科学的管理能够调动组织内各种动力，使其充分而有效地发挥作用，这就是动力管理原理。

动力的基本类型有以下三种：

1. 物质动力。物质动力是指管理者运用工资、奖金、实物、待遇等物质手段来维持和推动整个组织正常运转的力量。在全面建设小康社会的决战阶段，物质动力在管理领域中的积极作用尤为突出。对于监狱警察组织，科学合理的监管设施、一系列的警用装备、信息化的监管资源都是确保监狱工作正常开展的必要物质保障。警力不足、设施陈旧、技术落后、制度不健全的监狱很难发挥有效的管理效率。从监狱人民警察的角度看，物质动力更是不容忽视的。必要的奖金，合理的劳动报酬，及时的提级加薪，相应的物质生活条件的改善等物质因素，对于调动监狱人民警察的工作积极性起着直接而重要的作用。

2. 精神动力。精神动力是指管理者运用思想政治工作、表扬、记功、授予荣誉称号、晋级晋衔等激励方式调动被管理者的积极性，用以维护和推动整个组织正常运转的力量。人的精神动力是客观存在的，一个人的政治立场、观念、思想觉悟和道德境界，对其行为起到支配作用。习近平总书记在庆祝中国共产党成立 95 周年大会上的讲话强调，全党同志要增强政治意识、大局意识、核心意识、看齐意识，切实做到对党忠诚、为党分忧、为党担责、为党尽责。这一讲话就是要求监狱系统应运用科学、正确的思想理论和价值观念去引导和教育每一名监狱人民警察，树立他们坚定正确的理想信念和无私奉献的革命精神。同时，作为监狱人民警察，又都是能动的、有意识的行为主体，都有自己的价值、荣誉、尊严的追求。因此，在管理中要科学对待他们的个人价值与追求，将组织荣誉与个体价值结合起来。

3. 信息动力。信息动力是指管理者运用信息的功能维护和推动整个组织正常运转的力量。随着信息技术的发展和信息技术应用的不断普及，国内掀起了全面建设智慧监狱的热潮。智慧监狱建设，意味着物联网、云计算、移动互联等信息技术与监管改造工作深度融合，以及人脸识别、视频智能分析等 AI 技术带来诸多“智慧”应用。相较于传统监狱，“智慧监狱”将大大提升监狱工作效能，无论是罪犯管控、周界智能化分析，还是安全态势感知以及风险预警与研判，信息化技术和手段都凸显出传统管理模式所无法比拟的优势，而这一强大的信息动力也必将推动我国监狱智能化改造水平的不断提高。

四、效益原理

效益原理是现代管理的一项基本原理。指一切管理都追求实现系统的职能，适应所属大系统的需要，获取最佳效益。它揭示了管理的目的与效果之间，系统的生存发展与大系统需要之间的本质关系。监狱警察组织的管理同样也是为了获得效益的最大化，效益的高低直接影响着监狱警察组织的生存和发展，也最终决定着国家的安全与社会的稳定。因此，效益问题也是监狱管理永恒的主题。

效益与效果和效率既相互联系，又相互区别。效果是指由投入经过转换而产出的有用成果，其中，有的是有效益的，有的是无效益的，只有那些为社会所接受的效果，才是有效益的。就监狱管理效益来看，运用监狱设施将罪犯监禁于特定场所，采取有效的改造手段矫治罪犯的不良心理和行为，进而向社会输出“合格产品”，是监狱工作效益高低的主要衡量指标。由于罪犯改造工作具有艰巨性、长期性、反复性等特点，监狱工作的效益往往很难在短期内取得显著成果。但我们不能因此就忽视监狱工作的重要性或者为了片面追求效率而采取急功近利的做法。从监狱效益本身来看，主要有政治效益、社会效益和法律效益三种价值维度。三种效益相辅相成、相互促进。其中，政治效益是讲求社会效益和法律效益的基础，而社会效益、法律效益又是促进政治效益提高的重要条件。

以上的管理原理是具体的管理思想、管理方法和经验之共性的抽象，是管理活动的规律性概括。虽然监狱人民警察管理的手段与方法必须随着对象与环境的变化而不断推陈出新，但作为监狱人民警察管理知识体系所依据的这些基本理论，对于监狱人民警察管理实践活动具有重要的指导作用和意义。

案例一

某监狱主要领导，工作兢兢业业，事业心强。在日常工作中喜欢大权独揽，大事小事都要亲自拍板定夺。由于经济效益问题突出，他将大部分精力用于监狱经济工作。几年下来，可谓忙忙碌碌，虽然监狱企业经济效益有所提高，人们能从中得到一些实惠，但其他工作却不同程度地出现了问题。

试分析，监狱职能的核心是什么？该领导这种管理方式存在什么问题？试运用管理的系统原理和人本原理来为该领导出谋划策。

案例二

黑龙江省讷河监狱民警失职渎职、违纪违法案：2014 年 5 月以来，黑龙江省讷河监狱五监区服刑人员王东在狱内使用手机上网，通过视频聊天软件与张某、贺某、李某等多名社会女性交往，骗取张某、李某人民币 11.6 万元。经查，该监狱领导疏于管理、履职不力；监区负责人和监管民警落实监规纪律不严，对服刑人员违法违纪行为长期失察，收受服刑人员及利害关系人钱物，私自为服刑人员传递违禁品。目前，讷河监狱党委书记、监狱长高庆祥受到撤销党内职务、行政撤职处分；党委副书记、政委杨福志受到党内严重警告处分、免职处理；纪委书记王革受到撤销党内职务、行政撤职处分；政治处主任陈宝贵受到党内严重警告处分、免职处理；工会主席陈喜军受到党内严重警告处分、免职处理；狱政科科长刘阳、五监区监区长怀庆、五监区副监区长郭军受到留党察看一年、行政撤职处分；五监区一分监区监区长王猛、看守大队大队长刘艳东和会见室民警廖忠宝被开除党籍、开除公职，五监区民警朱登涛被取消预备党员资格、开除公职，看守大队看守员李海军、五监区民警张喜平被开除公职。王革、刘阳、王猛、刘艳东、朱登涛、李海军 6 名直接责任人已被依法移送司法机关处理。

根据上述材料分析:(1)如何做一名合格的监狱人民警察?(2)如何加强对监狱人民警察队伍的管理?

本章参考文献

[1]徐国华、张德、赵平:《管理学》,清华大学出版社 2001 年版。
[2]刘志坚编著:《管理学原理与案例》,华南理工大学出版社 2012 年版。
[3]周三多、陈传明、鲁明泓编著:《管理学——原理与方法》,复旦大学出版社 1999 年版。
[4]席酉民:《管理研究》,机械工业出版社 2000 年版。
[5]吴晓静主编:《监狱人民警察管理教程》,中国政法大学出版社 2015 年版。
[6]王明泉主编:《警察管理学》,法律出版社 1998 年版。

第二章　监狱人民警察的性质、任务及历史沿革

学习目标

1. 了解监狱人民警察的性质，明确其根本属性。
2. 重点理解人民警察尤其是监狱人民警察的任务。
3. 掌握监狱人民警察的三大作用。
4. 了解我国监狱人民警察的发展历史。

第一节　监狱人民警察的性质

监狱人民警察和罪犯是监管改造中“人”的因素。监狱人民警察在整个改造活动中居于主导地位，起主导作用。《监狱法》明确规定，监狱人民警察是在监狱机关代表国家依法对罪犯执行刑罚、实施教育改造活动的专职人员。监狱人民警察的性质是指监狱人民警察这种历史文化现象自身所固有的根本属性。

一、监狱人民警察的阶级属性

马克思主义认为，警察是随着国家的产生而产生的，是阶级社会的产物。国家是随着阶级的产生及阶级矛盾和阶级斗争达到不可调和的地步时产生的。国家是阶级统治的工具。占统治地位的阶级必须借助军队、警察、法庭、监狱等国家机器实现其特殊利益的诉求。因此，警察是国家机器的构成成分之一。警察一直存在于整个人类文明的阶级社会之中。在阶级社会的不同历史时期和不同国家，警察的名称几经变换，警察概念的内涵也不尽相同，但就其本质而言，都是一样的，它们都是国家机器的重要组成部分，是统治阶级用以维护和巩固其阶级统治，实现其阶级专政的重要工具。因此，任何社会、任何国家的警察，其本质都是在国家政治生活中，按照统治阶级的意志，代表统治阶级的利益，依靠暴力的、强制的和特殊的手段，维

护社会秩序和国家安全的武装性质的国家治安行政力量和司法力量。

警察的阶级性,是指警察和警察机关在阶级社会中是维护统治阶级政治统治的工具,是为该社会经济基础服务的社会上层建筑。《人民警察法》第2条第2款规定:“人民警察包括公安机关、国家安全机关、监狱、劳动教养管理机关的人民警察和人民法院、人民检察院的司法警察。”这从法律上确立了监狱人民警察是人民警察的重要组成部分。而法律是由国家制定或认可并依靠国家强制力保证实施的,因此,《人民警察法》的规定明确了监狱人民警察具有与人民警察的其他警种一样的阶级本质。

监狱人民警察的阶级属性,是指监狱人民警察是我国人民民主专政政权中具有武装性质的刑事执法力量,是人民民主专政的重要工具和暴力机器,这是监狱人民警察的根本属性。

(一)监狱人民警察是我国人民民主专政的重要工具

监狱人民警察是人民民主专政的重要工具和暴力机器,这是监狱人民警察的阶级属性,也是它的根本属性。它表明了监狱人民警察的阶级本质,是监狱人民警察性质的核心内容和本质特征。

1. 监狱人民警察具有鲜明的阶级性。监狱人民警察作为人民民主专政的重要工具,必须坚持对人民实行民主,保护人民的利益;对极少数危害国家安全、危害人民利益的敌对势力、敌对分子实行专政。

2. 监狱人民警察是我国国家意志,即宪法和法律的忠实执行者。我国的国体是人民民主专政。《宪法》第1条规定:“中华人民共和国是工人阶级领导的、以工农联盟为基础的人民民主专政的社会主义国家。社会主义制度是中华人民共和国的根本制度。中国共产党领导是中国特色社会主义最本质的特征。禁止任何组织或者个人破坏社会主义制度。”监狱人民警察与国体的一致性,就是监狱人民警察必须是人民民主专政的工具,在组建的指导思想上,以及警察的产生、发挥作用和效果上都必须充分体现这一点。

(二)监狱人民警察的宗旨是全心全意为人民服务

《宪法》第2条规定:“中华人民共和国的一切权力属于人民。人民行使国家权力的机关是全国人民代表大会和地方各级人民代表大会。人民依照法律规定,通过各种途径和形式,管理国家事务,管理经济和文化事业,管理社会事务。”警察的体制要完全适应国家政权的体制,即警察系统机构的设置、隶属关系、权限的划分和一系列的规章制度,要和国家政权机关相适应,要有利于国家政权机关利用警察这一工具打击敌人,保护自己,以及履行相应的职能。因此,监狱人民警察必须在行动上听从指挥,服从命令,忠实执行国家的政策和法律。监狱人民警察是人民民主专政的重要工具,担负着打击犯罪、保护人民的重要职责。监狱人民警察的权力是人民赋予的,它执行人民的意志,维护人民的利益。因此,全心全意为人民服务,是监狱人民警察性质的必然要求。

由于警察具有鲜明的阶级性,因此,社会主义国家监狱人民警察与剥削阶级统治下国家的监狱警察有着明显的不同:首先,各自所维护的阶级利益不同。人民警察维护的是工人阶级和广大人民群众最根本、最长远的利益,其宗旨是全心全意为人民服务。剥削阶级国家的警察维护的是剥削阶级利益,是为少数特殊利益集团服务的。其次,专政对象不同。人民警察代表广大人民群众对敌对势力和一切敌视社会主义制度和人民民主专政政权、破坏社会主义现代化建设的敌对分子实行专政,是大多数人对极少数人的专政。剥削阶级国家的警察的专政对象是无产阶级和其他劳动人民群众,是极少数剥削者对大多数劳动人民的专政。再次,专政的目的不同。人民警察所代表的人民民主专政的目的是巩固社会主义制度,促进社会生产力的发展,加快社会主义建设,提高人民的物质和文化生活水平,最终消灭剥削制度,消灭阶级压迫,实现共产主义,因而这种专政是革命的专政。剥削阶级国家的警察所代表的剥削阶级专政的目的是维护剥削阶级的私有制,维护剥削阶级的政治统治。最后,两种警察与人民群众的关系不同。人民警察的根本宗旨是全心全意为人民服务,他们是人民的公仆和忠诚的卫士,因而必然得到人民群众的信赖和支持。剥削阶级国家的警察是压迫人民的工具,所以他们与广大人民群众是对立的。剥削阶级国家的警察为了缓和同人民群众之间的尖锐矛盾,也要做一些为公众服务的事,但这仅仅是一种统治手段和策略,归根结底还是为了维护剥削阶级的政治统治,与人民警察全心全意为人民服务的宗旨有着本质的区别。

二、监狱人民警察的法律性质

监狱人民警察的法律性质,就是由法律规定的监狱人民警察在执行刑罚过程中管理监狱、执行刑罚、进行教育改造罪犯的法律的定位。《监狱法》第 2 条规定:“监狱是国家的刑罚执行机关。依照刑法和刑事诉讼法的规定,被判处死刑缓期二年执行、无期徒刑、有期徒刑的罪犯,在监狱内执行刑罚。”第 5 条规定:“监狱的人民警察依法管理监狱、执行刑罚、对罪犯进行教育改造等活动,受法律保护。”

(一)监狱人民警察是国家的一支重要刑事执法力量

国家的刑事诉讼活动包括立案、侦查、起诉、审判、执行五大程序。从国家刑事司法活动的目的角度来看,我国刑事司法活动的根本目的是预防和打击犯罪、执行刑罚惩罚和改造罪犯,监狱人民警察担负的刑罚执行工作任务尤为重要。前面四道程序的中心任务,是抓捕犯罪人、认定犯罪、判定刑罚,而更重要的是刑罚执行。只有通过刑罚执行,才能将国家的判决落到实处,把罪犯改造成为守法的公民,实现刑罚的根本目的。刑罚执行工作是刑事司法活动中最重要的内容,是监狱人民警察所特有的。因此,监狱人民警察是国家的一支重要刑事执法力量。

(二)监狱人民警察是国家刑罚权的具体执行者

刑罚权是基于犯罪行为对犯罪人实行刑罚惩罚的国家权能。只要发生犯罪,国家就可以对犯罪人实行刑罚惩罚。刑罚权的内容包括制刑权、求刑权、量刑权与行刑权。其中,行刑权是特定机关将人民法院对犯罪人判处的刑罚付诸现实执行的权力。依照我国《刑法》和《刑事诉讼法》的规定,被判处死刑缓期 2 年执行、无期徒刑、有期徒刑的罪犯,在监狱内执行刑罚。监狱是国家刑罚执行机关,对被人民法院生效判决判处死刑缓期 2 年执行、无期徒刑、有期徒刑的罪犯,依法在监狱执行刑罚。监狱人民警察是国家刑罚权的具体执行者,代表社会主义国家依法行使警察职权,履行警察职责。

(三)监狱人民警察是监狱狱政的管理者

保障刑罚的正确执行是监狱的基本职能。狱政管理是这一职能实现的基本手段之一。所谓狱政管理,是指刑罚执行机关对在监狱内服刑的犯人执行刑罚过程中所实施的各项具体的行政管理活动。监狱人民警察是狱政管理的主体,是监狱内部事务的主要管理者,其通过对罪犯实施监管、警戒和各种行政管理活动,剥夺罪犯的人身自由,强制罪犯遵纪守法,保障刑罚的正确执行。

(四)监狱人民警察是服刑罪犯进行改造的组织实施者

监狱人民警察贯彻执行国家的法律法规,通过执行刑罚实现社会公平与正义。刑罚的目的不仅仅在于限制罪犯的人身自由,使其丧失继续危害社会的可能性,更在于转化其犯罪心理,矫正其不良行为并促进罪犯的再社会化。因此,《监狱法》明确了监狱人民警察依法开展各项改造活动的权力,保障罪犯改造的顺利实施。监狱人民警察的法定职责就是充分运用各种矫正资源组织罪犯开展一系列的改造活动,如通过思想教育、文化教育和职业技术教育,以提升罪犯的思想认知并树立正确的人生观、价值观;通过组织生产劳动,养成罪犯劳动习惯,培养劳动技能,为罪犯回归社会做好准备。因此,监狱人民警察是对服刑罪犯进行改造的组织者和具体实施者。

三、监狱人民警察的武装性质

警察和军队、法庭、监狱一样，对于敌人来说，它们首先是国家的暴力工具。警察的武装性质实质上表现了警察的暴力作用，警察以暴力维护国家的政治统治。警察配有武器警械，拥有一定的正规军事力量，拥有多种强制手段，用以维护国家的政治统治。毛泽东同志说："军队、警察、法庭等项国家机器，是阶级压迫阶级的工具。对于敌对的阶级，它是压迫的工具，它是暴力，并不是什么'仁慈'的东西。"

监狱人民警察的武装性质，就是指监狱人民警察在执行刑罚、管理监狱的过程中，按照国家的法律规定，可以使用强制的手段，可以使用警械和武器，用来维护监狱的安全，达到维护监狱安全，维护法律尊严，维护统治阶级利益的目的。监狱人民警察具有武装性质，是与它的专政工具、暴力机器的阶级性相适应的，也是与它担负的维护国家安全、维护社会治安秩序的任务和职责相适应的。

监狱人民警察的武装性质主要表现在：监狱人民警察，按照国家法律规定配备武器和警械，统一着制式服装；实行军事化或准军事化的管理和训练，具备过硬的警体素质，并开展具有警察特点的业务训练；具有集中统一的指挥系统和快速机动反应能力的战斗体制，并拥有一定武装斗争的手段。

第二节 监狱人民警察的任务

人民警察的任务，是党和国家根据人民警察的性质和职能所确定的人民警察必须进行的工作内容和必须达到的目标要求。明确人民警察的任务，是做好人民警察工作的前提。

《人民警察法》第 2 条第 1 款规定："人民警察的任务是维护国家安全，维护社会治安秩序，保护公民的人身安全、人身自由和合法财产，保护公共财产，预防、制止和惩治违法犯罪活动。"

监狱人民警察是维护社会政治稳定、保障社会治安秩序、保卫人民民主专政制度的一支重要力量。监狱人民警察与其他警种的人民警察一样，随着人民民主专政的国家政权而建立，适应人民民主专政的需要而发展壮大，尽管各自的分工不同，但他们共同承担着对人民实行民主、对敌人实行专政的政治职能。《监狱法》对监狱的职能作用和任务明确作了表述，概括归纳为监狱人民警察主要有五大任务。

一、依法管理监狱

所谓依法管理监狱，是指监狱机关和监狱人民警察依照国家的法律法规，对监狱的人、财、物等进行管理的活动。《监狱法》第 4 条规定，监狱对罪犯应当依法监管，根据改造罪犯的需要，组织罪犯从事生产劳动，对罪犯进行思想教育、文化教育、技术教育。第 5 条规定，监狱的人民警察依法管理监狱、执行刑罚、对罪犯进行教育改造等活动，受法律保护。

依法管理监狱是监狱机关和监狱人民警察的职责所在，是监狱机关和监狱人民警察的应然任务。这项任务的具体内容是：(1)依法管理监狱机关及监狱人民警察；(2)依法管理罪犯；(3)依法管理监狱的土地、资源和财产，使其不受非法侵占、破坏；(4)依法处理监狱的司法关系和其他有关关系，维护正当的权益。

二、依法正确执行刑罚

《监狱法》第 2 条规定，监狱是国家的刑罚执行机关。依照刑法和刑事诉讼法的规定，被判处死刑缓期 2 年执行、无期徒刑、有期徒刑的罪犯，在监狱内执行刑罚。依法正确执行刑罚是监狱及监狱人民警察的首要任务。执行刑罚的主体是监狱，执行刑罚的客体是罪犯，执行刑罚的内容是人民法院已经生效的裁判所确定的内容，执行刑罚的过程是从罪犯的收监到罪犯的释放，执行刑罚的直接目的是将罪犯改造成为守法的公民。

依法正确执行刑罚任务的具体内容有：(1)依照法定的对象、条件和程序将罪犯收监；(2)正确处理罪犯提出的申诉、控告和检举；(3)依照法定的对象、条件和程序，对罪犯提出减刑、假释的建议；(4)依照法定的对象、条件和程序决定罪犯的暂予监外执行；(5)依照法定的对象、条件和程序释放罪犯，协助社会做好释放人员的安置工作。

三、依法惩罚罪犯

刑罚是统治阶级惩罚罪犯的一种强制方法。所谓惩罚，是指对违反法律行为者的制裁。这里所说的惩罚，是指我国监狱机关执行人民法院对犯罪分子判处的刑罚，依法监禁关押，限制一定的自由和进行强制性的改造。只有通过对犯罪分子实施惩罚，才能使罪犯与社会基本隔离，切断犯罪诱因的刺激，使其失去在社会上继续违法犯罪的条件与可能；才能使罪犯亲身感受到国家法律的威严及不可侵犯，认识到违法犯罪理应受到惩罚；才能严厉打击狱内少数罪犯抗拒改造，维护狱内秩序的稳定。

监狱人民警察的这一任务表现为:(1)依法将罪犯监禁起来,剥夺其自由,限制其行为,使其与社会处于隔离状态;(2)剥夺或停止罪犯行使部分政治权利;(3)严厉打击又犯新罪的犯罪分子。

四、依法改造罪犯

我国的监狱工作始终坚持惩罚与改造相结合、以改造人为宗旨的工作方针,把罪犯改造成为守法公民是根本目的。对罪犯实施惩罚,并不是单纯为了惩罚而惩罚,而是在惩罚的前提下,通过必要的手段,消除罪犯的犯罪思想,使其改掉恶习重新做人。将罪犯改造成为新人,是监狱机关及监狱人民警察的最重要的任务。监狱人民警察不仅要对罪犯进行监管,而且要对罪犯进行思想教育、文化教育和技术教育,以使其成为拥护社会主义制度的守法公民和社会主义建设的有用之才。因此,监狱人民警察有"特殊园丁"之称。

对罪犯进行改造的手段包括:(1)通过政治理论学习和政治活动熏陶,使罪犯树立爱国、爱党之心,感恩国家,进而从思想上、情感上认同党的领导,树立正确的世界观、人生观、价值观。(2)通过监管改造手段,强迫罪犯服从监管,遵守监规纪律。(3)通过教育改造手段,对罪犯进行"攻心",使其转变思想,塑造健康人格。(4)发挥文化改造规范、自律、熏陶和导向的良性作用,使社会主义核心价值观入脑、入心。(5)通过劳动改造手段,以矫正罪犯好逸恶劳的恶习,培养谋生技能为目标,坚持劳动改造的非营利性,不断提高罪犯的素养和劳动技能,将罪犯改造成为有正确劳动观念、有良好劳动习惯、有谋生劳动技能的合格劳动者。

在新时代,监狱机关及监狱人民警察正在积极探索社会环境和押犯构成出现重大变化背景下的罪犯改造工作的特点和规律,不断完善政治、管理、教育、文化、劳动等改造手段,充分发挥心理咨询、心理矫治在罪犯改造中的重要作用,努力实现罪犯改造工作的科学性、系统性、针对性和有效性,不断提高罪犯改造质量。

五、依法组织罪犯生产劳动

劳动改造是我国监狱改造罪犯的法定手段,具有鲜明的中国特色。劳动改造需要通过监狱人民警察组织罪犯进行生产劳动来实现。《监狱法》第 69 ~ 72 条对罪犯参加劳动有明确的规定。监狱组织罪犯进行生产劳动,使其矫正恶习,养成劳动习惯,学会生产技能,并为释放后的就业创造条件。同时,作为一种管理和改造手段,监狱通过科学、合理地组织罪犯开展生产劳动,有助于罪犯树立正确的劳动观、价值观、人生观。

第三节 监狱人民警察的作用

一、监狱人民警察的政治作用

监狱人民警察的政治作用是由监狱人民警察的性质和在国家中的法律地位决定的。在我国,监狱人民警察是人民意志的忠实执行者和捍卫者。

(一)维护国家安全和政权的巩固,捍卫社会主义制度

监狱人民警察作为人民民主专政的工具,其特性和使命决定了自己必须发挥这一重大的政治作用。警察是保障国家安全的暴力工具。国家赋予警察特殊的权力,警察依靠特殊的职权和强制力,对威胁国家政权、违背统治阶级意志的敌对势力和人员实施坚决的镇压和制裁。这充分体现了警察在国家政治生活中的专政职能。在新的历史时期,虽然阶级斗争不是国内的主要矛盾,但阶级斗争在一定范围内还存在,国外敌对势力亡我之心不死,国内危害国家安全、妄图颠覆政权、分裂国家、破坏统一、策划暴乱、叛变投敌等犯罪活动时有发生,对这些犯罪分子判处刑罚投入监狱以后,监狱人民警察对他们实施有效的关押改造,从而在维护国家安全方面发挥重要的保障作用。

(二)维护社会秩序,促进社会和谐发展

党的十九大指出,“经过长期努力,中国特色社会主义进入了新时代,这是我国发展新的历史方位”。从十九大到二十大,是“两个一百年”奋斗目标的历史交汇期,正是我国转变发展方式、优化经济结构、转换增长动力的攻关期。监狱人民警察通过自己管理职能的发挥,确保国家安定和社会政治稳定,在全面建成小康社会、促进社会和谐发展中发挥着重要作用。一是做好监狱工作,提高罪犯改造质量,减少社会不和谐因素、促进社会和谐;二是确保监狱安全稳定,减少和预防犯罪、维护社会稳定;三是完善刑罚执行制度,保障司法公正、促进社会公平正义;四是提升监狱工作水平,推进司法行政工作改革发展。

(三)预防、制止和惩治违法犯罪,保障新时代中国特色社会主义建设的顺利进行

严厉打击各种违法犯罪活动,是警察力量在社会管理活动中职能的具体体现,是国家维护社会安定、维护正常的工作秩序和生活秩序的重要手段。作为和平时期维护国家政治稳定、社会长治久安的重要力量,作为维护法律、诠释法律的执行

者，监狱人民警察执行刑罚、惩罚改造罪犯的工作，将罪犯改造成为守法公民，创造良好的社会面貌及社会环境，从而为保障新时代中国特色社会主义建设的顺利进行作出自己应有的贡献。监狱人民警察要切实增强责任意识、大局意识，坚定地做中国特色社会主义事业的建设者和捍卫者，巩固党的执政地位，巩固国家政权，维护国家长治久安。

二、监狱人民警察的社会作用

监狱人民警察的社会作用，是指通过监狱人民警察的职能发挥所起到的社会效果，主要表现为对社会主义精神文明和物质文明建设的作用。

（一）对罪犯思想的改造，有利于社会主义的思想道德建设

向社会输送合格公民，是社会主义精神文明建设的根本任务，也是监狱机关改造罪犯的奋斗目标。罪犯投入监狱以后，监狱人民警察对他们进行理想、前途、法治、纪律、道德、文化、劳动等方面的教育，既改造罪犯旧的思想道德观念，又培育新的思想道德；既矫正不良的行为习惯，又培育新的生活方式。这样，使他们通过改造成为拥护社会主义制度的守法公民和建设社会主义的有用之才。他们重返社会之后，就能够以新人的精神风貌投身于社会主义精神文明和物质文明的建设。这种经过特殊加工的人才，重返社会后所带来的社会影响，对于徘徊在违法犯罪道路十字路口的人，无疑是一个良好的教育，促使他们改邪归正，弃恶扬善，重新做人。这种“浪子回头”的教育作用，是其他社会教育代替不了的。

（二）组织罪犯生产劳动，丰富了社会主义物质文明建设的内容

在服刑期间，劳动这种习艺方式对罪犯的改造有三大好处：一是积累了罪犯的劳动技能；二是培养了劳动价值观；三是创造了物质财富。罪犯在服刑期间，通过劳动这种手段，创造物质形态的劳动成果，从而获得相应的报酬，他们一方面享受劳动的欣喜，另一方面获得了劳动的回报，促使他们理解自身的创造对社会的贡献度，使他们认识到他们的成果成为社会累积财富的一部分，自己也成为物质文明建设中的一分子。

（三）对罪犯的关押和改造，有利于保卫社会主义“两个文明”建设

犯罪分子不仅是精神文明建设的消极因素，而且是物质文明建设的破坏者。监狱机关及其人民警察依法将他们关押起来进行惩罚和改造，使人民群众增加了安全感，可以集中精神投身于社会主义“两个文明”建设。

三、监狱人民警察的法律作用

（一）特殊预防作用

特殊预防，是指通过适用刑法对犯罪的人进行惩罚改造，预防他们重新犯罪。特殊预防的基本内容之一就是剥夺犯罪分子继续实施犯罪行为的能力和条件，排除犯罪对社会的侵害。我国监狱人民警察通过行使刑罚权，使绝大多数犯罪人在一定期间内与社会处于基本隔离状态，这样可以切断犯罪诱因对罪犯的刺激，也可以使罪犯丧失在社会上继续进行违法犯罪的条件。同时坚持“惩罚与改造相结合，以改造人为宗旨”的监狱工作方针，在罪犯服刑期间，对其进行改造，改造犯罪思想，矫正不良恶习，培养新的品质，将罪犯改造成为守法公民，使其不致再危害社会。

（二）一般预防作用

一般预防作用包括以下三个方面：(1)监狱人民警察通过对罪犯的惩罚，警告和震慑社会上试图违法犯罪的“危险分子”，从而使他们畏惧法律，悬崖勒马，迷途知返，不去犯罪；(2)监狱人民警察通过对罪犯的惩罚，使犯罪的受害者心理得到一种补偿和平衡；(3)监狱人民警察通过对罪犯实施惩罚与改造，对社会上广大群众是一种法治教育，从而鼓舞人民群众同违法犯罪行为作斗争，促进社会治安综合治理。

第四节　监狱人民警察的历史沿革

一、监狱人民警察称谓的演化

（一）中国古代监狱警察的称谓

中国古代警察制度的一个重要特点是无警察之名，却行警察职能之实。从奴隶社会到封建社会的各个朝代设立的监狱机构及其官吏，虽然多寡不等，名称不一，没有正式形成警察或警察机关，但实际上他们均行使了监狱警察的职能。

从原始社会到第一个奴隶制国家的确立有一个过渡时期。这个时期是传说中的黄帝时代，经尧、舜、禹直至夏朝的建立，在这个过渡时期里，产生了承担监狱警察职能的官员——士。士掌管军事和狱讼，在军事方面包含边防警察的职能；在刑法方面包含刑侦和狱警方面的职能。据《尚书·舜典》记载，舜对皋陶说：“蛮夷猾夏，寇贼奸宄，汝作士，五刑有服，五服三就；五流有宅，五宅三居，惟明克允。”在这里，士很显然要兼任对外防御和对内刑罚的两种职责。

夏朝警察职能由司徒、司马和士来行使，这时兵刑逐渐分离，司马掌管军事，司徒掌管民事，士专管刑侦和监狱事务。由此可见，中国古代萌芽状态的警察职能寓于行政、军事和司法三种职能之中，这也体现了我国古代警察制度的另一个特点——兵刑不分、政警不分。商朝监狱制度有所发展，监狱警察职能是夏朝的延续，执行刑侦和狱警任务的是夏朝延续下来的“士”。西周时期，专门执掌刑狱和纠察的官员称为司寇。夏朝兼管兵刑的“士”在西周成了司寇的属官。

春秋以后，警察职能在国家中的地位和作用不断得到强化和提高，分工也越来越细。据《周礼》记载，类似于今天监狱警察的主要是司厉、司隶、司寰、掌囚和掌戮。其中，司厉掌管没收盗贼所用的兵器和盗取的财物，并把他们充作奴隶；司隶掌管奴隶、俘虏，负责劳役，捕捉盗贼；司寰掌管监狱和刑罚；掌囚负责监守盗贼；掌戮主要是负责死刑的执行和墨、劓、刖、宫刑的执行。由此可见，监狱管理人员的职能逐渐专门化了，警察职能有了很大的发展。

从秦朝至魏晋南北朝时期，中央机关设立三公九卿。九卿中的廷尉，既是全国的司法长官，又是中央司法机关的官署的名称。廷尉“掌刑辟”，负责审理皇帝交办的案件和地方移交的案件，也负责监狱的管理。秦朝监狱管理人员一般称狱吏，狱吏之下还有令史。汉承秦制，仍设廷尉为全国的最高司法机关，廷尉之下设有廷尉昭狱。汉朝除了廷尉之外，御史中丞、尚书令也握有司法权和典狱权。汉代的监狱管理人员也称为狱吏，又称为司空。魏晋南北朝的司法机关与监狱管理人员的管理制度基本沿袭汉制。

隋朝的司法制度基本沿袭魏晋旧制，在中央是大理寺、刑部、御史台三大司法机关。隋朝地方司法机关仍与行政机构统一，设县、州、郡三级政权，县令、刺史、太守均兼理司法和监狱。唐朝仍沿袭隋制，中央监狱初置于御史台，后改归为大理寺，称大理寺狱。唐大理寺狱由卿、少卿兼理狱事，并设有主管狱事的狱丞。狱丞是掌管在押犯的主要官员。此外，刑部尚书也兼理徒隶囚禁之事。御史台狱由御史大夫、御史中丞和监察御史分别兼理绝讯囚徒之事。其中，典狱是专职管理在禁囚犯的官员。

宋朝是封建专制主义中央集权高度发展的朝代。宋朝中央的典狱管理制度，在大理寺狱设卿、少卿、丞等专任官吏。御史台是行刑机关，也设有御史台狱，并设推置官专治狱事。宋朝的监狱官吏有狱掾、推吏、典狱官等。辽、金、元时期，监狱设置混乱，狱政管理野蛮残暴，阶级压迫、民族压迫突出，监狱人员的管理制度也趋于杂乱无章。明朝中央司法机关设在刑部、大理寺和都察院，监狱设在刑部和都察院，大理寺不设监狱。刑部和都察院均设司狱司，并有专职的司狱官吏。明朝在京、府、州、县均设狱，作为地方监管监狱的机构和官吏。

中国古代称狱为监，开始于明代，到了清朝，将监和狱合起来，称为监狱。

清代的监狱管理人员分为有狱官和管狱官两类。有狱官包括京师的刑部提牢司员，地方的按察使、知府、州官、厅官、县官等。这些官吏有统辖监狱之权，无管监狱之责。管狱官包括京师的刑部司狱，地方的按司狱、府司狱、吏目、典吏等，他们是管理监狱的专任官员。监狱内部的具体管理人员称司狱官典、提牢官、狱卒。

从以上内容可以看出，设置多头、体系杂乱是我国古代狱制的一大特点，加之司法和行政权的合一，使得我国古代的狱制一方面逐步相对完善，另一方面是治狱实践的专横暴虐，两者的严重脱节反映了封建狱政的黑暗、腐败。

（二）中国近现代监狱警察称谓的变化

中国近代监狱史一般是指从1840年鸦片战争开始至1919年的“五·四”运动为止。现代监狱史一般是指从1919年开始至1949年中华人民共和国成立为止。由于政权更迭频繁和帝国主义的入侵，近现代中国监狱的情况极为复杂，它经历了清末监狱改良、北洋军阀、国民党统治和革命根据地四个时期。

1. 1840年鸦片战争之后，资本主义列强侵入中国，监狱的设置和管理发生了重大变化，最突出的表现就是在租界内和侵占地区设立了由外国人自己管理的监狱。监狱内部设有正狱吏、副狱吏、欧洲巡士等职。正狱吏是住宿监狱人员的领袖，副狱吏协助正狱吏行事，女监长主要负责女监事务、巡查女监。

清政府在内外交困中被迫实行“新政”，在“新政”中，资产阶级改良人物、清末修订法律大臣沈家本提出了关于监狱改良的主张，并创制了中国监狱的第一部法典《大清监狱律草案》。沈家本主张效仿外国，培养监狱专官。随后在张之洞设立的湖北模范监狱中，效仿日本，设典狱官一员，秩视通判；副狱官一员，秩视州判，作为差使，择人应派；案牍科、守卫科、工业科各一员，曰课长；书记生八，教诲师二，内外科医官各一。

2. 北洋军阀政府在清政府监狱的基础上，建立了较为完备的监狱组织机构，沿用清末制定的各种法律制度。北洋军阀政府的监狱管理人员由典狱长、看守人、候补看守人、教诲师、教师、医士、药剂师、技师、看守等组成。

3. 国民党统治时期，司法行政部设监狱司，统一掌管全国监狱一切事务。国民党监狱分旧式监狱和新式监狱。旧式监狱是指各县监狱沿用的清朝监狱。新式监狱多指首都和省会、重要城市的监狱，新式监狱设典狱长1人，统管全监事务。旧式监狱设管狱员，在县长的直接指挥下掌管监狱的事务，下设医士、主任看守、男女看守、所丁长及男女所丁。

国民党的看守所也经常监禁犯人，实际上也是监狱。看守所隶属高等以下各级法院。看守所设所长1人，领导全所并掌理全所事务，其下有医士、主任看守和看守等职。

国民党的军人监狱是为了监禁被判处刑罚和拘役的军人而设立的专门监狱，隶属于军政部。军人监狱分为中央军人监狱和各省军人监狱两种。军人监狱设监狱长1人，总理全监事务，以下分3科2所，同普通监狱，但监狱官吏全系现役军人，一律授予军职。

国民党的反省院是国民党中央和各省党部直接操纵和指挥的法西斯监狱，被称为特殊监狱，其主要任务是监禁和迫害共产党及革命者。反省院设院长1人，统理全院事务，其下设总务、管理、训育3科，每科设主任1人，助理员若干人。

4. 根据地的监狱与旧监狱相比，性质是完全不同的，根据地监狱是维护工农民主政权的工具，而不是剥削阶级镇压劳动人民的工具。

抗战时期，随着抗日民族统一战线政权的建立，各抗日民主政权的监狱也陆续建立。这个时期主要的监狱组织是看守所和监狱。抗战时期的看守所分两级，一是高等法院看守所，二是各县看守所。高等法院看守所设所长和看守员，服从法院院长的领导。各县看守所隶属于县司法处领导，看守所设所长1人和看守员若干人。

抗战时期民主政权的监狱分两级：一是高等法院监狱；二是行政监察专员公署高等法院分庭监狱。高等法院监狱一般工作人员为8人，其中典狱长1人，典狱员3人，看守员4人。陕甘宁边区政府所管辖的各边区专员公署所在地，设置高等法院分庭监狱，并设分监1所，设典狱员1人，在分庭庭长领导下，负责犯人的具体管理和教育。

解放战争时期，为了适应新形势下惩治改造犯罪分子的需要，迅速建立了新的监狱管理机构。这种新型的监狱管理机构一般设典狱长1人，其下设若干科室：总务科、管理科、教育科、生产科。这一时期，人民民主专政政权还对监狱形式进行了新的探索，先后创办了管训队、劳动改造队等。管训队是对国民党反革命骨干分子进行集中管教和审查的临时机构，设队长、指导员、干事、预审员等。

近代以来的监狱警察及其相关机构、职能的变化，与国家的命运紧密相连，体现了西方法治思想的影响以及民族国家的对立和阶级对立。

（三）中华人民共和国成立后监狱人民警察称谓的变化

中华人民共和国成立后，中国的监狱统称为劳动改造机关，包括看守所、监狱、劳动改造管教队、少年犯管教所。1950年，经周恩来总理核准，将警察统一命名为中国人民警察，简称“民警”。1950年年底，中央决定将全国监狱和劳改队划归公安部门领导和管理，此后，人们也常将劳改工作干部称为“劳改工作民警”或“劳改民警”。1995年2月28日，第八届全国人民代表大会常务委员会第十二次会议通过了《人民警察法》，其中第2条第2款规定：“人民警察包括公安机关、国家安全机关、监狱、劳动教养管理机关的人民警察和人民法院、人民检察院的司法警察。”该规定进一步明确了监狱人民警察的法定称谓并明确规定了各类警察不同的分工，行使不同的警察权力。监狱人民警察的称谓是对我国监狱管理人员法定的、规范的称谓，此后，“劳改工作干部”“劳改工作民警”的称谓退出历史舞台，由规范的、法定的、统一的“监狱人民警察”称谓所取代。

二、监狱人民警察的创立和发展

（一）从1950年至1966年，中华人民共和国监狱人民警察创建时期

中华人民共和国成立以后，一方面，要继续打击和消灭国民党的残余势力；另一方面，中华人民共和国要进行全面的国家建设，提高人民的生活水平。但是，一些隐藏的反革命分子不甘心自己的失败，继续进行种种破坏和捣乱。他们有的破坏工厂、铁路、烧毁仓库、抢劫粮食、财物、散布致使社会不稳定的谣言；有的甚至组织骚乱，袭击、围攻基层人民政府，残杀革命干部和群众中的积极分子。针对这种社会形势，1950年10月，中共中央发布了《关于镇压反革命活动的指示》，要求从12月开始，在全国范围内大张旗鼓地开展镇压反革命运动。随后，又在党和国家机关内部开展了“三反”运动，在资本主义工商业者中开展了“五反”运动。中华人民共和国成立初期开展的这些政治运动必然导致两个方面的结果：一方面，粉碎了阶级敌人的破坏活动和复辟阴谋，极大地提高了广大人民群众的政治觉悟和生产积极性，从而巩固了新生人民民主专政的政权。另一方面，对于通过清匪反霸和政治运动从各个部门、各个角落清理出来的反革命分子、各种犯罪分子如何处理，成了当时一个很大的社会问题，引起了党中央领导的高度重视。这些人不仅数量大，而且危害性也大，如果处理不好，容易引发重大社会问题。这就是20世纪50年代初期我国创建劳改工作的历史背景。

自解放区创建监所至解放战争时期的劳改队，监所一直归司法部门领导，在几十年的实践中，他们不仅为后来的监狱工作奠定了基本模式和经验，而且取得了巨大成绩。1950年11月，为了适应中华人民共和国成立初期国内政治斗争形势与斗争任务的需要，中央人民政府首先从管理体制上作出了关于加强人民司法工作的指示，指出：“关于监所管理，目前一般宜归公安部门负责，兼受司法部门指导，由省

以上人民政府依各地具体情况适当决定之。”从而改变了长期以来监所归法院和司法领导的管理体制。随后,公安部、司法部于1950年11月11日联合作出决定,将全国监所划归公安部门领导和管理。

1951年5月15日通过的《关于组织全国犯人劳动改造问题的决议》(以下简称《决议》)指出:“现在全国各地羁押的反革命犯和普通犯……这是一个很大的劳动力。为了改造这些犯人,为了解决监狱的困难,为了不让判处徒刑的犯人坐吃闲饭,必须根据惩办与改造相结合的原则,并适应全国各项建设的需要,立即着手制订通盘计划,组织劳动改造工作。凡有劳动条件的犯人,应一律强迫其参加。”毛泽东同志亲自修改和审定了决议,明确提出,大批应判徒刑的犯人,是一个很大的劳动力,为了改造他们,为了解决监狱的困难,为了不让判处徒刑的反革命分子坐吃闲饭,必须立即着手组织劳动改造的工作。凡已有这一工作的地区,应在原有的基础上加以扩大。主要的办法是由县一级、专署一级、省一级、大行政区一级和中央一级,共五级,分工负责,划分人数,指拨经费,调配干部和管押的武装部队,组织犯人劳动,从事大规模的水利、筑路、垦荒、开矿和造屋等生产建设事业。至此,我国创建劳改工作的蓝图基本形成并随后立即着手创建。伴随劳改工作的创建,监狱人民警察也进入创建和发展的新的历史时期。因此,监狱人民警察的创建应始于1951年。

在中华人民共和国监狱工作初创时期的监狱人民警察,为中华人民共和国的监狱工作作出了无私的奉献。1954年8月26日,政务院政治法律委员会副主任罗瑞卿在政务院第二百二十二次政务会议上作的《关于〈中华人民共和国劳动改造条例〉(草案)的说明》中指出:“几年来全国各地劳动改造机关,在各级人民政府领导下,遵照毛主席在《论人民民主专政》中的指示和《共同纲领》第7条的规定,贯彻执行了‘惩罚管制与思想改造相结合’、‘劳动生产与政治教育相结合’的正确方针,因而在劳动改造罪犯的工作上取得了很大的成绩。”

在中华人民共和国监狱工作初创时期,党和国家对于监狱人民警察队伍建设也给予了高度重视。在劳动改造罪犯工作大规模开展起来后,监狱管理人员不足的问题凸显出来。在第三次全国公安会议通过的《决议》中对此采取了两项措施:(1)调配劳动改造工作管理机构的工作人员,决定在各级公安部门内增设专门管理的机构。对于大行政区、省、专署、县各级公安部门内增设的劳动改造工作管理机构,《决议》指出,此项干部,应由地方党委从前述5%的比例数字内,或县原有干部名额中,调配之。(2)调配劳动改造队的干部。《决议》提出,专署以上劳动改造队的干部,按犯人总数的3%~5%,由各该级党委自行调配。此项干部,可以“荣军”和地方及公安干部为骨干并吸收一部分新旧知识分子组成之。其供给,应按军队干部待遇。对于劳改生产企业,《决议》提出,必须健全与加强各级劳改机构,充实劳改生产企业的干部,以适应大规模开展劳改工作的需要。各级公安部门应依靠党委抽调一批得力干部为骨干,补充一批部队转业干部、纯洁的青年知识分子和必要的技术干部,以改变目前量少质弱的状态。当时的监狱工作一律称为劳改工作,监狱管理干部一律称为劳改工作干部,后来由于干部配备人数较少,工作不够用,又从监狱内部的工人和其他部门抽调来一批不具有干部身份的人,也参与到监狱管理工作中,身份上可以转警,但不能转干,所以后来"劳改工作民警"的称谓沿用了很长时间。在待遇上,中华人民共和国成立初期,监狱干部享受供给制,20 世纪 50 年代中期以后改为薪金制。在干部管理及机构建制上,按军事组织设立小队、中队、大队、支队、总队,并建立政治工作机构和政治人员,实行军事化管理制度。

1954 年 9 月,我国政务院颁布了《劳动改造条例》,劳改工作开始向规范化、法治化轨道发展。同年 10 月,为配合《劳动改造条例》的深入学习,公安部作出了关于 1954 年冬季在劳改单位中进行干部政治整训的指示,各劳改单位普遍开展政治整训。整训的对象主要是干部,但对于一般工作人员(工人、勤杂人员等)也要有计划地进行政治教育。政治整训的主要内容是,结合《宪法》和《劳动改造条例》的学习,系统地进行关于过渡时期的阶级斗争形势和当前敌情的教育,进一步提高全体干部和工作人员的社会主义觉悟,加强敌情观念;克服骄傲自满情绪及其他资产阶级思想;充分认识劳改工作的重要性、长期性和艰苦性;认真进行政策教育,进一步熟悉劳改工作的各项政策,对本单位的狱政和管教工作切实加以整顿和改进。

20 世纪 50 年代中期以来,我国劳改工作布局基本形成,随着《劳动改造条例》的颁布,劳改工作的各项管理工作也在逐步加强。到了 20 世纪 50 年代末期,大批部队转业干部充实到劳改单位,从干部队伍来说,整体素质有所提高。1957 年颁布了《人民警察条例》(现已失效),对人民警察的职责、权限、纪律、处分等均以法律的形式作出了明确具体的规定,标志着中华人民共和国人民警察制度的正式确立。从 20 世纪 50 年代中期至 60 年代中期,劳改工作民警非常重视制度建设,各劳改单位都结合自身情况,按照国家法律和上级要求制定了具体制度纪律。如著名的抚顺战犯管理所当年制定有与"三大纪律八项注意"相似的本所的"三大纪律、八项注意",有的单位还有规定更为细致的规则,如《严禁民警打骂体罚犯人的规定》《民警保持廉洁的规定》《接受礼物的处理办法》《党员民警必须严格遵守的十条规定》,等等。1962 年公安部制定并通知各地普遍试行的《劳动改造管教队工作细则》(试行草案)第 55 条又规定了劳改工作民警的六不准纪律,对劳改工作民警提出了普遍的纪律准则。20 世纪 50 年代中期至 60 年代中期的这 10 年间,随着我国劳改事业的发展,劳改工作民警的队伍建设、整体素质也有了一个明显的提高和发展。

(二)从1966年至1976年,监狱人民警察遭受迫害和曲折发展时期

在"文化大革命"中,林彪、江青"反革命集团"污蔑中华人民共和国成立17年来劳改工作执行了"反革命修正主义路线",否定劳改工作的方针、政策,否定劳改工作的伟大成就。在"砸烂公、检、法"的反动口号下,大批劳改单位和劳改领导机关被砍掉,致使劳改单位在10年中减少一半,耕地面积丧失了60%,固定资产大量流失。劳改机关的领导干部被打成"走资派""叛徒""特务""反革命修正主义分子",许多干部、知识分子被迫害致死、致残,大批骨干力量被调离、下放或安排到边远农村插队。但是,广大劳改工作干部在十分艰难的情况下,仍然坚守岗位,抵制逆流,尽量减少损失,努力保持监狱、劳改场所的秩序稳定,在生产方面也作出了一定的贡献,表现了监狱人民警察高度的责任感和事业心。

(三)从1976年至1979年,监狱人民警察恢复和整顿时期

1976年粉碎"四人帮"以后,我国监狱工作进入了一个拨乱反正和恢复整顿的新时期,开始了深入揭发批判林彪、"四人帮"反革命集团破坏劳改工作的罪行。在这一时期,军管撤出,劳改机关协同法院复查平反了大量的冤、假、错案,许多被调出的劳改工作干部调回原单位,继续开始工作。落实了劳改干部政策,为受迫害的干部平反昭雪,恢复名义,还整顿了监管改造秩序,调整监所布局。恢复了被撤掉的各级劳改工作管理局,恢复了中华人民共和国成立以来行之有效的监狱工作制度,恢复了正常的监狱工作秩序。通过3年的拨乱反正和恢复整顿工作,广大监狱人民警察又以新的面貌和姿态重新投入工作,迎接新的任务。

(四)从1980年至党的十八大,监狱人民警察规范化发展时期

这一时期,监狱人民警察从队伍建设、法律地位以及工作状态进入一个全新的发展阶段。

1981年2月,公安部、财政部下发了《关于劳教、劳改工作干部着民警服装问题的通知》,对劳改工作干部的着装范围、标准、管理及供应和费用作出了统一规定,从而结束了劳改工作干部着装不统一的历史。1981年8月,在北京召开了第八次全国劳改工作会议,形成了中华人民共和国监狱史上承前启后、拨乱反正的重要文件——《第八次全国劳改工作会议纪要》,提出了新时期劳改工作出现的新问题、新情况、新任务和新措施。并强调指出:要加强民警队伍建设,建立一支事业心强、讲政策、懂业务,善于做思想改造工作和善于管理劳改生产和劳改工作的队伍。第八次全国劳改工作会议是中华人民共和国监狱史上的一个重要转折,从此,人们开始了在改革开放的新形势下深刻认识劳改工作的新形势、新特点和新任务。1982年2

月，公安部颁布了《监狱劳改队管教工作细则》，为监狱人民警察的工作提供了较为完备的法律依据。

1983 年，随着我国法治化建设的深入和发展，中央作出了将劳改、劳教工作由公安部移交司法行政部门管理的决定，同年，公安部、司法部作出了《关于贯彻执行中央将劳改、劳教工作移交给司法行政部门管理的若干规定》。该规定指出，劳改、劳教工作管理体制的改革，是政法工作的一项重大改革。这项改革，有利于健全社会主义法治，按照党和国家关于领导机构适当分权的精神，实行由公安机关负责侦查、拘留、预审，由司法行政机关负责改造。这样的管理体制，有利于完善我国的司法制度，有利于加强对劳改、劳教工作的领导。公安机关过去由于任务繁重，往往兼顾不及，移交给司法行政机关后，可以将劳改、劳教工作摆到重要位置上，加强改造教育工作。同时，该规定还指出："中央决定劳改、劳教工作移交司法行政部门管理后，从事这项工作的干部、民警仍然是人民警察，着装、岗位津贴和工资待遇一律不变，不得降低。警服及其他公安装备的供应渠道不变。"

1983 年劳改机关领导体制的改革，是中华人民共和国监狱史上的一件大事。此后，司法部坚决贯彻中央指示精神，结合我国改革开放的新形势，先后在改造、生产领域进行了一系列改革，特别是在民警队伍建设方面，颁布了一系列法规和纪律规定，如 1991 年颁布的《劳改劳教工作干警行为准则》。

进入 20 世纪 90 年代以后，监狱人民警察的规范化发展进入一个新阶段。从 1992 年开始，监狱人民警察陆续授衔；1993 年国家颁布了《国家公务员暂行条例》（现已失效），监狱人民警察被列入国家公务员序列；1994 年 12 月，颁布了《监狱法》，这是我国监狱史上具有划时代意义的大事，该法明确规定"监狱的管理人员是人民警察"，监狱人民警察的经费以及其他必须的生产设施和生产经费列入国家预算，监狱人民警察依法执行职务，受法律保护等；1995 年 2 月颁布了《人民警察法》，从人民警察的性质、任务、义务和纪律、组织管理、警务保障、执法监督、法律责任等方面规定了一系列法律条款；1996 年 10 月司法部专门颁发了《监狱劳教工作人民警察政治工作条例》。这些重要法律法规的颁布与实施，对监狱人民警察的建设和发展起了一个强有力的推动作用。之后，国家又相继提出了从严治警和从优待警的要求，一方面在执法规范性、警察纪律等方面加大了对监狱人民警察管理的力度；另一方面从政治上、生活上提高了监狱人民警察的各种待遇，尽量减少监狱人民警察工作上的后顾之忧，保证了监狱人民警察以高度的热情和旺盛的精力投入执行刑罚、改造罪犯的艰巨工作中。

1995 年，司法部提出了建设现代化文明监狱的战略目标。为了实现这一战略目标，十分重视监狱人民警察的素质教育和规范化管理。加强了对全国司法警官院校为基地的民警培训网点的管理，有效地提高了监狱人民警察队伍的政治素质和业务素质；引进了一大批适合监狱工作需要的各类专业人才，大大改善了监狱人民警察的知识结构。为了适应新形势下监狱工作的需要，司法部非常重视各级监狱人民警察机关的领导班子建设，对各级领导班子建设提出了一系列具体要求。近几年，司法部按照党中央、国务院关于人民警察队伍建设的一系列要求，紧紧围绕深入推进社会矛盾化解、社会管理创新、公正廉洁执法三项重点工作，先后出台了一系列关于加强监狱人民警察队伍建设的制度和规定，制定了队伍建设的规划纲要，科学规划，精心实施，常抓不懈，大力加强监狱人民警察队伍建设，努力建设一支政治坚定、业务精通、作风优良、执法公正的人民警察队伍。监狱系统各部门，结合各自的实际，坚持从严治警，依法管警，从优待警，狠抓监狱人民警察队伍的思想政治建设、业务建设、组织建设和作风建设，加强队伍的科学规范管理，开展各类争先创优活动，涌现出了一大批忠于职守、严格执法、无私奉献、可歌可泣的先进集体和典型人物，监狱人民警察队伍建设和发展进入了崭新阶段。

（五）从党的十八大至今，监狱人民警察全新发展时期

党的十八大以来，以习近平同志为核心的党中央高度重视政法工作队伍建设，提出全国政法机关要全面贯彻落实党的十八大精神，坚持依法治国基本方略，以党和国家工作大局为重，以最广大人民利益为念，切实肩负起中国特色社会主义事业建设者、捍卫者的职责使命。2014 年 1 月，习近平出席中央政法工作会议并发表重要讲话。讲话中强调，政法战线要旗帜鲜明坚持党的领导。坚持党的领导，就是要支持人民当家作主，实施好依法治国这个党领导人民治理国家的基本方略。既要坚持党对政法工作的领导不动摇，又要加强和改善党对政法工作的领导，不断提高党领导政法工作能力和水平。习近平强调，我们的政法队伍主流是好的，是一支听党指挥、服务人民、能打硬仗、不怕牺牲的队伍，是一支党和人民完全可以信赖的有坚强战斗力的队伍。各级党委和政府要认真落实从优待警的政策措施，帮助干警解决实际困难。要按照政治过硬、业务过硬、责任过硬、纪律过硬、作风过硬的要求，努力建设一支信念坚定、执法为民、敢于担当、清正廉洁的政法队伍。这一讲话精神为监狱人民警察的建设发展指明了新方向，提出了新要求。

随后，监狱系统各部门，结合各自的实际，坚持从严治警，依法管警，从优待警，狠抓监狱人民警察队伍的思想政治建设、业务建设、组织建设和作风建设，加强队伍的科学规范管理，开展各类争先创优活动，涌现出了一大批忠于职守、严格执法、无私奉献、可歌可泣的先进集体和典型人物，监狱人民警察队伍建设和发展进入了

崭新阶段。

党的十九大以来，司法部认真贯彻党中央决策部署，坚持一手抓当前、一手谋长远，为维护改革发展稳定大局作出了重要贡献。在队伍建设上，明确提出要坚持以新时代中国特色社会主义思想为指导，坚持党对监狱工作的绝对领导，坚持以人民为中心的发展思想，加快推进监狱治理现代化，加快推进监狱全面深化改革，加快推进监狱警察队伍革命化、正规化、专业化、职业化建设，忠诚履职尽责，勇于担当作为，锐意改革创新，履行好维护国家政治安全、确保社会大局稳定、促进社会公平正义、保障人民安居乐业的职责任务。在全面推进依法治国和贯彻学习习近平法治思想的新时代，监狱人民警察队伍建设要将坚持依法治国、依法执政、依法行政共同推进，坚持法治国家、法治政府、法治社会一体建设作为基本遵循。不断增强“四个意识”、坚定“四个自信”、做到“两个维护”，深入开展政法队伍教育整顿，努力建设一支党和人民信得过、靠得住、能放心的监狱警察队伍，不断谱写监狱事业发展新篇章。

案例一

毛泽东曾在《论人民民主专政》一文中写道：“军队、警察、法庭等项国家机器，是阶级压迫阶级的工具。对于敌对的阶级，它是压迫的工具，它是暴力，并不是什么‘仁慈’的东西。”

目前，面对“囚权”呼声很高的监狱管理过程，个别的监狱人民警察产生了迷惑：警察的威严哪里去了？对待罪犯，我们不要“暴力”了吗？对待罪犯，我们不讲“镇压”了吗？为什么我们要“仁慈”地对待伤害过人民的罪犯？

讨论：对个别监狱人民警察的这种疑惑，你是如何看待的？毛泽东的话很明确地定位了警察阶级属性的本质，难道警察的阶级性丧失了现实的意义了吗？

案例二

社会对监狱人民警察并不了解，有人说：监狱人民警察是个被社会遗忘了的职业；有人说：警察也是有级别的，监狱人民警察就不如公安机关的人民警察，监狱人民警察是被歧视的警种；有人说：监狱人民警察和犯人一样，都被关在一面高墙之内，没有自由。

讨论：这些从网上搜集的各种言论，对监狱人民警察的身份和地位产生了怀疑和不屑，面对这样的评语，你如何看待监狱人民警察的地位和作用呢？

拓展学习

学习《人民警察法》第一章总则部分，了解人民警察的种类、性质和任务；学习《监狱

法》,明确监狱人民警察的地位和任务。(详见附录)

本章参考文献

[1]吴宗宪:《监狱学导论》,法律出版社2012年版。

[2]白焕然、薛兰霞:《监狱警察管理教程》,远方出版社2005年版。

[3]陈连喜主编:《监狱人民警察概论》,中国政法大学出版社2013年版。

[4]郭明主编:《监狱学基础理论》,法律出版社2018年版。

[5]杨习梅主编:《中国监狱史》,中国民主法制出版社2009年版。

[6]任莉桃主编:《警察学》,法律出版社2020年版。

[7]冯建仓、陈志海主编:《中国监狱法若干重点问题研究》,吉林人民出版社2002年版。

[8]郭明:《中国监狱学史纲——清末以来的中国监狱学术论述》,中国方正出版社2005年版。

[9]薛梅卿主编:《中国监狱史》,群众出版社1986年版。

[10]韩玉胜主编:《刑事执行制度研究》,中国人民大学出版社2007年版。

[11]金鉴主编:《监狱学总论》,法律出版社1997年版。

第三章　监狱人民警察的职责与职权、义务与纪律

学习目标

1. 理解监狱人民警察的职责与职权的含义和特征。
2. 重点掌握监狱人民警察的职责与职权的主要内容。
3. 了解监狱人民警察的义务及主要内容。
4. 掌握监狱人民警察的纪律及主要内容,义务与纪律的关系。

第一节　监狱人民警察的职责

一、监狱人民警察职责的含义

监狱人民警察的职责是国家依法规定的监狱人民警察的执法范围,是监狱人民警察在惩罚和改造罪犯过程中所必须承担的责任,是人民警察总任务的具体化、规范化、法律化的体现。监狱人民警察职责由《人民警察法》《监狱法》《公务员法》等法律法规规定。

监狱人民警察的职责具体是由监狱的性质、任务,以及监狱人民警察的地位、作用、工作范围决定的。国家为了维护社会的安定和谐,为经济发展和人民生活创造稳定有序的社会环境,必须打击一切危害社会和人民的犯罪行为,惩罚一切犯罪分子。当经过侦查、起诉、审判等刑事诉讼程序后,犯罪分子只有被移送到监狱执行刑罚,才能使前面的刑事诉讼等一切活动有效,达到惩罚犯罪分子的目的。因此,监狱是最终实现社会安定与和谐发展的重要执法单位和场所。可以说,在监狱从事管理监狱和对罪犯执行刑罚改造工作的监狱人民警察就是社会稳定发展的卫士,其责任重大,任务艰巨。监狱人民警察对罪犯实施关押监禁,对他们进行惩罚矫治,体现了保护人民和执法为民的宗旨;把罪犯与社会隔离,维护了社会的和谐稳定;

将罪犯改造成新人和有用之才,回归社会后不再重蹈覆辙,是监狱人民警察的社会责任。监狱人民警察的工作性质、范围、作用必然使其肩负起依法管理监狱、依法执行刑罚、依法对罪犯教育改造的职责。

二、监狱人民警察职责的特征

监狱人民警察执行着特殊任务,肩负着特殊职责。其职责有着丰富的内容,具有鲜明的特征。

(一)法律性

法律性是监狱人民警察职责的基本特征,主要是指监狱人民警察的职责是由法律明文规定的,是国家和人民群众意志的体现,是受国家法律保护的。监狱人民警察的工作任务、工作范围和所担负的责任不是由个人或组织随意决定和赋予的,而是由国家权力机关根据社会需要、社会职能和国家机关的职能分类,以法律的形式加以确定的,是国家职能和任务的组成。监狱人民警察的职责以法律形式确定,体现了其重要性、严肃性和规范性。国家和人民要求监狱人民警察必须认真履行自己的职责,不得超越法定的职责范围,并且做到秉公执法;在履行职责时,不受其他机关、团体和个人的干涉,并自觉接受国家和人民群众的监督;必须切实保障公民、法人和社会组织的合法权益,向国家和人民负责,做人民的忠诚卫士。

监狱人民警察职责的法律性具体体现在:第一,监狱人民警察所担负的职责是国家法律、法规和规范性文件所赋予并确定的,任何团体、组织或者个人无权随意变更。我国监狱人民警察的职责是由《人民警察法》《监狱法》《国家安全法》《公务员法》等有关法律、法规明文规定的,特别是《监狱法》第 5 条明确规定:“监狱的人民警察依法管理监狱、执行刑罚、对罪犯进行教育改造等活动,受法律保护。”监狱人民警察依法履行职务的行为受法律保护,这是《公务员法》《人民警察法》赋予公务员和人民警察的一项基本权利。第二,监狱人民警察履行职责的过程必须严格按照法律程序,秉公执法,维护执法权威。第三,监狱人民警察职责确立了其在法律上承担的责任和义务。监狱人民警察的职责在确定了其工作范围、工作责任的同时,确立了其对国家、对人民在法律上应承担的责任和应尽的义务。它表明监狱人民警察职责不是可有可无、可履行可不履行的,而是应尽的天职,是不能够以任何借口和理由推卸的,并必须以积极的行为主动履行。如果监狱人民警察不履行其法定职责或在履行职责中因违法而侵害公民、法人的合法权益,必须承担相应的法律责任,受到法律的追究。

(二)行政性

监狱是国家刑罚执行机关。监狱人民警察的性质和任务决定了它的行政性。

它在行政关系上虽隶属于司法行政机关,但从性质上来说,仍然是人民警察的一种,是人民警察的一个分支,是一支具有武装性质的刑事司法力量,是国家的主要行政力量。在履行职责的过程中,它根据法律和命令来行使自己的职务活动。它的执法活动,不仅代表着司法行政系统,更代表着国家的意志和人民的意愿,依法对罪犯实施惩罚和教育改造。

(三)专属性

专属性是监狱人民警察职责的独特性体现,具有排他性和不可替代性。主要是指监狱人民警察的职责是由监狱人民警察专有的,其他任何组织或个人既无权利履行也无义务履行。监狱人民警察所承担的责任和职责是以武装强制为特点,以特有业务和技能为基础的,是独有的行政行为,属于警政职权的范畴,因此,其他人员不能替代。

(四)强制性

强制性是监狱人民警察的本质特征,是实现监狱执行刑罚的目标和任务的强有力保证。它主要是指监狱人民警察的职责是以国家的强制力为后盾的,在监狱接受惩罚和改造的罪犯必须服从监狱人民警察的管理,其他机关或个人不得干涉其履行职责。

强制性具体表现为:(1)国家以法律的形式赋予监狱人民警察相应的权力,保证其职责的履行,使其行政执法活动顺利进行;(2)国家通过对干扰、妨碍监狱人民警察正常执行公务的违法犯罪行为进行制裁,以保障其职责的顺利履行;(3)对于玩忽职守,徇私舞弊,以权谋私,违法乱纪,不认真正确履行职责的监狱人民警察依法予以严惩,以保证监狱人民警察队伍的纯洁性和战斗力,保证监狱职能的实现。

三、监狱人民警察职责的主要内容

依据《人民警察法》《监狱法》《公务员法》,监狱人民警察是国家公务员,是人民警察,肩负着管理监狱、执行刑罚、对罪犯教育改造的职责。

(一)管理监狱

监狱人民警察是监狱的管理者,依法对监狱实施管理,保障监狱正常、稳定、安全运行,维护良好的罪犯教育改造秩序。管理监狱是保障监狱稳定和安全的重要职能,只有监狱人民警察依法履行管理监狱的职责,才能保证罪犯改造、生产有序进行,保证罪犯的生命、健康、安全不受侵犯,保障罪犯的基本生活需要,制止违规违纪事件的发生,预防和打击脱逃等违法犯罪行为。

管理监狱的职责内容主要包括:(1)对罪犯在服刑过程中的狱政管理、生活管理、卫生管理、劳动生产管理等。这是管理监狱职责的重要内容，是其他职责的基础。主要包括防止脱逃、非正常死亡等重大、恶性事故的发生，依法对罪犯实行分押分管、设立警戒设施、对脱逃罪犯进行抓获、对罪犯来往信件实行检查和扣留、对罪犯接受的财物进行批准和检查、对罪犯进行考核和行政奖惩等。(2)保护监狱的设施和财产不受侵犯，对监区环境以及周边环境的管理。

(二)执行刑罚

监狱是国家刑罚的执行机关。《监狱法》第2条第2款规定："依照刑法和刑事诉讼法的规定，被判处死刑缓期二年执行、无期徒刑、有期徒刑的罪犯，在监狱内执行刑罚。"因此，监狱人民警察是国家刑罚的执行者，具有依法执行刑罚、惩罚罪犯的职责。

监狱人民警察执行刑罚的职责，具体是指：(1)按照国家有关法律、法规的规定，根据人民法院的裁判，将符合收监条件的罪犯关押起来，剥夺其人身自由，对他们进行强制管理和严格监管，强迫他们接受劳动改造和教育改造，使人民法院所宣告的刑罚真正落到实处，让罪犯切实体验到国家刑罚的威严，得到应有的惩罚，充分发挥刑罚的特殊预防作用；(2)监狱人民警察通过对罪犯执行刑罚，发挥人民民主专政的威力，维护国家法律的尊严，震慑和警戒社会上有违法犯罪意图的不稳定分子，迫使其悬崖勒马，从而发挥刑罚的一般预防作用。

(三)教育改造罪犯

监狱人民警察在对罪犯执行刑罚时，也承担了对罪犯教育改造的职责。对于监狱人民警察来说，教育改造罪犯的职责既神圣又艰巨。

教育改造有广义与狭义之分。广义的教育改造，是指监狱在执行刑罚过程中进行的一切能改造罪犯思想、品德，矫正犯罪恶习和增进罪犯知识、技能的所有活动，即人们常说的"大教育"改造；狭义的教育改造，仅指监狱为改造罪犯而进行的有目的、有计划、有组织的思想、文化、技术教育，即人们常说的"三课教育"以及经常进行的个别教育。根据《监狱法》之规定，教育改造的含义是指广义的教育改造。

监狱人民警察教育改造罪犯的职责，不仅是使罪犯掌握必要的文化知识和生产技能，更重要的是通过广泛而经常的教育使罪犯认罪服法，转变罪犯的犯罪思想，促使罪犯改过自新，矫正违法犯罪的恶习，以便他们回归社会后不再重新犯罪，成为遵纪守法、自食其力的人。监狱人民警察在履行教育改造罪犯的职责时，要不断提高政治判断力、政治领悟力、政治执行力，始终坚持党对监狱工作的绝对领导，在政治立场、政治方向、政治原则上同以习近平同志为核心的党中央保持高度一致。学习贯彻习近平法治思想，切实提高履职能力，坚守安全底线，践行改造宗旨，奋力开创新时代教育改造新局面。

（四）保护罪犯合法权益的职责

罪犯也是国家的公民，虽然他们被依法剥夺了人身自由，被剥夺或限制了部分权利，但是，他们仍然依法享有除被剥夺或限制权利之外的基本的公民权利。因此，监狱人民警察在对其进行监管改造过程中必须要担负起保护罪犯合法权益的职责。

处于服刑中的罪犯是被惩罚、被改造的对象，他们与监狱人民警察在法律关系中的地位是不平等的，他们对自己合法权益的保护或权利的行使必然受到主客观条件的限制。因此，监狱人民警察特别要注意保护罪犯在服刑期间仍然享有的权利和罪犯的人权，如人格权、申诉权、控告权、辩护权、检举权、人身财产权和安全权等。加强对罪犯人权观念的教育，提升罪犯人权意识，帮助、维护和实现罪犯的人权，是当今社会文明发展对监狱人民警察提出的要求。

我国是社会主义国家，在保护罪犯人权以及合法权益上更应当走在监狱文明发展的前列。为此，司法部《监狱劳教人民警察职业行为规范》（司发通〔2011〕194号）第14条规定，“尊重罪犯劳教（戒毒）人员人格，依法保障和维护罪犯劳教（戒毒）人员的人身安全、合法财产和辩护、申诉（述）、控告、检举以及其他未被依法剥夺或者限制的权利”，对监狱人民警察的执法规范提出了明确具体的要求。另外，根据《监狱法》的有关规定，监狱人民警察不得侮辱罪犯的人格；不得打骂、体罚、虐待罪犯；不得殴打或纵容他人殴打罪犯；必须认真做好对罪犯的生活卫生管理工作，严格按照国家规定的实物量标准保障供给，不得克扣、挪用、侵吞罪犯的粮食、伙食费及其他财物；注意安全生产和劳动保护，不得搞超体力劳动等。依法保护罪犯的合法权益是社会进步的体现，是监狱管理科学化、法治化的必然要求，是将罪犯改造成为守法公民，预防和减少犯罪，促进社会和谐稳定和有序发展的客观要求。

四、监狱人民警察依法履行职责的重要意义

（一）监狱人民警察依法履行职责是依法治国的重要组成部分

党的十九大报告在十八大报告“全面推进依法治国”的基础上，进一步要求“坚持全面依法治国”，这既表明了法治道路的长期性和艰巨性，也向全党迈入法治道路提出了更高的要求。

“坚持全面依法治国，建设社会主义法治国家，切实保障社会公平正义和人民权利的显著优势”。党的十九届四中全会强调坚持和完善中国特色社会主义法治

体系,提高党依法治国、依法执政能力。全面依法治国,是坚持和发展中国特色社会主义的本质要求和重要保障,是实现国家治理体系和治理能力现代化的必然要求,事关我们党执政兴国,事关人民幸福安康,事关党和国家长治久安。

监狱作为国家行政机关的重要组成部分,能否依法履行职责,完成党和人民交付的神圣使命,对于新时期党的依法治国具有重要作用。因此,监狱人民警察必须把依法履行职责放在实现"依法治国"方略的高度来认识和把握。在执行刑罚与改造罪犯过程中依法执法、依法履职,为国家的安定和发展,为建设社会主义法治国家尽忠职守。

(二)监狱人民警察依法履行职责是监狱正常运转的保证

监狱作为国家的刑罚执行机关,对国家、对社会有一个总的职责,为了完成这个总的目标,根据岗位和分工,每一个监狱人民警察又有各自的职责。这种职责是法定的职责,是由法律明确规定的,是监狱行刑过程中所不可缺少的。监狱人民警察只有依法各司其职、各尽其责,保证每一环节、每一场所、每一项工作井然有序,才能使整个监狱执行刑罚及改造工作正常运转。

(三)监狱人民警察依法履行职责是监狱文明、进步的标志

依法执行刑罚,依法管理监狱,依法教育改造罪犯,可以保证监狱工作始终在法治的轨道上进行,保证监狱工作的公正性和严肃性,可以避免主观的随意性,防止野蛮、不人道行为的发生。不把犯人当人看,不尊重犯人的人格,甚至打骂、体罚、侮辱罪犯都是与依法行刑背道而驰的,是不人道的体现。监狱人民警察在自己的岗位上,依法执行职务、依法履行职责标志着监狱文明和进步的程度,标志着现代化监狱发展的程度。

第二节　监狱人民警察的职权

一、监狱人民警察职权的含义

职权是指职务范围以内的权力。在现代法治社会中,职权是由国家宪法和法律明文规定的,是国家为了保证某一职能主体完成其职责,而赋予的相应的权力。

《人民警察法》第18条规定:"国家安全机关、监狱、劳动教养管理机关的人民警察和人民法院、人民检察院的司法警察,分别依照有关法律、行政法规的规定履行职权。"监狱人民警察职权是指依据监狱所承担和完成的任务,国家通过法律规定的,为保证监狱人民警察履行职责而应享有的相关权力。它是监狱人民警察实

施警务活动的资格和权能，是国家意志和人民意志的体现，是国家权力的重要组成部分。国家为了保障监狱人民警察合法有效地执行职务，实现监狱行刑宗旨，顺利履行管理监狱、执行刑罚和教育改造罪犯的职责，必须赋予监狱人民警察相应的权力。对于监狱人民警察来说，只有法律规定的权力，他们才能行使；法律没有规定的职权，就不得逾越。关于监狱人民警察职权的内容，《监狱法》相关章节中有具体的规定。《监狱法》第5条规定："监狱的人民警察依法管理监狱、执行刑罚、对罪犯进行教育改造等活动，受法律保护。"这是监狱人民警察职权的概括性规定。

二、监狱人民警察职权的主要内容

根据我国《人民警察法》《监狱法》等的规定，结合相关的规章制度，监狱人民警察的职权可以概括为以下几项：

（一）刑罚执行权

所谓刑罚执行权又称行刑权。刑罚是国家治理违法犯罪的专门措施和手段，刑罚权是国家同违法犯罪进行斗争的主要形式。为了确保刑罚在打击惩罚犯罪、教育改造罪犯过程中能够得到准确、有力的运用，根据刑罚运用的具体过程和环节，刑罚权被划分为制刑权、求刑权、量刑权（用刑权）和行刑权，分别由国家的立法机关、检察机关、审判机关和刑罚执行机关即监狱行使。可见，行刑权是国家刑罚权的重要组成部分，只有通过行刑，刑罚才能最终实施，才具有惩罚改造罪犯的意义。我国《监狱法》赋予监狱人民警察对被判处死刑缓期2年执行、无期徒刑、有期徒刑的罪犯执行刑罚的权力。这是监狱人民警察职权中核心的、最根本的权力，具体包括：

1. 收监权。收监是对罪犯执行刑罚的前提，只有依法将罪犯收进监狱，采取有效措施将他们监管起来，才有可能执行刑罚。收监权是监狱人民警察独有的权力，其他任何人都无权将罪犯收押，剥夺其人身自由。根据《监狱法》的规定，监狱人民警察对交付执行刑罚的罪犯，如符合收监的条件，法律文件齐全、准确，即有人民检察院的起诉书副本、人民法院的判决书、执行通知书、结案登记表四种法律文书，并且经核对，法律文书与移交罪犯的情况无误，又没有法定不予收监的情形，监狱人民警察有权将他们收进监狱监管。

2. 不予收监权。不予收监权包括三个方面：（1）如果监狱人民警察没有收到交付执行的罪犯的起诉书副本、判决书、执行通知书和结案登记表，有权拒绝收监；（2）上述文件不齐全或者记载有误，可能导致错误收监的，监狱人民警察有权不予收监；（3）对交付执行的罪犯进行身体检查后，发现属于有严重疾病需要保外就医和怀孕或者哺乳自己婴儿的妇女的情形时，监狱人民警察有权按暂不收监处理。

3. 身体检查权。对交付执行的所有罪犯，监狱人民警察都有权对其进行身体检查。对罪犯进行身体检查，一方面监狱人民警察可以全面掌握收监罪犯的身体健康状况，为以后教育改造手段的使用提供依据；另一方面可以及时发现《监狱法》第17条所规定的暂不予收监的情形，达到准确执法的目的。

4. 人身和物品检查权。罪犯收监时，监狱人民警察有权对其人身和所携带的物品进行检查，并按法律规定作相应的处理：对于非生活必需品，由监狱代为保管或者征得罪犯家属同意退回其家属；对于违禁品依法予以没收。监狱人民警察行使对罪犯的人身和物品检查权的目的，是防止罪犯将违禁品带入监狱，造成逃跑、暴乱、破坏、行凶和自杀等恶性事件的发生。监狱人民警察必须严肃认真地行使这一职权；否则，将会造成无法挽回的重大损失。

5. 申诉、控告、检举的处理权。监狱人民警察对罪犯的申诉有转递处理权，对其中判决可能有错误的，有权提请人民检察院或者人民法院处理，对罪犯提出的控告、检举材料有自行处理或者转送公安机关或者人民检察院处理的权力。申诉、控告、检举是罪犯的基本权利，监狱人民警察应该保障其权利的实现，按照有关法律的规定及时处理，本着实事求是、有错必纠的原则，公正地行使好对罪犯申诉、控告、检举的处理权。

6. 暂予监外执行审批权。对于被判处有期徒刑在监内服刑的罪犯，如果符合我国《刑事诉讼法》第265条规定的监外执行条件的，即(1)有严重疾病需要保外就医的；(2)怀孕或者正在哺乳自己婴儿的妇女；(3)生活不能自理，适用暂予监外执行不致再危害社会的，并且适用保外就医没有社会危害性或者自伤自残行为的，监狱人民警察有权批准暂予监外执行。监狱人民警察应该严格按照保外就医的法定条件，依法履行报批手续，自觉接受人民检察院的监督。

7. 减刑、假释建议权。监狱人民警察对被判处无期徒刑、有期徒刑的罪犯，如符合我国《刑法》第78条和《监狱法》第29条所规定的减刑条件的，即认真遵守监规，接受教育改造，或者有立功表现的，或者有下列重大立功表现之一的：(1)阻止他人重大犯罪活动的；(2)检举监狱内外重大犯罪活动，经查证属实的；(3)有发明创造或者重大技术革新的；(4)在日常生产、生活中舍己救人的；(5)在抗御自然灾害或者排除重大事故中，有突出表现的；(6)对国家和社会有其他重大贡献的，有权向中级以上人民法院提出减刑的建议。对于符合我国《刑法》第81条和《监狱法》第32条所规定假释条件的，即被判处有期徒刑的犯罪分子，执行原判刑期二分之一以上,被判处无期徒刑的犯罪分子,实际执行13年以上,如果认真遵守监规,接受教育改造,确有悔改表现,假释后不致再危害社会的,有权依法提出假释的建议。减刑、假释建议权,是监狱人民警察重要职权之一,必须严格按照法定的条件,依照法定的程序行使。

8. 释放权。释放权既是监狱人民警察的一项职权也是其应尽的职责。对于服刑期满的罪犯只有监狱人民警察才有权将其释放,但必须依法按期将其释放。我国《监狱法》第35条规定:“罪犯服刑期满,监狱应当按期释放并发给释放证明书。”罪犯服刑期满,监狱人民警察对其发放释放证明书,恢复其自由和公民权。监狱人民警察只能按照法律的规定将服刑期满和被人民法院裁定假释的罪犯按期释放,没有随意释放或者不释放的权力,否则将构成私放罪犯或者非法拘禁等犯罪行为。

(二)依法管理监狱权

依法管理监狱权是法律规定的监狱人民警察的基本职权之一。它是维护监狱监管改造秩序,正确执行刑罚,有效改造罪犯的基本前提,也是监狱工作中一项日常的基础性工作。正确、有效和充分行使该项职权,对确保监管改造场所的安全,维护改造秩序的稳定,促进刑罚执行活动的顺利开展,都具有重大的意义。为了保证监狱人民警察充分全面履行这一职责,我国《监狱法》赋予了监狱人民警察依法管理监狱的各项职权。这些职权主要包括:

1. 对罪犯实行分押分管权。监狱人民警察有权对成年男犯、女犯和未成年犯进行分别关押。有权在此基础上,根据罪犯的犯罪类型、刑罚种类、刑期、改造表现等情况进一步分类,实行分别关押,分类管理。监狱人民警察还有权根据教育改造的需要,对不同改造表现的罪犯实行分级处遇,不同级别的罪犯给予不同的待遇。分押分管和分级处遇是教育改造罪犯的有效形式,监狱人民警察应该用好手中的权力,科学地将罪犯分押分管。

2. 警戒权。监狱人民警察有权根据监管需要,设立警戒设施。在监狱周围设警戒隔离带,未经准许,任何人都无权进入。警戒权是为了防止和打击罪犯逃跑、破坏、行凶、暴乱等行为发生,而赋予监狱人民警察的职权,是保障监狱良好秩序,保证监管改造工作顺利进行的有效手段。

3. 对脱逃罪犯的抓捕权。监狱人民警察发现在押罪犯脱逃时,有权即时将其抓获。如果监狱人民警察不能即时抓获逃犯,应当立即通知公安机关,由公安机关负责进一步追捕,但监狱人民警察应当提供线索、密切配合。

4. 戒具使用权。监狱人民警察在执行公务时,遇到特殊情形有权对罪犯使用戒具。戒具主要包括:手铐、脚镣、警笛、警绳和警棍等。根据《监狱法》第45条的规定，这些特殊情形是：罪犯有脱逃行为的；罪犯有使用暴力行为的；罪犯正在押解途中的；罪犯有其他危险行为需要采取防范措施的。使用戒具应当严格依法进行，只有在有法定的特殊情形时，才可以使用，监狱人民警察无权随意使用戒具。当需要使用戒具的情形消失后，应当立即停止使用。

5. 武器使用权。监狱人民警察在执行职务时，遇到非使用武器不能制止的情形时，按照国家有关规定有权使用武器。这些情形包括：罪犯聚众骚乱、暴乱的；罪犯脱逃或者拒捕的；罪犯持有危险品或者其他危险物，正在行凶或者破坏，危及他人生命、财产安全的；劫夺罪犯的；罪犯抢夺武器的。使用武器是一项很严肃的行为，当监狱人民警察在执行职务中，遇到上述情形之一，非使用武器不能制止时，才能按照《人民警察使用警械和武器条例》使用武器。如果不具备上述条件，则不能使用武器。否则，就是违法乱纪，要受到党纪、政纪处分，后果严重的，直至追究刑事责任。监狱人民警察使用武器时，一般应该先作口头警告或者鸣枪警告，开枪时应避免击中要害部位，罪犯一有畏服表示，应立即停止射击，并将使用武器的情况立即向上级机关和人民检察院报告。

6. 信件检查和扣留权。监狱人民警察对罪犯的来往信件有权检查，如发现有碍罪犯改造内容的信件，监狱人民警察有权扣留。但对于罪犯写给监狱上级机关和司法机关的信件，监狱人民警察不得检查和扣留。扣留罪犯的信件必须是真正有碍于改造内容的，监狱人民警察不得以此为借口，随意扣留罪犯信件。否则，就是侵犯罪犯的通信权。

7. 物品批准、检查权。监狱人民警察对罪犯收受的物品和钱款有检查的权力，对于符合法律规定，有利于罪犯生活和改造的物品和钱款，监狱人民警察应当批准其收受。

8. 考核权。监狱人民警察有权对罪犯的日常表现进行考核，考核的结果可以作为对罪犯奖励和惩处的依据，也可以作为对罪犯实行分级处遇的依据，还可以是罪犯提请减刑和假释的法定依据。监狱人民警察应当依据有关规定，公正、公平地行使考核权，使考核的结果客观、真实地反映罪犯的改造表现。

9. 奖励权。监狱人民警察对有《监狱法》第 57 条规定的七种情形之一的罪犯，有权给予表扬、物质奖励或者记功的奖励。这七种情形是：(1)遵守监规纪律，努力学习，积极劳动，有认罪服法表现的；(2)阻止违法犯罪活动的；(3)超额完成生产任务的；(4)节约原材料或者爱护公物，有成绩的；(5)进行技术革新或者传授生产技术，有一定成效的；(6)在防止或者消除灾害事故中作出一定贡献的；(7)对国家和社会有其他贡献的。

监狱人民警察对于有上述情形之一的罪犯,应当及时给予奖励,以提高他们的改造积极性。

10. 处罚权。监狱人民警察对于有《监狱法》第58条所规定的:(1)聚众哄闹监狱,扰乱正常秩序的;(2)辱骂或者殴打人民警察的;(3)欺压其他罪犯的;(4)偷窃、赌博、打架斗殴、寻衅滋事的;(5)有劳动能力拒不参加劳动或者消极怠工,经教育不改的;(6)以自伤、自残手段逃避劳动的;(7)在生产劳动中故意违反操作规程,或者有意损坏生产工具的;(8)有违反监规纪律的其他行为等八种情形之一的罪犯,有权对其实施警告、记过或者禁闭的处罚。

11. 离监探亲批准权。监狱人民警察对于被判处有期徒刑的罪犯有《监狱法》第57条所规定的七种情形之一(奖励权所列的七种情形),并且执行原判刑期二分之一以上,在服刑期间一贯表现良好,离开监狱不致再危害社会的,有权根据情况批准其离监探亲。离监探亲也是对罪犯的一种奖励手段,监狱人民警察应该严格按照法定的条件和审批程序办理,不得徇私舞弊,滥用职权。

12. 狱内侦查权。监狱人民警察有对罪犯在监狱内犯罪的案件进行侦查的权力。侦查终结后,有权写出起诉意见书,连同案卷材料、证据一并移送人民检察院。

(三)教育改造权

将罪犯改造为守法公民,是监狱行刑的根本宗旨,也是监狱人民警察神圣的职责。我国社会主义的刑罚制度和刑罚目的,决定了监狱的刑罚执行活动必须围绕对罪犯的矫正与改造来进行。为了保障教育改造工作的顺利进行,切实提高教育改造质量,完成改造罪犯的光荣任务,法律赋予了监狱人民警察对罪犯教育改造的职权。主要有:

1. 对罪犯的思想教育权。监狱人民警察有权对罪犯进行以法治、道德、形势、政策等为内容的思想教育,以便改造其犯罪思想。多数的犯罪行为是受犯罪思想支配的,罪犯之所以犯罪,是因为受其犯罪思想的影响。因此,改造罪犯,首先必须改造其犯罪思想,消除他们错误的思想观念和意识。监狱人民警察必须紧紧抓住"思想改造"这一中心环节,采取多种有效手段,加强对罪犯的思想改造。

2. 对罪犯的文化教育权。对罪犯进行文化教育是培养罪犯文化素养,提高其认识、分析、判断能力,使他们摆脱愚昧无知的有效手段。从当前押犯整体情况看,高中及以下文化程度的罪犯占比较高,文化水平偏低在很大程度上限制了罪犯对于事物的辨别能力和思维能力。监狱人民警察应当充分有效地行使对罪犯的文化教育权,保障罪犯文化素质的提高。

3. 对罪犯的职业技术教育权。监狱人民警察有权根据监狱生产和罪犯释放后的就业需要，对罪犯进行相应的职业技术教育。职业技能是罪犯回归社会后能否找到工作，能否适应正常社会生活的关键因素。如果罪犯无一技之长、刑满释放后没有谋生的基本手段，必然导致其重新犯罪。监狱人民警察要不断加强对罪犯职业技能的教育和培训，提高罪犯的职业素质和市场竞争力，为他们释放后的就业打下坚实的基础。

4. 对罪犯的劳动改造权。监狱人民警察根据罪犯个人情况和改造的需要，有组织罪犯劳动的权力。劳动改造罪犯是我国的特色，通过组织罪犯参加生产劳动，可以矫正罪犯好逸恶劳、贪图享受等恶习，培养其热爱劳动、习惯劳动的思想。我国《刑法》第 46 条和《监狱法》第 69 条都明确规定，凡有劳动能力的罪犯，必须参加劳动。对于抗拒劳动的罪犯，监狱人民警察给予相应的处罚，强迫其接受劳动改造。当然，组织罪犯劳动，目的不是惩罚他们，而是要改造他们。监狱人民警察要科学、适度、合理地安排、组织罪犯参加生产劳动。

5. 对未成年犯的教育改造权。监狱人民警察有权根据未成年人的特点，采取相应的手段和方式对未成年犯进行教育改造。未成年犯由于正处于生长、发育的关键时期，思想活跃、精力充沛、可塑性强是他们的主要特点。但同时，由于他们各方面尚不成熟，容易受到外界的影响和伤害，因此，需要加以特别的关心和保护。教育改造未成年犯的监狱人民警察应当充分掌握未成年人的特点，在管理、劳动、生活待遇、教育改造等方面区别于成年犯。

三、监狱人民警察正确行使职权的必要性

监狱人民警察用“权”是国家法律规定的，为了维护“权”的实现和权威，国家赋予了“权”很多附属内容，比如强制性、可以使用武器等。这些“权”的运用由于涉及“度”的问题，为保证“权”的公正性、稳定性和发挥用“权”的长远效果，监狱人民警察必须正确行使职权。《人民警察法》第 18 条规定：“国家安全机关、监狱、劳动教养管理机关的人民警察和人民法院、人民检察院的司法警察，分别依照有关法律、行政法规的规定履行职权。”《监狱法》第 5 条规定：“监狱的人民警察依法管理监狱、执行刑罚、对罪犯进行教育改造等活动，受法律保护。”这就要求监狱人民警察必须严格、依法、正确行使国家赋予的职权。

（一）监狱人民警察正确行使职权是社会主义法治的必然要求

“有法可依，有法必依，执法必严，违法必究”是社会主义法治的基本要求。中心环节就是有法必依、严格依法办事，在宪法和法律许可的范围内执行职务。正确

行使职权的关键是依法行使职权。监狱人民警察权力的行使，只有在法律的轨道上，有法律上的依据，才是正确的、有效的。任何违反法律规定、超过法律授权范围的活动都是违反法治原则，应该受到法律追究的行为。

（二）监狱人民警察正确行使职权是有效履行职责的必然要求

惩罚和教育改造罪犯是监狱人民警察的基本职责，完成这两大职责的决定因素就是监狱人民警察的职务活动。为了确保国家安全与良好的社会秩序，监狱人民警察必须依法正确地运用好法律赋予的权力，采取有效的措施、手段、方式和方法监控罪犯，剥夺罪犯的自由和其他依法被剥夺的权利，让罪犯感受到国家刑罚的威严。教育改造罪犯除以强制力作为后盾外，还必须有正确的方式、方法和手段，必须建立起积极改造的政治、文化与心理氛围，通过人性化的方式去影响和教育罪犯，更需要监狱人民警察的人格力量去教育改造罪犯。这些最终都取决于监狱人民警察能否公正、正确地行使国家授予的职权。因此，监狱人民警察正确行使职权是有效履行其职责的必然要求。

（三）监狱人民警察正确行使职权是保障罪犯人权的必然要求

依法保障罪犯人权是监狱行刑进步、文明的重要标志，是社会发展进步的重要体现。现代化的行刑理念和实践，越来越重视罪犯的权利保障，但由于罪犯的特殊身份导致他们处在自由被剥夺的状态下，他们在监狱中的活动和行为均受到严格的管控，他们的权利意识与能力相对较低，许多权利无法自由行使。而监狱人民警察则是手中拥有诸多权力的执法人员，对罪犯具有控制、限制、监督和处罚等权力。他们的言行直接关系到罪犯的切身利益和权利的维护，甚至会涉及罪犯的生命健康。从某种意义上说，罪犯的人权有无保障，取决于监狱人民警察的职务活动。监狱人民警察只有依法正确行使职权、文明执法，才不会出现打骂、体罚、侮辱、虐待罪犯和超时超体力劳动等侵犯罪犯权利的不良现象，罪犯的权利才会得到相应保障。

（四）监狱人民警察正确行使职权是保障监管改造秩序的必然要求

监狱良好改造秩序的维持，取决于监狱机关各职能部门的有效、有序运转，取决于监狱人民警察职权的正确、有效行使。只有每一个监狱人民警察公正、正确地用好手中的权力，才能保证监管改造的各项活动依法进行，各种事务公正办理。如果监狱人民警察滥用职权，利用手中的权力谋取私利，必然导致行贿受贿、贪污腐败等行为发生，扰乱监狱正常的监管改造秩序。历史经验一再证明，监狱各种事故的发生，往往跟监狱人民警察不能正确行使职权、不作为或乱作为有关。

第三节　监狱人民警察的义务

《监狱法》规定了监狱人民警察的职责,并赋予其履行职责所必须的职权。监狱人民警察如何行使职权、履行职责不仅关系到监狱机关职能是否实现,而且关系到罪犯的合法权益是否得到切实保障,更关系到国家的威信与人民利益的维护。因此,为保证监狱人民警察正确地履行职责和行使权力,树立监狱人民警察文明执法的良好职业形象,其行为就要受到必要的约束和控制。国家运用法纪规范、运用法律的方式从监狱人民警察的多重身份——普通公民、国家公务员和人民警察等方面,规定了监狱人民警察的义务和纪律。认真履行监狱人民警察的义务,严格遵守监狱人民警察的纪律,对于提高监狱人民警察队伍素质,加强监狱人民警察队伍建设,实现依法治监,完成监狱人民警察的任务有着重要意义。

一、监狱人民警察义务的含义

义务,是指政治上、法律上、道义上应尽的责任,也就是人在相应的社会关系中应该进行的价值付出。从广义上讲,义务包括法律义务、社会义务、道德义务等。从狭义上讲,义务仅指法律义务。法律义务是法律关系的内容之一,是指法律规定的对法律关系主体必须作出或不得作出一定行为的约束。它包括义务人必须作出一定行为和不得作出一定行为两种行为表现,即必须作为和不得作为两种形式。法律义务是根据国家的法律规范产生,并以国家强制力保证履行的。因此,义务不能放弃,是必须履行的责任。如果自然人或法人不履行其应尽的某种责任,国家就要强制其履行,情节严重的,还要受到法律的制裁。

监狱人民警察的义务,是指由国家法律所规定的监狱人民警察在行使职权、执行职务活动中必须履行的法律责任。它是要求监狱人民警察必须作出一定行为和不能作出一定行为,具有约束和强制作用的行为规范。关于监狱人民警察的义务,法律上有明确的规定。《监狱法》第 13 条规定:“监狱的人民警察应当严格遵守宪法和法律,忠于职守,秉公执法,严守纪律,清正廉洁。”法律明确规定监狱人民警察的义务,有利于保证监狱人民警察在警务活动中正确行使职权,完成正确执行刑罚、惩罚和改造罪犯、预防和减少犯罪的特殊任务。

二、监狱人民警察义务的特点

监狱人民警察的义务是特定主体在特定领域内执行法定的职务时所必须履行

的特殊义务，它具有法定性、特定性、平等性、强制性和自觉性等特点。

（一）法定性

监狱人民警察的义务是由国家法律法规规定的，主要是由《监狱法》加以规定，而不是随意设定的，其目的是为监狱人民警察正确行使职权、依法履行职责提供法律依据。这就要求监狱人民警察必须依照法律规范的要求来承担自己的义务。

（二）特定性

《监狱法》第2条第1款规定："监狱是国家的刑罚执行机关。"第5条规定："监狱的人民警察依法管理监狱、执行刑罚、对罪犯进行教育改造等活动，受法律保护。"国家对监狱人民警察完成任务所赋予的一定职权，是以法律的形式对监狱人民警察一定行为的许可和保障，从而形成了监狱人民警察特殊的职务关系。监狱人民警察的义务是基于监狱人民警察的职务关系产生的，因而承担和履行义务的主体具有特定性，只有监狱人民警察才是这些义务的承担者。另外，监狱人民警察义务的内容和履行义务的时空范围也具有特定性。

（三）强制性

这是由监狱机关的性质及监狱人民警察所担负的神圣职责决定的。国家通过法律的形式对监狱人民警察的义务作出了规定，这种规定具有强制性的特点，依靠国家强制力量确保实现，对每一名监狱人民警察都具有普遍的约束力，要求监狱人民警察必须无条件地履行和服从其法定的义务。没有强制性的义务作保障，就无法完成惩罚和改造罪犯这一光荣而艰巨的历史任务。同时，监狱人民警察还必须无条件地接受来自国家权力机关、检察机关、社会组织、团体和个人对其义务履行方面的依法监督。无论职务高低，如果不履行其警察义务，实施了违法违纪乃至犯罪行为，均要追究其相应的法律责任。

三、监狱人民警察义务的基本内容

我国《监狱法》第13条规定："监狱的人民警察应当严格遵守宪法和法律，忠于职守，秉公执法，严守纪律，清正廉洁。"这是监狱人民警察的特定义务，也是监狱人民警察义务的基本内容。

（一）遵守宪法和法律

宪法是国家的根本大法，是人民意志的最集中体现。宪法又是母法，是一切法律的基础，具有最高的法律效力。监狱人民警察作为国家刑罚执行者，模范地遵守宪法，维护宪法的权威与尊严，保证宪法的贯彻施行，是其应有的职务行为。而法律是国家权力机关制定的，反映全体人民意志的规范性文件，它同样具有普遍意义，是要求人们普遍遵守的行为规范。遵守宪法与法律是每个公民应尽的义务,但作为监狱人民警察与普通公民守法的义务有所不同。监狱人民警察主要是在执行职务过程中,在行使职权、管理监狱、惩罚和改造矫正罪犯的活动时,严格依照宪法和法律的规定进行,关键是严格执法,依法行刑。监狱人民警察作为法律执行者,必须熟练掌握法律法规,增强法治观念,树立执法意识。

(二)忠于职守

"忠于"是指忠诚地对待,"职守"是指工作岗位,所从事的工作。忠于职守就是指忠诚地对待自己的工作,尽心尽力尽责地完成自己的工作。监狱人民警察忠于职守,意味着他们必须忠于罪犯改造矫正事业,尽心尽责地管理好监狱,任劳任怨地坚守岗位,准确、有效地监管罪犯,耐心地教育改造罪犯。我国《监狱法》把忠于职守作为监狱人民警察的义务之一,更意味着他们在执行公务中,应该有强烈的事业心和责任感。

(三)秉公执法

秉公执法就是要求监狱人民警察在执行刑罚的过程中,要公平、公正、严格地依照法律规定进行。具体地讲,就是要求监狱人民警察对待罪犯要一视同仁,坚持在法律面前人人平等的原则。在处理问题上,坚持实事求是,对事不对人,在任何场合,任何时候,都应从工作,从"公心"出发。特别在罪犯减刑、假释、奖惩等问题上,更应根据事实、依照法律公平地处理,凡是符合法定的减刑、假释、奖励条件的,不管是谁,都应依法提请减刑、假释或者给予奖励;凡是不具备法定条件的,不管有什么关系,也不管谁说情,都应坚决予以拒绝。监狱人民警察在执法中唯一的标准就是事实与法律。那些徇私枉法、以权谋私、凭关系、凭人情、凭金钱执法的行为和现象是与秉公执法原则背道而驰的,也是严重违法的。

(四)严守纪律

纪律是监狱机关为了维护监狱秩序,保证惩罚和改造工作正常进行而制定的要求每个监狱人民警察必须遵守的规章、条文。纪律是行动的保障;是监狱警察队伍高素质、高战斗力的根本保障;是提高工作效率,实现监狱行刑目的的重要因素。监狱人民警察是带有武装性质的国家力量,其组织管理和职务行为,体现出一定程度的军事化并具有明显的强制性,而且面临着各种复杂的不确定突发情况。因此,严明纪律、严守纪律,对于监狱人民警察来说尤其重要,这不仅是建设一支素质高、战斗力强的监狱人民警察队伍的需要,也是提高工作效率,实现监狱行刑目的,做好监狱各项工作的重要保障。

(五)清正廉洁

清正廉洁是指监狱人民警察在行使职权时,要一身正气,两袖清风,公正执法,刚正不阿，不徇私、不贪污、不受贿，始终保持高尚的情操和浩然正气。我国《监狱法》将清正廉洁作为监狱人民警察的义务，就是要以法纪法规来规范和约束监狱人民警察，坚决杜绝监狱人民警察以权谋私、拜金主义、享乐主义的不良倾向。监狱人民警察要清正廉洁，必须有崇高的理想和高尚的品格；要不断提高政治理论修养，要树立正确的人生观、价值观、是非观、荣辱观和金钱观；要有较强的免疫能力，能抵住金钱、名利的诱惑；要树立艰苦奋斗、无私奉献的精神；要旗帜鲜明地讲政治、比贡献，而不是谈金钱、比享受；要深刻认识手中的权力是人民交付的，应该利用它来保护社会的安全，保护国家和人民的利益，而不是利用它谋取私利。清正廉洁是监狱人民警察的法律义务，必须依法积极履行。

在理解和掌握监狱人民警察义务这一规定时，还要与《人民警察法》的相关规定结合起来。因为监狱人民警察是人民警察的一部分，人民警察普遍履行的基本义务，监狱人民警察也必须履行。《人民警察法》第20条规定，人民警察必须做到：(1)秉公执法，办事公道；(2)模范遵守社会公德；(3)礼貌待人，文明执勤；(4)尊重人民群众的风俗习惯。这是对人民警察所规定的具有普遍意义的义务，监狱人民警察也必须遵守。

四、监狱人民警察履行义务的必要性

监狱人民警察必须忠实履行其法定义务，这是绝对的、无条件的，其含义主要包括以下几个方面：第一，法律所鼓励和提倡的，监狱人民警察必须积极去做，这是忠实履行义务的重要表现；第二，法律要求做的，监狱人民警察必须按照法律的要求去做，而不能不做；第三，法律禁止做的，监狱人民警察坚决不做，做了就是违反法律。

（一）监狱人民警察忠实履行义务是法律所明确规定的

监狱人民警察的义务是《监狱法》明确规定的法律义务，它是以法律的形式表现出来的，属于命令性规范。命令性规范是必须遵照执行的。这种必须忠实履行不仅仅表现为条文或者口头上，而且是有国家强制力做后盾，保证其切实得到履行的。因此，监狱人民警察对《监狱法》所规定的监狱人民警察的各项义务应当无条件地、全面地、忠实地履行；否则，就要承担不履行或者违法的法律后果。从履行义务的方式上看，监狱人民警察忠实履行其应尽的义务主要是通过自觉遵守的方式来实现的，这也是我国监狱人民警察的光荣传统。

（二）监狱人民警察忠实履行义务是正确行使其职权的内在要求

权利与义务二者之间是相互对应、相互依存、互为条件的。没有义务也就无职

权可言。在行使职权过程中，不履行其应尽的义务，就不能保证正确行使职权，就会导致职权被滥用，也会导致权力的丧失。监狱人民警察必须依法忠实履行各项义务，这是对行使职权的一种制约，是监狱人民警察职权得以正确行使的前提和重要保证。如“严格遵守宪法与法律”这项义务，从某种意义上说，正确行使职权，就是依法行使职权，如果监狱人民警察在执行职务时，不严格遵守宪法和法律，不按照《监狱法》及有关法律的规定行使职权，那就不可能正确行使职权。

（三）监狱人民警察忠实履行义务是实现惩罚和改造罪犯的需要

监狱是对罪犯实施惩罚和改造的刑事司法机关，监狱通过惩罚的强制措施及其他有效的改造措施，最终将罪犯改造成为守法公民。监狱惩罚罪犯，就是在执行刑罚中，通过依法强制剥夺罪犯人身自由，剥夺罪犯部分权利，限制罪犯行使某些权利，让罪犯从精神、生理、心理等方面产生痛苦和威慑感，从而达到惩戒、抑制、消除犯罪的一种行刑过程。惩罚性是刑罚的固有属性，没有惩罚就没有刑罚，同样也就不存在监狱。监狱改造罪犯，就是在执行刑罚中，运用各种手段和方法矫正罪犯的主观恶习、不良的行为习惯和生活习惯，培养其掌握一定的文化知识、谋生技能，并能适应社会生活能力的教育活动。

可见，惩罚和改造罪犯不仅是严肃的执法过程，而且是系统庞大的社会工程。不仅需要完备的法律制度和改造体系，更需要一支政治立场坚定、思想觉悟高、法治观念强、作风过硬、纪律严明、业务能力强、爱岗敬业、自觉履行应尽义务的监狱人民警察队伍。监狱要有效地惩罚罪犯，使罪犯感到痛苦，让罪犯感到国家刑罚的威严，就必然要求监狱人民警察忠于职守、秉公执法、严守纪律，清正廉洁地依法管理监狱，监管罪犯。

第四节　监狱人民警察的纪律

一、监狱人民警察纪律的含义

（一）概念

纪律是在一定社会条件下形成的，一种集体成员必须遵守的规章、条例的总和，是要求人们在集体生活中遵守秩序、执行命令和履行职责的一种行为规则。一般来说，纪律有三种基本含义：（1）纪律是指惩罚；（2）纪律是指通过施加外来约束达到纠正行为目的的手段；（3）纪律是指对自身行为起作用的内在约束力。这三层意思概括了纪律的基本内涵，同时反映出良好纪律的形成过程是一个由外在的强迫纪律逐步过渡到内在自律的过程。纪律属于不作为的义务，它是有约束力的，具有强制性，对违反者可实行制裁。

监狱人民警察的纪律，是指国家以法律、法规或规章的形式规定监狱人民警察在执行职务时不得作出某些行为的约束与强制，是监狱人民警察必须遵守的、不得违背的行为准则、规范。

监狱人民警察纪律与监狱人民警察职权是紧密联系、相互规定的。国家在赋予监狱人民警察执法权力的同时，为防止出现滥用权力、以权谋私等违法违纪行为，以法律形式规定了监狱人民警察的纪律，以保证他们在合法的范围内行使手中的权力。《监狱法》用禁止性规范规定了监狱人民警察的纪律，即严禁监狱人民警察作出一定的行为，其目的是通过抑制某些行为来防止监狱人民警察权力滥用。法律规定监狱人民警察的纪律，反映了我国民主法治建设的发展和建设社会主义法治国家的必然要求，体现了我国监狱制度的文明与进步。这有利于提高监狱人民警察的职业责任感，有利于监狱人民警察的队伍建设。严明监狱人民警察的纪律，不仅是对监狱人民警察的关心和爱护，也是树立监狱人民警察良好形象、提高队伍战斗力的重要保证，是监狱人民警察依法行使职权，不断提高执法水平、管理水平和教育水平的需要。

（二）监狱人民警察纪律与义务的关系

监狱人民警察纪律与义务是两个相近的概念，它们之间的联系在于：监狱人民警察的纪律与义务都是由国家法律、法规和有关规章规定的，都是监狱人民警察行为的规范、要求，都具有强制性和约束作用，要求得到全面履行和普遍遵守；纪律的作用不仅在于它是监狱人民警察履行职责的保障，而且是监狱人民警察履行义务的基础，没有纪律保障，职责和义务的实施就会受到影响和破坏；监狱人民警察不履行法定义务与违反纪律，所应承担的法律责任是相同的，轻则给予行政处分，重则追究刑事责任。

两者之间的区别在于：第一，法律、法规和规章对监狱人民警察义务规定得比较原则，而对纪律规定得比较具体。第二，侧重点有所不同。监狱人民警察义务着重强调监狱人民警察应有的行为，是从正面要求监狱人民警察应该做什么，而监狱人民警察纪律则强调监狱人民警察的不应有行为，是从反面杜绝监狱人民警察可能出现的违法违纪行为。因此，监狱人民警察不履行义务主要是通过不作为方式进行的，而违反纪律则主要是通过作为方式进行的。第三，监狱人民警察义务的范围大于纪律，标准高于纪律。监狱人民警察纪律主要是对监狱人民警察在执行职务活动时的法律要求，而监狱人民警察义务则是在任何时候都必须履行的。

二、监狱人民警察纪律的特点

监狱人民警察的纪律是国家为了维护监狱秩序、保证惩罚和改造工作正常进行而制定的要求每个监狱人民警察必须遵守的规章、条文，是监狱人民警察在执行职务时必须严格禁止的行为规范，它具有法律强制性、内容特定性、等级从属性等特点。

（一）法律强制性

人民警察是一支纪律队伍，其纪律不同于其他组织的纪律，也不同于一般的组织纪律，而是具有法律法规属性的纪律，是以国家法律的形式加以规定的，因而监狱人民警察的纪律高于一般公民纪律的要求，具有更明确、更强烈的强制性和约束作用，具有必须遵守和必须服从的性质。监狱人民警察在执行职务中必须严格遵守法定的纪律，不得违反，否则就要受到行政处分，构成犯罪的，就要被追究刑事责任。

（二）内容特定性

《人民警察法》《监狱法》对纪律的内容都有明文规定。《人民警察法》第 22 条规定了人民警察的 12 项不得有的行为，第 23 条规定了人民警察着装、佩带民警察标志、保持警容风纪方面的纪律。鉴于监狱人民警察职权和工作的特殊性，《监狱法》第 14 条第 1 款又为监狱人民警察设定了特定的纪律，即监狱人民警察不得有的 9 个行为。

（三）等级从属性

监狱人民警察纪律的等级从属性，是指监狱人民警察应当尊重上级领导，服从上级的指示、命令。监狱人民警察之间在政治上是平等的，无论职位高低和权力大小，都是人民的公仆。但是，就警察机关内部而言，监狱人民警察由于职务上的高低以及任务分工不同，就构成了上级和下级以及同级的关系。上级要爱护和关心下级；下级要尊重上级，服从领导，执行命令；同级之间要互相支持，密切配合。上级下达指示、命令，必须从实际出发，及时检查执行情况；下级应该经常、及时向上级反映报告情况，正确执行上级的指示、命令。

三、监狱人民警察纪律的主要内容

（一）《监狱法》中规定的监狱人民警察的纪律

《监狱法》第 14 条第 1 款规定监狱人民警察的纪律主要包括以下几个方面：

1. 不得索要、收受、侵占罪犯及其亲属的财物

索要、收受、侵占罪犯及其亲属的财物，是指利用职务或执行公务之便，伸手向

罪犯及其亲属索要财物,接受罪犯及其亲属的馈赠或贿赂,以及强行将罪犯及其亲属的财物据为己有的不正当行为。

监狱人民警察拥有罪犯奖惩、罪犯考核、罪犯分级处遇等众多执法权力,正确行使手中的职权,保持清正廉洁,是监狱职能发挥的关键所在。近年来,少数监狱人民警察的价值观念发生扭曲,崇尚拜金主义、享乐主义和极端个人主义,一些不甘清贫的监狱人民警察利用手中的职权收受罪犯及其亲属的馈赠和贿赂,更有甚者利用给罪犯减刑、假释、暂予监外执行和行政奖励等机会,向罪犯及其亲属索要财物,这些已成为监狱人民警察队伍中违法违纪最为突出、最为典型的问题,是严重的腐败现象。索要、收受、侵占罪犯及其亲属的财物,既是违法犯罪行为,也必然造成执法不公,侵蚀监狱人民警察队伍,损害监狱人民警察形象,而且会在一定程度上削弱党和国家的公信力。因此,《监狱法》把它作为一项纪律加以规定,用以指导监狱人民警察的执法行为,这对保持监狱人民警察清正廉洁、树立良好的警察形象具有重要的作用。

2. 不得私放罪犯或者玩忽职守造成罪犯脱逃

私放罪犯,是指监狱人民警察利用监管罪犯的权力,私放在押的犯罪嫌疑人、被告人或罪犯,使其脱离监管的行为。该行为属于滥用职权的性质。玩忽职守,是指监狱人民警察严重不负责任,不履行或者不正确履行职责,致使罪犯脱逃。它通常表现为监狱人民警察在自己的岗位职责中出现懈怠,或者在监管工作中马虎草率、不认真、不正确地履行职责。

监狱内关押着社会上形形色色因犯罪而入狱的人,其中有许多人具有相当程度的人身危险性。监狱人民警察的职责就是要依法对罪犯实施时间和空间上的特殊监管,教育改造矫正他们。在时间上,服刑人员的一天 24 小时都要处在监狱人民警察的直接管控之下。在空间上,服刑人员的生活、学习、劳动三大现场都要纳入监管的范围,对服刑人员实施封闭式管理。监狱人民警察不仅要教育改造他们,使其成为守法公民,而且为整个社会的稳定和谐,为国家的经济建设起着保驾护航的作用。这就要求监狱人民警察必须本着对国家、对人民负责的精神,忠于职守,认真履行职责,依法监控、管理和教育改造罪犯,严格执行监管制度,防止罪犯脱逃事故的发生。在职务活动中,不能玩忽职守,麻痹大意,严禁利用职权私自释放在押的罪犯。监狱人民警察不论出于何种目的私放罪犯,以及忽视监管制度要求,玩忽职守,造成罪犯脱逃,都是一种犯罪行为,将会受到法律的严厉制裁。

3. 不得刑讯逼供或者体罚、虐待罪犯

刑讯逼供,是指监狱人民警察审讯罪犯时,使用肉刑或变相肉刑逼取口供的行为。所谓肉刑,是指对罪犯的肉体实施暴力,进行肉体上的摧残或精神上的折磨,如捆绑、悬吊、殴打、非法使用刑具等。所谓变相肉刑,是指采用非暴力的方式对罪犯进行摧残和折磨,如罚跪、冻饿、火烤、雨淋、不准睡眠、超体力劳动等。体罚、虐待罪犯,是指监狱人民警察违反《监狱法》和其他有关监管规定,对罪犯进行肉体摧残和精神折磨。

刑讯逼供或者体罚、虐待罪犯,是摧残人性、严重侵犯人权的行为,也是监狱人民警察行使职权活动中容易出现的违法现象,其危害性十分严重。实践证明,实施刑讯逼供,易于造成冤假错案;搞体罚、虐待,不仅不利于教育改造罪犯,反而会将监狱人民警察与罪犯对立起来,损害监狱机关的形象。严禁刑讯逼供或体罚、虐待罪犯,不仅是长期以来我国法律规定的一项执法原则和监狱人民警察必须遵守的职业纪律,也是一项国际刑事司法准则。《公民权利和政治权利国际公约》《保护人人不受酷刑和其他残忍、不人道或有辱人格的待遇或处罚宣言》《禁止酷刑和其他残忍、不人道或有辱人格的待遇或处罚公约》均有这方面的禁止性规定。为了保证这项执法原则切实得到遵守,我国《刑法》中规定了刑讯逼供罪和虐待被监管人员罪。因此,监狱人民警察在职务活动中应当严守职业纪律,坚持实事求是,重证据,重调查研究,不轻信口供,不能重口供、轻证据,严禁刑讯逼供,实行文明管理,应对罪犯实行人道主义,给予他们必要的生活待遇和劳动条件,保障其合法权利,严禁对罪犯进行体罚和虐待。

4. 不得侮辱罪犯的人格

我国《宪法》第 38 条规定:“中华人民共和国公民的人格尊严不受侵犯。禁止用任何方法对公民进行侮辱、诽谤和诬告陷害。”这条也适用于在押的罪犯。所谓侮辱罪犯人格,是指监狱人民警察使用暴力或者其他方法,公然贬低、损害罪犯作为法定权利、义务主体的资格,破坏罪犯名誉,侵害其合法权利的行为。被监管的罪犯虽然被剥夺了人身自由,但并没有因此失去做人的资格,他们仍然是人,同样有人格和尊严。用暴力、言语或者文字等形式公然侮辱他们,在任何时候任何场合,都是对他作为人的权利的侵犯,都是违法甚至犯罪行为。《监狱法》第 7 条第 1 款明确规定:“罪犯的人格不受侮辱,其人身安全、合法财产和辩护、申诉、控告、检举以及其他未被依法剥夺或者限制的权利不受侵犯。”尊重罪犯的人格是文明行刑的要求,是有效改造罪犯的基本前提,如果不把罪犯当人看待,随意侮辱他们的人格,必然造成怨恨和逆反心理,这样是不可能真正改造他们的。

5. 不得殴打或者纵容他人殴打罪犯

殴打罪犯,是指用拳击、脚踢、钝器或者以其他方式击打罪犯,伤害罪犯身体的行为。殴打或者纵容他人殴打罪犯,是侵犯罪犯人身权利的行为,是对罪犯身体健康的伤害,这种行为不仅是我国宪法和法律所禁止的,也是国际人权公约所禁止的。

刑罚的执行必须坚持人道主义,尊重个人价值,应依法保障罪犯的基本权利。在刑罚执行中殴打或者纵容他人殴打罪犯的行为是与现代文明行刑的发展趋势背道而驰的,也是不符合行刑的人道主义原则的。不得殴打或者纵容他人殴打罪犯这项纪律包括:监狱人民警察自己不能殴打罪犯,也不能指使、纵容他人(主要指其他罪犯)殴打罪犯。《监狱法》将此规定为监狱人民警察的纪律,是规范监狱人民警察行为,树立监狱人民警察威信和文明形象的重要措施。监狱人民警察在管理罪犯活动中,必须尊重人权、文明管理,只能依照法律法规的规定,采取合法手段对罪犯进行监控、管理和教育、改造、矫正,而不能殴打或者纵容他人殴打罪犯。监狱人民警察殴打或者纵容他人殴打罪犯,造成一定危害的,除给予党纪、政纪处分外,监狱机关还要向被殴打人赔偿损失,并赔礼道歉。构成犯罪的,要依法追究刑事责任。

6. 不得为谋取私利,利用罪犯提供劳务

所谓利用罪犯提供劳务,是指监狱人民警察利用监管罪犯的职权,指使罪犯替自己干私活,以谋取私利。判断是否违反这一纪律的标准不在于是否利用罪犯提供劳务,而是看提供劳务是否为了谋取私利。为谋取私利而利用罪犯提供劳务,是监狱人民警察管理罪犯活动中容易出现的一种现象,这既是一种非法占有罪犯劳动成果的行为,也是一种违反监管制度和纪律的行为,必须予以禁止。

组织罪犯从事生产劳动,是培养罪犯劳动技能,改造罪犯思想,矫正罪犯恶习的一种方式,其根本目的是改造罪犯。而极少数的监狱人民警察法治观念淡漠,无视法律的规定和国家的行刑目的,把手中的权力当作满足个人私利的手段,受个人利益驱使,滥用手中的职权,把利用罪犯为自己提供劳务看作罪犯理所应当的“劳动”,有的甚至把罪犯带出监狱干私活。这种违反工作纪律的行为,不仅严重妨碍了监狱的正常秩序,也严重损害了监狱人民警察的形象,甚至危及罪犯的监管安全。因此,对于那些借职权之便、管理之便,利用罪犯为自己提供劳务,谋取个人私利的行为,必须给予行政处分。造成严重后果的,如罪犯脱逃、致伤致残等,应依法追究其法律责任。

7. 不得违反规定,私自为罪犯传递信件或者物品

违反规定主要是指违反《监狱法》和其他监管法规中有关罪犯通信、收受物品和钱款的规定。私自是指没有合法手续和程序,背着组织或有关的人,秘密地为罪犯传递信件或者物品。我国《监狱法》明确规定,罪犯来往信件应当经过监狱检查,收受的物品也应当经监狱批准、检查。这既是维护监狱安全、稳定的需要,也是保障

罪犯安全的需要，还是改造罪犯的需要。经过严格的批准、检查程序，可以及时发现问题，防患于未然。但如果违反规定，私自为罪犯传递信件或者物品，就逃避了检查关，很可能使有碍改造内容的信件得以交流；有碍于监狱安全的物品进入监内，其后果是不堪设想的。因此，监狱人民警察应严格按规定检查罪犯的来往信件和物品，杜绝私自为罪犯传递信件和物品的现象。对于监狱人民警察违反规定，私自为罪犯传递信件或物品的行为要严肃查处，情节严重者除给予其警纪处分外，还要追究其刑事责任。

8. 不得非法将监管罪犯的职权交予他人行使

非法将监管罪犯的职权交予他人行使，是指没有合法授权和程序，监狱人民警察擅自将自己监管罪犯的职权交予他人行使。这里的“他人”既包括其他不直接行使监管罪犯权力的监狱人民警察，也包括监狱人民警察以外的其他人。监管罪犯的职权是国家依法授予监狱人民警察行使的权力。没有国家法律的授权，没有监狱人民警察的合法地位和身份，其他任何人均无权行使监管罪犯的职权。任何监狱人民警察仅有依法行使自己监管罪犯的职权，没有非法将监管罪犯的职权交予他人行使的权力。监狱人民警察的职权是不可自由选择、转让和放弃的，依法行使职权是其义务。如果监狱人民警察不依法正确行使职权，非法将监管罪犯的职权交予他人行使，就是严重的失职，就是违法乱纪，就要受到党纪、政纪处理，构成犯罪的，要依法追究刑事责任。

9. 不得有其他违法行为

其他违法行为，是指除《监狱法》第 14 条第 1 款规定的以上 8 项纪律之外的，其他有关法律、法规、规章所规定的严禁监狱人民警察实施的行为，《公务员法》第 59 条和《人民警察法》第 22 条都有关于纪律的规定。对于监狱人民警察机关内部有关纪律要求和约束的规章制度，监狱人民警察也应当遵守。

（二）其他有关法律、法规、规章中规定的监狱人民警察的纪律

其他违法行为是指我国《监狱法》规定的以上八种以外的，《人民警察法》以及其他有关法律、法规、规章所规定的严禁监狱人民警察作为的行为，主要包括：（1）不得散布有损国家声誉的言论，组织或参加旨在反对国家的集会、游行、示威等活动；（2）不得组织或参加非法组织，组织或参加罢工；（3）不得泄露国家秘密、监狱工作秘密；（4）不得徇私舞弊，对不符合减刑、假释条件的，提出减刑、假释建议，对不符合暂予监外执行条件的予以暂予监外执行；（5）不得克扣、挪用罪犯的粮食、伙食费及其他财物；（6）不得与罪犯认“老乡”，攀亲结友；（7）不得自己经商办企业或者利用职权为亲友经商提供方便；（8）不得擅自接待外来人员参观访向罪犯的劳

动、生活、学习现场；(9)不得违反人民警察的着装规定和要求，损坏人民警察的形象；(10)不得违反规定使用戒具、警械和武器；等等。

(三)《监狱人民警察六条禁令》的规定

司法部2006年2月14日颁布了《监狱人民警察六条禁令》(以下简称《六条禁令》)。《六条禁令》具有很强的针对性，主要是针对监狱系统内部最容易发生问题的方面而采取的具体措施，它与监狱人民警察纪律的要求是一致的，是对监狱人民警察行为规范中纪律规定内容的具体化，更加方便执行。其具体要求是：(1)严禁殴打、体罚或者指使他人殴打、体罚服刑人员；(2)严禁违规使用枪支、警械、警车；(3)严禁索要、收受服刑人员及其亲属的财物；(4)严禁为服刑人员传递、提供违禁物品；(5)严禁工作期间饮酒；(6)严禁参与赌博。违反上述禁令者，视其情节轻重予以相应纪律处分或者辞退，构成犯罪的，依法追究刑事责任。

四、监狱人民警察严格遵守纪律的必要性

监狱是刑罚执行机关。监狱人民警察是一支特殊的执法队伍，肩负着把罪犯改造成守法公民的重要职责，肩负着巩固党的执政地位、维护国家长治久安的神圣使命。监狱和监狱人民警察的性质与任务决定了监狱必须具有严明的纪律，人民警察必须具有高度的纪律观念，自觉接受纪律的约束，必须切实规范自己的行为，依法履行职责，严格遵守各项纪律，养成严明的纪律和作风。

(一)严格遵守纪律是监狱人民警察依法正确行使职权，防止滥用职权的保证

英国历史学家阿克顿勋爵有句名言："权力导致腐败，绝对的权力导致绝对的腐败。"权力之所以会被滥用，归根结底是因为缺少权力控制和制约，权力没有被关进笼子里。监狱人民警察的义务从要求监狱人民警察应当"作为"的层面，来保证其依法正确行使职权。但仅从这一方面进行约束还不够，还不足以确保监狱人民警察职务行为的法治性。因为他们只知道可以做什么，应该做什么，并不知道哪些是不应该做的，哪些是严格禁止的行为。而纪律就是从禁止、抑制其行为的方面来进一步保证监狱人民警察依法正确行使职权，防止职权偏离法律的轨道的。如果监狱人民警察能够严格遵守纪律，自觉履行义务，增强职业责任感，就能够正确履行党和人民赋予的职责，圆满地完成各项任务。

(二)严格遵守纪律是监狱人民警察战斗力和纯洁性的保证

纪律是执行路线的保证，是行动的指南，是胜利的保障。有纪律才有凝聚力，才能心往一处想，劲往一处使，保持民警队伍良好的精神风貌和高昂的战斗力。没有纪律，违反纪律，必然导致各自为政、各行其是、自由散漫、脱离群众、以权谋私、假公

济私，就会出现个人主义、分散主义、本位主义、官僚主义。严格的纪律，能够坚定监狱人民警察的革命意志，振奋他们的革命精神，激励他们在职业活动中不畏艰难困苦，不怕流血牺牲，勇敢战斗。另外，遵守纪律也是监狱人民警察队伍纯洁性的保障。遵守纪律也就抑制了私欲，防止腐败行为的发生，从而保持监狱人民警察的纯洁性。

（三）严格遵守纪律是提高管理水平、执法水平、改造质量的保证

不可否认，由于受传统文化思想和自身素质影响，少数监狱人民警察在管理罪犯中缺乏民主、平等、保护人权的思想，法律意识淡薄，仅凭经验、个人好恶来管理罪犯，管理方法简单、粗暴，经常用暴力方式解决问题。有了严明的纪律，可以防止监狱人民警察简单、粗暴地解决问题和处理问题；监狱人民警察在管理和改造罪犯时尤其在改造那些顽固不化的罪犯时，就不能采取打骂、体罚、虐待、侮辱人格等非人道的惩罚方法，就不能靠简单的压制、暴力使罪犯暂时屈服，而必须采取文明的、攻心治本的方式去管理他们，教育改造他们。有了严明的纪律，监狱人民警察就能够排除一切私心杂念，公平、公正地执法，就能正确地处理好“权”与“法”、“情”与“法”、“钱”与“权”的关系。因此，监狱人民警察严格遵守纪律，无疑有助于不断提高自身的执法水平。监狱人民警察只有具备了较高的管理水平和执法水平，才能科学地运用各种有效的改造手段，才能保证监狱的各项改造措施落到实处，才能充分发挥我国政策和法律的整体优势。

案例一

青海省西宁监狱原副监区长王玉传徇私舞弊办理减刑案

2007年至2009年，王玉传在担任分监区监区长期间，明知服刑人员李某狱内私藏、使用现金，却隐瞒情况并多次同意给予李某表扬和奖励，为其减刑创造条件，使得李某获法院裁定减刑2年10个月。目前，王玉传已被开除党籍、开除公职，并被判处有期徒刑1年，缓刑1年6个月。

案例二

一位“特殊犯人”的高墙内“星级生活”

1995年4月，大连社会性质组织头目邹显卫被以故意杀人、流氓罪和非法拘禁罪判处死刑、缓期2年执行，剥夺政治权利终身。死缓判决下来后，邹显卫通过关系转到辽宁省大连监狱服刑。邹显卫在辽宁省大连监狱服刑期间过着“皇帝”般的生活，监狱把他安排在远离普通牢房的单间里，房间有冰箱、彩电、电话等生活用品，两名犯人充当勤杂人员为其服务，

随叫随到。很少参加劳动改造的邹显卫还担任劳改积极分子委员会主任，动不动就打骂其他犯人。这期间，通过邹显卫揽工程，辽宁省大连监狱不但创收上百万元，各位领导的腰包也因此鼓了起来。从1998年至2000年，邹显卫连续4年在春节前分别送给监狱长谢红军10万元、10万元、15万元和19万元人民币。同时受审的副监狱长汪永明和第四监区监区长于景波也各有1万元的红包入账。邹显卫的投入显然是需要得到回报的，除了狱中特殊待遇，在大连监狱期间他两次被减刑，最后保外就医。1997年12月，在谢红军等人的策划下，大连监狱替邹显卫虚报救火、检举揭发他人脱逃等4项立功表现，让邹显卫由死缓减为有期徒刑17年。1999年3月，大连监狱再次采取为邹显卫报省监狱劳改积极分子、制造虚假考核材料多加分等办法，使其再次减刑1年零11个月。从1999年2月开始，监狱方面派人找到在大连医科大学附属第一医院住院的脑肿瘤患者孙某，替代邹显卫拍脑部核磁共振的片子，制造邹显卫患有脑瘤的假诊断。当年10月，监狱又请来辽宁省某精神病鉴定中心对其进行了司法鉴定，作出“颅脑外伤性精神病，暂无服刑能力”的司法鉴定结论。2000年3月，邹显卫神气活现地走出监狱大门。走出监狱的邹显卫很快就再次“触礁”。2000年4月7日晚，邹显卫率团伙在大连开发区一洗浴中心开枪打死1人，重伤1人。当晚，监狱急忙将邹显卫召回监狱。第二天，邹显卫又被监狱第四监区副监区长冷某(已被判刑)用轿车的后备厢拉出监狱。在知情人的不断举报下，此案惊动了中央有关领导，中纪委和辽宁省人民检察院均派人到大连进行摸底侦查，并掌握了此案所涉及的大量触目惊心的违法犯罪和司法事实。2001年5月24日，谢红军被警方刑拘。同年6月7日，检察机关对其依法逮捕。随后，汪永明、于景波被拘留和逮捕。检察机关在侦查期间又发现了谢红军涉嫌的其他犯罪事实。

2003年8月18日，沈阳市中级人民法院对谢红军等3人开庭审理，检察机关共控诉谢红军5项罪名：徇私舞弊减刑、暂予监外执行罪、失职致使在押人员脱逃罪、受贿罪、行贿罪和挪用公款罪。检察机关还控诉汪永明犯徇私舞弊减刑、暂予监外执行罪、失职致使在押人员脱逃罪、受贿罪。控诉于景波犯徇私舞弊减刑、暂予监外执行罪、失职致使在押人员脱逃罪、受贿罪和贪污罪。辽宁省大连监狱共有多名警察涉案。

通过上述两个案例，你认为监狱人民警察如何才能做到依法履行职责？

案例三

罪犯李某某，无故不起床出早操，被值班警察从床上叫起来，进行批评教育。李某某不但不接受批评，反而顶撞警察，值班警察遂对其使用电警棍予以处罚。

请讨论值班警察对罪犯李某某使用电警棍是否正确？为什么？

案例四

在日常罪犯管理中，经常听到基层民警抱怨：“现在的罪犯不好管，不服管，实际操作中往往缺乏必要的、有效的惩治手段。”比如，当民警依法督促某服刑人员劳动或对其进行某项教育时,该服刑人员的态度很恶劣,甚至直接对民警进行语言挖苦或侮辱。若该种情形发生,无论是单独场合还是当着其他众多服刑人员的场合,都会令监狱人民警察非常难堪。当看着警察被气得面红耳赤或怒不可遏的时候,有的服刑人员甚至会更加恶劣,继续挑衅:"来啊,动手打我,有本事来打我,我让你脱掉警服!"

请讨论,在罪犯合法权益保障力度不断提升的同时,如何更有效地保障监狱人民警察的权力行使。

本章参考文献

[1]陈连喜主编:《监狱人民警察概论》,中国政法大学出版社 2013 年版。
[2]冯建仓、鲁兰:《中国监狱人民警察权利研究》,北京大学出版社 2009 年版。
[3]于爱荣:《监狱评论》,法律出版社 2008 年版。
[4]张金桑:《监狱人民警察概论》,法律出版社 2001 年版。
[5]边和平主编:《中国公民基本权利概论》,中国海洋大学出版社 2004 年版。
[6]邢曼媛、孟丽萍、杨玉海编著:《人民警察执法权力与自身权利保护》,中国人民公安大学出版社 2005 年版。
[7]袁理政:《论监狱人民警察职业保障体系的构建》,载《法治与社会》2017 年第 25 期。
[8]刘蜜蜜:《论监狱人民警察权益的法律保障》,内蒙古大学 2010 年硕士学位论文。
[9]刘毅:《监狱警察执法权力与个体权益的平衡与规制》,载《河南司法警官职业学院学报》2015 年第 4 期。
[10]周成:《监狱人民警察权益保障问题研究》,安徽大学 2013 年硕士学位论文。
[11]冯建仓、陈文彬:《国际人权公约与中国监狱罪犯人权保障》,中国检察出版社 2006 年版。
[12]中国监狱学会、中国人权研究会:《中国监狱人权保障》,法律出版社 2004 年版。

第四章　监狱人民警察的组织管理

学习目标

1. 掌握监狱人民警察组织的含义、特征及功能。
2. 了解监狱人民警察组织结构形式。
3. 重点掌握监狱人民警察的组织结构。
4. 了解监狱人民警察管理组织体制。

第一节　监狱人民警察组织概述

一、组织与警察组织

（一）组织概述

从广义上说，组织是指由诸多要素按照一定方式相互联系起来的系统。从狭义上说，组织就是指人们为实现一定的目标，互相协作结合而成的集体或团体，如党团组织、工会组织、企业、军事组织等。狭义的组织专门指人群而言，运用于社会管理之中。在现代社会生活中，组织是人们按照一定的目的、任务和形式编制起来的社会集团，组织不仅是社会的细胞、社会的基本单元，而且可以说是社会的基础。

从管理学的角度，所谓组织，是指这样一个社会实体，它具有明确的目标导向和精心设计的结构与有意识协调的活动系统，同时又与外部环境保持密切的联系。组织被看作反映一些职位和一些个人之间的关系的网络式结构。组织，可以从静态与动态两个方面来理解：静态方面，指组织结构，即反映人、职位、任务以及它们之间特定关系的网络；动态方面，指维持与变革组织结构，以完成组织目标的过程。社会组织具有整合、协调、维护利益和实现目标四大基本功能。

（二）警察组织

静态的警察组织是一种组织形态，是为了完成警察任务、履行警察职责而建立起来的集体,如警察机关以及警察机关的内设机构、派出机构等均是不同层级的警察组织;动态的警察组织是指对警察组织、警察人员进行管理、运行的形式和过程。

归纳来看,警察组织是指国家为了实现安全与稳定的目的,依照法定程序和模式组合起来的,具有特殊职权和权威性的,具有特殊功能并具有一定开放性的社会系统。

警察组织在现代警务中具有突出地位,警察行政之开展、警务目标之达成、警察价值之实现均与警察组织密切相关。理解警察组织的含义应注意以下几点:

第一,警察组织是一种公共组织。所谓公共组织,是以管理社会公共事务,提供公共产品和公共服务,维护和实现社会公共利益为目的,拥有法定的或授予的公共权力的组织实体。警察组织作为公共组织的一种,是为社会提供公共安全产品和公共安全服务,维护社会公共利益和公共秩序的组织,具有非营利性。同时,警察组织是一个集合概念,警察人员是警察组织的基本构成要素之一,但警察人员不是警察组织。

第二,警察组织是警务活动的基本载体。警察组织是警察职权的实际承担者,所有警务活动的开展都必须借助于警察组织才能完成。警察组织的设置是否科学、协调,直接影响其对外的执法、管理活动能否高效有序开展。因此,很多国家警务部门将科学设置、调整警察组织结构作为警务改革的重要环节,通过警察组织层级设置、机构精简、警力资源分配等警察组织结构的改革和调整推动警务改革目标的实现。

第三,警察组织具有法定性。警察组织是一个集合概念,偏重"学理性",只有个别国家的警察法中使用了警察组织这一概念。例如,日本警察法明确规定"规范足以高效完成任务的警察组织"为其立法目的之一。

警察组织作为警察职权的承担者,其法定性主要表现在三个方面:首先,警察组织的设置、变更和撤销均要遵循法定的权限、程序;其次,警察组织的管理、运行过程要始终遵循法治原则;最后,警察组织履行职责、行使权力必须依据法律的明确规定和授权。

二、监狱人民警察组织

(一)监狱人民警察组织的概念

监狱人民警察组织是监狱人民警察机关行使职能的组织基础,是指国家为了实现刑罚执行、惩治和教育改造罪犯的特定目的,依照法定程序和模式组合起来的,具有特殊职权和强制性的社会系统。

(二)监狱人民警察组织的特征

1. 鲜明的政治性。鲜明的政治性是监狱警察组织的根本特点,意指监狱警察组织作为国家的暴力机器,作为统治阶级统治被统治阶级的重要工具,它所具有的阶级属性和政治属性。我国的监狱人民警察机关是我国人民民主专政的政权机关之一,是工人阶级和广大人民群众在党的领导下,保障人民民主专政,对极少数敌对分子实行专政的政治工具。正如《人民警察法》第3条所规定的:“人民警察必须依靠人民的支持,保持同人民的密切联系,倾听人民的意见和建议,接受人民的监督,维护人民的利益,全心全意为人民服务。”

2. 广泛的社会性。监狱工作往往具有执法环境封闭、执法对象特定的基本特点,在高墙电网的阻绝下监狱也被人们认为是具有很强封闭性的场所。但从系统论的角度看,我们又必须承认监狱警察组织是存在于整个社会系统之中并发挥特定功能的社会子系统。它的广泛社会性表现在许多方面,其中包括:第一,监狱警察组织承担维护社会和谐与稳定的基本职能。它依照法律规定将违法犯罪分子监禁在特定场所,并以各种强制性手段矫正他们的不良恶习,为良好社会环境提供可靠的组织保障。第二,随着刑罚执行理念的革新,监狱不再一成不变地追求封闭性,而是与社会各领域发生着广泛而密切的联系。例如,一些监狱聘请外部技术人员对罪犯进行相关的劳动技能培训,通过社会力量对罪犯开展法律援助与社会帮教,罪犯出监前的社会适应与企业对接等方面都反映出监狱与社会的广泛交流与合作。第三,随着监狱信息化水平的提升,“狱务公开”成为社会公众对监狱工作了解和认识的途径,而这一举措也拓宽了社会对监狱执法监督的内容。

3. 严密的整体性。警察组织从中央到地方依一定的层次与每一层次的各业务部门组成上下连接、左右沟通、相互促进、彼此制约的严密而又完整的体系。从纵向上看,上至司法部监狱管理局,各省、自治区、直辖市监狱管理局,再到基层监狱形成了一条自上而下的垂直管理体系。从横向上看,各监狱内部又都兼具刑罚执行、狱政管理、生活卫生、教育改造、劳动改造等职能部门。由此,就形成了一个既纵向分化又横向联合的网状组织结构。

4. 特定的目的性。警察组织是国家为实现警务目标而建立的。从任务分工角度看,公安警察、国安警察、监狱、戒毒警察以及司法警察所从事的执法范畴不尽相同,从各自警察组织的社会功能看,也各有其特定目标。但是,国家建立警察组织的根本目的就是通过警察组织的各项警务活动,最终实现维护国家安全、社会安全、人民安全的终极使命。监狱人民警察组织正是通过依法从事监狱管理、执行刑罚、改造罪犯的工作,来巩固国家政权,维护社会稳定,保障社会主义现代化的顺利进行。

5. 行为的强制性。为了确保警察组织的职能发挥,国家通过法律的形式赋予警察组织及其人员某些特殊权力，这些权力的行使具有强制性和约束性。监狱警察组织在对罪犯进行监禁管理、刑罚执行、教育改造、劳动改造等执法过程中，正是因为具有了强制性的法律武器才能更好地完成党和国家所交付的各项任务。如强制劳动、关禁闭、警械警具以及武器的使用等都凸显了这一特征。

（三）监狱人民警察组织的构成要素

监狱人民警察组织是监狱人民警察管理活动的肌体，而构成肌体的基本要素包括以下内容：

1. 明确的目标和宗旨。明确的目标是组织存在和发展的基础，它规定并制约着组织的所有要素。警察组织目标的实现是警察组织所期望达到的目的或所要完成的任务，是构成警察组织的首要因素，是建立各级警察机构的依据。目标既是组织活动发展的方向，又是考核各级警察机关和工作人员成绩的标准。监狱作为国家的具体刑罚执行机关，它的目的除了要保护国家的安全与社会的稳定，更主要的是要确保罪犯的监管安全与改造质量的提高。

2. 要有一定的形式。一定形式的机构是警察组织必不可少的构成条件和重要因素。监狱机构是监狱警察组织的外在表现形式，是监狱警察组织进行各项执法活动的单位。监狱警察组织是由不同层次的机构和担负不同专业任务的部门组成的一个既有分工又有协作的整体。

3. 要有适量的警察人员。监狱人民警察是监狱警察组织的重要人力资源。有了组织机构以后，还必须根据各种机构在组织中所承担的任务大小、轻重、繁简程度等情况以及其他因素，配备合理的，数量、质量相统一的警力，没有高质量的警力配置，就无法对罪犯进行有效的监管和改造，监狱的职能也就无从发挥。

4. 有明确的职责分工与权力分配。监狱人民警察组织及其机构必须有责有权；权责相称，这样才能有效地实行分工与合作。按照职能划分，监狱系统分别设置了刑罚执行、劳动改造、教育改造、生活卫生等不同职能机构，这些机构承担不同的法定职责，行使不同的法定权力，通过分工与合作共同致力于监狱的安全与稳定。

5. 必要的资金。必要的经费是指可供监狱警察组织开展各项执法活动所必需的管理费用和业务经费等，它是监狱正常运转的重要物质保证。根据监狱经费的主要用途，可以将监狱经费划分为四类：(1)监狱行政经费，主要包括人员经费（监狱警察经费、辅助管理人员经费、离退休费）和监狱人民警察的日常共用经费；(2)罪犯改造经费，主要包括狱政费、监狱改造费、劳动改造费等；(3)罪犯生活费，主要包括伙食费、被服费等；(4)监狱业务费，主要包括狱政设施维修费、业务装备消耗费、驻监武警等机构补助费、监狱警察奖励费和补助费等。

6.一定的物质设施。物质设施是监狱人民警察组织监管罪犯,有效惩罚、改造罪犯,维护社会治安及社会稳定的必要物质保障。这里不仅包括罪犯监管设施,如围墙、电网、岗楼、AB门等;还包括安全监控设施,如电子监控、门禁系统、禁闭室等;同时必须具备罪犯生活设施(监舍、食堂等)以及罪犯改造设施(教室、图书馆、心理矫治室)等。

第二节　监狱人民警察组织的功能

监狱人民警察组织是我国人民民主专政的重要工具,是国家机器的重要组成部分。监狱人民警察组织既要对各级监狱机关、各职能部门以及各类警员进行有效的管理,以协调内部的各种关系,从而提升组织效能。与此同时,监狱人民警察组织还要通过组织活动对罪犯进行有效监管和改造,发挥其应有的社会功能。因此,监狱人民警察组织既有内部的系统维护功能,又有对罪犯的惩戒改造功能。

一、系统维护功能

监狱作为一个相对独立的社会组织,它的组织管理活动,是以实现监管安全和教育改造罪犯为目的所进行的一系列计划、组织、指挥、协调和控制活动。其内部功能主要指监狱组织的系统维护功能,也即监狱组织的正常运转和职能发挥的功能。包括以下几个方面:

1.领导与指挥功能。即监狱警察组织要领导和指挥所属部门和各级监狱人民警察,完成执行刑罚、惩罚和教育改造罪犯的根本任务。

2.教育训练的功能。党的十八大以来,以习近平同志为核心的党中央对全面依法治国高度重视,国家治理领域发生了广泛而深刻的革命,人民群众对法治的要求也越来越高。目前监狱的各项工作,尤其是教育改造这一中心环节呈现出一种内涵式发展的态势,这就对广大监狱人民警察提出了更高的素质与能力需求。因此,监狱人民警察组织应通过多种渠道对监狱人民警察提供多层次、多形式、全方位的教育和培训以提高其思想政治觉悟、综合执法水平和警察业务能力。

3.沟通与协调功能。这一功能强调监狱警察组织内部要建立良好的沟通与协调机制,使得监狱狱政管理、刑罚执行、教育改造、生活卫生等职能机构之间目标一致、信息畅通、协同动作,从而增强组织活力,以确保监狱职能的发挥。

4.监督与控制功能。监狱人民警察在行使职权、履行职责过程中,由于内外因素的影响,可能会发生违规、违纪甚至是违法现象,因此监狱人民警察组织需要定期或不定期地对监狱各项工作以及监狱人民警察的各项执法行为进行检查、监督和控制,以此来发现问题,并采取有效措施,及时纠正偏差。

5. 激励与保护功能。监狱人民警察是刑罚执行和教育改造罪犯的具体承担者,监狱能否很好地发挥其功能,在很大程度上取决于监狱人民警察。监狱警察组织必须高度重视和关怀民警的合理需要,对广大监狱人民警察政治上、工作上和生活上给予关心与爱护,切实做好基层民警的鼓励和动员工作,提高各项福利待遇,同时要注意保护他们的合法权益,充分调动民警的工作主动性和积极性。

二、惩戒改造功能

(一)监禁控制功能

监狱通过将犯罪人,特别是那些对社会有严重危险和威胁的罪犯监禁起来,控制他们的行动,剥夺他们继续犯罪的能力,达到保护社会的目的。

监狱是监禁犯罪人的场所。监禁意味着要在一定时间内剥夺罪犯的行动自由,使他们不能在社会上按照自己的愿望或者欲望行动,这种监禁活动具有重要的意义,它不仅是国家权力的体现,也是保护社会的重要措施,可以有效地保护社会免受这些罪犯的侵害。

监狱还要有效地控制罪犯。监狱不能简单地将罪犯监禁起来,而应该通过多种有效的措施控制罪犯,避免罪犯在监狱内进行违规行为和犯罪行为。对监狱中罪犯的控制,要涉及在监狱人民警察和罪犯之间建立合理的人际关系,涉及在监狱内建立多种制度,涉及对监狱进行合理设计和配备不同的设施等多方面的内容。

(二)惩罚功能

人是群体性的动物,将罪犯从其熟悉和有密切关系的群体中孤立出来,隔离在监狱中,就会使其产生痛苦体验,这就是监禁刑对被监禁罪犯的惩罚。在监狱中,要求罪犯一切行动听指挥,遵守国家和地方政府发布的监狱法律和规则,遵守监狱的纪律,服从监狱人民警察的命令和指示,不能与家庭团聚,不能从事社会交往活动,缺乏甚至没有个人的隐私和选择等都是监狱的惩罚性的表现。

(三)改造功能

这是指监狱采取多种措施转变和重新整合罪犯的功能。监狱通过这方面的努力,促使和帮助罪犯重新回归社会,成为守法公民。《监狱法》规定:“监狱对罪犯应当依法监管,根据改造罪犯的需要,组织罪犯从事生产劳动,对罪犯进行思想教育、文化教育、技术教育。”

监狱不仅是监禁罪犯的场所，也是改造罪犯的场所。改造罪犯是监狱在执行刑罚的过程中，运用各种手段和方法，以矫正罪犯的主观恶习、不良的行为习惯和生活习性，培养其掌握一定的文化知识、谋生技能，并使之具有一定社会生活能力的教育活动。改造罪犯具有以下三个方面的作用：

1. 转化犯罪思想。《监狱法》规定：“监狱应当对罪犯进行法制、道德、形势、政策、前途等内容的思想教育。”监狱通过对罪犯进行世界观、人生观、价值观的教育，使其树立正确的世界观、人生观和价值观；通过法治教育，培养其社会主义法治观念；通过思想品德教育，以增强罪犯的社会主义道德修养。

2. 使罪犯再社会化。《监狱法》规定：“监狱应当根据不同情况，对罪犯进行扫盲教育、初等教育和初级中等教育，经考试合格的，由教育部门发给相应的学业证书。”“监狱应当根据监狱生产和罪犯释放后就业的需要，对罪犯进行职业技术教育，经考核合格的，由劳动部门发给相应的技术等级证书。”“罪犯的文化和职业技术教育，应当列入所在地区教育规划。监狱应当设立教室、图书阅览室等必要的教育设施。”“监狱根据罪犯的个人情况，合理组织劳动，使其矫正恶习，养成劳动习惯，学会生产技能，并为释放后就业创造条件。”按照社会的要求对罪犯进行改造，培养其遵纪守法的习惯，提高其文化素质，使其学会一技之长，使罪犯的行为符合社会的要求，对罪犯今后的就业谋生发挥了重要的作用。

3. 减少重新犯罪。从犯罪思想着手实现世界观、人生观、价值观的转变，从根本解决了罪犯的内因问题，无论罪犯在监狱内服刑，还是回归社会后，即使在遇到犯罪诱因的情况下，也能自觉地抵御犯罪的诱惑，不致重新犯罪。

（四）警示功能

警示功能实际上就是刑罚的一般预防功能的具体体现。监狱通过确立如何惩罚犯罪人的形象生动的具体例子，警告他人要遵纪守法，不要进行犯罪行为；如果进行犯罪行为，就会受到同样的或者类似的惩罚。通过监狱组织的职能发挥，打击和惩治违法犯罪人员，一方面可以彰显国家法律的公平与正义，另一方面是通过严格的监禁管理以及刑罚执行来震慑那些服刑人员以及社会中潜在的违法犯罪人员。

目前，为认真落实新形势下全面从严治党新部署新要求，突出理想信念、政治素养教育，切实强化纪律规矩意识，筑牢党员干部和员工廉洁自律的思想防线，加强党风廉政建设，在我国的许多监狱中建立了“警示教育基地”，通过让社会更多的有关人员参观监狱和听取服刑罪犯的现身说法，发挥警示他人、预防犯罪的积极作用。

第三节　监狱人民警察的组织结构

为了便于警察管理,实现警察组织宗旨和目标,每个组织都要分设若干管理层次和管理机构,明确他们各自的职责和权限,以及相互间的信息沟通方式,这种框架分工结构就是组织结构。

一、警察组织结构

所谓警察组织结构,是指警察组织内部各部门及各层次之间所建立的一种相互关系的模式。组织结构相当于人的骨骼架构,建立合适的组织结构对于组织的正常运行和提高组织效率有着至关重要的作用。一般来说,组织框架包括纵向的管理层次和横向的部门划分两个方面。纵向方面是指管理层次和有效管理幅度。管理层次是指从组织最高决策层到管理基层之间的层次数。管理幅度是指一个领导者能直接指挥的下属人员的数量,或者一个上级机构能直接有效管理下级机构的数目。横向的部门划分主要是指根据专业化分工设置业务部门和配置人员。理想的组织结构是组织层次设置合理科学,部门之间信息共享和谐。

组织结构具有以下基本特征:

(一)纵向(叠直)分化

这是一种呈梯形即金字塔形状的层级结构。它是根据组织的各机构或成员对组织活动所具有的权力和责任的大小,以及所管辖的部属数目等因素,将组织划分为若干层级。各层级之间有明确的隶属关系,层级越高,其权力和责任就越大;层级越低,其权力和责任就越小;同一层级的权力和责任基本相同。

(二)横向(平行)分化

它是根据组织的业务性质、服务对象和工作程序,将组织划分为平行的若干部门。它们在主管领导下从事特定的业务工作,发挥着特定的功能。因而这些部门也成为职能部门或者机能部门。

(三)组合有序化

无论是纵向分化还是横向分化的组织,都是人们按照预先的设计和法定的程序组合起来的,其排列的顺序也有严格的界定。警察组织结构实际上就是按照法定程序将组织元素采取纵向和横向分化而形成的网络结构。

结构是警察组织存在的不可缺少的重要条件之一。如果组织结构科学合理,那么这个组织就会上下畅通、信息共享、分工合理、协同有序、指挥灵便、内聚力强、战斗力高;反之则不然。因此,认真研究警察组织结构,使之逐步扁平化,对于改善警察组织的功能,提高警察组织的内聚力、战斗力具有重要的意义。

二、警察组织的结构形式

我国现有的警察组织,其结构形式主要有:

(一)直线制组织结构

直线制是组织发展初期的一种简单结构形式。在直线制组织中,按垂直系统建立组织形式,各级领导执行统一指挥和管理职能,不设专门的职能机构。人员职务垂直地从上至下越来越低,各级组织数目由下向上逐渐集中。各层次的领导者负责全部管理工作,不为他们配备职能机构和人员。这种组织形式适合于级别低、规模小、活动简单的基层单位。监狱、监区、分监区的组织形式就属于直线制结构形式。

直线制的优点是:权力集中,权责分明,指挥与命令统一,决策迅速,人员精干,信息沟通方便,工作效率高。其缺点是:由于缺乏专业管理分工,要求各级领导尤其是高级领导、中级领导必须通晓各类管理知识,担负各类管理工作,因而领导者任务繁重,极易陷入事务主义,不利于集中精力考虑重大问题,也容易使主管领导作出错误的决策。同时不注意发扬民主,容易影响部属发挥积极性和主动性。

(二)职能制组织结构

职能制组织结构起源于20世纪初,法约尔在煤矿公司担任总经理时建立的组织结构形式。即在各级行政领导之下,按专业分工,设置管理职能部门,各部门在其业务范围内,有权向下级发布命令和指示。下级领导者和执行者,既服从上级领导者的指挥,也听从上级各业务职能部门的指挥。

职能制的优点是:职责明确,部门稳定性强,专业化分工有利于管理。缺点是:部门间横向协调差,组织高层领导负担较重,且容易形成多头领导,指挥不统一。

(三)直线职能制组织结构

直线职能制组织结构被称为U形结构,是以权力集中于高层为特征的组织结构。它的基本特征在于组织的活动按照功能划分为若干个职能部门,每个部门是一个垂直管理系统,由组织最高层领导直接管理,机关首长对全部工作负责,职能部门对下级领导者和下层职能部门无权直接下达命令或进行指挥。

直线职能制是目前各级警察机关内部的主要管理形式。其优点是:它既有直线制的集中统一指挥的优点,又吸收了职能制组织分工细密、注重专业的长处,提高了管理效率,为发挥指挥系统的作用提供了组织保证。其缺点是:各专业职能部门之间容易产生脱节和矛盾,信息沟通路线长,反馈慢,横向协调配合较难。同时,由于较多直线指挥,有时不能完全发挥职能部门的作用。

(四)矩阵制组织结构

矩阵制组织结构,是把按职能划分的部门和按产品划分的小组结合起来组成一个矩阵,组织成员既同原职能部门保持组织与业务上的联系,又参加项目小组的工作。如警察组织中的"警务督察小组""专案组"等形式。职能部门是固定的组织,项目小组是临时性组织,完成任务以后就自动解散,其成员回原部门工作。这种双重领导关系,纵横交错,形成矩阵。这种组织形式适用于警察组织执行某项专门重大任务。

矩阵制的优点是:使专门任务得到组织上的保障;加强了职能部门之间的横向联系,有利于沟通信息,协作完成横向机构的任务;在不打乱原来垂直系统的情况下,同时使多项任务能在一个组织中平衡协调地进行;有利于主管领导脱离日常事务,集中精力抓全局、抓关键。其缺点是:双重领导下如果职责划分不清,容易造成指挥混乱,多头领导,出现矛盾和扯皮现象。

三、我国监狱人民警察的组织结构及运行机制

《人民警察法》第24条规定:"国家根据人民警察的工作性质、任务和特点,规定组织机构设置和职务序列。"当前,我国监狱组织机构设置的基本格局是:司法部设监狱管理局;省、自治区、直辖市司法厅(局)设监狱管理局;部分地、市司法局设监狱管理局。省、自治区、直辖市和部分地、市监狱管理局分别下设监狱。监狱管理局是管理监狱的行政执法机关,在我国设有两级:国家级和省级。全国各监狱作为最基层组织,直接从事执行刑罚、改造罪犯工作。监狱人民警察警力主要分布在基层监狱人民警察组织。

(一)国家级管理机构

《监狱法》第10条规定,国务院司法行政部门主管全国的监狱工作。司法部是监狱机关人民警察的最高领导机关。它接受党中央和国务院的领导,在党中央、国务院的领导下,按照党的路线、方针、政策和国家有关法律法规指导全国监狱人民警察的全面建设,并根据宪法和国务院的行政法规、决定、命令等在本部门的权限内,发布命令、指示和规章制度,审批各省、自治区、直辖市的监狱机关机构设置与编制等。司法部监狱管理局是司法部的业务职能部门,由司法部直接领导,负责全国监狱机关的业务领导工作。

司法部监狱管理局内设办公室和政治处、监狱规划处、刑罚执行处、狱政管理

处、研究室、教育改造处、生活卫生处、生产指导处、财务处、科技处等业务部门。

司法部监狱管理局的主要职责是：贯彻执行党和国家关于监狱工作的各种法律、行政法规、行政规章；制订全国监狱工作的各项计划，安排各个时期监管工作的任务；协调、指导各省（自治区、直辖市）监狱管理局的工作；检查、评定、指导各省（自治区、直辖市）监狱管理局的监管改造罪犯工作等。

（二）省级组织机构

各省、自治区、直辖市设省级监狱管理局，一般由省级政府的司法厅（局）实行部门管理，负责管理各省的监狱工作。此外，在新疆生产建设兵团也设立有监狱管理局。各省（自治区、直辖市）的监狱管理局在业务上又受司法部监狱管理局领导。其主要职能是：在司法部监狱管理局的统一领导下，贯彻执行关于监狱工作的各种法律、行政法规、行政规章；制订本省（自治区、直辖市）监狱工作的各项计划；领导本省（自治区、直辖市）各监狱的工作；检查、评定、指导本省（自治区、直辖市）各监狱的监管改造罪犯工作等。

由于我国各省、自治区、直辖市所辖的监狱规模大小不同，管理在押犯的设置不同，因此省级监狱人民警察机关的机构数量也有所不同。一般情况下，各省、自治区、直辖市监狱管理局的机构设置分为五类：

1. 刑罚执行与改造罪犯工作的职能机构，如狱政管理处（刑罚执行处、狱内侦查处）、教育改造处、生活卫生装备处等

(1)狱政管理处（刑罚执行处、狱内侦查处）

狱政管理处的主要职责是制定狱政管理工作的规划和制度；管理、指导监狱的监管安全工作，掌握狱内重、特大案件的发生和查处情况；定期调查、分析狱情动态和押犯构成变化趋势并制定相应对策；负责指导对罪犯的分押分管、规范化管理和防逃工作；掌握重要罪犯的管理工作情况；组织协调罪犯调遣工作；负责监狱枪支弹药的管理工作；负责监狱警用设施规划，警具戒具的计划、购置、分配、管理；负责监狱接待外宾参观监狱的审批工作；负责现代化文明监狱创建工作。

刑罚执行处管理和指导监狱的刑罚执行工作，研究、起草有关刑罚执行工作的规章制度，负责罪犯的收监、释放、申诉、控告、检举、加刑、狱内又犯罪和漏罪处理等刑罚执行工作的具体指导；负责监狱减刑、假释、保外就医、监外执行工作的指导，掌握查处涉及减刑、假释、保外就医、监外执行案件的指导，负责监狱无期徒刑、死缓、重要罪犯减刑的审核工作和保外就医、监外执行的审批工作。

狱内侦查处负责制定监狱系统狱内侦查工作的规章制度，研究狱内敌情动态变化；指导狱内秘密力量建设和隐蔽斗争工作，掌握狱内又犯罪的动态及防范对

策;负责指导监狱系统重大突发案件的处置,指导建立和培训全市监狱系统特警队、防暴队工作;负责指导或参与狱内重大、特大刑事犯罪案件的侦查破案工作,指导监狱系统制订处置突发事件预案并负责组织实施;组织指导监狱系统及时追捕狱内脱逃罪犯工作,指导监狱协助公安机关追捕在逃罪犯。

(2)教育改造处

教育改造处负责制定监狱罪犯教育改造规划、工作制度;指导、检查、考核监狱对罪犯进行思想、文化、技术教育以及个别教育、分类教育、入监教育、出监教育等专项教育工作;指导对未成年犯的管理教育工作;负责罪犯日常监督考核、行政奖惩;了解、指导开展社会帮教的情况及对刑满释放人员改造质量的跟踪考察工作;负责监狱工作的对外宣传。

(3)生活卫生装备处

生活卫生装备处按照国家规定制定罪犯生活卫生标准、囚粮供应指标及医疗卫生工作制度,负责管理监狱医疗机构;指导监狱卫生防疫工作;负责监狱罪犯服装计划、加工、供应等管理工作;负责监狱医疗设备的规划、购置、分配及管理工作;负责局机关民警服装的发放和医疗保险工作。

2. 综合部门,如办公室、指挥中心、研究室等

综合部门的主要任务是负责制订监狱工作年度计划、中长期发展规划;负责监狱系统的目标管理及督办工作;负责局机关综合性材料的草拟和文件管理工作;组织指导全市监狱系统的重大调研活动;负责局机关固定资产的管理及住房分配管理工作;管理监狱系统警务车辆;负责全局性会务和局机关接待、保密、防火、安全等工作;负责计算机网络的建立和管理工作;负责接待人民群众的来信来访工作;保管、使用监狱管理局印章。

3. 生产财经管理职能部门,如计划处、工业处、农业处、供销处、财务处、审计处等

生产财经管理职能部门负责制定监狱建设中、长期规划和项目投资计划。负责监狱系统资金管理、财务管理、成本管理,制定监狱系统的财务管理制度和会计管理制度,监督检查其执行情况;制定监狱系统财务年度预算、决算;编制财务计划和行政事业费计划;指导监狱系统财务管理和会计核算工作;负责监狱系统国有资产管理;负责对监狱系统全额保障经费的到位和管理;参与管理国家投资项目的稽核监督;负责局机关经费管理。

4. 政治工作机构,也是党委办事机构,即政治部,下设宣传、组织、人事及警察教育培训等组织机构

政治工作机构负责监狱系统的思想政治工作和队伍管理、机构编制、组织人

事、老干、工资、警务、职称、技术等级和社保工作；负责监狱系统教育培训、立功创模、表彰先进和精神文明建设工作；负责监狱人民警察和工人对内对外宣传工作的审批工作；负责监狱系统副处级干部的选拔、培养、考核、任免等。

5. 监督机构，如党的纪律检查机构、行政监察机构、经济审计机构等

监督机构负责监狱系统的纪检、监察工作和党风廉政建设；负责监狱系统干部违反党纪政纪案件的查处工作；负责对各监所的行政财政预算、财务收支、资产管理的审计和执行国家财经法规情况的监督；负责对领导干部的任期责任审计工作；协助司法局对领导干部的任期经济责任审计工作；对监狱系统的狱政项目投资进行审计监督。

地方监狱人民警察机关，还设有群众性组织，如工会、共青团委员会、妇联等。

（三）基层监狱组织机构

基层监狱是执行刑罚和改造罪犯的主要组织机构，是整个监狱工作的组织基础，为了完成监狱的刑罚执行任务，行使改造罪犯的职能，以及有效地组织服刑人员习艺劳动，基层监狱人民警察机关按其工作性质和职能，设置了一系列的职能机构，具体可分为监管改造系列、生产经营系列、思想政治工作系列、行政事务系列等。

1. 监管改造系列。监管改造系列是监狱执行刑罚职能的第一线职能部门，在主管改造的行政首长领导下，肩负对罪犯的监管、改造和生活管理任务。一般应设教育改造科、狱政管理科、刑罚执行科、生活卫生科和狱内侦查科。

2. 生产经营系列。《监狱法》规定，我国监狱组织罪犯生产劳动，具有国家刑罚执行的法律性、强制性和教育改造性，是改造罪犯的基本手段之一。因此，必然产生相适应的职能机构。一般设有生产科、供应科、销售科、计划财务科、物资科等。

3. 思想政治工作系列。监狱是人民民主专政的工具之一，肩负着执行刑罚、改造罪犯的任务，加强监狱思想政治工作是十分必要的，政治处是监狱设置的负责监狱人民警察管理和教育的工作机构，对监狱党委和行政首长负责。

4. 行政事务系列。行政事务机构负责日常出现的行政事务工作和各科室之间的协调与综合。行政办公室是监狱设置的综合行政管理机构，在主管首长指挥下发挥职能作用。

监狱设置的各个内部职能机构，组成了监狱这部机器的整体。监狱既然是国家的专政工具，党的领导作用必然要充分发挥，因此，监狱除设置必要的行政管理机构外，还设置了党的办事机构，如机关党委、纪律检查委员会等。除此之外，还有工会、共青团、妇联等群众性组织。

合理的组织结构是一个组织能否正常运转的基础，合理的监狱警察组织是保

证监狱人民警察工作全面、协调、可持续发展的重要因素。结构完整、脉络清楚的监狱人民警察组织可以提供顺畅的工作程序、积极的工作态度、创造性的工作作风，从而极大地提高监狱警察组织效率。因此，建立一个高效、科学、合理的监狱警察组织结构非常重要。

第四节　监狱人民警察管理的组织体制

组织体制是指彼此联系、互相制约的不同层次和不同部门按照一定的程序组合而成的一个整体。我国监狱警察组织体系是由司法部及其监狱管理局，各省、自治区、直辖市司法厅及其监狱管理局，各级监狱组合成的统一整体。

一、国内外警察组织体制的类型

警察组织体制的建立、内容及特点是由宪法、法律法规等规范的，是在一国的历史传统、政治制度、经济发展状况、文化特征、自然地理等诸多因素的共同影响下逐渐形成的。由于各个国家的政体、国体、经济发展状况、历史文化传统和自然地理等存在诸多差异，世界各国警察组织体制也不尽相同，但总体来说，各国警察组织体制也存在一些共性。

由于学者研究角度和分类标准的不同，对警察组织体制的分类形成了三种观点：一是四模式说。以英国人梅拜为代表的部分学者认为，世界各个国家及地区的警察组织体制可划分为英国模式、美国模式、大陆模式和殖民地模式四种模式。二是三模式说。以美国人亨特为代表的部分学者认为，尽管各国警察体制千差万别，但基本可划分为地方自治型、中央集权型和结合型三种类型。三是两派论。以我国台湾地区邱华君为代表的部分学者认为，世界各国的警察体制划分为大陆派与海洋派。本书重点介绍三模式说。

目前，世界上主要有三种警察体制：自治型警察组织体制、集权型警察组织体制和央地共管警察组织体制。

（一）自治型警察组织体制

自治型警察组织体制也称分散型、分权型警察组织体制。该体制起源于英国，目前英国、德国等国家采用这种体制。自治型警察组织体制的特点是：

1. 没有全国集中统一的警察机关体系，中央警察机关和地方警察机关各成体系，互不隶属，分别执行不同的警察职能。二者之间仅是业务上的合作和支援关系。

2. 中央政府负责中央警察机关的人力和财力资源支持,并对中央警察机关的业务负有领导权限和政治、法律责任;地方政府负责地方警察机关的人力和财力支持,并对本地方的社会治安状况负责,因而也对地方警察机关享有领导指挥权。

3. 中央警察机关与地方警察机关在内部机构设置上并不对应,甚至有很大的差异。

世界各国中,作为联邦制代表性国家的美国是典型的分权型警察组织体制。美国警察机构数量非常庞大,具体可分为联邦警察机构、州警察机构和地方警察机构,地方警察机构又包括县警察机构、市镇警察机构,同时存在大量的专门警察机构。美国分权型警察组织体制主要表现在:一是联邦警察权力高度分散。在美国没有一个集中统一的中央警察机关,联邦警察机构各自独立,分别隶属于联邦不同政府部门,完成各自主管的业务工作。例如,隶属于司法部的联邦调查局,隶属于国土安全部的海关与边境保卫局、移民与海关边境保卫局、移民与海关执法局和特勤局等。二是联邦警察与州警察之间没有隶属关系,彼此之间只有业务上的合作、支持和配合关系。三是州警察与地方警察之间没有隶属关系。虽然所有的地方政府都是州政府的下级分支机构,但州警察局与地方警察局之间没有指挥监督关系。四是地方警察为数众多且相对独立。每个县管辖若干个城镇和地方组织,每个城镇都有自己的执法机构。可以说,分权型警察组织体制是美国社会的传统与现行法律制度共同作用下的结果。

(二)集权型警察组织体制

该体制起源于法国,意大利、西班牙等国家实行该体制。

中央集权的警察组织体制是相对于地方分权而言的,是指地方政府在警察事务方面不具有独立性,必须服从和接受中央对警察事务的统一领导,中央集权的警察组织体制有以下特点:

1. 全国的警察机关是一个统一完整的组织体系,中央设有全国性的警察机关,中央警察机关对地方各级警察机关实行统一领导和指挥,执行全国统一的警察法律、法令。

2. 上下级警察机关之间具有隶属关系,下级警察机关必须服从上级警察机关的领导和指挥,各级警察机关不受地方政府的制约,地方政府对警察机关没有领导指挥权或者只有微弱的领导指挥权。

3. 警察机关内部实行层级制,内部机构的设置基本上实行上下对应。例如,芬兰各地方警察局的内设机构大同小异,一般设证照部、执法部、行政管理及后勤部等。属于中央集权的警察组织体制的国家主要有法国、意大利、芬兰、以色列、泰国、爱尔兰、丹麦等。

（三）央地共管警察组织体制

央地共管的非自治非集权型警察体制的特点是：全国有隶属于中央政府的最高警察机关，中央警察机关在警察业务上有权对各地方警察机关进行领导和管理；同时地方警察机关又接受地方政府的领导和监督。我国就属于这种体制，即“统一领导，分级管理，条块结合，以块为主”。

我国警察组织体制，是指警察机构设置、隶属关系和权限划分及其形成的制度和体系的总称。它是警察组织各层次、各部门之间的关系制度化的表现形式。我国的警察组织表现为“层级—职能制”的组织体制。这种体制具有以下优点：

1. 纵向层级之间是一种上下隶属关系。上级指挥和领导下级，下级在上级的各项指令下开展活动。这一体制有利于加强领导和信息沟通，有利于进行指挥和实施控制，使各项警察工作任务能够顺利完成。

2. 横向各个职能部门平行并列，有各自的任务、职权、功能。它们之间虽互为所属，但彼此联系，相互制约、相互配合、相互补充，使之构成一个具有完整功能的警察组织。

3. 这种组织体制构成一个“金字塔”状，有利于加强基层工作，使警察管理活动具有坚实的群众基础。总之，我国的警察组织，把层级制和职能制有机结合起来，形成完整的组织体制，从而能够充分发挥人民民主专政的职能作用。

警察组织体制的上述分类在本质上体现了中央与地方在警察事权上的划分。各国警察组织体制形成、发展与改革的过程，也是中央与地方权力与利益的博弈和平衡过程。值得注意的是，一个国家的警察组织体制并不是一成不变的，综观当代各国警察组织体制的发展实践，各国都在为适应本国经济和社会发展需要而对警察制度进行修正，而非固守原有的传统。例如，英国的警察地方自治原本具有深刻的历史渊源和思想基础，然而自20世纪以来，随着社会的发展，地方警察逐渐显现出在应对新型警察事务方面的不适应，英国政府开始通过各种方式逐步加强内政部对地方警察事务的监督、指导和管理权。与此相对应的是，法国、芬兰等欧洲大陆国家的中央集权的警察组织体制也已经开始朝着地方分权的方向改革。

二、我国监狱人民警察组织体制

监狱警察组织体制也称作监狱警察管理体制，是指监狱系统为实现有效管理而设置的各种机构以及相应的组织领导体制。宏观的监狱警察组织体制，是指整个司法行政系统为实现有效管理而确定的司法部监狱管理局与各省、自治区、直辖市监狱管理局和各级监狱之间以及它们与地方行政机关关系的制度。微观的监狱警察组织体制,包含两个方面的内容:(1)在一个相对独立的监狱机关内机构如何设置;(2)监狱警察组织内部权力如何划分,决策权归谁所有的制度。由于决策权是领导最核心的权力,因而也可称为“领导体制”。

总体上,我国监狱机关人民警察组织体制,是在坚持党的绝对领导这一原则下,实行中央和地方的双重领导,绝大多数基层监狱是由上级监狱管理局实行垂直领导。地市办的监狱则实行以地方领导为主的管理体制。

监狱警察组织体制是监狱警察组织相互依存、相互制约、相互作用的纽带,是监狱警察组织进行管理活动并取得效益优化的重要因素。科学的监狱警察组织体制不但有利于减少组织与组织之间、组织与部门之间、个体与整体之间的矛盾,增强组织的内聚力、提高组织的战斗力,而且有利于组织内部其他因素的整合,有利于整体功效的优化。

三、监狱“扁平化”组织管理趋势

在监狱管理实践中,越来越多的研究者认为,应当在监狱内部实行“扁平化”管理。所谓“扁平化”管理,就是减少监狱内管理机构的层次,从现有的“监狱—监区—分监区”三级管理,转变为“监狱—监区”两级管理的体制改革。

(一)监狱组织结构“扁平化”体制改革的主要目的

进行监狱组织结构“扁平化”体制改革的主要目的有两个方面:

1. 优化警力配置。进行这种改革后,可以减少科室人员的数量,充实基层一线的警力,让更多的监狱人民警察直接从事罪犯管理和改造。2006 年年底司法部统计数据表明,一线监狱民警的数量不到在押犯的 10%;按照监狱人民警察—罪犯之间的比例为 18% 计算,一线监狱人民警察占监狱人民警察总数的 55% 左右,这与司法部规定的基层一线监狱人民警察要占监狱人民警察总数 75% 的标准相差很远。因此,必须通过“扁平化”组织结构调整来增加一线监狱人民警察的数量。

2. 提高工作效率。进行“扁平化”改革后可以减少机构层次,不仅能够使监狱的决策更加快速地传达到基层和得到贯彻落实,而且可以避免在中间层次可能发生的信息扭曲、失真等问题,使基层监狱人民警察更加准确地了解监狱决策的内容和意图。

(二)我国监狱组织体制“扁平化”改革的尝试

我国一些地区和监狱进行了两级管理的尝试。例如,20 世纪 90 年代,广东省监狱系统面对监狱内罪犯剧增而警力严重不足的问题,开始了监狱两级管理的尝试。2006年4月,广东省监狱管理局正式发文,要求除不具备条件的分散关押点可暂时实行监狱—监区—分监区三级管理体制外,其他监狱(所)一律实行监狱—监区两级管理体制。这种改革尝试得到了司法部领导的重视,随后,江苏省、浙江省、湖北省等地的监狱系统也进行了类似的改革尝试。2007年6月7日,时任司法部分管监狱工作的副部长陈训秋在全国监狱劳教人民警察岗位练兵活动总结表彰电视电话会议上的讲话中提出,要探索将中小型监所由三级管理逐步改革为两级管理,使各层次管理幅度适当,减少监区(大队)或分监区(中队)中的管理人员数量。

案例

广州、番禺监狱"扁平化"管理组织架构

广州与番禺监狱于2009年变三级管理为二级管理(监狱—监区),其组织架构如下:

一、监狱层级组织架构

监狱采取监企分开运行,职能机构分开,在监狱党委的统一领导下合署办公的运行模式。监狱领导职数8名,由党委书记兼监狱长1名,政委1名,副监狱长4名(其中1名兼任为监狱总公司总经理,享受正处级待遇,1名分管狱政管理,1名分管教育改造,1名分管行政管理),副政委兼纪委书记1名,政治处主任1名组成监狱领导班子。广州监狱和番禺监狱机关民警职工均占监区民警数的30%左右,两所监狱机构设置相同,都由省局统一定编职数与中层领导职数、职位,企业民警编制属于监狱民警编制。

二、监区层级组织架构

两所监狱均采取"5+5+2(或3)"模式形态。即配置5名监区领导:监区长(兼党委书记)、教导员、副监区长(3名),配置5名监区干事(政工、狱政、教育、劳动、卫生);根据在押犯规模,配置以生产作业区为主体的2~3名监区的警长。

监区长兼党委支部书记主持监区工作,主管生产、行政、安全、就政;教导员主管政工、教育改造;1名副监区长分管安全、狱政管理;1名副监区长分管生活卫生;1名副监区长分管教育改造;干事承担上传下达的具体业务和事务性工作。

推行监狱"扁平化"管理工作是一项艰巨和细致的系统工程,是一场深刻的警务革命。因此,必须持谨慎、科学、务实的创新态度加以认真对待,必须加强监狱"扁平化"管理方式、方法的论证,牢固树立科学发展观,认清经济社会改革与发展的新形势、新任务与新要求,紧密结合监狱工作性质、任务,着力于凸显监狱工作的本质职能,紧密围绕现代警务机制的规范化、信息化、集约化建设要素,着力于监狱管理机制、体制、制度的科学性、合理性相匹配、相适应,盘活监狱现有活力资源,减少警务运作的消耗,实现监狱警务效能显著提升。

本章参考文献

[1]郑晓均、罗丹:《论警察组织结构的科学设置》,载《浙江警察学院学报》2016年第2期。

[2]方圆:《中国警察组织结构变革探析》,载《经济研究导刊》2010 年第 22 期。
[3]陶新胜:《监狱组织管理制度建设基本概念》,载《法制与社会》2011 年第 13 期。
[4]乔成杰、宋行主编:《监狱人民警察管理实务》,化学工业出版社 2013 年版。
[5]吴晓静主编:《监狱人民警察管理教程》,中国政法大学出版社 2015 年版。
[6]于文静、谢添明:《科学认知监狱警察》,江苏人民出版社 2014 年版。
[7]高文英、邢捷主编:《警察法学》,中国政法大学出版社 2017 年版。
[8]陈连喜:《监狱人民警察概论》,中国政法大学出版社 2018 年版。
[9]程琳主编:《警察法学通论》,中国人民公安大学出版社、群众出版社 2018 年版。
[10]陈华:《警察法治的理论与实践》,知识产权出版社 2019 年版。

第五章　监狱人民警察人力资源管理

学习目标

1. 了解监狱人民警察人力资源管理的内涵。
2. 掌握监狱人民警察人力资源管理的基本原则。
3. 掌握监狱人民警察人力资源管理各个环节的主要内容。
4. 重点掌握职位分类、警衔管理、录用、考核、奖惩、教育培训相关制度和内容。

第一节　监狱人民警察人力资源管理概述

"为政之要,惟在得人。"[①]监狱人民警察人力资源管理是监狱人民警察管理的重要职能之一,科学规范的人力资源管理是监狱人民警察管理目标得以实现的人才基础和组织保障。司法部于2016年12月公布的《关于新形势下加强司法行政队伍建设的意见》明确指出,要建设一支规模宏大、结构合理、素质优良的司法行政人才队伍。可见,作为司法行政人才队伍的重要组成部分,加强监狱人民警察人力资源管理、完善监狱人民警察队伍建设具有极其重要的现实意义。

一、监狱人民警察人力资源管理的含义和作用

(一)监狱人民警察人力资源管理的含义

管理大师彼得·德鲁克在《管理的实践》一书中指出,人力是一种特殊的"资源"。一般而言,人力资源是指一定区域内具有劳动能力、能够从事智力劳动和体力劳动的人口的总和。作为管理的一项重要职能,人力资源管理是指为实现组织

---

① 出自《贞观政要·崇儒学》。2018年11月26日,习近平总书记在主持十九届中央政治局第十次集体学习时引用了这句话,高度强调了人力资源,尤其是人才资源对于治国经邦的重要性。

目标而实施的人力资源规划、获取、开发、利用、激励、退出等一系列功能活动过程。其目的是实现人力资源的优化配置,开发人力资源的最大效能,确保“事得其人”“人尽其才”“人事相宜”,从而提升组织绩效,实现组织目标。

监狱人民警察人力资源属于人力资源中比较特殊的组成部分。监狱人民警察属于我国人民警察的重要组成部分,是肩负刑罚执行职责的一支重要执法力量,具有国家公务员身份。根据《监狱法》《人民警察法》等相关规定,可以将监狱人民警察人力资源界定为依法从事管理监狱、执行刑罚、对罪犯进行教育改造等工作的人力资源的总和,是监狱警力资源①的重要组成部分。因此,监狱人民警察人力资源管理就是为实现监狱机关的职能和目标而实施的,对监狱人力资源进行规划、获取、开发、利用、激励、退出等一系列功能活动过程的总称。具体职能活动包括监狱人民警察的职位分类、警衔管理、人力资源规划、招考录用、职务任免、绩效考核、薪酬、奖惩、升降、培训、交流、回避、辞职、辞退与离退休管理等内容。可见,监狱人民警察人力资源管理的对象除了现役的监狱人民警察之外,还包括具有监狱人民警察素质但尚未从警的社会潜在人力资源。由于监狱属于国家公共权力部门,与其他组织人力资源管理相比,监狱人民警察人力资源管理具有更强的政治性和公共性,因而具有更强的规范性,必须严格依据国家相关法律法规进行。

（二）监狱人民警察人力资源管理的作用

作为监狱人民警察管理的一项重要职能,监狱人民警察人力资源管理对于提高监狱人民警察工作绩效、促进监狱人民警察全面发展、实现监狱人力资源优化配置、提升监狱整体工作绩效都具有重要作用。具体体现在以下几个方面:

1.有助于提高监狱人民警察的工作绩效

实施人力资源管理的目的之一,就是提高人力资源的利用效率,提高人力资源个体的工作绩效。科学的监狱人民警察人力资源管理应充分运用现代人力资源管理的理念和方法,结合监狱人民警察队伍的特点,通过发挥人力资源管理各项职能活动的作用,一方面通过完善监狱人民警察薪酬体系,提升福利待遇,落实从优待警政策,为监狱民警提供更好的物质保障,提高监狱民警的工作积极性和工作效率;另一方面通过绩效考核、奖惩升降等激励方式,促使监狱民警为监狱各项工作目标的实现付出更多的努力,提高监狱民警的工作绩效。

---

① 一般而言,警力资源是包括警察人力、财力、物力在内的综合性范畴,人力资源只是警力资源的一个重要组成部分。除此之外,警力资源还包括警察机构、业务经费、运行程序、情报信息、执法手段、后勤保障、装备设置等方面要素。

2. 有助于促进监狱人民警察的全面发展

实施人力资源管理的另外一个重要目的，是开发人力资源的潜能，推动人的全面发展，实现人力资源的增值。在监狱人民警察人力资源管理过程中，一方面通过开展各种形式的教育培训、岗位交流，进一步挖掘和开发监狱人民警察潜能，不断提升监狱民警个体的综合素质，实现监狱民警个人的全面发展；另一方面通过科学实施职务晋升、职业生涯规划等管理活动，提升监狱人民警察对组织目标的认同，使监狱民警个人目标与监狱机关的目标有机融合，激发监狱民警个体创造力和团队活力，从而促进监狱民警个体价值实现和个人全面发展。

3. 有助于实现监狱人力资源的优化配置

监狱人民警察人力资源管理的主要职能活动就是对监狱民警个体能力和素质进行客观准确的评价和定位，将其安排在适宜的岗位上分工协作，以实现人力资源的合理使用。同时，通过多种激励方式和手段，引导监狱民警不断提升自身的能力和素质，实现人力资源保值增值，在对监狱人力资源不断进行动态整合的过程中实现优化配置，提高监狱人力资源的整体效能，促进监狱人民警察队伍建设。当前，一方面我国社会正经历深刻发展变化，犯罪的种类和罪犯的数量越来越多，监狱在押人数呈现出逐年上升的趋势，监狱监管改造工作任务日益复杂繁重；另一方面国家法治不断健全，监狱监管改造工作的责任和压力越来越大，监狱民警，尤其是监狱基层民警人才紧缺，监狱工作中“人”与“事”的矛盾逐渐凸显。缓解这一矛盾的主要途径，就是科学实施监狱人民警察人力资源管理，在不断加强监狱人力资源储备的同时，不断提升监狱人力资源的效能。

4. 有助于提升监狱各项工作的整体绩效

监狱人民警察的专业能力和素养在很大程度上直接决定着监狱监管改造等各项工作的有效运行，也影响着监狱刑罚执行的规范性和罪犯教育改造的有效性。监狱各项工作的贯彻落实以及整体绩效的提升，同样离不开一支高素质的监狱人民警察队伍。只有科学实施监狱人民警察人力资源管理，全面推进素质强警工程，将从严治警和从优待警充分结合，不断提升监狱人民警察队伍的凝聚力、战斗力，才能不断夯实监狱事业持续发展的人才基础，为监狱各项工作整体绩效的提升提供人才保障。

二、监狱人民警察人力资源管理的基本原则

监狱人民警察人力资源管理的基本原则，是指对监狱人民警察人力资源管理工作具有普遍指导意义的一些准则和要求，是人们在监狱人民警察人力资源管理

的实践和研究中对该项活动规律的总结和概括。从我国公务员制度的总体特点和监狱工作的实际要求出发,我们应当遵循以下主要原则:

(一)依法管理原则

2018 年 8 月 24 日,习近平总书记主持召开中央全面依法治国委员会第一次会议,并发表重要讲话,标志着中央全面依法治国委员会工作正式全面启动。党中央成立中央全面依法治国委员会,是推进新时代全面依法治国的战略举措,在我国社会主义法治建设史上具有里程碑意义。作为我国司法工作的重要组成部分,监狱人民警察人力资源管理也要遵循社会主义法治,坚持依法管理原则。所谓依法管理原则,就是指监狱人民警察人力资源管理的各个环节,包括监狱人民警察的考试、录用、考核、晋升、培训、奖惩、工资、福利、退休等,都必须统一按照党和国家有关人事法律法规和制度纪律的规定严格组织实施,杜绝因人而异、以言代法、各自为政、各行其是。坚持依法管理,是做好监狱人民警察人力资源管理工作的基本前提和根本性保障。

(二)党管干部原则

西方国家将公务员划分为政务官与事务官,政务官是高级官员,与政党政治挂钩,与政党共进退;事务官职位常任,不与政党共进退,必须保持政治中立。我国的公务员不分政务类和事务类,强调公务员无论职务高低,其工作性质是一致的,对党和国家负责与对人民群众负责也是一致的,必须坚持党的领导,坚持社会主义方向。2015 年 1 月,习近平总书记在中央政法工作会议上强调,要“培育造就一支忠于党、忠于国家、忠于人民、忠于法律的政法队伍,确保‘刀把子’牢牢掌握在党和人民手中”。因此,在监狱人民警察人力资源管理中,也必须坚持党管干部的原则。党管干部原则的实质,就是要保证党对监狱人民警察人力资源管理工作的领导权。这就要求监狱系统各级党委和组织部门坚持贯彻执行党的干部路线方针政策,严格按照党的法规和标准培养、推荐、选拔、任用干部,并对各级、各类干部实行有效的管理、教育和监督。

(三)任人唯贤原则

毛泽东曾指出:“在这个使用干部的问题上,我们民族历史中从来就有两个对立的路线,一个是‘任人唯贤’的路线,一个是‘任人唯亲’的路线。前者是正派的路线,后者是不正派的路线。”①历史与现实的经验反复证明:任人唯贤,则政风清明,事业兴旺;任人唯亲,则政风腐败,事业衰落。要做好监狱监管改造工作,在监狱人

---

① 《毛泽东选集》(第 2 卷),人民出版社 1991 年版,第 527 页。

民警察人力资源管理方面必须坚持任人唯贤原则。在2011年的全国组织部长会议上，习近平总书记强调："要坚持德才兼备、以德为先用人标准，坚持五湖四海、任人唯贤，切实把政治坚定、实绩突出、作风过硬、群众公认的干部选拔上来。"可见，任人唯贤，最主要的就是在选拔任用监狱人民警察时，坚持德才兼备、以德为先的标准。"德"指监狱人民警察的思想政治素养，主要是坚持党的宗旨和基本路线，具有坚定的理想信念，具有高尚的道德情操、正派的思想作风和无私的奉献精神。"才"指监狱人民警察应具备的知识水平和业务能力，要求监狱人民警察掌握胜任本职工作的业务知识和实际能力，并在实践中不断学习、不断提高。只有坚持任人唯贤的标准，才能优化监狱人民警察的整体素质，才能提高监狱监管改造各项工作的质量和效率。

（四）量才适用原则

量才适用，就是要根据每一个人的志向、专长、能力等条件，安排相应的岗位和职责，各随其志，各得其所，各尽其才，各献其功。在监狱人民警察人力资源管理中实行量才适用的原则，就是要扬长避短，根据每一位监狱人民警察的个性特征和能力特点，将其安排到最能够发挥其优势的岗位上。我国古代有一则"西邻教子"的故事："西邻有五子，一子朴，一子敏，一子盲，一子偻，一子跛。乃使朴者农，敏者贾，盲者卜，偻者织，跛者纺，故五者皆不患饮食焉。"这则故事正说明用人要扬长避短，用得适当，才能充分发挥每个人的作用。在监狱人民警察人力资源管理中坚持量才适用原则，还须坚持人事结合，做到"因事用人""因岗择人"，反对"因人设事""因人设岗"。

（五）有效激励原则

管理学原理告诉我们，对人的激励不外乎两种方法：一是负激励，即消极的惩罚；二是正激励，即积极的奖赏。奖赏和惩罚是不可偏废的，该奖的则奖，应罚的则罚，各有其作用。在监狱人民警察人力资源管理中，对监狱民警实施奖罚要一视同仁、公平合理，奖罚等级与功过大小程度相一致。在人力资源管理实践中，惩罚固然不可或缺，但这只能达到最低的工作标准，难以取得高效率。因此，在监狱人民警察人力资源管理中，在依法惩戒的同时，应该更加注重正激励，通过满足监狱民警各方面的需要，激发监狱民警的工作热情和进取心，充分发挥他们在监狱监管改造工作中的主动性、积极性和创造性。同时，人的需要是多层次的、复杂的、变化的，应该根据社会的发展变化和监狱民警的实际需要，采取适当的方法和措施提高激励的针对性、有效性，充分发挥监狱民警的潜在能力，使其出色地完成本职工作。

（六）晋升唯功原则

晋升唯功，就是将人员的工作成绩和实际贡献作为考评、奖励、晋级、晋职的主要标准。有成绩者奖，有贡献者升，成绩突出者重奖，有重大贡献者依法依规越级晋升。在监狱人民警察人力资源管理中贯彻晋升唯功原则，要求在监狱人民警察的职务晋升条件上，不能唯年龄论，不能唯学历论，也不能唯资历论，必须注重工作实绩。要建立科学的工作绩效考核机制，并将考核结果运用到监狱民警的职务升降之中。在监狱人民警察人力资源管理中，能否贯彻晋升唯功原则，是衡量监狱人民警察晋升制度是否公平、合理、科学、进步的主要标志，是能否真正贯彻任人唯贤、德才兼备原则的重要条件和保证。

（七）智能互补原则

智能互补原则意味着一个组织机构要发挥较好的效能，就要合理地配备各种人才，形成最佳结构，使具有不同年龄、专业、知识、能力、特长、爱好、心理、生理特征的人员互相补充，互相配合，互相协作，发挥群体优势，出色地完成工作任务。在监狱人民警察人力资源管理中，要根据监狱监管改造各项工作的需要和不同岗位职务的要求，对具有不同年龄、性格、能力、品德、知识、专业、爱好的监狱人民警察进行科学搭配。实践证明，监狱人民警察队伍，尤其是领导班子队伍配备得好，就会产生一加一大于二的最佳效能；反之，则可能出现一加一小于二或等于零的消极后果。智能互补，绝非随意凑合，而是要根据监狱每个机构或部门的性质、任务、要求等方面的具体情况，进行慎重选择，科学安排，合理配备，形成最佳的监狱民警队伍结构，保证监狱各项工作有效、协调进行。

（八）合理流动原则

实现人才合理流动，既是社会发展的客观要求，又是监狱人民警察人力资源管理工作科学化的实际需要。实现监狱人民警察人力资源，尤其是高层次人才的合理流动，可以清除用非所学、用非所长的现象，有利于监狱民警充分发挥自己的才智、实现自己的价值；可以使监狱民警扩大视野，增长见识，提高水平，有利于人才的成长和培养；可以打破人力资源的“部门所有制”或“单位所有制”，避免“近亲繁殖”，消除可能出现的宗派主义、山头主义、圈子文化，有利于克服用人问题上的不正之风。合理流动，就是要把握好监狱人力资源的合理流向，改变监狱人力资源分布不平衡、专业不对口和使用不适当的状况，促进各个地区、各个监狱人民警察队伍结构的优化和合理化。

现代监狱人民警察人力资源管理，应该是一个健全、有序、畅通的功能活动过程，并在管理过程的每个阶段和环节均建立完善的制度体系作为保障。总体而言，监狱人民警察人力资源管理可以分为四个阶段：监狱人民警察人力资源获取前的准备、监狱人民警察人力资源的获取、监狱人民警察人力资源的激励与开发、监狱人民警察人力资源的退出。

第二节　监狱人民警察人力资源获取前的准备

监狱人民警察人力资源获取前的准备，主要指正式招录监狱人民警察之前的一系列基础性制度设计和前提性工作，主要包括监狱人民警察的职位分类、监狱人民警察的警衔管理和监狱人民警察人力资源规划。

一、监狱人民警察的职位分类

（一）监狱人民警察职位分类的含义

职位分类通常是指根据职位的工作性质、责任轻重、难易程度和所需资格条件等划分为若干种类和等级，以便对从事不同性质工作的人力资源用不同的要求和方法进行管理。职位分类体现了人力资源管理中以“事”为中心的原则，侧重职位的职务、职权与职责，对同类同级的人员采用统一的标准进行管理，做到“因事择人”“适才适所”，劳动报酬公平合理，有利于实现人力资源管理的科学化，是现代人力资源分类中更为常见的一种类型①。

监狱人民警察职位分类，是指在监狱人民警察人力资源管理中，根据监狱不同部门职位或工作岗位的性质、责任、条件等，划分不同类型和等级，并以此作为监狱人民警察人力资源管理的依据。具体而言，在我国政府机构改革的背景下，监狱人民警察职位分类就是在严格遵守国家“三定规定”②的基础上，对整个监狱系统的职能和工作进行横向、纵向的划分，明确监狱系统内部各部门、各层次、各岗位的工作性质、任务、权限、职责，并制定规范的职位说明书，以此作为监狱人民警察人力资源管理的基本依据。从监狱人民警察职位分类的定义可以看出，监狱人民警察职位分类是以“事”为中心的分类，即“因事择人”；监狱人民警察职位分类所依据的根本要素是职位的工作性质、难易程度、责任大小及所需资格条件等；监狱人民警察职

---

① 除了职位分类之外，人力资源分类的基本类型还有品位分类，是指以人力资源的个人资格条件为主要依据的分类方法，体现了以“人”为中心的原则，强调人力资源品位和官阶的统一。品位即等级或级别，标志着地位的高低、资格的深浅、报酬的多寡；官阶通常指职级或岗位，标志着权力的大小、任务的繁简、职责的轻重。在品位分类中，官与职也可以分开或不一致，官随人走。品位分类工作较简单，有利于稳定人心，造就通才，弹性较大，便于人员的职务调整；但是分类不系统、不科学，职级不符、权责不等，强调年资、同工不同酬。

② “三定规定”是中央机构编制委员会办公室（简称中央编办）为深化行政管理体制改革而对国务院所属各部门的主要职责、内设机构和人员编制等所作规定的简称。

位分类并不是单纯对某职位应该完成的所有工作任务作出硬性规定，而是对某职位所应该完成的任务进行客观分析与评价，由此确定该职位在职位分类布局中所处的位置，从而达到科学分类管理之目的。监狱人民警察职位分类是监狱人民警察人力资源管理的前提性、基础性工作，只有对监狱人民警察先进行科学的职位分类，才能开展后续的监狱人民警察招录、考核、薪酬、奖惩、升降、培训、退休等一系列人力资源管理工作。

（二）监狱人民警察职位分类的主要内容

监狱人民警察的职位分类，是在科学调查研究基础上，对监狱人民警察的职位类别和职位等级进行系统划分，主要内容包括监狱人民警察职位的横向分类、监狱人民警察职位的纵向分级、制定监狱人民警察职位说明书。

1. 监狱人民警察职位的横向分类

监狱人民警察职位的横向分类是在工作分析、评价的基础上，采用一定的科学方法，按照监狱人民警察职位的工作性质、内容、特征和人员必须具备的资格条件等因素，将监狱人民警察职位划分为不同的类别，并明确其职责的活动过程。类别的划分，可按照由粗到细的顺序，先划分职门，其次划分职组，再划分职系。我国监狱人民警察属于国家公务员，受《公务员法》的调整和规范。《公务员法》第16条规定：公务员职位类别按照公务员职位的性质、特点和管理需要，划分为综合管理类、专业技术类和行政执法等类别。国务院根据本法，对于有职位特殊性，需要单独管理的，可以增设其他职位类别。监狱人民警察职位类别的横向划分，可以在公务员三大类别的基础上，结合监狱系统实际情况，细化监狱系统的具体职位类别。目前，我国监狱人民警察职位的横向分类还处在理论争鸣与实践探索阶段，尚未出台统一的顶层制度设计。有学者认为监狱人民警察职位应分为三大门类六个职系，三大门类为：狱政综合管理类，包括狱政领导职系、行政事务与执行职系、行政后勤服务职系三个职系；监管教育改造类，包括监管安全职系、教育矫正职系两个职系；政治工作类，一个职系即政治工作职系①。根据监狱人民警察职位的工作性质、内容、特征和科学管理的需要，本书认为监狱人民警察职位从横向上可划分监管改造类、生产经营类、思想政治工作类和行政事务类。

（1）监管改造类。监管改造类职位的主要工作职责是对罪犯进行监管、改造和生活管理，相关工作岗位主要集中在监狱的教育改造科、狱政管理科、刑罚执行科、

---

① 孙海杰、薛兰霞：《论监狱人民警察专业化建设中的职位分类》，载《河南司法警官职业学院学报》2010年第3期。

生活卫生科和狱内侦查科。

(2)生产经营类。生产经营类职位的主要职责是组织罪犯通过生产劳动的方式进行改造,相关工作岗位集中在监狱的生产科、供应科、销售科、计划财务科、劳资科等。

(3)思想政治工作类。思想政治工作类职位主要负责监狱人民警察的管理、教育和宣传,相关工作岗位集中在监狱政治处下设的人事、宣教等职能科室。

(4)行政事务类。行政事务类职位主要负责监狱的日常行政事务工作、各职能科室之间的综合协调工作和监狱后勤保障工作,主要工作岗位集中在监狱办公室、行政处(科)等。

此外,监狱还有党群工作类,主要负责贯彻党的领导、落实党务党建和做好群众工作,主要工作岗位集中在党的办事机构,如机关党委、纪律检查委员会,以及工会、共青团、妇联等群众性组织。在实际工作中,党群工作类职位一般由上述四类人员兼任。

2. 监狱人民警察职位的纵向分级

监狱人民警察职位的纵向分级,也即监狱人民警察的职务序列,是根据每一职务的职权大小、责任轻重、业务难易程度以及所需的资历、学识技能水平等因素,进行自上而下的职级与职等的划分,主要包括监狱人民警察职务名称、级别、职务数量等内容。不同职务等级的监狱人民警察由于其所从事的工作不同,担任的职务不同,承担的责任、义务不同,因而应当合理规范监狱人民警察的职务名称、职务责任、权力范围和各级职务隶属关系,从而对不同级别的监狱人民警察用不同的管理标准进行管理。设置职务序列,实行分级管理,有利于明确隶属关系、上下级关系、正副职关系,便于统一指挥,协调一致;有利于明确各级监狱人民警察的管理范围,分清责任界限,做到各司其职,各行其权,实现监狱人民警察人力资源管理的规范化、科学化。监狱人民警察的职务序列与公务员的职务序列基本相同。

(1)领导职务序列

领导职务是指在监狱人民警察机关中具有组织、决策、管理、指挥等领导职能的职务。现行的监狱人民警察领导职务(司法行政系统)从部长到副科长共设八个等级①:部长、副部长、司(厅、局)长、副司(厅、局)长,处长、副处长,科长、副科长。副职在上级正职领导下,协助正职负责分管某些方面的工作。

① 一般情况下,监狱人民警察最高的领导职务级别为局长,比如××省监狱管理局局长。

(2)非领导职务序列

非领导职务是指在监狱等司法行政机关中,有些职位责任较大,因领导职数有限,而设置与某些领导职务相对应的职务。从巡视员到办事员共有八个等级:巡视员(正司局级)、助理巡视员(副司局级),调研员(正处级)、助理调研员(副处级),主任科员(正科级)、副主任科员(副科级)、科员、办事员。非领导职务的设置,在司法部最高可设到正司(局)级,在地方监狱机关最高不能超过所在部门的领导职务层次。

(3)其他序列

此外,由于监狱人民警察的工作性质和职能任务的特殊性,监狱人民警察机关设有政治部、政治处等思想政治工作机构,思想政治工作人员的职务序列是:政治部主任、副主任,政委、副政委,政治处主任、副主任,教导员、指导员。

为有效实现监管改造等职能,监狱设监狱长、副监狱长,监区长、副监区长,分监区长、副分监区长。相应的政治工作人员设政委、副政委,监区设教导员、副教导员,分监区设指导员、副指导员。

(4)职务套改序列

2018 年 3 月 28 日召开的中央全面深化改革委员会第一次会议通过了《公安机关执法勤务警员职务序列改革方案(试行)》《公安机关警务技术职务序列改革方案(试行)》,标志着人民警察从此告别沿用多年的国家机关工作人员统一的职务序列,开始步入分类管理、专门管理的轨道。该两套方案在人民警察职务序列中,专门设计执法勤务和警务技术职务序列,并且在职务称谓和职务层次上与公务员非领导职务序列有明显区别。其目的在于贯彻落实“从优待警”,打破职务晋升的“天花板”,建立一个相对独立的晋升通道,使从事执法勤务和警务技术工作的警员能够得到正常晋升,享受相关经济待遇,逐步建立起与人民警察职业特点相适应的分级管理制度,拓展人民警察,尤其是基层人民警察的职业发展空间,从根本上、制度上解决压职压级问题。实际上,杭州市早在2010 年就公布了《杭州市公安机关执法勤务机构人民警察警员职务套改实施细则》,率先开展职务套改试点,一些监狱也随后参照开展了监狱人民警察职务套改试点工作。从目前形势来看,监狱人民警察实行职务套改是大势所趋,是监狱人民警察人力资源管理科学化和队伍建设专业化的必然要求。监狱人民警察职务套改序列共设十级,分别为:一级高级警长、二级高级警长、三级高级警长、四级高级警长、一级警长、二级警长、三级警长、四级警长、一级警员、二级警员。

表5-1　监狱人民警察职务序列对照表

领导职务序列	非领导职务序列	其他序列	职务套改序列
部长			
副部长			
司、厅、局长	巡视员		
副司、厅、局长	助理巡视员		
处长	调研员	主任、政委、监狱长	一级、二级高级警长
副处长	助理调研员	副主任、副政委、副监狱长	三级、四级高级警长
科长	主任科员	监区长、教导员	一级、二级警长
副科长	副主任科员	副监区长、副教导员	三级、四级警长
	科员	指导员	一级警员
	办事员	副指导员	二级警员

3. 监狱人民警察职位说明书

职位说明书是综合说明某一职位的工作性质、任务、职责以及任职资格条件等内容的规范性文件。监狱人民警察职位说明书是职位分类结果的表达和运用。完成监狱人民警察职位分类工作之后，需要把职位分类的结果用书面的形式正式表达出来，就是编写职位说明书。一份标准的职位说明书应涵盖以下内容：职位名称（也称职位标识）、工作目标与职责权限、工作内容、工作的时间特征、工作完成结果及绩效标准，所要求受教育程度、专业背景、工作经历、专业技能，以及工作条件、工作规范、注意事项等。监狱人民警察职位说明书是一份应用性文件，能够为监狱人民警察人力资源管理和队伍专业化建设提供依据和量化指标。职位说明书要求准确、规范、清晰，一般由人事部门统一归档并实施管理。

表5-2　××监狱管教员职位说明书（示例）

<table>
<tr><td rowspan="2">基本资料</td><td>编号</td><td>×××</td><td>职位名称</td><td>管教员</td><td>所属部门</td><td>分监区</td></tr>
<tr><td>职位等级</td><td>×××</td><td>直接上级</td><td>分监区指导员</td><td>可晋升职位</td><td>副分监区长</td></tr>
<tr><td>工作描述</td><td colspan="6">接受分监区指导员以及正副监区长的领导，主要从事专管罪犯的日常管理教育工作和管区的监管安全、生产安全工作</td></tr>
<tr><td>必要任职资格</td><td colspan="6">大专及以上文凭；身体健康；掌握《监狱法》等相关法律；熟练掌握“十应会”和“五应知”</td></tr>
</table>

续表

理想任职资格	法律或监所管理专业大专及以上文凭;熟悉管教业务;掌握生产管理和安全生产知识;解决问题和语言表达能力较强
工作职责	负责专管罪犯管理教育工作;负责管区的监管安全、生产安全工作
职责细目	(1)负责专管罪犯的日常管理教育工作; (2)落实管区的监管安全、生产安全工作; (3)负责管区罪犯现场的直接管理和无册点名,落实管区“四个重点”的排查、管理,收集、处理管区罪犯的狱情信息,处置监管现场出现的问题; (4)参与提请本管区罪犯日常考核、行政奖惩以及刑事奖惩的合议会议; (5)负责管区罪犯的生产劳动管理和劳动工具管理; (6)负责罪犯劳动产品质量管理; (7)掌握生产设备运行使用状况,做好日常维护管理; (8)掌握劳动现场的工艺流程,明确管区内安全生产的重要部位和重要设备; (9)承办监区领导和管区警长交办的工作
业绩标准	(1)专管罪犯管理秩序稳定,教育改造效果好; (2)管区生产管理秩序良好,生产安全稳定,无生产安全事故; (3)罪犯劳动产品质量达标; (4)完成带值班制度要求; (5)及时认真完成监区领导和管区警长交办的其他工作

二、监狱人民警察的警衔管理

警衔是指警察的衔级,它是区分警察等级、表明警察身份的称号和标志,是国家给予警察的荣誉。《人民警察警衔条例》第23条第1款规定:“国家安全部门、劳动改造劳动教养管理部门的人民警察,人民法院、人民检察院的司法警察的警衔工作适用本条例。”《监狱劳动教养人民警察着装管理规定》第6条规定,“人民警察着装时,应当按照规定缀钉、佩带警衔标志”。因此,监狱人民警察属于应当授予和佩戴警衔的范围,应当严格按照该条例所规定的内容做好警衔的管理工作。警衔管理制度具有品位分类的色彩,从本质上说,是国家建立的一种对警察个人能力、绩效、贡献、资历等的综合评价制度,是国家对警务人员从警生涯的一种确认与肯定,是警察个人社会价值的一种体现形式。实施警衔管理,对于充分发挥监狱的职能作用、维护社会稳定、保障社会主义现代化建设的顺利进行具有十分重要的现实意义和历史意义。实行警衔管理制度,有利于监狱人民警察队伍的统一管理和统一指挥,有利于增强监狱人民警察的责任感和荣誉感,有利于激发监狱人民警察的进取意识,有利于建设一支高素质的监狱人民警察队伍。

（一）监狱人民警察警衔等级设置

1. 监狱人民警察警衔等级

警衔等级的设置是警衔管理制度的核心。《人民警察警衔条例》在吸收国外警察警衔管理经验的基础上，从我国人民警察的特点出发，规定我国人民警察警衔共设五等十三级，即(1)总警监、副总警监；(2)警监：一级警监、二级警监、三级警监；(3)警督：一级警督、二级警督、三级警督；(4)警司：一级警司、二级警司、三级警司；(5)警员：一级警员、二级警员。

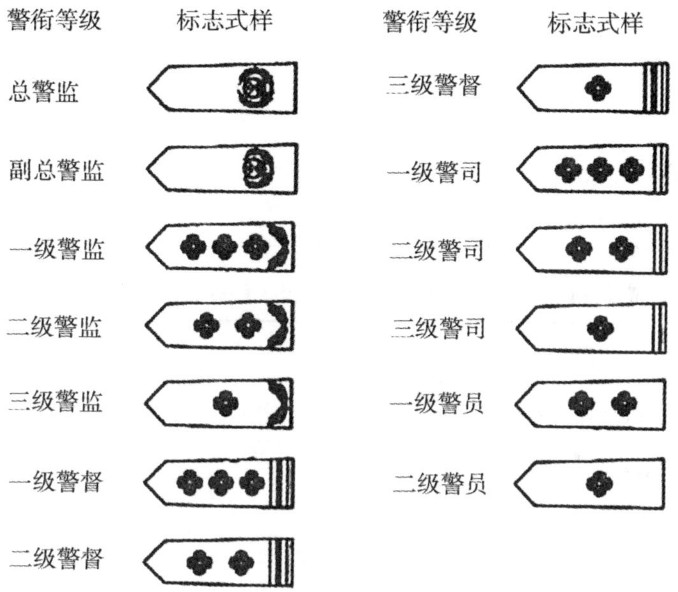

图 5－1　监狱人民警察警衔标志式样 2000 年版

在五等十三级警衔的设置中，警监属于高级警官，警督属于中级警官，警司、警员属于初级警官。三个等级警官的分布有利于形成领导指挥人员与基层实践人员的合理结构，发挥警衔制度的激励作用，调动人民警察的积极性。

2. 职务对应警衔等级

我国《人民警察警衔条例》不仅明确规定了警衔的等级，而且充分考虑到人民警察队伍的现状，规定了人民警察实行警察职务等级编制警衔。根据《人民警察警衔条例》第 8、9 条之规定，警衔分为两大序列：行政职务的人民警察的警衔和专业技术工作的人民警察的警衔，具体如表 5－3、表 5－4 所示。

表5－3 担任行政职务的监狱人民警察对应警衔等级

行政职务	警衔等级
部长	总警监
副部长	副总警监
厅(局)长	一级警监至二级警监
副厅(局)长	二级警监至三级警监
处长	三级警监至二级警督
副处长	一级警督至三级警督
科长	一级警督至一级警司
副科长	二级警督至二级警司
科员	三级警督至三级警司
办事员	一级警司至二级警员

表5－4 担任专业技术职务的监狱人民警察对应警衔等级

专业技术职务	警衔等级
高级专业技术职务	一级警监至二级警督
中级专业技术职务	一级警督至二级警司
初级专业技术职务	三级警督至一级警员

《人民警察警衔条例》明确规定按照警察所任职务等级编制警衔，每职设两个或几个衔级，这是符合我国的国情、警情的。采取一职多衔、职衔交叉的办法编制警衔，不仅能更好地体现差别，合理评定警衔，而且可以更好地全面衡量一个警察的德才、资历、能力、贡献等综合因素，使广大基层民警在因客观条件限制其职务得不到晋升的情况下，可以得到警衔的晋升，这有利于调动大多数基层民警的积极性，有利于新老人员的团结和交替。

由于实行一职多衔、衔职交叉，将可能出现少数职务高者在警衔上低于职务低者的现象。对此，《人民警察警衔条例》规定，“当警衔高的人民警察在职务上隶属于警衔低的人民警察时，职务高的为上级”。

（二）监狱人民警察警衔的首次授予

1. 授予警衔的范围

根据《评定授予人民警察警衔实施办法》的规定，评定授予警衔的人员，必须属于人民警察建制的在编在职的人民警察，凡不具有人民警察性质的单位和不担任人民警察职务的人员，不属于评授警衔的范围，不能评授警衔。已批准离休、退休的，以及已决定调离警察工作岗位的人员（包括已担任其他法律职务和行政领导职务的人员），不评授警衔。不服从组织分配、拒不到职的警察和其他不担任警察职务的人员，也不评授警衔。

属于评定授予警衔范围内的人员，具有下列情况之一的，暂缓评定授予警衔：职务（含职级，下同）未定的，等确定职务后评定授予警衔；连续病休 2 年以上的，待病愈恢复工作后评定授予警衔；工作不称职的，待培训考察合格后评定授予警衔；以工代警的，持办理干部录用手续后评定授予警衔。因违法乱纪正在受审查的警察，审查期间不评定授予警衔，待审查作出结论后，属于授衔范围的，可以评授警衔。但对给予行政开除留用察看、开除，党内留党察看、开除党籍处分的警察，属于应当调离警察队伍的人员，不评定授予警衔。

2. 授予警衔的条件

《人民警察警衔条例》第 11、12 条规定，授予人民警察警衔，以人民警察现任职务、德才表现、担任现职时间和工作年限为依据。从学校毕业和从社会上招考录用担任人民警察的，或者从其他部门调任人民警察的，根据确定的职务，授予相应的警衔。上述规定明确了评定授予警衔时，要从德才表现、现任职务、担任现职时间和工作年限四个方面全面衡量。这是评定授予人民警察警衔应遵循的基本标准。具体而言：（1）德才表现是指人民警察的政治品质、思想觉悟、遵纪守法、联系群众、实事求是、公道正派、廉洁奉公、英勇献身等表现和知识化、专业化程度，以及实际工作能力、执法水平等。（2）现任职务是指按干部管理权限由主管部门正式任命的职务，而非临时委派式暂时指定代理的职务。（3）担任现职时间是指现任职务从其主管部门正式下达任命通知之日起计算的任职时间。（4）工作年限是指按国家有关规定计算的正式参加工作时间的总和，工作年满 12 个月为工作年限 1 年。

凡吸收录用、接收调入的监狱人民警察，经培训合格，应当根据确定的人民警察职务，按照《首次评定授予人民警察警衔的标准》授予相应的警衔。首次授衔时间，为确定人民警察职务之日。

表 5 – 5　监狱人民警察首次评定警衔的具体标准

职务级别	警衔评定标准
正厅级	德才表现较好,任现职满 3 年,参加工作满 30 年的,或者任现职不满 3 年,参加工作满 35 年的,可授予一级警监;其余的可授予二级警监
副厅级	德才表现较好,任现职满 6 年,参加工作满 22 年的,或者任现职满 3 年,参加工作满 30 年的,或者任现职不满 3 年,参加工作满 35 年的,可授予二级警监;其余的可授予三级警监
正处级	德才表现较好,任现职满 5 年,参加工作满 32 年的,或者任现职不满 5 年,参加工作满 38 年的,可授予三级警监;任现职满 3 年,参加工作满 18 年的,或者任现职不满 3 年,参加工作满 22 年的,可授予一级警督;其余的可授予二级警督
副处级	德才表现较好,任现职满 3 年,参加工作满 22 年的,或者任现职不满 3 年,参加工作满 26 年的,可授予一级警督;任现职满 3 年,参加工作满 16 年的,或者任现职不满 3 年,参加工作满 20 年的,可授予二级警督;其余的可授予三级警督
科　级	德才表现较好,任现职满 5 年,参加工作 32 年的,或者任现职不满 5 年,参加工作满 38 年的,可授予一级警督;任现职满 2 年,参加工作满 20 年的,或者任职现不满 2 年,参加工作满 24 年的,可授予二级警督;任现职满 2 年,参加工作满 10 年的,或者任现职不满 2 年,参加工作满 14 年的,可授予三级警督;其余的可授予一级警司
副科级	德才表现较好,任现职满 2 年,参加工作满 26 年的,或者任现职不满 2 年,参加工作满 30 年的,可授予二级警督;任现职满 2 年,参加工作满 16 年的,或者任现职不满 2 年,参加工作满 20 年的,可授予三级警督;任现职满 2 年,参加工作满 8 年的,或者任现职不满 2 年,参加工作满 12 年的,可授予一级警司;其余的可授予二级警司
科　员	德才表现较好,参加工作满 30 年的,可授予三级警督;参加工作满 18 年的,可授予一级警司;参加工作满 8 年的,可授予二级警司;其余的可授予三级警司
办事员	德才表现较好,参加工作满 20 年的,可授予一级警司;参加工作满 12 年的,可授予二级警司;参加工作满 8 年的,可授予三级警司;参加工作满 4 年的,可授予一级警员;其余的可授予二级警员

3. 监狱人民警察警衔的变动

按照《人民警察警衔条例》和《人民警察警衔工作管理办法》的规定,监狱人民警察的警衔可以晋升、降低、延缓、保留和取消。

(1)监狱人民警察警衔的晋升。警衔的晋级制度,是指对警察人员在其职务等级编制警衔幅度内，按一定的期限、条件和批准程序晋升警衔等级。晋升警衔时，要按照《人民警察警衔条例》的规定，需要到相应的警察院校进行警衔晋级培训，考试合格后，方可晋升。根据《人民警察警衔条例》《人民警察警衔工作管理办法》和其他有关规定，警察警衔晋升主要有以下几种形式：

①按期晋升。按期晋升是指二级警督以下的监狱人民警察，现衔级时间已满晋级期限，经考核具备晋级条件的，可在其职务等级编制警衔幅度内晋升一级警衔。根据《人民警察警衔条例》的规定，按期晋升警衔的期限为：二级警员至一级警司，每晋升一级为3年；一级警司至一级警督，每晋升一级为4年。晋升的条件为：执行国家的法律、法规和政策，遵纪守法；胜任本职工作；联系群众，廉洁奉公，作风正派。只要符合以上期限和条件的，就可在其职务等级编制警衔幅度内，按期晋升一级警衔。

②选升。选升是一级警督以上的监狱人民警察警衔晋升的一种形式，是为了保持职务等级与警监警衔合理的比例结构，根据人民警察所任衔级时间、任职时间、参加工作时间条件和德才表现、工作实绩，择优选择晋升警衔的方式。根据《最高人民法院、最高人民检察院、公安部、国家安全部、司法部关于印发〈人民警察选升警衔的暂行办法〉的通知》，一级警督以上监狱人民警察，德才表现优秀，现衔级期间年度考核称职，在职务等级编制警衔幅度内符合条件的，可以选升一级警衔。

③晋职晋升。晋职晋升主要包括两个方面的内容：一是监狱人民警察由于职务提升，其警衔低于新任职务等级编制警衔的最低警衔的，予以晋升至新任职务等级编制警衔的最低警衔。二是二级警督以下的监狱人民警察，在职务提升前，其警衔已达到或者超过新任职务等级编制警衔的最低警衔，且现衔级时间已满晋级期限的，在晋升职务的同时，晋升一级警衔。

④奖励晋升。奖励晋升是指对在工作中有突出功绩表现的监狱人民警察，可以不受必须满3年或4年晋升一级警衔的期限限制，提前晋升一级警衔。根据有关规定，二级警员至一级警司的警察，现衔级满1年；一级警司至一级警督的警察现衔级满2年，只要警察在自己的工作岗位上作出突出贡献，具有下列情况之一的，可以在其职务等级编制警衔幅度内提前晋升一级警衔：现衔级期间获得一级、二级英雄模范称号和一等功奖励或国家、省级劳动模范称号者；现衔级期间获三等以上国家自然科学奖、科技进步奖、发明奖的个人或课题的一名主要贡献者；现衔级期间获得国家和省级政府特殊津贴奖励者；其他功绩突出者。

⑤延期晋升。延期晋升是相对于按期晋升而言的一种延缓晋升警衔的形式，是指二级警督以下的监狱人民警察虽然已满晋升警衔期限，但由于不具备其他晋

级的条件，而推迟晋升警衔。根据有关规定，具有下列情况之一的，予以延期晋升警衔：受行政警告处分或党内警告处分的，延期6个月；受行政记过、记大过处分或者党内严重警告处分的，延期12个月；受行政降级处分的，延期18个月；受留党察看处分的，延期24个月；不胜任本职工作、纪律松弛并造成不良后果的，可延期3～6个月。在上述延期晋升警衔期满后，如确已改正错误，表现好的，可以按规定晋升警衔，仍表现不好的，不予晋升。有立功表现或者作出突出贡献的，延期晋升的期限可适当缩短。

（2）监狱人民警察警衔的降级。警衔的降级，一是指因不胜任现任职务被调任下级职务，其警衔高于新任职务等级编制警衔的最高警衔的，予以调整至新任职务等级编制警衔的最高警衔；二是指违反警纪情节严重的，给予警衔降级处分，其警衔晋级时间按照降级后的警衔等级重新计算，并收回原警衔标志。警衔的降级不适用于二级警员。

（3）监狱人民警察警衔的保留。警衔的保留是指人民警察离休、退休的，其警衔予以保留，警衔标志和授衔命令证书由本人保管，但不得佩戴警衔标志；人民警察调离警察工作岗位或者辞职、退职的，其警衔不予保留。

（4）监狱人民警察警衔的取消。警衔的取消是指被依法判处徒刑、拘役、管制、免予起诉、免予刑事处分和被劳动教养的，或者被开除公职、警籍、党籍的警察，其警衔相应取消，警衔标志和授衔命令证书均予以收缴。

4. 监狱人民警察警衔的审批权限及程序

（1）监狱人民警察警衔的批准权限。为了突出警衔的荣誉性，《人民警察警衔条例》对警衔的审批规定了很高的权限。根据《人民警察警衔条例》第13条的规定，人民警察首次授予人民警察警衔，按照下列规定的权限予以批准：①总警监、副总警监、一级警监、二级警监由国务院总理批准授予；②三级警监、警督由公安部部长批准授予；③警司由省、自治区、直辖市厅（局）长批准授予；④警员由省、自治区、直辖市司法厅（局）政治部主任批准授予。

（2）监狱人民警察警衔的审批程序。根据《人民警察警衔条例》及有关规定，首次授予警察警衔，警察所在单位政工（人事）部门负责对其进行鉴定，填写《评定授予警察警衔审批表》，按照规定的批准权限逐级上报审批，任免权限机关下达授予警衔命令。警察警衔晋升、降级、更改的审批程序与首次授予警衔的审批程序相同。按照有关规定不保留警衔、更换警衔和取消警衔的，由县级人民警察机构的政工部门办理手续，按照审批权限逐级上报备案。

三、监狱人民警察人力资源规划

监狱机关作为一种特殊的公共组织,其人力资源规划活动具有特殊性。监狱机关具有鲜明的阶级性,是对极少数敌对势力和敌对分子实行专政的重要政治工具。因此,并不是所有的国家公民都可以成为其中的一员。此外,监狱人民警察的录用必须符合法律程序,监狱机关在招聘正式警员的时候要严格实行政治审查,在挖掘社会警力资源的时候也应当注意政治方面的考察。据此,监狱人民警察人力资源规划是指监狱人民警察人力资源管理部门根据组织发展战略,运用科学的方法对未来一定时期内的人力资源需求与供给情况进行预测,在相应政策和经费预算范围内制定、实施供需平衡策略的一项人力资源管理活动。①

在监狱人民警察人力资源规划各阶段的职能活动中,最为主要的是监狱人民警察人力资源规划的环境分析、需求预测、供给预测以及供需平衡策略分析。

(一)监狱人民警察人力资源规划的环境分析

监狱人民警察人力资源规划是一个系统、综合平衡的过程,它不仅要受到组织内部环境的影响,而且要受到组织外部环境的制约。这就要求监狱机关进行人力资源规划时,必须充分考虑自身的优势和不足,以及在未来可能面对的外部环境的变化。

1. 监狱人民警察人力资源规划的外部环境分析

监狱人民警察人力资源规划的外部环境,是指在监狱机关之外的,能够对监狱人民警察人力资源规划产生影响的各种因素的总和,主要有自然因素、政治因素、经济因素、社会因素、文化因素、科技因素等。这些因素通过影响国家整体或局部人力资源的需求或供给,进而对监狱人民警察人力资源规划工作产生影响或制约作用,是开展监狱人民警察人力资源规划时所必须要考虑的客观因素。

2. 监狱人民警察人力资源规划的内部环境分析

监狱人民警察人力资源规划的内部环境,是指在监狱机关内部的、能够对人力资源规划产生影响的各种因素。主要包括物质环境因素,包括办公经费、设施场地、器材设备等;制度环境因素,包括组织机构的法律地位、组织职能、组织结构、人员编制、责权关系等法律规范;组织文化环境因素,包括组织的价值观念、宗旨信念、管理理念以及精神风貌等。上述内部环境因素是开展监狱人民警察人力资源规划的现

---

① 萧鸣政:《人力资源开发与管理——在公共组织中的运用》,北京大学出版社 2009 年版,第 37 页。

实基础和直接依据，会产生相对直接的、现实的制约和影响作用。

目前，我国尚有一些监狱设施陈旧，制度建设落后，在队伍建设上仍存在正式警员数量不足、编制配给不合理、人岗不匹配、监狱人民警察工作职责不明确、考核标准不科学、工作压力大、职业上升空间窄、离职意愿高等问题。党的十八届四中全会以来，在全面推进依法治国，建设社会主义法治国家的背景下，监狱工作与监狱人民警察队伍建设受到了党中央、国务院的高度重视。司法部等部委明确提出监狱人民警察要适应正规化、专业化、职业化建设要求，建立健全监狱人民警察招录培养机制，建立有别于其他公务员的监狱人民警察管理制度和保障机制。因此，在监狱人民警察人力资源规划中应该发挥优势、正视问题、抓住机遇，运用科学的人力资源规划方法来整合组织内部的人力资源，逐步建立完善的人力资源管理制度体系。

（二）监狱人民警察人力资源需求的预测

监狱人民警察人力资源需求的预测，就是对监狱机关在未来一段时间内所需要的人力资源数量、质量和结构进行分析和评估。通常而言，监狱人民警察的人力资源需求与组织内部的职位直接挂钩，有多少职位就需要多少警员，不同的职位对警员的素质和结构有不同的要求。职位与警员配置之间的关系为监狱人民警察人力资源需求的预测提供了一种思路：只要能够把握监狱机构内部职位的变动情况，再结合各职位的警员任职数据，就能预测出监狱人民警察的人力资源需求情况。

实际工作中，应当根据组织规模的大小、层级的多寡、职能的履行等不同情况采取不同的方法来预测人力资源的需求。常用的方法有主观预测法①、德尔菲法②、趋势预测法③、回归分析法④等。同时，在预测过程中，不可能只适用一种方法，应该结合多种方法进行预测，相互印证，这样预测的结果才会更为准确。

（三）监狱人民警察人力资源供给的预测

监狱人民警察人力资源供给的预测是指对未来一段时间内能够供给监狱机关

---

① 主观预测法是指由监狱人力资源管理者依据历年来的警员流动情况，凭借自己的管理经验，就未来的人力资源需求作出预测的方法。

② 德尔菲法又称专家预测法，是指邀请人力资源管理方面的理论或实务专家对监狱人民警察人力资源需求分别进行预测，将意见汇总并得出一致性结论的结构化方法。

③ 趋势预测法是指根据监狱以往的警员数量，分析将来的变化趋势并以此预测在未来一段时间内人力资源需求数量的方法。

④ 回归分析法通过建立人力资源需求量和某一个或多个影响人力资源需求的变量之间的回归模型，并根据以往的统计数据确定它们之间的函数关系，得到回归方程，从而对将来的人力资源需求进行分析预测的方法。

的人力资源数量、质量和结构进行分析和估计。如果说监狱人民警察人力资源需求预测是以“事”为中心,那人力资源供给预测就是以“人”为中心。依据人力资源来源的不同,可以把监狱人民警察人力资源供给预测分为外部人力资源供给预测和内部人力资源供给预测。

1. 外部人力资源供给预测。外部人力资源供给预测主要是针对组织外部影响因素进行分析和判断,从而对外部人力资源供给的变化趋势作出预测。一般来说,警察组织外部人力资源供给的影响因素主要包括,劳动力市场的状况、就业率、就业观念、监狱系统的吸引力等。在实践中,监狱应当注意对外部稳定人力资源供给的估计。例如,全国和当地司法警察院校每年的毕业人数大概是多少,从警比例如何;依据国家政策,监狱每年大概需要安置接收多少军队转业人员,等等。

2. 内部人力资源供给预测。监狱人民警察内部人力资源的供给预测是以人为核心所展开的一系列管理活动,主要是针对现有人力资源的存量,包括人民警察的数量和素质进行盘点,然后对其在未来可能产生的人员流动情况作出分析判断。常用的方法包括技能档案法①、人员接替法②、马尔可夫模型法③,等等。

（四）监狱人民警察人力资源供需的平衡策略分析

监狱人民警察人力资源规划的最终目的在于实现人力资源供给和需求的平衡,保证监狱监管改造职能的顺利实现。因此预测出人力资源的供给和需求之后,就需要对两者进行比较,并根据比较的结果采取相应的平衡策略。

1. 供给大于需求时的平衡策略

监狱人民警察人力资源供给大于需求的情况在现实中比较少见,当然也并非不可能。如果监狱在改革过程中需要撤并多余的机构部门时,就会出现冗员的情况,人力资源的供给就会大于需求。此时,可供选择的策略有以下几种:(1)警力下沉,对警务人员进行转岗,充实到一线部门和基层单位;(2)冻结编制,暂时冻结编制,严格控制新警员的招录;(3)提前退休,对临近退休的警员实施提前退休,缩减在编人员数量;(4)辞退协警,将适量临时的协警予以辞退;(5)加强培训,对富余警

---

① 技能档案法是指为每一个监狱人民警察建立一份涵盖培训背景、工作经历、工作技能等基本信息的档案,并将技能档案的情况记录与职位要求的能力相比对,从而确定每一职位人力资源供给情况的方法。

② 人员接替法是指在对监狱现有人力资源作出评价的基础上,对他们调动或晋升的可能性作出判断,从而预测组织潜在人力资源供给的方法。

③ 马尔可夫模型法是运用马尔可夫模型来预测相同时间间隔点上的各类人员人数,找出以往人员的流动比例,以此预测未来的人力资源供给情况的定量分析方法。

力进行培训，加强人力资本储备工作。不同平衡策略的见效速度和影响程度是不一样的（见表5－6）。

表5－6 供给大于需求时不同平衡策略的见效速度及其影响程度

平衡策略	见效速度	对监狱人民警察的负面影响程度
警力下沉	快	中等
提前退休	快	高
自然减员	慢	低
辞退协警	快	高
加强培训	慢	低

因此，在选择策略时，要兼顾见效速度和对监狱人民警察的负面影响程度，尽可能选择那些见效快、对监狱人民警察伤害程度低的策略。综合来看，从以人为本的角度出发，在监狱人民警察人力资源供大于求时，最可取的办法是通过人员培训来加强人力资本储备或者实行警力下沉的策略，倘若运用得当，可以达到组织和个人双赢的效果。

2. 供给小于需求时的平衡策略

监狱人民警察人力资源供给小于需求，即出现了监狱人民警察人力资源不足的情况。此时，可供选择的策略有以下几种：（1）延长工作时间或增加工作负荷量；（2）加强对在职警员的培训，提升工作效率；（3）招录正式警员，通过组织外招聘进行警员补充；（4）雇用临时工或实行业务外包。上述策略，同样可以通过两个维度来进行评价，即策略见效速度和政策灵活性程度，具体如表5－7所示：

表5－7 供给小于需求时不同平衡策略的见效速度及政策灵活性程度

平衡策略	见效速度	政策灵活性程度
加班	快	高
再培训	慢	高
外部招聘	慢	低
临时雇用	快	高
业务外包	快	高

在实际工作中，较为有效的方法是通过科学的激励以及加强培训，提高在职监狱人民警察的业务能力，在激发其工作积极性的同时，适当扩大编制，增加在职警

员的数量。

3. 供给和需求总量平衡,结构不匹配时的平衡策略

监狱人民警察人力资源供给和需求总量平衡,结构不匹配的情况,也称为结构性人力资源供需不平衡。这种情况指的是在职监狱民警的素质和人岗匹配结果不能满足职位的要求。此时,通常可以采取以下策略:(1)调整内部人员的配置,通过晋升、调岗、降职等来实现在职警察与职位之间的人岗匹配;(2)对监狱人民警察进行有针对性的专门训练,提高素质,使他们能够满足职位的要求;(3)进行人员的置换,即跨组织的人员流动,释放那些组织不需要的人员,补充需要的人员,以调整人员的结构。

当然,监狱人民警察人力资源规划要想更好地发挥作用,光靠精确预测供给和需求,实施供需平衡策略是不够的。应当进一步明确监狱的工作形势和任务,不断完善监狱人民警察职位分类和人力资源相关管理制度(包括警务辅助人员管理制度),建立监狱人民警察人力资源管理信息系统,才能不断健全人力资源规划体系,使其发挥更好的预测功能和指导效果。

第三节　监狱人民警察人力资源的获取

监狱人民警察人力资源的获取,是指监狱机关按照相关法律法规,通过特定方式和程序获取符合条件的人力资源,将其安排在监狱特定职务或岗位,作为监狱人民警察进行统一管理的功能活动过程。主要包括监狱人民警察的录用和监狱人民警察的职务任免。监狱人民警察人力资源的获取是监狱人民警察人力资源管理的基础性工作,属于人力资源进入监狱机关的环节。

一、监狱人民警察的录用

监狱人民警察的录用,是指监狱机关为补充担任主任科员以下非领导职务的人民警察,按照法定条件和程序,采用考试和考核的办法,将不具备警察身份的人员招收录用为监狱人民警察的一种人力资源管理活动和制度。我国监狱人民警察的录用属于国家公务员录用的范畴,因而必须按照《公务员法》的相关规定,坚持凡进必考、公开公平公正、择优录用等原则,充分考虑监狱人民警察职业的特殊性和职责要求,采取科学合理的录用方法和步骤。中华人民共和国成立以来,我国监狱人民警察的录用工作几经改革,目前主要通过纳入公务员统一招考的方式来完成

基层监狱人民警察的录用工作。

(一)监狱人民警察录用的条件

根据《人民警察法》第26条和《公务员法》第13条的规定,担任监狱人民警察必须符合下列任职条件:

1. 政治条件。录用新的监狱人民警察应首先把握政治条件。根据《人民警察法》第26条的规定,这些政治条件包括:拥护中华人民共和国宪法;有良好的政治、业务素质和良好的品行;自愿从事人民警察工作。为了能更好地完成党和国家交给的执行刑罚和改造的任务,维护社会安定,要求未来的监狱人民警察必须具备政治敏感性和执着性,始终坚持党的领导,在政治上与党中央保持高度一致,坚决执行党的路线、方针和政策,自愿奉献监狱事业。

《人民警察法》第26条同时规定,有下列情形之一者不能录用为人民警察:(1)曾因犯罪受过刑事处罚的;(2)曾被开除公职的。随着近几年人民警察招录工作的实施,出现了很多补充性的规定,有下列情形之一的,也不得报考人民警察:(1)受过刑事处罚、劳动教养、少年管教的;(2)有犯罪嫌疑尚未查清的;(3)曾被辞退或者开除公职的;(4)道德败坏,有流氓、偷窃等不良行为的;(5)直系血亲和对本人有重大影响的旁系血亲中有被判处死刑或者正在服刑的;(6)直系血亲和对本人有重大影响的旁系血亲在境内外进行颠覆我国政权活动的。

2. 文化条件。监狱人民警察是一个特殊的警种,其职业本身的特殊性要求监狱人民警察应该具有比较宽泛的知识面和比较扎实的理论功底。根据《人民警察法》的要求,监狱人民警察必须具备高中毕业以上的文化程度。但在最近的监狱人民警察招录过程中,为了适应监管改造工作的需要,其操作规定多是要求为大专以上的文化程度,并且对所学专业也有约束和限定,要求具备监狱学、法律和刑事执行方面的专业知识。

3. 身体条件。主要指年龄和身体状况。《人民警察法》第26条规定,招录人员为18岁以上的公民。在实际操作中,多以18~35岁为宜,对应届的大专、本科毕业生和警校毕业生,大多要求为25岁以下。一些特殊的工作岗位或出于工作岗位的特殊需要,可适当放宽年龄的限制。

同时,身体要求健康,体形端正、无残疾、无口吃、无重听、无色盲,裸眼视力在1.0以上。男性身高在1.70米以上,女性身高在1.60米以上(南方部分地区由省、自治区、直辖市司法厅、局录用主管机关同意可适当放宽)。

4. 资格条件。报考人民警察,除了必须具备人民警察录用基本条件之外,还需具备基本能力条件,即公务员资格条件,这种条件一般通过考试取得,即必须通过国家人事部门统一组织的国家公务员资格考试，考试分为基础理论、职业技能、申论三门，考试合格者即取得了国家公务员资格。

5. 职位条件。警察录用的基本条件和资格条件仍然属于一般性的条件规定，其突出的缺陷是不与具体的职位任职条件相联系，使得对录用对象的把握缺乏针对性。《公务员法》第 25 条规定，录用公务员还应当具备拟任职位所要求的资格条件。因此，在监狱人民警察的录用工作中，应根据各监狱、各部门的实际情况，作出针对具体职位任职的条件规定，以增强录用工作的实效性。录用的任职条件就是在具体职位上任职所应具备的条件，这种条件应与职位分类相联系，并由职位说明书明确规定。

（二）监狱人民警察录用的程序

监狱人民警察录用的程序，是指监狱机关在确定录用人选是否具有从事某种职务的资格时而采用的方法和步骤。根据《公务员法》和《人民警察法》的有关规定精神，吸收录用监狱人民警察一般按照下列程序进行：

1. 编制录警计划。警察的录用，首先要依据国家核定的编制名额和批准的增员指标，在工作职位、人员编制以及发展需要的职位实缺基础上，编制录用计划。录用计划是录用工作的基础和依据。录用计划要明确录用数量、职位名称、所需资格条件，以及招录的对象范围和测试方法等。录用计划由监狱机关人事部门向同级政府人事部门申报，人事部门综合平衡各用人部门申报的录用计划，根据国家下达的编制定员制订统一录警计划。

2. 发布招录公告及报名事项。主管录用考试的机关根据录用计划发布招录公告，招录公告的内容一般包括：招录部门及所在地区；拟录用人员的类别、数量、资格条件；报名时间、地点和报名手续；考试科目、程序、时间、地点以及需要说明的其他事项。招录公告一般应在考前一定时间，通过新闻媒介向社会发布，符合录用条件的人员按报名时间、地点办理报名手续，并填写《吸收录用警察资格审查表》。

3. 对报考人员进行资格审查。资格审查是保证未来所录用监狱人民警察素质的第一道关口。资格审查主要是了解报考者是否符合法律规定的警察条件，符合规定条件者方可发给准考证，允许参加考试。对不合格者给予淘汰。资格审查工作由监狱机关的政工人事部门负责。

4. 公开考试。考试是录用的重要程序。通过公开考试，充分竞争，择优录用人才。考试的目的是测试报考者的文化基础知识和专业知识水平以及适应职位要求的素质和工作能力。考试主要采取笔试和面试两种方式。笔试是让报考者用文字解答有关问题，以测试其文化知识和专业知识水平，以及思维能力等。在考试内容上，监狱警察职位列入行政执法类中，与综合管理类的职位有所不同。对于具体考试内容，各省市因公务员招考政策的差异而略有不同。例如，在江苏省，监狱警察职位考试类别为B类，考试科目为公共基础知识（B）和行政职业能力测试（B）两科；在上海，监狱警察职位考试类别为政法类，考试科目除了公共考试科目申论和行政职业能力测试外，还需进行专业科目考试，专业科目考试分为政法、综合管理、经济管理、财务管理、信息管理、城市建设管理、农村建设管理七大类，报考监狱警察需要参加政法专业科目考试。

笔试合格者作为预选人参加面试。面试是以主考官的提问等形式，面对面地直接观察和测评预选人的语言表达能力、应变能力、协调能力和仪表等，全面了解和核实预选人的社会经历、兴趣爱好、性格等情况，大体对预选人的智能作出正确评价。面试工作一般由监狱人民警察机关人事部门负责组织实施。

5. 对考试合格者进行全面考核。考核是在考试的基础上，对考试合格者的德才素质、身体状况和有关表现给予恰当的综合评价。考核必须遵循客观、公正、民主、公开的原则，实行领导与群众、平时与定期相结合，进行全面的调查了解，权衡比较预选对象各方面的情况，选择出符合监狱人民警察条件、适宜于监狱人民警察工作职位所需的人才。

考核一般包括政审、体能测试和体检。政审即政治审查，是对考生本人主要家庭关系、政治立场、思想品德、遵纪守法情况、学习工作表现、生活作风、特长爱好等所做的综合审查。政审工作一般由用人单位的政治人事部门负责进行。视情况可以派工作人员前去考生所在学校或单位实地调查，也可以发函请有关单位的组织部门协助调查。有些政审工作，由于情况特殊，也可以由上级人事部门负责统一组织实施。政审的内容和范围，在不同的历史时期应有不同的要求。体能测试是基于监狱人民警察职业对身体素质和警务技能的特殊要求，对考生进行的若干体育运动项目测试。所测试的项目，各省根据实际情况有所区别，一般包括10米×4往返跑、1000米（800米）跑、纵跳摸高、俯卧撑（仰卧起坐）、引体向上等。体检就是在指定医疗单位对拟录用的考生进行身体检查。目前，录用监狱人民警察体检项目和标准按照2010年人社部印发的《公务员录用体检特殊标准（试行）》执行。如在体检过程中发现参加体检的人员有重大健康问题，则取消其录用资格，根据总成绩和各岗位实际需要在其他进入考核人员中递补。

表 5－8　某省监狱人民警察体能测试项目和标准（暂行）

男子组		
项目	标准	
	30 岁（含）以下	31 岁（含）以上
10 米×4 往返跑	≤13″1	≤13″4
1000 米跑	≤4′25″	≤4′35″
纵跳摸高	≥265 厘米	
女子组		
项目	标准	
	30 岁（含）以下	31 岁（含）以上
10 米×4 往返跑	≤14″1	≤14″4
800 米跑	≤4′20″	≤4′30″
纵跳摸高	≥230 厘米	

6. 提出拟录人名单。根据综合考核结果和拟任职位要求，确定录取人员名单，并让拟录取人员填写《录警审批表》，报有关部门审批。审批机关批准后，用人单位张榜公布录取名单，并发录用通知书，办理录用手续。

7. 试用。新录用的监狱人民警察，要实行试用淘汰制。应届毕业大学生、研究生除特殊专业外，试用期一般为 1 年；从在职人员中录用的人员，试用期一般不少于 3 个月。在试用期内，应接受警察院校的教育培训和工作实习。用人单位要认真掌握其思想品质、政治表现、业务能力、工作表现以及身体和适应工作的能力等情况。试用期满合格的，予以正式任职使用；不合格的，取消录用资格予以淘汰。

除了纳入公务员统一招考之外，监狱人民警察的录用还可以从国家公务员、退伍军转系列、事业单位工作人员中通过遴选方式进行。遴选的资格条件要求和程序与公务员统一招考类似。我国自 2008 年起，根据《中共中央转发〈中央政法委员会关于深化司法体制和工作机制改革若干问题的意见〉的通知》文件精神，开始实施监狱人民警察政法民警招录培养试点工作。符合条件的考生参加由国家人力资源和社会保障部组织的政法民警招录考试，录取后到指定警察院校深造两年，毕业后直接获得公务员编制和到报考监狱岗位工作。随着司法体制改革的推进，人社部等六部门于 2018 年 3 月印发了《关于进一步加强司法行政机关人民警察招录培养工作的意见》，正式建立司法警校便捷入警机制，对司法警察院校的特定专业毕业生实施按需招生、定向招录的“入学即入警”政策。参加便捷入警机制的司法警察院校一共有16所，其中1所为本科院校，就是中央司法警官学院；15所专科院校，分别是山东司法警官职业学院、河南司法警官职业学院、江西司法警官职业学院、吉林司法警官职业学院、河北司法警官职业学院，黑龙江司法警官职业学院、广东司法警官职业学院、湖南司法警官职业学院、四川司法警官职业学院、云南司法警官职业学院、山西警官职业学院、浙江警官职业学院、安徽警官职业学院、武汉警官职业学院、新疆兵团警官高等专科学校。随着司法警校便捷入警机制的建立，监狱人民警察政法民警招录培养体制逐渐退出了历史舞台。

二、监狱人民警察的职务任免

监狱人民警察职务的任免，是监狱人民警察任职与免职的统称。任职，是指任免机关根据有关的法律规定和任职的条件要求，通过法定的程序和手续，任用监狱人民警察担任某一职务。任职包括三种主要情形：通过考试录用已取得任职资格的人员；在职监狱人民警察在监狱内或监狱系统内的升任、降任和平级转任；从外系统调入人员的任用。

（一）监狱人民警察任职的形式

监狱人民警察的任职形式有：初任、升任、降任、转任、调任、复任、兼任七种。

1. 初任，即对新录用的监狱人民警察试用合格后的最初任用，对试用期满后考核合格的监狱人民警察要确定相应的职务、级别，对考核不合格的，可延长半年或1年试用期，延长期满后考核仍不合格的，可视具体情况确定职务或予以辞退。

2. 升任，即对较低职务晋升为较高职务的监狱人民警察的任用，它是高级职位选拔人选的主要途径。升任主要有两种形式：（1）外补制，即监狱中高级职位出现空缺时，从外部选拔适当的新人补用；（2）内补制，即空缺的位置由本部门职位较低的监狱人民警察升任。

3. 降任，即将较高职务降为较低职务的监狱人民警察的任用。

4. 转任，即对监狱系统内部跨部门、跨单位的平职转换的监狱人民警察的任用。

5. 调任，即对从监狱系统外调进监狱系统担任领导职务的监狱人民警察的任用。

6. 复任，即对因停职或休职、离职（学）的监狱人民警察复出后的任用。

7. 兼任，即对除担任现有职务之外还担任其他职务的监狱人民警察的任用。确因工作需要，允许个别监狱人民警察经任免机关批准兼职，但对此有较严格的限制。

(二)监狱人民警察任职的方式

我国监狱人民警察的职务任免主要采用委任制,部分职务也可以采用聘任制和考任制。

1. 委任制,是指由任免机关在权限范围内直接委派监狱人民警察担任一定职务的任用方式。其实质是由上级领导直接决定任职人选。一般操作是,由监狱机关主管领导或有关方面根据一定的职务条件提出任职人选,由组织人事部门对任职人选进行考察,任免机关决定最后正式任命。

2. 聘任制,是指由监狱用人单位通过契约任用监狱人民警察的一种方式。一般操作是,由用人单位采取招聘的方式决定聘任人选,然后和应聘人员签合同,明确双方的权利义务关系和有效合同期。被聘任人员按合同条款履行职责,并享受相应的待遇和报酬,聘任期满后即自行解聘,需要时双方可再协商是否续聘。

3. 考任制,是指通过公开考试的方法考核应考者的知识与才能,并以考试考核的成绩优劣为依据,来选拔所需监狱人民警察的一种任用方式。考试应在一定范围内公开进行,允许符合条件的人员自愿报名参加。可以采用笔试、面试或其他方法,并进行必要的考核。

(三)监狱人民警察任职的程序

1. 提名。在组织、群众推荐和个人自荐的基础上,提出拟任职人选。

2. 考察。任免机关人事部门对所管辖级别的拟任职人选进行考核。

3. 审批。任免机关人事部门对所管辖的拟任人选,集体讨论决定是否任职。

4. 任命。任免机关发布任职令,颁发任命书,并在一定范围内公布。

(四)监狱人民警察的免职

监狱人民警察的免职,是指任免机关根据有关法律规定和免职条件的要求,通过法定的程序和手续,免除监狱人民警察所担任的一定的职务。监狱人民警察免职的种类包括程序性免职和单纯性免职两种。程序性免职是指委任在职监狱人民警察新的职务之前,同时免除其原来所担任的职务。这里的免职不是目的,而是任用监狱人民警察担任新领导职务所不可缺少的程序。单纯性免职是指以免除现任职务为目的的免职,如因退休、退职,因健康原因不能坚持正常工作,因机构精简致使领导职位减少而不能留任,因年度考核不称职及不能胜任现职等,而引起的免职,这部分内容将在后面有关惩处、退休部分涉及。监狱人民警察免职的程序包括:提议,由所在单位、上级或其他有关机关(如纪检、监察机关)提出拟免职人员的建议;审核,任免机关人事部门对拟免职人员的免职事由进行审核;审批,任免机关对拟免职人员集体讨论决定是否免职;免职,任免机关发布免职命令,并在一定范围内公布。

第四节　监狱人民警察人力资源的激励与开发

监狱人民警察人力资源的激励与开发,是监狱机关对所招录的监狱人民警察实施的考核、奖惩、教育培训、交流等一系列管理活动,以提升监狱人民警察人力资源的绩效,开发其潜能,以保证监狱职能目标顺利实现的过程。监狱人民警察人力资源的激励与开发是监狱人民警察人力资源管理的核心内容和关键环节。

一、监狱人民警察的考核

监狱人民警察的考核,是有考核权限的部门,按照考核的内容、标准、程序和方法,对监狱人民警察的思想品德、工作实绩、工作能力、工作态度、廉洁情况等方面进行定期和不定期的考察与评价。对监狱人民警察实行考核,有利于落实工作标准、提高工作效率、激发监狱人民警察积极性、掌握人才特点、挖掘优秀人才,提高整体素质,优化人力资源配置,促进监狱事业的发展。

(一)监狱人民警察考核的原则

监狱人民警察考核的原则,是做好监狱人民警察考核工作的指导思想和基本出发点。具体包括以下原则:

1. 客观公正原则

客观公正原则,是考核监狱人民警察最基本的原则,这个原则要求对监狱人民警察的表现实事求是地作出客观、全面、公正的评价,不因人民警察的民族、性别、出身、职务、资历、文化程度等个人特征而有所区别,不因人际关系的远近亲疏和领导个人的好恶有所区别。

2. 民主公开原则

民主公开原则是指监狱人民警察的考核工作要始终走群众路线,确保考核的民主参与和透明公开。主要有三个方面的要求:一是考核目的、范围、内容、方法、标准公开,便于被考核对象和群众监督;二是考核结果的形成公开,要广泛听取群众的意见,采用民主评议、群众参与的方式进行;三是考核结果向本人公开,使被考核对象了解组织评价,被考核人对考核结果有异议时,也可以及时反映申诉,以保证考核的准确性、公平性。

3. 科学合理原则

科学合理原则是指监狱人民警察考核要按照科学的标准、采用科学的方法开展，注重考核实绩。要求按照“德才兼备”的标准，对监狱人民警察的德、能、勤、绩、廉进行全面考核，把考德放在首位，重点考核实绩。同时，要建立一套科学合理的考核指标体系，并运用科学的考核方法周密实施考核过程，确保考核结果全面、准确、有效。

（二）监狱人民警察考核的内容

根据《公务员法》的规定，结合监狱人民警察的职业特点，考核应以其职责、任务为基本根据，内容包括德、能、勤、绩、廉五个方面，重点考核工作实绩。

1. 德，是指政治、思想、道德品质、工作作风等。主要包括贯彻执行党的基本路线和方针政策，遵守国家的法律法规和监狱的工作纪律，遵守社会公德和职业道德。

2. 能，是指业务知识和工作能力，是反映监狱人民警察从事本职工作必备的发现、分析、解决问题的能力和独立开展工作的能力。主要考核学识水平、工作能力和身体素质。学识考核，包括对文化水平、学历、工作经历的考核；工作能力考核，包括对岗位专业能力、思维决策能力、应变决策能力、语言表达能力等的考核；身体素质的考核，包括对年龄、健康状况、警务技能等的考核。

3. 勤，是指事业心、工作态度、工作作风和勤奋精神。所谓事业心，就是是否热爱和敬重本职工作，是否勤勤恳恳，甘于奉献。工作态度主要看工作是否积极主动、认真负责，能否遵守工作纪律。工作作风重点看工作是否深入实际、调查研究，是否尊重群众的首创精神。勤奋精神是看是否善于开动脑筋，刻苦钻研业务，精益求精，不断开创新局面。

4. 绩，是指工作实绩，它包括完成工作的数量、质量、效率和所产生的效益。

5. 廉，是指廉洁自律情况。主要看是否遵守党和国家廉洁从政的有关规定，是否廉洁奉公，忠于职守；有无利用职权和职务上的影响谋取不正当利益的行为；有无假公济私，化公为私的行为；是否艰苦奋斗，勤俭节约，有无讲排场，比阔气，挥霍公款，铺张浪费的行为等。对监狱领导成员还要考核：是否严格遵守领导干部廉洁从政和廉洁自律的有关规定；是否遵守组织人事纪律，有无借选拔任用干部之机谋取私利，搞选人用人上的不正之风等。

上述内容，是相互联系和相互渗透的整体。考核时要全面考核，德、能、勤、绩、廉不能偏废任何一方面；在全面考核的基础上，以德为首，以绩为重。德绩两项必须同时为优，才能评为优秀。

（三）监狱人民警察定期考核的等次

考核等次是对监狱人民警察实际表现优劣的一种高度概括性的评价形式。通过考核定位人民警察的等次，是一个相对难以把握但又必须面对的问题。按照《公务员法》的规定，定期考核后，形成的结果有优秀、称职、基本称职、不称职四个等次。每个等次的基本要求是：

1. 优秀。监狱人民警察在德、能、勤、绩、廉等方面都表现出色，圆满完成了各项工作任务，成绩显著。

2. 称职。监狱人民警察在德、能、勤、绩、廉等方面都达到任职的要求，很好或者比较好地完成工作任务。

3. 基本称职。监狱人民警察在德、能、勤、绩、廉等方面勉强达到任职的要求，勉强完成工作任务。

4. 不称职。监狱人民警察政治、业务素质较差，达不到现任职务的要求，或在某一方面存在突出问题，不能按要求完成工作任务，或在工作中造成严重失误。

监狱人民警察在考核中被确定为优秀、称职等次的，具有晋职、晋级和晋升工资的资格。被评为不称职等次的，则予以降职、降级并执行相应级别工作，或者调整相应岗位；连续 2 年不称职的，可以依法辞退。

定期考核的结果应当以书面形式通知监狱人民警察本人。监狱人民警察的考核结果及结果的对应执行情况归入本人人事档案。

（四）监狱人民警察考核的程序

监狱人民警察的考核必须依法定程序进行，以保证考核工作的严肃性和结果的客观公正。考核的程序包括以下阶段：

1. 准备阶段。包括建立考核组织机构；制订具体实施方案；做好考核部署。

2. 实施阶段。包括被考核人员填写年度考核表，进行自我总结和述职；群众评议阶段，将评议意见通知本人；考核领导评议；考核机构审定考核结果；将考核结果和等次反馈给考核人；本人对考核结果有异议，可提请考核委员会或任免机关进行复议；若对结果不服，可按规定申诉。

对监狱人民警察的考核，是正确评估其德才表现和工作实绩的重要方法。将考核结果实际运用到监狱人民警察的奖惩、升降等人力资源管理过程中，是对监狱人民警察实施激励的重要措施和手段。

二、监狱人民警察的奖惩

监狱人民警察的奖惩，是指监狱机关按照有关的法规、政策和规定，对工作中表现突出、有显著成绩和贡献以及其他突出表现的监狱人民警察给予奖赏和鼓励，对工作中有过失和违法违纪的监狱人民警察予以惩戒和处罚。对监狱人民警察实行奖惩,是管理监狱人民警察的基本手段,是严格执行法律法规、努力完成管理监狱、执行刑罚和对罪犯进行教育改造任务的重要保障。

监狱人民警察的奖惩必须严格按照现行的法律法规执行,执行奖惩的主要法律法规依据有《人民警察法》《监狱法》《行政监察法》《公务员法》《行政机关公务员处分条例》《监狱和劳动教养机关人民警察违法违纪行为处分规定》等。

(一)监狱人民警察的奖励

1. 奖励的种类

根据《公务员法》《人民警察法》和《司法部关于司法行政系统工作人员奖惩暂行办法(试行稿)》的规定,监狱人民警察的奖励分为个人奖励和集体奖励。其中,个人奖励分为嘉奖、三等功、二等功、一等功、授予荣誉称号(二级英模、一级英模);集体奖励分为集体一等功、二等功、三等功和嘉奖。

2. 奖励的条件

监狱人民警察个人和集体,在符合条件的情形下,可以被授予相应等级的奖励。其奖励条件归纳为:忠于法律和制度,忠于人民利益,忠于事实真相,不徇私利,在工作中成绩显著者;深入调查研究,认真总结经验,勇于改革创新,对开展工作新局面作出较大贡献者;努力学习科学文化知识,钻研业务,有发明创造,勇于提出合理化建议,对改进工作,提高效率有较大贡献者;一贯坚持原则,办事公道,作风正派,敢于向违法乱纪、玩忽职守不正之风作斗争,事迹突出者;勤勤恳恳,任劳任怨,在艰苦环境下忠于职守,作出显著成绩者;在宣传法治、解决纠纷、改造罪犯工作中表现突出,成绩显著者;在预防和制止犯罪,排除各种不安全因素,防止事故,保卫国家和人民生命财产的紧急关头,舍己为公、舍己为人,事迹突出者;保卫国家机密、维护国家,有较大贡献者;其他方面成绩显著,应予奖励者。监狱人民警察个人凡在工作中坚持四项基本原则,努力学习,积极工作,遵纪守法,作风正派,并有上列表现之一的,应给予奖励。监狱人民警察集体的奖励也比对以上条件进行。

上述规定较为抽象,在具体实施奖惩时,还需结合业务实际和具体的事迹材料,认真研究,反复比较、对照后认定,切实做到公正、合理。

3. 奖励的方式

被授予奖励的监狱人民警察可获得不同内容的奖励,对受奖的监狱人民警察个人颁发奖章、证书,对集体颁发证书、奖状、锦旗;按照国家有关规定,对受奖励的监狱人民警察,可以提前晋升警衔,并给予一定的物质奖励,包括发给奖金、奖品、工资晋级等。

4. 奖励的程序

对监狱人民警察实施奖励是重要的日常管理工作,必须严格按照规定的程序

操作。按照有关规定,监狱人民警察奖励的程序是:

(1)奖励的评定,是由达到受奖条件的监狱人民警察所在单位适时提出奖励意见,通过群众评议和领导确定是否奖励。

(2)奖励的申报,是对确定奖励的监狱人民警察,由所在单位填写奖励审批表,写明受奖人的事迹材料,呈报审批机关。

(3)奖励的审批,是由审批机关认真核查报送资料,核实事迹与奖励的条件、种类是否一致,确认是否审批。

(4)奖励的结果,即作出奖励决定后,在一定范围内公布。

(二)监狱人民警察的惩处

监狱人民警察的惩处又叫惩罚、处分,是指运用行政手段制裁监狱人民警察的违法、违纪行为。它带有处罚的性质,属于组织内部行政行为。

1. 惩处的种类

根据《人民警察法》第 48 条第 2 款的规定,监狱人民警察的行政处分分为警告、记过、记大过、降级、撤职、开除。

(1)警告。是监狱人民警察犯有一定错误或有过失时,监狱对其进行警示、告诫的一种行政处分形式。警告的期间一般为 6 个月。

(2)记过。是指当监狱人民警察实施了过错行为时,监狱对其过错行为进行登记的一种行政处分形式。该形式一旦实施,就会使监狱人民警察丧失当年的评先、评优资格。记过的期间一般为 12 个月。

(3)记大过。是指当监狱人民警察实施了过错行为时,监狱对其过错行为进行登记后,并记入个人档案的一种行政处分形式。该行政处分形式一旦实施,不仅会影响监狱人民警察当年的评先、评优资格,还会影响晋升工资、职务,并对其政治前途产生重大负面影响。记大过的期间一般为 18 个月。

(4)降级。是指行政机关对违反国家有关法律、法规和政策的监狱人民警察,给予降低职务或级别的一种行政处分。

(5)撤职。是指监狱按照法定程序和法定条件,对违反国家有关法律、法规和政策的监狱人民警察,向有管辖权的人事部门提出撤销其现任职务的处分,经审批同意后,执行撤销监狱人民警察担任职务的一种行政处分形式。监狱人民警察受撤职处分的,同时降低级别和职务工资。

(6)开除。是指对违反有关法律法规、有关规定的监狱人民警察,根据法定事由,经过法定程序,由法定机关作出开除公职的一种处分。开除意味着监狱和监狱人民警察的法定关系完全消失。

监狱人民警察在受处分期间不得晋升职务和级别，其中受记过、记大过、降级、撤职处分的，同时不得晋升工资档次。

除以上六种主体处分形式外，《人民警察法》第48条第2款还规定，“对受行政处分的人民警察，按照国家有关规定，可以降低警衔、取消警衔”。第48条第3款规定：“对违反纪律的人民警察，必要时可以对其采取停止执行职务、禁闭的措施。”第49条规定：“人民警察违反规定使用武器、警械，构成犯罪的，依法追究刑事责任；尚不构成犯罪的，应当依法给予行政处分。”

2. 惩处的条件

惩处的条件是指警察满足应受处分或纪律制裁的某种行为或情形。关于惩处的条件，在《公务员法》《人民警察法》和《司法部关于司法行政系统工作人员奖惩暂行办法（试行稿）》《监狱和劳动教养机关人民警察违法违纪行为处分规定》中都有具体的标准。综合法律法规，对监狱人民警察实施惩处必须同时具备以下两个条件，缺一不可：一是违法违纪，应当承担纪律责任的行为。例如，玩忽职守，贻误工作，对抗上级决定和命令；打击报复；弄虚作假，欺骗领导和群众等。二是有违法行为尚未构成犯罪，或虽构成犯罪但依法不追究刑事责任而必须承担违纪责任的，如贪污、盗窃、行贿受贿数额没有达到标准或依法不追究刑事责任的行为。监狱人民警察机关对于违反纪律的人员给予行政处分时，要本着严肃和慎重的态度，根据所犯错误的事实、性质、情节、危害和后果，参照本人的一贯表现和对错误的认识程度，分别情况，区别对待。

（1）开除处分的条件。监狱人民警察有下列行为之一的，给予开除处分：①殴打、体罚、虐待或者指使他人殴打、体罚、虐待罪犯的；②包庇或者纵容罪犯从事犯罪活动的；③私放罪犯逃离监狱的。

（2）不同程度违纪行为的不同处分规定。针对监狱人民警察违纪行为的程度和造成的后果，对实施不同程度违纪行为的监狱人民警察给予相应的行政处分。监狱人民警察有下列行为之一的，给予记过或者记大过处分；情节较重的，给予降级或撤职处分；情节严重的，给予开除处分：①违反规定办理罪犯减刑、假释、暂予监外执行的。②对罪犯超期禁闭的；违反规定办理罪犯收监的；扣压、销毁罪犯申诉、控告、检举材料，或者向被举报人透露举报情况的。③违反规定办理罪犯离监探亲、特许离监的；为罪犯奖惩提供虚假材料的；私带罪犯离开监狱的；擅自安排罪犯会见，造成不良后果的；违反规定允许罪犯携带、使用通信工具等违禁品的；违反规定为罪犯提供特殊待遇，造成不良影响的。有上述规定行为并从中牟取私利的，从重处分。④因工作失职致使罪犯伤残、死亡或者脱逃、逃跑的；因工作失职致使罪犯发生聚众闹事、斗殴等狱内重大案件或者群体性事件的；因工作失职致使发生罪犯集体食物中毒或者感染传染病等重大疫情的；因工作失职致使发生安全生产、环境污染等重大事故的；发生罪犯脱逃或者其他事故，不及时上报或者隐瞒不报的。⑤在值班、执勤时擅离岗位的；违反规定将管理罪犯的职权交予他人行使的；因工作失职致使违禁品进入监狱的。⑥违反规定利用或者插手监狱的基建等工程招投标、政府采购，为本人或者特定关系人牟取不当利益的；索取、接受、侵占罪犯及其亲属财物的；接受罪犯及其亲属宴请、娱乐等活动安排的；向罪犯及其亲属借钱、借物，或者利用罪犯及其亲属为自己或者他人牟取不正当利益的。⑦拒绝执行上级依法作出的决定、命令，或者在执行任务时不服从指挥的；违反规定办理监狱人民警察录用、考核、任免、奖惩、调任、转任的。⑧非工作需要携带枪支进入监区或者生产场所的；携带枪支饮酒的；有其他违反公务用枪管理使用规定行为的。⑨违反警车管理使用规定，或者违反规定使用警灯、警报器的；违反规定转借、赠送、出租、抵押、转卖警用车辆、警车号牌、警服、警用标志或者证件的；违反规定使用警械、武器的；携带违禁品进入监狱的。⑩违反规定发表反映监狱工作内容的言论或者传播反映监狱工作内容的录音、录像、图片、文字等造成不良影响的。⑪工作时间饮酒或者在工作场所酗酒滋事的。⑫对待罪犯亲属或者其他人员态度蛮横、推诿、刁难的；不按规定着装，严重损害人民警察形象的；非因公务着警服进入营业性娱乐场所的。

(3)附加处分的规定。对受到处分的监狱人民警察，应当依照有关规定延期晋升、降低或者取消警衔。降低警衔、取消警衔不是独立的处分种类，而是附加或附属的处罚措施，因而不能独立使用，而应结合具体种类的处分使用。监狱人民警察违法违纪涉嫌犯罪的，应当移送司法机关依法追究刑事责任。

3. 处分的程序

监狱人民警察实施违法违纪行为，应当承担纪律责任的，由任免机关或者监察机关按照处理权限依法给予处分。处分的程序和不服处分的申诉，依照《行政监察法》《公务员法》《行政机关公务员处分条例》等有关法律法规的规定办理。处分的实施程序一般来说可分为立案、调查、公布调查结果、提出处理意见、审批、执行六个阶段。

(1)立案。人民警察机关发现人民警察有违纪违法行为需要查处时，根据规定，按照管理权限或案件管理范围，履行立案审批手续，列为处分案件。

(2)调查。警察机关要对立案案件展开调查，听取各方面的意见，做好谈话笔录和证言笔录，查清违纪违法情况。

(3)公布调查结果。调查结束后，在一定范围内公布调查结果，允许本人申辩，允许别人为之辩护。

(4)提出处理意见。在此基础上认真核实材料,提出处分意见,呈报审查机关。

(5)审批。审批机关收到材料后,认真审核,作出处分规定。

(6)执行。执行阶段,是要将处分决定交由受处分的监狱人民警察,由其签署意见。如拒绝,单位应注明。受处分的监狱人民警察如对处分不服,在接到处分决定的1个月内可向处理机关申请复议,并可向上一级领导机关或行政监察机关提出申诉。经过复议和申诉,原处分确属不当的,应该予以撤销。但在复议和申诉期间,不停止对原处分决定的执行。

4.处分的解除

《公务员法》第64条规定,受处分的期间为:警告,6个月;记过,12个月;记大过,18个月;降级、撤职,24个月。也就是说,监狱人民警察因违法、违纪受到除开除以外的处分后,改正错误的,分别在半年至2年内由原处理机关解除处分。其中,受警告、记过处分的,半年内解除处分;受记大过、降级处分的,1年内解除处分;受撤职处分的,2年内解除处分。人民警察在受处分期间有特殊贡献的,可以提前解除处分。解除处分一定要做到手续齐备,先由本人写出书面申请,经所在机关讨论通过,报原处分机关批准后方可执行。解除处分后,监狱人民警察的晋升和奖励不再受影响。

三、监狱人民警察的教育培训

监狱人民警察的教育培训,泛指监狱机关对监狱人民警察实施的一种有组织、有目的、有计划的系统教育、培养和训练等活动的总称。具体而言,指监狱机关通过不同形式针对不同类型层次的监狱人民警察进行政治理论、文化素质、业务知识、警体技能等方面的系统教育、培养与训练。

(一)监狱人民警察教育培训的内容

结合监狱工作的实际需要,监狱人民警察教育培训的主要内容有政治理论培训、法律法规培训、警体技能培训、岗位知识培训等。

1.政治理论和职业道德规范教育

对监狱人民警察进行政治理论教育,是队伍建设革命化的必然要求。政治理论教育的主要内容包括:马列主义、毛泽东思想、邓小平理论、"三个代表"重要思想、科学发展观和习近平新时代中国特色社会主义思想。职业道德规范教育包括职业道德、职业责任、职业纪律、职业规范等内容。通过政治理论和职业道德规范教育,可以坚定监狱人民警察的政治信念,不断增强执行党的监狱方针、政策的自觉性和主动性,进一步提高监狱人民警察的道德修养和拒腐防变、勤政为民的自觉性,正确处理贡献与回报的关系,培养其职业荣誉感和牺牲奉献精神,树立良好的警察形象。

2. 法律、文化、业务和科技知识教育

对监狱人民警察进行法律知识教育主要包括:《宪法》《刑法》《刑事诉讼法》《行政诉讼法》《人民警察法》《公务员法》《监狱法》等与监狱人民警察行使职权密切相关的法律法规。通过法律知识教育,使监狱人民警察掌握法律法规的基本规定和基本精神,可以增强法治观念和法律意识,提高执法水平。文化知识包括高中以上的自然科学和社会科学知识,是监狱警察从事工作的基本知识。业务知识是与监狱相关工作岗位密切相关的知识,主要有政工知识,管理教育(如狱政管理、狱内侦查、教育改造、生活卫生等),劳动管理(如安全生产、劳动技能等),行政后勤(如公文处理、信访接待、舆情处理、财务会计等)。科技知识是与监狱人民警察业务相关的最新科技成果和科技动态,主要包括计算机网络知识、信息技术、多媒体技术、监管设施的操作知识,等等。

3. 监狱警务技能训练

监狱警务技能训练主要包括体能训练、队列、指挥、射击、驾驶、格斗、防暴、警务战术、特别救护等内容。监狱警务技能的提高,不仅是监狱人民警察克敌制胜的手段,也是避免或减少自身伤亡的有效防护手段,对于一线管教民警而言尤为重要。

(二)监狱人民警察教育培训的类型

监狱人民警察教育培训是一个多渠道、多形式、多层次的完整体系。目前我国监狱人民警察教育培训的主要形式有学历教育、岗前培训、晋升培训、在岗专业培训和知识更新培训等。

1. 学历教育,属于系统教育,具有国民教育的属性,以警察院校正规化教育为主,主要包括大学和大专教育两个层次。学历教育的形式,一般采取 2 年以上脱产学习,也可以参加电大、函大、夜大和自修的形式学习。学历教育对提高整个警察队伍素质、改变其文化结构将起着重要的促进作用。随着我国司法警察教育事业的发展以及便捷入警机制的建立,以后各监狱机关新警来源将主要是各司法警察院校毕业生。

2. 岗前培训,是指对新录用和新分配到监狱系统工作的人员在正式任职上岗前的职业培训,也称职前培训。按照相关规定,上岗前新录用的监狱警察都必须参加由各省统一组织的培训,培训时间一般为 3 个月。纪律作风、警体技能、警容风纪和其他必须掌握科目的专门训练是岗前培训的重要内容,并经考试合格后,才能准予上岗。这种培训主要是让新录用和新分配来的人员了解监狱警察工作的性质、政策、法律、法规和职业特点，以及将要从事的工作内容、职业纪律和职责范围等。

3. 晋升培训，包括职务晋升培训和警衔晋升培训。职务晋升培训是指监狱系统对准备晋升一定领导职务的监狱警察根据拟定职业的要求所举行的培训。培训对象包括监狱系统内部晋升一定领导职务的监狱警察和非监狱系统内接收调入监狱机关担任一定领导职务的监狱警察。这种培训是以受训对象准备拟任职务的职责为根据进行的，培训内容主要是围绕提高其政治素质、组织管理、决策能力以及相关业务能力的实际需要来确定，以便为胜任即将晋升的相应职务打好基础和做好准备。警衔晋升培训是指监狱系统对准备晋升警衔的监狱警察，根据晋升相关警衔的要求所进行的培训。另外，“逢晋必训”是我国监狱警察警衔晋升的要求。

4. 在岗专业培训，是指紧密结合监狱工作岗位职责特点，为监狱警察提供的所在工作岗位所需知识和相关技能的培训。培训的对象依据岗位工作的现实需求而定，可能是新录用的监狱警察，也可能是有一定工作经验的监狱警察。此类培训主要是加强教育改造、警务管理和监所管理等实际工作中亟须的专业知识和警体实战技能的培训，使受训人员获取与其实际工作相适应的理论知识和操作技能等。

5. 更新知识培训，是监狱管理机关根据民主法治建设及社会发展的需要，有计划地对监狱警察领导及相关需要培训人员进行的以更新知识为目的的一种职业培训。此类培训，主要是向受训人员介绍国家最新形势政策或新颁布的法律法规及最新社会科学知识和有关信息，或者通过开展专题性的研究探讨与交流，提高受训人员认识、解决监狱系统重大理论与实践问题的能力。

（三）监狱人民警察教育培训的组织实施

在省一级，监狱管理局是地区各监狱单位的主管部门，监狱管理局机关设置政治部，负责制定全省监狱系统人民警察教育培训工作计划和安排、各类具体培训活动组织实施，并鼓励下属监狱积极开展监狱人民警察教育培训工作。针对狱政管理、狱内侦查、安全生产以及生活卫生等方面的专门业务培训，主要由监狱管理局各业务处室按照自身业务组织开展。

同时，各监狱单位普遍建立了监狱人民警察教育培训管理机构，培训业务挂靠在政治处、政工科等部门，其主要的任务是积极组织开展本单位人民警察的教育培训工作。

此外，全国各地的司法警官院校为监狱人民警察的教育培训提供了完整的学科专业体系、专业的师资力量和现代化的场地，在加强监狱人民警察教育培训、服务全国司法行政系统方面发挥了主渠道作用，为我国监狱事业的发展进步源源不断地培养了一批又一批专业人才。

四、监狱人民警察的交流

监狱人民警察的交流，是指监狱人民警察的主管机关通过一定的行政措施和手段推进监狱人民警察队伍进行内外流动的管理活动和制度，即监狱人民警察有目的、有计划地进行横向或纵向的、定期或不定期的调换任职。监狱人民警察交流制度的实施，可以开阔监狱人民警察的视野，提高其综合素质，挖掘其职业潜力，避免其形成惯性思维模式，鼓励监狱人民警察进取，充分地调动他们的积极性。同时，通过工作岗位的合理调整，也可以使他们更好地适应工作需要，达到资源的最佳配置，提高工作效率。

（一）监狱人民警察交流制度的内容

监狱人民警察交流制度的基本内容，主要包括交流的形式以及每种交流形式所特定的适用对象、范围、条件和程序等。

1. 监狱人民警察调任制度

监狱人民警察调任制度包括调入和调出。

监狱人民警察调入是将监狱系统以外的工作人员调入监狱系统任职。其适用的范围是：从监狱系统以外的其他国家机关、党群机关以及企业、事业单位的工作人员中，选拔符合条件的优秀人才进入监狱系统担任领导职务或者助理调研员以上的非领导职务。为了保证监狱人民警察队伍的优化，严把进口关，对于从监狱系统之外调入的人员有两点要求：(1)必须经过严格考核。了解准备调入的人员是否具备调入后拟任职务所要求的政治思想水平、工作能力以及相应的资格条件。(2)经过培训后才能正式任职。通过对人民警察进行行政管理知识、符合职务要求的专门业务知识与技能的培训，以便监狱人民警察任职后能立即适应工作岗位，有效地开始工作。

监狱人民警察的调出需调出的监狱人民警察的所在单位与其将要调入的单位部门协商“调出”事宜，如果不存在其他组织接收，则不适用调出制度。

2. 监狱人民警察转任制度

转任是指监狱人民警察因为工作需要或者其他正当理由而在监狱系统内部进行平级调动。监狱人民警察转任有两个原因：一个是因工作的需要，另一个是依据个人的申请。因工作需要的转任，是指监狱及其主管机关根据工作的需要，凭借行政隶属关系，用行政命令性手段将监狱人民警察在监狱系统内部进行调动。依据个人申请，是监狱人民警察个人有转任的正当理由而主动提出申请，经有关部门批准后进行的转任调动。

在实践中，需要适用转任的情形通常有五个方面：(1)在监狱系统内部调剂人才余缺；(2)为合理使用人才进行职位调整；(3)通过转任方式解决人民警察个人的实际困难，如夫妻两地分居等；(4)为基层单位和边缘、艰苦地区选派所需人员；(5)为上级领导机关选调有基层经验的领导后备人才和业务骨干。转任交流后，监狱人民警察的职务关系发生变更，行政机关内部的隶属关系发生变更，但并不涉及职务关系的产生和消灭，监狱人民警察的身份不变。

3. 监狱人民警察轮换制度

轮换是监狱系统内部的一种经常化、制度化的人员交流方式。轮换是指监狱系统对担任领导职务和某些特殊性质职位的非领导职务的人民警察，有计划地进行职位轮换。轮换包括本部门、本单位不同职位的轮换，本系统上下级机关之间的职位轮换及不同部门之间的职位轮换。

监狱人民警察轮换的对象包括：(1)担任监狱管理机关和监狱处级领导职务以及监狱科级领导职务的监狱人民警察，通过轮换可以提高他们的素质、增强宏观能力决策水平；(2)某些工作性质特殊的非领导职务的监狱人民警察，如财务、人事、监察、管教、供销等部门，由于工作性质特殊，不能长期在一个岗位任职，通过轮换的方式转岗。除以上两种人员之外，还可以结合实际情况，把一般人员列入轮换的对象。

4. 监狱人民警察挂职锻炼

监狱人民警察的挂职锻炼是指监狱管理机关有计划地选派在职监狱人民警察在一定时间内到基层单位或者企业、事业单位任一定职务，是培养锻炼监狱人民警察的一项重要管理措施。在挂职锻炼期间，不改变与原机关的人事行政关系。挂职锻炼的对象是年轻、缺乏实践经验的监狱人民警察，挂职的方向主要是业务相近的基层单位。挂职锻炼的期限一般为1~2年，期满后仍回原单位任职。

(二)监狱人民警察交流的原则

为了保证效果，在监狱人民警察交流工作中应当坚持和贯彻以下原则：

1. 工作需要原则

根据工作需要进行人才交流，是衡量每一项交流工作是否必要、是否合理、是否成功的最根本的标准。它要求，监狱人民警察的交流必须紧紧围绕并服从和服务于监狱管理工作的需要，在决定进行某项交流、对什么人员进行交流、在什么时间进行交流、交流什么职位等事项时，首先应考虑工作是否需要，怎样更有利于监狱管理工作。

2. 合理性原则

监狱人民警察的岗位交流必须按照法定的条件、措施、程序和规划进行。要有岗位的缺位,要有具备这个岗位要求能力的人员,要有合适的交流手段等。

3. 计划性原则

监狱人民警察交流应有计划、有组织地进行,以不影响工作的正常开展为前提,要保持部门内人员的相对稳定和工作的连续性。在具体工作中,要协调好职业群体结构、对应的素质要求和警察个体的职业规划等,从整体上理顺岗位交流与人事管理的其他工作,保证能迅速地建立协调关系,加快工作效率。

4. 适才所需原则

监狱人民警察由于受教育程度、知识结构、兴趣爱好以及成长背景等方面因素的影响,思想、性格不同,从而也形成业务专长和工作能力的差异。而与之相适应的职位,由于工作性质、难易程度和责任大小等方面的不同,造成其所需的任职条件上的不同需求。成功地交流工作,就是要最大限度地将每个监狱人民警察调动到最适合发挥专长的职位上,从而达到适才所需、人尽其才的目的和效果。

在监狱人民警察的交流过程中,要注意人事回避的问题。监狱人民警察的人事回避是指监狱人民警察基于法律规定的事由,不得从事或担任某些职务,以及不得实施某些职务行为,是针对监狱人民警察比较密切的亲属关系所作出的任职限制性规定。包括任职回避①、公务回避②和地区回避③。

此外,监狱人民警察的工资薪酬和福利待遇也是人力资源管理的重要内容,将在监狱人民警察警务保障一章加以介绍。

第五节　监狱人民警察人力资源的退出

监狱人民警察人力资源的退出,是指监狱人民警察在特定情形下,或达到法定年龄和条件,主动或被动退出监狱机关,不再担任监狱人民警察职务、不再从事监

① 任职回避是指监狱人民警察之间有夫妻关系、直系血亲关系、三代以内旁系血亲关系以及近姻亲关系的,不得在同一机关担任双方直接隶属于同一领导人员的职务或者有直接上下级领导关系的职务,也不得在其中一方担任领导职务的机关从事组织、人事、纪检、监察、审计和财务工作。

② 公务回避是指监狱人民警察执行公务时,涉及本人或者涉及本人亲属关系人员的利害关系的,必须回避。

③ 《公务员法》规定,对县级以下政府机关中担任领导职务的公务员不得在原籍任职。在相对应的监狱机关担任领导职务的监狱人民警察可以参照上述规定实行回避。

狱人民警察工作。对于监狱人民警察个人而言,退出意味着在监狱机关从事人民警察职业生涯的结束,但并不意味着其不再是人力资源,也并不意味着个人职业生涯的彻底终结。主要包括监狱人民警察的辞职、辞退、退休和离休。

一、监狱人民警察的辞职与辞退

(一)监狱人民警察的辞职

1. 监狱人民警察辞职的概念

监狱人民警察的辞职,是监狱人民警察依据个人意愿,申请终止与监狱或管理机关的职务关系,辞去现任职位的行为。实行监狱人民警察以自愿为前提的辞职制度,有助于保障监狱人民警察的权利,增强监狱人民警察任职的自主权。监狱人民警察的辞职,具有自愿性,是监狱人民警察本人出于某种现实的考虑和权衡作出的选择。辞职必须经过一定的法定程序,一般除本人申请外,还需报请有关领导审批后方可生效,不允许擅自离职。辞职是监狱人民警察的一项权利,除国家明文规定的一些特殊情况不准辞职外,每个人民警察都有权根据自己的意愿和实际情况提出辞职,选择其他职业。辞职的监狱人民警察享有法定的辞职待遇。监狱人民警察辞职后,可以按照有关规定获得各种人事关系证明,有在规定的范围内重新获得职位的权利,其工龄可以连续计算。

2. 监狱人民警察辞职的条件

监狱人民警察要求离开监狱机关,不再担任监狱人民警察职务的,可以向任免机关提出辞职。辞职的主要条件是:

(1)本人主观上完全自愿,并在形式上提出书面申请。辞职完全是监狱人民警察的自愿行为,这是辞职和辞退、免职的重要区别。监狱人民警察通过提交辞职的书面申请书,使任免机关获得自己辞职的必要信息。

(2)客观上不存在限制辞职的情形。辞职虽然是监狱人民警察自愿的行为,但也并非完全的单方行为。根据《公务员法》第 86 条的规定,以下五种情况不得辞职:①未满国家规定的最低服务年限的;②在涉及国家秘密等特殊职位任职或者离开上述职位不满国家规定的脱密期限的;③重要公务尚未处理完毕,而且须由本人继续处理的;④正在接受审计、纪律审查、监察调查,或者涉嫌犯罪,司法程序尚未终结的;⑤法律、行政法规规定的其他不得辞去警察职务的情形。

只有同时满足上述两个主要条件,监狱人民警察才可以提出辞职。

3. 监狱人民警察辞职的程序

监狱人民警察辞职是一种法律行为,必须遵循一定的程序:

(1)提出书面申请。由本人填写《辞职申请书》,递交给单位人事部门。

(2)递交任免机关。所在单位对监狱人民警察提出的辞职申请提出意见,按照管理权限报任免机关。

(3)审核批准。任免机关对监狱人民警察的辞职申请必须认真审查,在接受申请之日起3个月内予以批复,对符合法定条件的,应予以批准。审批结果以书面形式通知监狱人民警察所在单位和本人,同时抄送同级政府人事部门备案。逾期未予批复的,视为同意辞职,任免机关应予以办理辞职手续。另外,监狱人民警察在辞职审批期间不得擅自离职。对擅自离职的,给予开除处分,并不准重新录用到监狱系统工作。

(4)办理工作交接手续。监狱人民警察的辞职被批准后,应在规定时间内办理交接手续;对在财务等特殊岗位工作的人民警察,应进行财务审计后方可办理辞职手续。

完成以上程序后,监狱人民警察辞去公务员职务的法律行为完成,监狱人民警察和监狱管理机关之间的关系即告结束。监狱人民警察辞职后,2年内不得在与本人原工作业务直接相关的企业、营利性事业单位和外商驻华机构任职。

(二)监狱人民警察的辞退

1. 监狱人民警察辞退的含义

监狱人民警察的辞退,是指监狱管理机关对已不具备监狱人民警察条件,不适合在监狱人民警察机关继续工作的人员,解除其与监狱人民警察机关任用关系的一项管理措施。实行监狱人民警察的辞退制度,有助于形成能上能下、能进能出的人力资源管理制度,体现优胜劣汰的用人之道,保证监狱人民警察队伍的优化和活力,保障单位的用人自主性,促进监狱人民警察不断提高自身素质,积极应对职业竞争。

辞退是监狱行政机关的一项权力,可视情况单方面决定解除其所属监狱人民警察的隶属关系,而无须征得被辞退者的同意。由于辞退的严肃性,辞退必须具备法定的事由,且经过法定的程序。非因法定事由和非经法定程序,不得辞退监狱人民警察。辞退是一种中性行为,没有明显的惩戒性。辞退后单位与被辞退者即脱离关系。

2. 监狱人民警察辞退的条件

为提高监狱人民警察队伍的素质和战斗力,完善监狱人民警察机关人力资源管理制度,根据《人民警察法》《公务员法》《司法行政机关人民警察辞退暂行办法》的规定,辞退监狱人民警察,需要具备以下几个条件:

（1）应当辞退的条件。包括：监狱人民警察在年度考核中，连续两年被确定为不称职的；不能胜任现职工作，又不接受其他安排的；因单位调整、撤销、合并或者缩减编制人员名额需要调整工作，本人拒绝合理安排的；旷工或者无正当理由逾期不归连续超过15天，或者1年内累计超过30天的；不履行监狱人民警察的义务，不遵守监狱机关的纪律，经多次教育仍无转变，又不宜给予开除处分的。

（2）多次违纪或完不成任务辞退的情形。监狱人民警察有下列情形之一，经批评教育、纪律处分后仍不改正的，或者经培训试用后仍不合格的，应当予以辞退：①作风散漫，纪律松弛，经常迟到、早退或者上班时间经常办私事的；②遇事推诿，消极怠工，工作不负责任的；③耍特权，态度恶劣，刁难辱骂群众，侵犯公民合法权益的；④酗酒滋事或者经常酗酒的；⑤私自将警械、警服、警衔标志转借、赠送非人民警察的；⑥不按规定着装，警容不严整，举止不端庄的；⑦对遇有危难情形的群众拒绝提供救助的；⑧文化、业务素质低，不适宜在监狱人民警察岗位继续工作的。

（3）严重违纪辞退的情形。监狱人民警察有下列情形之一，错误比较严重又不适宜给予行政开除处分的，应当予以辞退：殴打他人或者唆使他人打人的；违法实施处罚的；违反规定收取费用的；接受当事人及其代理人请客送礼的；从事营利性的经营活动或者受雇于个人、组织的；给违法人员通风报信或者给违法活动提供保护的；玩忽职守，不履行法定义务的；不执行上级决定和命令的；在执行公务中贪生怕死，临阵脱逃的；违反规定使用武器、警械的；利用职权牟取私利的；诬告他人，压制和打击报复检举人、控告人的；有道德败坏、生活腐化等其他违法违纪行为的。

（4）不得辞退的情形。监狱人民警察有下列情形之一的，不得辞退：①因公负伤致残并被确认丧失工作能力的；②患严重疾病或者负伤正在进行治疗的；③在孕期、产期或者哺乳期内的。

3. 监狱人民警察辞退的程序

为了保证监狱人民警察的权利和辞退工作的正当性、严肃性，辞退监狱人民警察需要履行严格的程序。

（1）提出申请。由该监狱人民警察所在单位在核准事实的基础上，经领导集体讨论研究提出辞退建议，填写《辞退国家公务员审批表》，按照管理权限报任免机关。

（2）任免机关人事部门审核。任免机关在收到辞退建议后，应当严格进行审查。

（3）任免机关审批。人事部门进行审核后，任免机关应当在30日内作出决定。凡批准辞退的，应当以书面形式通知呈报单位和被辞退人员，同时抄送同级人民政府人事部门和上一级监狱管理机关备案。凡不予批准的，应当将《辞退国家公务员审批表》退回呈报单位，并说明理由。

4. 监狱人民警察辞退的其他事宜

（1）关于辞退的申诉。被辞退的监狱人民警察如果对辞退决定不服的，可以在接到处理决定之日起的30日内向原处理机关申请复核，或者向同级人民政府人事部门申诉，复核期间不停止处理决定的执行。

（2）关于职务关系的消失。监狱人民警察被辞退后，即与原单位的法律关系消失，不再享有行政执法和执行公务的权力，也不享有监狱人民警察的各项待遇，无须履行监狱人民警察的义务，不再保留人民警察的身份。被辞退人员的所在单位应当及时收回其使用的枪支、警械、警用标志、工作证件、警官证和其他警用物品。

（3）关于辞退后的待遇。被辞退的监狱人民警察，自批准之月的下月停发工资，并根据国家规定领取辞退费用（辞退费根据年限和一定时期的工资水平计发）和享有待业保险（该项可按有关事业保险制度办理，主要包括待遇救济金、医疗补助费等）。

（4）关于工作交接。被辞退人员应当在接到《辞退国家公务员通知书》15日内，办理公务交接手续，必要时，应当接受财务审计。对拒不办理公务交接手续、不接受财务审计的，给予开除处分。被辞退人员无理取闹、扰乱机关工作秩序，殴打、侮辱、诽谤有关人员，属于违反治安管理行为的，依照《治安管理处罚法》予以处罚；构成犯罪的，依法追究刑事责任。

（5）关于就业要求。监狱人民警察被辞退后，可从事新的职业，但5年内不准被重新录用到国家行政机关、监狱警察部门。

5. 辞退与行政处分的区别

在辞退的法定事由里，多以行政处分的内容反映出来。因此，现实中很多人将辞退看作行政处分的一个种类，这是一个错误的观念。辞退属于一种人力资源管理措施，与行政处分有着本质区别。

（1）两者的性质不同。行政处分从本质上说是一种行政强制措施，是对违反纪律和义务的人民警察所适用的行政制裁方法；而辞退是人民警察与其所在机关有关任用关系的一项人力资源管理措施。

（2）适用原因不同。行政处分的适用原因依照《人民警察法》第22、49条的规定进行；辞退的适用条件则规定在有关的具体实施办法中。

（3）适用程序不同。两者性质本质上的差异决定了两者的适用程序也存在区别。

(4)规定的内容不同。行政处分包括了警告、记过、记大过、降级、撤职、开除等不同严厉程度的具体适用方式。

(5)适用的后果不同。行政处分除开除外,人民警察资格未发生根本改变;而辞退,作为一项人事行政管理措施,其适用的结果直接导致了人民警察资格的丧失,被辞退者不再具有人民警察的身份。

二、监狱人民警察的退休与离休

监狱人民警察的退休,是指监狱人民警察达到一定年限和规定的年龄,符合法定条件,根据有关政策规定办理脱离原来工作岗位的手续,领取一定数额的退休金及享受国家规定的其他待遇,以安享晚年的一种人力资源管理制度。所谓离休,是指 1949 年 10 月 1 日前参加革命工作且是干部身份的人员,或者 1949 年 10 月 1 日之前参加革命工作的非干部的“新中国成立前参加工作的老工人”,经批准离开工作岗位休养。离休也叫离职休养,实际上是一种特殊化的退休。人退下来后,依然享受和原职位相同的所有工资福利待遇,由国家供给。离休和退休人员在待遇上有所区别,离休人员保持全额工资,享受全额的医疗费用;而退休人员根据退休情形,享受一定比例的工资,医疗费用也按相关规定,按比例报销。离休干部是特定历史时期的产物,随着时间的推移,这一部分人在不断减少,故以下知识均以退休为主要内容。

监狱人民警察机关实行退休制度,使退休警察老有所养、老有所依有了法律保障。这个制度的实施,使在职警察免去了后顾之忧,更加积极地工作;实行退休制度,理顺了监狱人民警察的出口环节,促进人员更新,实现新老交替,有利于监狱人民警察队伍保持旺盛的生命力;实行退休制度,体现了社会主义制度的优越性,也是从优待警的具体体现。监狱人民警察的退休方式一般包括自愿退休、法定退休和延缓退休三种。

(一)监狱人民警察自愿退休

自愿退休是监狱人民警察根据有关规定,达到特定年龄和工龄,具备资格后,自愿申请退休。

1. 自愿退休条件

《公务员法》规定,当公务员为社会服务了一定时间后,尊重本人意愿,符合下列条件之一的,由本人提出要求,经任免机关批准,可以自愿退休:一是男年满 55 周岁,女年满 50 周岁,且工作年限满 20 年;二是工作年限满 30 年的。确立自愿退休的方式,可以使部分服务年限较长而又未到法定退休年龄的国家公务员根据自己的意愿提前退休。

2. 自愿退休程序

符合“自愿退休”条件的，应先由本人提出退休申请，经所在单位审核，报经任免机关批准后，办理手续。如果本人提出退休申请，而任免机关不予批准的，应及时做好解释工作，本人应继续在工作岗位上执行任务。

（二）监狱人民警察法定退休

法定退休，即达到法定的最高退休年龄或符合一定的身体条件，由任免机关命令其退休。

1. 法定退休条件

法定退休条件包含：男性年满 60 周岁，女性年满 55 周岁；丧失工作能力的，比如因公（工）或因病致残，确实丧失了工作能力的。

2. 法定退休程序

凡达到法定最高退休年龄或丧失工作能力的监狱人民警察，无须本人申请和有关机关批准，一律由所在单位和任免机关在法定退休年龄的当月通知本人，并为其办理退休手续。

（三）监狱人民警察延缓退休

延缓退休，指国家根据需要，允许少数特殊岗位的人员或具有特殊业务专长的人员，如高级专家、骨干教师或有专长的科技人员，在达到一般退休年龄后，仍继续工作一段时间。

1. 延缓退休条件

因特殊工作需要，身体强健，可以胜任工作的，本人自愿，经任免机关批准可延缓退休。但延缓退休的时间不能太长，一般以不超过 5 年为宜。为使监狱人民警察退休制度化、法治化，延缓退休必须从严掌握。

2. 延缓退休程序

延缓退休的，确有工作需要事由，与本人协商也自愿在职，经任免机关批准后可延缓退休。在延缓工作期间，按照在职的岗位标准进行授权和给予待遇。

（四）监狱人民警察退休后的管理

监狱人民警察退休后的待遇，包括政治待遇和生活待遇两大类。政治待遇是指人民警察退休后的社会政治地位和应享有的各种政治权利，如有权参加政治学习，有权参加党的组织生活，享有选举权和被选举权等。生活待遇包括享受退休金和其他生活补贴等。自办理退休手续的下个月起按规定的计发办法和支付办法，领取退休金；仍然有权享用地方津贴，以及养老、医疗、住房和丧葬等政策和保险福利待遇。

监狱机关要加强对离退休民警的管理服务:要加强组织领导,其核心是要健全管理机构,配备专职或兼职管理人员,建立可行的管理制度,做到有人抓、有人管;政治上有人关心爱护,并继续发挥他们的余热,使他们老有所为;生活上有人照顾,尽量解决他们生活中的实际困难,使他们老有所养;开展有益的活动,丰富他们的晚年生活,使他们老有所乐。

案例一

2018年,都匀监狱以钉钉子的精神,马上就办的作风狠抓目标绩效管理,助推监狱工作取得实效。例如,实施党建工作考评,监狱党建管理水平得到提升,党建带动队建的作用得到充分发挥,并且推动了监狱管理规范化水平提升上台阶。又如,开展脱贫攻坚工作考评,精准扶贫工作取得了新成效,开展脱贫帮扶工作以来共走访贫困村民30户,捐赠扶贫奖金20.85万元,解决了扶贫点11项实际问题。再如,对民警个人实施三级考评,将目标任务分解到岗,绩效考核到人,从根本上打破了原来各部门、单位内部绩效考核的平均主义,有效解决了"干好干坏一个样,干多干少一个样"的问题,激励了民警的工作热情,比学赶超、干事创业的氛围更加浓厚,民警工作作风得到转变。

案例二

市监狱管理局出台《民警绩效考核管理办法(试行)》深化警务评估工作。考核实行平时考核和定期考核相结合、定性考核和定量考核相结合、分级考核和分类管理相结合、领导评议和群众测评相结合的方法。平时考核分为月考核、季评估。民警每月个人自评,每季度述职,综合评定相应等次,并公示审核结果。定期考核即年度考核,以季度评估结果为基础。平时考核重点为考核能、勤、绩,包括基本职责或岗位职责的履行情况和效果、阶段工作目标进展和完成情况等,定期考核是在平时考核基础上,综合民警德、廉等情况,进行全面考核。监区民警主要考核基本职责和专业职责的履行情况;机关处室、科室民警主要考核岗位职责的履行情况。民警绩效考核等次为优秀、称职、基本称职、不称职四个等次,其优秀等次比例与科室(处室)工作绩效管理考核和监区工作目标管理考核结果挂钩。考核结果作为调整民警个人职务、级别、工资以及组织约谈、离岗培训、试岗或限期调离、辞退的主要依据。

案例三

为深入学习领会省厅、局绩效考核工作有关文件精神,提高全省各监狱、局机关各处(部)室绩效考核工作人员的业务素质,同时初步部署全省监狱系统2018年度年终绩效考核工作,11月28日,省局在长沙举办全系统绩效考核业务培训班。全省各监所单位、局机关各处(部)室绩效考核工作负责同志及专干参加了培训。局党委委员、政治部主任、绩效办主任周雨龙出席开班典礼并讲话。他在充分肯定全系统绩效考核工作成效的基础上,对如何加强该项工作以及办好本次培训提出了三点要求:一要统一思想,提升认识,切实增强做好绩效考核工作的责任感。二要明确目标,突出重点,扎实做好年终综合考核工作。局绩效办要严密组织,务求工作实效;局机关各业务部门要积极配合,形成工作合力;全省各监所要对标对表,做好自查自评。三要认真参训,切实做到学有所获。要端正学习态度,遵守培训纪律,及时传达贯彻培训会议精神,确保各项工作任务圆满完成。

根据上述材料分析:(1)监狱人民警察绩效考核有何重要意义?(2)如何完善监狱人民警察绩效考核机制?

本章参考文献

[1]吴晓静主编:《监狱人民警察管理教程》,中国政法大学出版社2015年版。
[2]王明泉主编:《警察管理学》,法律出版社1998年版。
[3]董克用主编:《人力资源管理概论》,中国人民大学出版社2009年版。
[4]孙柏瑛等编著:《公共部门人力资源开发与管理》,中国人民大学出版社2011年版。
[5]马莎:《M监狱人力资源管理效能研究》,云南大学2011年硕士学位论文。
[6]张勇:《河北省L监狱人力资源管理优化措施研究》,天津大学2013年硕士学位论文。
[7]马骏:《H监狱警察绩效管理体系设计》,河北工业大学2017年硕士学位论文。

第六章　监狱人民警察警务保障

学习目标

1. 了解监狱人民警察警务保障的内涵。
2. 掌握监狱人民警察警务保障的特点、功能和基本原则。
3. 掌握监狱人民警察警务保障的主要内容。
4. 重点掌握监狱人民警察的政治保障、法治保障和职业保障相关内容。

在现代社会,任何组织要维持运行和发挥功能,都离不开人、财、物,以及信息、技术、社会关系等资源。如何获取这些资源并加以优化配置,是每一个组织存在和发展的基础条件和重要任务之一,监狱机关也不例外。监狱机关和人民警察要实现法定职能、履行法定职责,必须得到政府、社会、公众的支持和保障,这种保障落实到监狱人民警察的职务活动中就可以称为监狱人民警察警务保障。所谓"兵马未动,粮草先行",这句古语对开展警务保障工作也具有现实指导意义。要实现监狱的监管改造职能,警务保障必须及时甚至提前到位,这样才能保证监狱机关和人民警察顺利实现法定职能、履行法定职责。在新时期,加强监狱人民警察警务保障的理论体系构建和实践创新,建设有中国特色的现代化监狱人民警察警务保障体系,是一个亟待研究的时代课题。

第一节　监狱人民警察警务保障概述

一、监狱人民警察警务保障的含义

(一)监狱人民警察警务保障概念的历史发展

我国监狱人民警察警务保障的发展历史是与我国近代监狱的发展历史密不可分的。中华人民共和国成立之初,由于监狱的基础条件较差,此时的监狱警务保障主要是指监狱后勤保障工作，强调对监狱工作中的物质技术基础条件等方面的支持与保证，主要包括监狱机关基础设施的保障，监狱经费的保障，监狱安全监控技术装备、被装的保障以及机关服务的保障。改革开放后，随着我国社会主义市场经济体制的不断完善和政府行政管理体制改革的不断推进，监狱后勤保障工作也在不断地发展和创新。为了实现监狱"保障有力"，警务保障工作的职责内涵、运作手段等方面也发生着深刻变化，我国监狱机关的警务保障也逐渐突破传统的后勤保障范畴，越来越科学化、系统化，开始渗透于监狱机关监管改造工作的各个环节，既是政治、管理、后勤工作，又是经济、服务、窗口工作，内容涵盖政治、法律、警力、科技、信息、经费、装备等多个方面。2014 年 12 月，《司法部关于印发〈关于进一步加强司法行政队伍建设的意见〉的通知》明确指出，要"健全完善职业保障制度体系，探索建立司法行政机关民警履行法定职责保护机制、人身安全风险防范制度、救济保障制度，保障和维护民警合法权益"。可见，新时期我国监狱人民警察警务保障的内涵已经发生了深刻的变化，从原来的"以物为本"，转变为"以人为本"，强调围绕监狱人民警察合法职业权益的保护全方位构建警务保障体系。

（二）监狱人民警察警务保障的含义

从我国监狱警务保障的发展历史可以看出，监狱警务保障是各国警察保障体系中不可或缺的一个重要组成部分，主要内容是关于一个国家和政府根据监狱机关和监狱人民警察开展监管改造工作的实际需要，从法律、制度、物资、人力、财政等多方面为监狱人民警察的职务活动提供一切必要条件。根据《人民警察法》的相关规定，警务保障所涉及的内容是多方面的：既包括确定人民警察的法律地位，明确人民警察职责权限，建立健全警察队伍的管理，保障人民警察有效地进行社会管理的法律保障；也包括各个有关部门对人民警察的工作在物质装备、经费、社会福利等方面提供必要的物质保障。① 在理论界，学者们对警务保障这一概念的界定大体上可以分为两类：一类是狭义的警务保障概念，认为警务保障仅仅是指为警务活动提供人民警察、资金和物资方面的支持和保证，也就是我们通常所说的"人、财、物"的保障；另一类是广义的警务保障概念，认为警务保障是指对警察机关履行职责、行使职权提供全方位的支持和保证，既有政治方面的保障、法律方面的保障，又有人力资源保障、经费保障、技术装备保障、社会环境保障和人身健康、品德修养及自身安全等个人权益方面的保障。

本书赞成广义的警务保障观点，认为警务保障是政府、公民和其他社会组织为

① 韦杰：《构筑有中国特色的警务保障体制》，载《广西政法管理干部学院学报》1999 年第 4 期。

警察机关能够实现法定职能，人民警察能够依法履行职责所提供的一切必要条件和支持活动，其内容涵盖了政治、法律、人力、财政、物资、信息、技术、社会关系等诸多方面。由此，可以将监狱人民警察警务保障定义为：政府、公民和其他社会组织为监狱机关能够实现法定职能，监狱人民警察能够依法履行职责所提供的一切必要条件和支持活动的总称。

二、监狱人民警察警务保障的特征

监狱人民警察警务保障是一项复杂的系统活动，具有以下基本特点：

（一）双重性

可以从以下两方面来理解监狱人民警察警务保障的双重性。一方面，监狱人民警察警务保障具有客观性和主观性的双重属性，既涉及某一些客观的社会资源，又体现为一系列主观的社会活动。客观性主要体现在能够为监狱人民警察的职务活动提供保障的人、财、物、信息、技术等社会资源都是客观存在的，反映了人类社会生产力发展的最高水平，是人类社会所创造的物质财富的集中体现。同时，其主观性体现在为监狱人民警察职务活动提供保障必须通过立法、执法、司法、警囚沟通、警民交往等社会实践活动得以实现，这些社会活动是相应的社会主体发挥主观能动性的结果，是人类社会关系的集中反映，一定程度上也体现了一个国家和社会精神文明的发展水平。另一方面，监狱人民警察警务保障具有被动性和主动性的双重属性。被动性，指开展警务保障工作时，需要及时针对监狱人民警察执法实践活动所反映出来的保障不足之处，进行查漏补缺。由于受国家经济发展水平、国家财政支出结构、地区经济发展不平衡等因素制约，传统的监狱人民警察警务保障往往遵循“缺什么、补什么”的规律，体现出较强的被动性。主动性，指开展监狱人民警察警务保障工作时，要根据监狱监管改造工作实践及其发展趋势，在科学预测的基础上，提前做好各项保障，以便有备无患。随着我国社会政治、经济、科技等方面的不断进步与发展，以及在监狱管理体制改革过程中不断贯彻“从优待警”原则，监狱人民警察警务保障也将逐渐由“被动”走向“主动”，这是我国监狱人民警察警务保障工作的一个重要发展趋势。

（二）全面性

全面性是指监狱人民警察警务保障所涉及的各方面内容是一个不可分割的有机整体，必须统筹兼顾，不可偏废。因此，监狱人民警察警务保障的一般要求就是以整体保障为主进行协调，局部服从整体，整体统领局部，达到整体最佳的效果。监狱人民警察警务保障涉及面广，内容丰富，保障的方式、措施多种多样。从保障的范围来看,一是有关监管改造等职能活动过程的保障,包括监狱机关的工作条件,工作秩序的保障等;二是有关监狱人民警察身份的权益保障,包括物质利益、生活待遇、执行职务条件的保障等。从保障的具体方式和措施来看,既有行为保障措施,又有物质保障措施。在行为保障措施中,一方面包括监狱人民警察依法应当实施的职务活动行为,如必须执行上级的决定、命令,拒绝执行超越法定职责范围的指令,对妨害监管改造工作的行为采取强制措施或处罚方法加以排除等;另一方面是公民和组织对监狱人民警察依法履职的支持、协助行为。在物质保障措施中,各级政府和社会各个方面应当为监狱机关提供必要的经费、装备、通信训练设施和基础设施,对监狱人民警察给予与其特殊身份相适应的工资、津贴、保险、福利待遇和抚恤优待等。需要强调的是,对监狱人民警察身份权益的保障,是基于监狱人民警察职务关系产生的,监狱人民警察负有法定的职责的同时,应该享有法定的身份上的权益,只有将这种权益加以保障,监狱人民警察警务保障才是全面的、完整的。

(三)动态性

监狱工作必须随着社会治安形势、违法犯罪情况、罪犯群体和个体特征的变化而发展,这就决定了监狱人民警察警务保障的内涵和标准也要随着时代的发展变化而赋予其新的内容和形式。从本质上来说,监狱人民警察警务保障的动态性即是要求我们用发展的观点来看警务保障的现实问题。其内涵在于:首先,动态性有利于克服传统警务保障灵活性较差的特点,其重点在于及时优化、及时调整以适应当前监狱工作的需要,具有较强的灵活性。其次,动态性相对于传统警务保障而言更加具备时效性。所谓监狱人民警察警务保障的时效性,就是在监狱工作中,在什么时刻为监狱人民警察提供保障,其保障的效率或者保障的有效性更高。动态性要求监狱人民警察警务保障工作随着监狱工作的发展变化而发展变化,因此保障的效率将会大大提高。最后,动态性相对于传统警务保障而言,也具有经济价值更高、更加节约保障成本、减少财政支出等特点。

(四)层次性

监狱人民警察警务保障的层次性,是指警务保障是由不同层次的内容和活动构成的完整体系。在微观层次,即物质保障领域,保障工作的核心是监管改造经费落实、装备物资配发、基层基础建设、综合服务提供以及监狱人民警察队伍建设。在中观层次,即"大保障"体系视野下,核心工作是更加有效地优化资源配置,对现有的资金、装备、设施和技术进行合理的排列组合,促进资源的共建、共享、共用,实现物资条件和监狱工作的有机结合。在宏观层次,即本书所指的广义警务保障,包括对监狱工作和监狱人民警察提供的政治、法律、体制、人力资源、经费、技术装备、社会环境等方面的保障。以上三个层次相辅相成、互为依存,反映了不同视角下的警务保障内容。微观层面关注保障能力提升,以民警满意为第一标准,扎实推进经费保障、装备配备、基础建设、综合服务等方面的工作,是中观、宏观的基础和根本保障;中观层面强调规划与协调,以跨区域、跨部门联动机制建设以及各项规划制定落实为重点,推动实现保障政策措施的公开、公正、公平,起着承上启下的作用;宏观层面则是考虑体制层面的顶层设计问题,明确发展方略、发展理念以及发展路径,关系到中观和微观决策基本取向的正确性。只有在三个层面上分层把握,实现微观层面全面推进、中观层面重点突破、宏观层面总体要求,监狱人民警察警务保障工作才能步入可持续发展的良性轨道。

三、监狱人民警察警务保障的功能

建立完善的监狱人民警察警务保障体系对国家、社会、群众、监狱机关和监狱人民警察都具有重要的作用和功能。具体而言,其主要功能可以概括为以下四个方面:

(一)国家保护功能

国家保护功能,是指国家对推动监狱监管改造功能的实现所发挥的效能。监狱的监管改造工作实质上是监狱机关及其人民警察为实现国家法治建设的目标,代表国家而实施的警务活动。因此,监狱人民警察警务保障必然体现国家保障的基本特性,具有国家保护的功能。总体而言,该功能应当贯穿于保障的全过程,涉及保障的各个方面。国家保护功能的具体发挥主要通过两种方式:一是通过国家立法对监狱人民警察警务保障的法律地位以及具体内容和形式加以规定,使各种社会主体明确其履行警务保障的责任和义务;二是通过国家和各级政府实施的各种警务保障措施和手段,保证监狱人民警察职务活动的有效开展,以国家保障为后盾,从而使监狱机关及其人民警察增强执法信心,消除后顾之忧,认真履行监管改造的工作职责。

(二)群众参与功能

忠实于人民,全心全意为人民服务,保护人民群众的合法权益,是我国监狱机关及其人民警察的根本宗旨。监狱监管改造工作与人民群众的利益息息相关,实行狱务公开,人民群众依法参与监管改造工作,是现代监狱工作的重要特色。监管改造工作离不开人民群众的支持、协助,这是监狱人民警察警务保障的一项不可缺少的内容,它反映了监狱人民警察警务保障具有人民群众参与实施的功能。这一功能对于发挥公民和其他社会组织在监狱人民警察警务保障中的参与作用,特别是对于树立公民和组织支持和协助监狱人民警察依法履职，形成监管改造工作良好的外部保障环境，有着不可低估的作用。

（三）排除妨碍功能

监管改造是监狱机关及其人民警察的执法活动，对妨害监管改造工作的各种情况，需要依法采取措施加以制止、排除，具有杜绝功能。如果缺少这种功能，就可能出现执法过程中的偏差与失误，或发生不执行、错误执行或拖延执行职务的现象；或出现指派监狱人民警察从事非职责范围的工作，使其承担超越法定范围的非警务活动。比如，有些地方政府曾经指派监狱人民警察参与生产经营、市政建设等活动。因此，监狱人民警察警务保障规定对于抵制和拒绝非警务活动，排除对监管改造工作的干扰和影响，使监狱机关及其人民警察集中精力做好本职工作，保证监管改造工作的正确性、有效性和权威性，有效实现监狱监管改造的各项职能，是十分必要的。

（四）有效激励功能

监狱人民警察警务保障的重要目的之一，就是调动监狱机关及其人民警察的工作积极性和敬业精神，使他们尽职尽责，积极主动地完成任务。《人民警察法》《监狱法》对监狱机关的经费、装备、设施建设，以及对监狱人民警察身份权益方面均作出了保障规定，其意义不仅仅是明确地使监狱监管改造职能有了坚实可靠的物质基础，使监狱人民警察的工作需要、生活需要有了法律上的保障，更重要的是，使监狱人民警察体会到了职业荣誉感和社会责任感。同时，合理的、较为优厚的物质利益保障条件，对促进监狱人民警察廉洁自律，严格执法，激励工作热情，提高工作效率，调动其工作的主动性、创造性有着重要作用。

四、监狱人民警察警务保障的基本原则

监狱人民警察警务保障的目的是保障监狱机关和监狱人民警察更好地实现国家机器的职能与作用，顺利而又正确地依法行使职权，全心全意为人民服务。监狱人民警察警务保障属于行使国家公共权力的活动，这就决定了监狱人民警察警务保障活动必须遵循依法进行、科学高效、基层优先、有效监督的原则。

（一）依法进行原则

监狱机关作为人民民主专政的重要工具，是政府的一个重要职能部门，属于国家政权架构中行政机关的范畴。同时，监狱机关不是一般的行政机关，其特殊的性质和重要的职责决定了它比一般的行政机关有更重要的地位，发挥着更重大的作用。为保证监狱机关法定职能的有效实现，国家必须从立法角度对监狱人民警务

保障的职能、内容、形式和程序加以确认，监狱人民警察警务保障工作的开展也必须严格按照法律的规定依法进行。具体而言，依法进行原则体现在以下几个方面：

1. 我国的法律法规对监狱人民警察警务保障的实施作出了一些原则性的规定。这就要求我们通过完善的立法，科学地设定警务保障的各项标准，从而保证警务保障有法可依，权责明确，各项资源配置合理。《人民警察法》对警务保障的原则、措施和条件等作了明确的规定；《监狱法》总则第5条规定，监狱的人民警察依法管理监狱、执行刑罚、对罪犯进行教育改造等活动，受法律保护。第8条规定，国家保障监狱改造罪犯所需经费。监狱的人民警察经费、罪犯改造经费、罪犯生活费、狱政设施经费及其他专项经费，列入国家预算。国家提供罪犯劳动必需的生产设施和生产经费，等等。

2. 在有法可依的前提下，监狱人民警察警务保障工作应严格做到有法必依，真正按照法定标准和法定程序科学配置各种资源。依法履行监狱人民警察警务保障职能的组织和个人，都应该严格按照法律规定的内容和程序开展警务保障工作。一方面，负责管理和配置各项警务资源的组织和个人，有义务妥善管理并合理利用警务资源，积极主动地开展监狱人民警察警务保障工作；另一方面，其他组织和个人都有义务配合和保障监狱人民警察的执法活动。

3. 任何组织和个人如果违反了监狱人民警察警务保障相关法律法规，就会被依法追究责任。一方面，负责管理和配置警务资源的组织和个人不得浪费资源、违反程序乱作为，不得消极怠工、敷衍塞责不作为，更不得贪污腐败、中饱私囊、胡作非为。否则，将会受到相应的党纪政纪处分，甚至因为触犯法律而受到法律的严惩。另一方面，拒不配合或妨碍监狱人民警察执法活动的组织和个人也会受到相应制裁。

（二）科学高效原则

科学高效原则要求在开展监狱人民警察警务保障工作时，应该按照监管改造工作的实际需要，科学合理地配置各类警务资源，在提高警务保障活动质量的同时，尽可能地降低警务保障的成本，实现警务保障活动较高的效率、效益和效能①，即“多、快、好、省”地完成监狱人民警察警务保障工作。具体而言，科学高效原则体现在以下几个方面：

1. 科学配置监狱人民警察人力资源。监狱人民警察人力资源，主要包括监狱人

① 效率、效益和效能，即通常所说的“3E”标准。效率一般要求单位时间内较多的产出；效益则是指用尽可能少的成本获得较高的收益（也称为经济）；效能则是指在最大限度上达成既定目标。

民警察人力资源的数量、素质和结构三个方面。总体而言,与日益增加的监管改造工作压力相比,我国监狱人民警察的数量有待增加,素质有待提升,结构有待优化。这就要求解决好监狱人民警察人力资源的科学计算配置,综合各种因素,科学周密计算,以求最佳配置、最佳效果,发挥监狱人民警察人力资源的最大效能。

2. 科学预算监管改造经费。监管改造工作离不开经费,经费保障是监狱人民警察警务保障的基础。因此,要做到监管改造经费的科学预算才能实现保障有力。首先,监狱机关的正常办公经费应当由财政部门进行科学预算,监督使用;其次,监狱监管改造工作经费应当根据监管改造工作的实际情况,提供强有力的经费保障;最后,监狱人民警察的工资、福利、抚恤等要与社会经济发展水平相适应,并适当体现出"从优待警",做到稳中有升。

3. 科学配置监狱警务装备。监狱警务装备的现代化是监管改造的有力武器。因此,警务装备的科学配置要求与一个国家和地区的科技发展水平相适应,政府应组织研发最先进的、科技含量最高的警用产品和装备,并用来科学武装监狱人民警察队伍,以适应监管改造工作日益复杂化的挑战。

4. 科学规划监狱基础设施。《人民警察法》第 38 条规定:"人民警察工作所必需的通讯、训练设施和交通、消防以及派出所、监管场所等基础设施建设,各级人民政府应当列入基本建设规划和城乡建设总体规划。"《监狱法》第 9 条规定,监狱依法使用的土地、矿产资源和其他自然资源以及监狱的财产,受法律保护,任何组织或者个人不得侵占、破坏。因此,监狱基础设施建设要由各级政府依法进行科学规划。同时,要随着城市规模的不断扩大和乡村的城镇化进程,本着利于工作、方便群众的原则,及时合理、科学地规划监狱机关的基础设施"改、扩、迁"建设。

(三)基层优先原则

监狱工作的压力主要集中在与罪犯直接接触的监管改造一线。与此同时,我国监狱人民警察,尤其是一线监狱人民警察警力不足,这种"人"与"事"之间的矛盾,加剧了监狱基层人民警察力量薄弱、不堪重负的状况。这种现状既造成基层监狱人民警察超负荷工作,影响他们的身心健康,又会给基层监狱人民警察的工作绩效带来负面影响。因此,监狱人民警察警务保障工作的重点也应该向广大处于工作第一线的基层监狱民警倾斜,坚持服务基层一线,切实提升基层警务保障水平,着力夯实监狱事业长远发展的根基。监狱人民警察警务保障作为保障基层监狱民警安全的重要工作之一,不能有半点马虎和松懈,必须精确到位、切实有力。

(四)有效监督原则

监狱人民警察警务保障工作严格做到有法必依还要求警务资源的配置要公开

透明。具体地讲,就是各项资源(尤其是人力和财力资源)配置的理由、去向、利用效果等要向权力机关及时主动汇报,要向社会进行必要的公布,从而接受全方位的监督,从根本上保证有限的警务资源能够真正配置到位,并合理利用,发挥出最佳效能。监狱人民警察警务保障的资源来自各级政府的财政转移支付,从更加宏观的角度来说,这些资源来自纳税人的支持。因此,监狱人民警察警务保障必须置于严格的监管和审计框架之下,对每笔资金、每批物资都要进行有效监督管控,既要保证会用钱,也要确保钱用得合法、合理。

第二节　监狱人民警察政治和法治保障

西方发达国家经济社会发展水平和科学技术水平较高,法治建设比较完善,监狱警务保障起步早,水平高,一些有益的经验值得我国借鉴。比如,监狱管理体制比较灵活,甚至出现民营化的监狱,经费来源渠道多,装备采购灵活,决策人人参与,培训贴近实战,监狱警察待遇优厚,社会保障力量完善,等等。但是,我国是社会主义国家,国家性质、国体、政体和西方国家有着本质区别,监狱管理体制也是如此。具体到监狱人民警察警务保障,最大的区别在于我国的监狱机关是人民民主专政的政治机关,政治保障是监狱人民警察警务保障的首要内容。

一、监狱人民警察政治保障

(一)监狱人民警察政治保障的内涵

监狱人民警察警务保障中的政治保障,指的是通过在监狱机关确立党的领导和开展思想政治教育等方法,保证监狱机关人民民主专政的阶级属性,保证监狱人民警察为人民服务的公仆性质。政治保障的核心问题是必须牢固确立中国共产党对监狱人民警察的绝对领导权。这一点,是由我国的国家性质、党的阶级性质和监狱人民警察的政治属性所决定的。在任何国家,警察都是阶级统治的工具,是维护阶级利益的国家暴力机器的重要组成部分。我国的国家性质是人民民主专政,这就决定了我国监狱人民警察必须是维护人民民主专政的武装力量,必须以全心全意为人民服务为宗旨。而中国共产党是我国的执政党,是人民民主专政和社会主义建设事业的领导力量,全心全意为人民服务是党的根本宗旨。由此可见,中国共产党的阶级性质和我国监狱人民警察的政治属性具有一致性,二者统一于我国人民民主专政的国家性质,统一于全心全意为人民服务的根本宗旨。因此,必须确立中国共产党对监狱人民警察的绝对领导权。

（二）监狱人民警察政治保障的重要意义

在2016年党的十八届六中全会上，中央就新形势下加强党的建设作出了新的部署，形成了全面从严治党的新常态。警察机关作为党领导下的纪律部队决定了其在任何时候都必须坚持党的绝对领导。习近平总书记在2015年1月召开的政法工作会议上强调："要不断提高政法队伍思想政治素质和履职能力，培育造就一支忠于党、忠于国家、忠于人民、忠于法律的政法队伍，确保刀把子牢牢掌握在党和人民手中。"可见，开展监狱人民警察警务保障工作的前提条件就是确保监狱人民警察在思想上忠于党和国家，在行动上听从党的指挥。而实现这一前提条件就必须依靠强有力的政治保障。

随着我国市场经济的发展和人们物质生活水平的提高，监狱人民警察所面对的外部诱惑也不断增多，在全面从严治党和全面推进依法治国的现实背景下，如何克服监狱人民警察在监管改造工作中所表现出的主观随意性和其他不规范现象，提升监狱人民警察队伍抗腐拒变能力和保障监狱人民警察执法公正公平成为监狱人民警察管理工作的重要任务。要完成这一艰巨任务，仍然要依靠强有力的政治保障。一方面，要在监狱机关建立党委集体领导下的决策体制以及"党管干部"的选拔任用机制；另一方面，要加强全面从严治党新常态下的思想政治教育工作，尤其要加强对基层监狱人民警察的忠诚意识和法治思维的培养，对活跃在监管改造一线的民警进行常态化的思想政治教育，把学习贯彻习近平新时代中国特色社会主义思想与深入推进"两学一做"学习教育相结合，引导全体监狱民警树立政治意识、大局意识、核心意识和看齐意识，确保监狱人民警察队伍绝对忠诚、绝对纯洁、绝对可靠。只有通过强有力的政治保障，才能保证监狱人民警察队伍为党所用、为民所需。

（三）监狱人民警察政治保障的主要内容

习近平同志在十九大报告中指出，"党政军民学，东西南北中，党是领导一切的"。党的领导主要体现在政治领导、组织领导和思想领导三个方面。与之相应地，监狱人民警察警务保障中的政治保障也包含以下三个方面内容。

1. 在监狱机关建立党委集体领导下的决策体制。党的十七届四中全会决定首次以中共中央的名义提出要完善党委常委会议事规则和决策程序，党的十八大对此加以重申和确定。近年来，为了完善党的地方领导体制的工作机制，党的地方各级常委会陆续制定和颁布了地方党委常委会议事（决策）规则。同样，各级监狱机关也必须建立并严格执行党委会的议事规则和决策程序，在议事范围内的重大决策事项,必须由党委会集体讨论决定,任何个人或少数人无权作出决定。党委会在讨论决定重大事项时,要充分发扬民主,各党委委员充分发表个人意见,意见比较一致时,通过集体表决作出决定。在讨论干部人事任免等重要事项时,还应当实行票决。总的来说,在监狱机关建立党委集体领导下的决策体制必须严格贯彻落实民主集中制,将党委集体领导与行政首长负责制有机地结合起来。

2. 在监狱机关建立"党管干部"的用人机制。"党管干部"是我国公务员制度中区别于西方文官制度"政治中立"标准的一条重要原则,是我党干部工作的根本原则。它规定了干部工作的主体和体制,是党的领导在干部人事工作中的重要体现,是巩固党的执政地位、履行党的执政使命的重要保证。具体而言,在各级监狱机关中,选拔任用干部必须严格执行党制定的《党政领导干部选拔任用工作条例》等干部工作的路线、方针、政策;由各级党委管理和推荐重要干部,加强领导班子和干部队伍建设;党指导干部人事制度改革,改进"党管干部"方法,努力实现干部工作的制度化、规范化、科学化;加强党对干部人事工作的宏观管理和检查监督,保证干部工作的健康有序进行。

3. 在监狱机关开展思想政治教育工作。中国共产党的思想政治工作是以中国特色的马克思主义思想体系教育人民,动员人们为实现当前和长远的共产主义目标而奋斗的实践活动。毛泽东同志说过:"掌握思想教育,是团结全党进行伟大政治斗争的中心环节。如果这个任务不解决,党的一切政治任务是不能完成的。"①习近平总书记在2018年8月召开的全国宣传思想工作会议上指出:"要加强党对宣传思想工作的全面领导,旗帜鲜明坚持党管宣传、党管意识形态。"监狱人民警察思想政治工作的责任主体是各级监狱机关的党组织,各级监狱机关党组织对本单位思想政治工作负有主体责任②。其中,党委书记是第一责任人,领导及推动思想政治工作规划和举措的实施;其他党员领导干部对各自分管条线的监狱民警思想政治工作负指导责任。在各级监狱机关党委的统一领导下,由本单位政工部门承担思想政治工作主要责任。各级政治委员、政治教导员、政治指导员与各级政工部门的政治部(处)主任及机关各部门的政治协理员负责在同级党组织的领导下和上级机关的指导下,组织开展各项思想政治工作。在实际工作中,较为常见的思想政治工作方法包括组织集体学习、召开民主生活会、个别谈话、组织红色教育或警示教育、各级评选表彰优秀监狱人民警察等。

---

① 《毛泽东选集》(第3卷),人民出版社1991年版,第1094页。

② 各级监狱机关党组织在思想政治教育方面的主体责任主要有:制定思想政治工作战略;作出思想政治工作决策;配置思想政治工作资源;组建"大政工"队伍;督查思想政治工作落实情况,等等。

二、监狱人民警察法治保障

（一）监狱人民警察法治保障的内涵

监狱人民警察警务保障中的法治保障，指的是国家通过完善监狱人民警察相关立法，使监狱机关履行职能和监狱人民警察执法行为有明确的法律依据，并排除非法干扰，保证社会协助，以保证监管改造各项活动的正常秩序和顺利开展。党的十八大报告明确提出，要“全面推进依法治国”“加快建设社会主义法治国家”，要“更加注重发挥法治在国家治理和社会管理中的重要作用”。监狱机关是国家实施社会治安管理的一支重要力量，是国家法治的践行者和维护者，在开展监管改造工作时就更加需要发挥法治的作用。因此，法治保障必然成为监狱人民警察警务保障中的一个重要方面。一般认为，法治建设包含四个主要方面，分别是科学立法、严格执法、公正司法、全民守法。因此，从广义上来讲，监狱人民警察的法治保障也应该包括四个方面的内容：一是完善监狱人民警察相关立法，为监狱机关履行职能和监狱人民警察执法行为提供明确的法律依据；二是要求监狱人民警察严格执法，保证监狱机关履行职能和监狱民警执法行为的规范性，这也是对监狱人民警察的一种保护；三是公正司法，为监狱机关履行职能和监狱人民警察执法行为提供司法支持，并通过司法审判依法对非法干扰监狱人民警察执法的组织和个人进行惩戒；四是全民守法，通过对公民加强法治宣传和普法教育，为监狱机关和监狱人民警察履行职能创造良好的社会法治环境。由于篇幅限制，本书选取其中与监狱机关履行职能和监狱人民警察执法行为关系较为密切的确保依法履职、保证警令畅通、排除非法干扰、获得社会协助、对监狱人民警察身份标志的保护五个方面来具体阐述法治保障的内容。

（二）监狱人民警察法治保障的主要内容

1. 确保依法履职

《人民警察法》第 1 条规定：“为了……保障人民警察依法行使职权……制定本法。”第 5 条规定：“人民警察依法执行职务，受法律保护。”《监狱法》第 12 条第 2 款规定：“监狱的管理人员是人民警察。”第 5 条还规定：“监狱的人民警察依法管理监狱、执行刑罚、对罪犯进行教育改造等活动，受法律保护。”这些规定是监狱人民警察执法活动的基本原则和警务法律保障的根据，既保证了监狱人民警察管理罪犯有法可依，依法管理，又保证了监狱人民警察正常行使职权能够受到法律的保护。监狱人民警察依法执行职务受法律保护有以下两层含义：

（1）监狱人民警察依法执行职务，受法律保护。即只要监狱人民警察依法执行职务，就受法律保护，无论其执法行为的后果如何。但是，要受到法律保护，监狱人民警察的行为必须符合三个条件：①执行警务的主体必须是法定的监狱人民警察；②监狱人民警察警务行为必须符合法律规定和法定程序；③监狱人民警察的警务活动必须在职权范围内进行。只有以上三个条件同时具备的行为才是合法的、受法律保护的警务行为。

（2）监狱人民警察依法执行职务是一种职务行为。监狱人民警察依法履行职责、行使职权的行为是代表国家行使的，是监狱机关的行为，而不是代表个人行使的个人行为，因此，其行为的后果应由该监狱人民警察所在的监狱机关承担。监狱人民警察必须在职责权限范围内进行公务活动。监狱人民警察执行公务活动，必须在法律、法规规定的职责、职权范围内进行。《监狱法》规定，监狱人民警察履行的职责有：依法执行刑罚，惩罚罪犯；依法对监狱实施管理；对罪犯进行教育改造；组织罪犯进行生产劳动；对未成年犯进行特殊的教育改造；法律、法规规定的监狱及其人民警察的其他职责。法律法规未规定或超出法律法规规定范围的活动是违法的，不受法律保护。

2. 保证警令畅通

所谓警令，是指上级人民警察机关对下级人民警察机关、上级人民警察对下级人民警察发出的执行警务的指令。[①] 由于我国警察机关实行双重领导体制，在受到上级警察机关业务领导的同时，也属于地方人民政府的职能部门，需要服从地方人民政府的政令，即地方人民政府对人民警察发出的法令。因此，广义的警令也包括政令。确保警令畅通，是指保证警令政令能够以较高的效率传达并得到贯彻实施的具体制度安排。具体而言，保证监狱人民警察警令畅通的相关法律规定主要体现在以下方面：

（1）监狱人民警察必须服从命令、听从指挥。《人民警察法》（修订草案稿）[②]第65条第1款规定："人民警察在执行职务时必须执行上级的决定和命令。"这是警察职务关系所确定的一项法定义务，作为监狱人民警察也必须履行该项义务，这是由监狱人民警察的性质、任务和工作特点决定的。该规定明确了监狱人民警察的指挥关系，可以制止违抗或不执行上级命令和决定的事件发生，确保令行禁止，防止工作拖拉，提高工作效率，体现了执行上级警令的严肃性和权威性。这里的"上级"是指根据行政职务和警衔的高低区分上级和下级。行政职务和警衔高的为上级、

---

① 陈晋胜：《警察执法论》，中国民主法制建设出版社2001年版，第48页。

② 《公安部关于〈中华人民共和国人民警察法〉（修订草案稿）公开征求意见的公告》，载 http://www.mps.gov.cn/n2254536/n4904355/c5561673/content.html，最后访问日期：2016年12月1日。

低的为下级。在不清楚行政职务时,警衔高的为上级、低的为下级。这里的“决定”和“命令”是指由各级人民政府或者监狱机关就重要事项或者重大行动作出部署的制约性指令。监狱人民警察对上级的决定和命令的执行是无条件的、强制性的。

(2)监狱人民警察对上级命令有异议权。监狱人民警察服从上级的决定和命令虽是一项法定义务,但这种服从不是盲目的。《人民警察法》第 32 条第 2 款规定:“人民警察认为决定和命令有错误的,可以按照规定提出意见,但不得中止或者改变决定和命令的执行;提出的意见不被采纳时,必须服从决定和命令;执行决定和命令的后果由作出决定和命令的上级负责。”法律赋予监狱人民警察对上级的指令发表自己意见的权利。监狱人民警察可以按照规定对自己认为存在错误的上级的决定和命令提出意见,这样做有利于及时发现和纠正错误,防止造成不良影响和不应有的损失。决定和命令是否真正存在错误,这仅是监狱人民警察的主观认识,是法律赋予他们的一项提出异议权。同时,异议必须按照法定程序提出。监狱人民警察依法对上级的指令提出异议后,不得擅自中止或者改变决定和命令的执行。在对上级的决定和命令提出异议的同时,决定和命令仍应不折不扣地执行,不得中止或改变。这是因为:①警务活动具有其特殊性、时效性和应急性等特点;②监狱人民警察认为决定和命令有错误是基于个人的认识和判断,不一定准确;③职务服从是监狱人民警察的法定义务。监狱人民警察提出的意见存在是否被采纳的问题。如果被采纳,则可以停止或改变决定和命令的执行;如果没有被采纳,则必须继续执行决定和命令,这是警令畅通的必要保证,是监狱人民警察高度组织纪律性的体现。监狱人民警察提出的意见未被采纳时,该决定和命令执行的后果由作出决定和命令的上级负责,而不是由直接执行的监狱人民警察负责。

(3)监狱人民警察有权拒绝执行超越其职责范围的指令。《人民警察法》第 33 条规定:“人民警察对超越法律、法规规定的人民警察职责范围的指令,有权拒绝执行,并同时向上级机关报告。”这是对警察职务服从范围的界定,主要是针对政府和其他机关或个人对监狱人民警察职务所进行的非法干涉。监狱人民警察职务服从的范围仅限于法律法规规定的警察职责范围,对于超出其职责范围的指令,其有权拒绝执行。

实践中,超出监狱人民警察职责范围的指令主要有以下两种情形:①监狱人民警察上级作出的指令,主要包括上级司法机关和上级警务人员作出的指令。如上级作出的超出其管辖范围的指令、违反法定程序的指令等。②其他非警察部门和非警务人员作出的指令,这里主要指各级人民政府及政府部门和领导人员作出的指令。对于这些超越其职责范围的指令,监狱人民警察有权拒绝执行,同时,应当向其所属的上级机关报告。

3. 排除非法干扰

排除非法干扰指的是依法消除以各种方式阻挠、限制监狱人民警察依法履行职责的因素。《人民警察法》(修订草案稿)第 66 条规定:“任何组织和个人不得干涉人民警察的正常执法活动,不得要求人民警察实施法定职责以外的行为。公安机关应当建立干预执法办案活动、插手具体案件处理的记录、通报和责任追究制度。”《人民警察法》(修订草案稿)第 69 条规定:“暴力袭击或者组织、协助、煽动暴力袭击正在执行职务的人民警察,构成犯罪的,依法从重追究刑事责任。以报复、泄愤为目的,威胁、恐吓、故意伤害、杀害人民警察及其近亲属或者实施其他侵犯人身权利、财产权利的行为,构成违反治安管理行为的,依法从重给予治安管理处罚;构成犯罪的,依法从重追究刑事责任。”《监狱法》第 58 条规定,“辱骂或者殴打人民警察”的罪犯,监狱可以给予警告、记过或者禁闭等行政处罚,直至依法追究行为人的刑事责任。按照这些规定:

(1)任何组织和个人都不得以任何理由非法干涉监狱人民警察依法执行职务。这里的“任何组织和个人”是指国家、社会和政府、政党的各种组织和个人;这里的“干涉”是指通过各种方式阻挠和限制监狱人民警察的正常执法活动,阻挠和限制的方式可能有:网络舆论压迫、利益输送、人情感化、权力压迫等。

(2)对干涉或者阻碍监狱人民警察依法执行职务的,或对监狱人民警察依法执行职务行为进行威胁、打击报复的,要依法追究其法律责任。领导干部干预监狱人民警察依法履职、插手监管改造工作的,党委政法委按程序报经批准后予以通报,必要时可以向社会公开,并依法追究其党纪政纪直至法律责任。

(3)要求监狱人民警察对干预执法办案活动、插手具体案件处理的情况进行全面、如实的记录,做到全程留痕,有据可查;对如实记录干预执法办案活动,插手具体案件处理情况的监狱人民警察,要给予法律和组织的保护。

4. 获得社会协助

我国《宪法》明确规定,“中华人民共和国的一切权力属于人民”,“中华人民共和国公民有维护祖国的安全、荣誉和利益的义务”,“人民依照法律规定,通过各种途径和形式,管理国家事务,管理经济和文化事业,管理社会事务”。加强警民联系是监狱工作长期坚持群众路线的具体实践,体现了执法工作中一贯实行的专门机关与群众路线相结合的原则,要求监狱人民警察必须同人民群众保持密切的联系。人民群众既是社会发展的基本力量,又是警察活动的重要保障。监狱人民警察的执法活动,不仅需要自身有良好的素质,还需要有一个民主、法治、和谐的社会环境,更需要人民群众的积极支持和协助。具体而言,法律对监狱人民警察依法获得社会协助的规定主要有:

(1)公民和组织有义务支持和协助监狱人民警察依法执行职务。警察的工作职责正是为了维护公民和组织的权利和利益,保护公民和组织的合法权益和生命财产安全免受不法分子侵害。公民和组织对于人民警察依法执行职务的行为给予支持和协助,归根结底还是维护其自身利益。《人民警察法》第34条规定:"人民警察依法执行职务,公民和组织应当给予支持和协助……"《监狱法》第44条规定:"监区、作业区周围的机关、团体、企业事业单位和基层组织,应当协助监狱做好安全警戒工作。"第68条规定:"国家机关、社会团体、部队、企业事业单位和社会各界人士以及罪犯的亲属,应当协助监狱做好对罪犯的教育改造工作。"为了维护法律的尊严,切实保障监狱人民警察执行职务活动的正常进行,《国务院办公厅转发司法部、公安部关于严禁冲击监狱和劳改、劳教场所意见的通知》中明文规定:任何组织和个人不得以任何理由冲击监狱和劳改、劳教场所;任何组织和个人不得侵占监狱和劳改、劳教单位使用的土地、矿山等资源及监管设施和设备、产品等。由此可见,支持和协助警察依法执行职务,是公民和组织应尽的义务。监狱人民警察依法执行职务需要有关部门和其他社会主体的支持和协助,需要得到广大人民群众的支持和协助,这是监狱人民警察依法执行职务的基础和保证。通过法律的方式确认公民和组织支持和协助监狱人民警察依法执行职务的这个义务,再次体现了国家对监狱人民警察执行职务的有力保障。

公民和组织支持和协助监狱人民警察依法执行职务,具体内容比较广泛,包括物质上的支持和协助,如为警务活动提供交通工具、通信工具设施等;也包括精神上的鼓励与支持,如通过舆论弘扬正气、在道义上提供帮助等;还包括行为上的支持和协助,即当监狱人民警察执行职务需要支持和协助时,应挺身而出,以自己的实际行动提供帮助,如为监狱人民警察提供人力、物力帮助,提供抓捕逃犯的线索等。

(2)公民和组织协助人民警察依法执行职务的行为受法律保护。《人民警察法》第34条规定:"……公民和组织协助人民警察依法执行职务的行为受法律保护。对协助人民警察执行职务有显著成绩的,给予表彰和奖励。公民和组织因协助人民警察执行职务,造成人身伤亡或者财产损失的,应当按照国家有关规定给予抚恤或者补偿。"协助人民警察依法执行职务的行为是正当行为,符合法律的规定,因此而产生的后果不受法律追究。同时,任何人对公民和组织的协助行为不得非法干涉，更不允许进行威胁、报复，否则，将追究其法律责任，以保障支持和协助人员的安全。为了充分调动人民群众同违法犯罪行为作斗争的积极性，鼓励和提倡人民群众在警察遇到困难或有危难需要救助时挺身而出，对协助人民警察执行职务取得显著成绩者给予表彰和奖励，对见义勇为的先进事迹给予大力宣传，授予荣誉称号，予以表彰和奖励。这是对协助监狱人民警察依法执行职务行为的肯定性的社会评价，是国家给予公民和组织的荣誉，具有积极的舆论导向作用。同时，公民和组织在协助监狱人民警察依法执行职务过程中，难免会造成一定的人身伤亡和财产损失，理应得到国家相应的抚恤或者补偿。否则，不利于保护和加强人民群众协助人民警察依法执行职务的积极性。

（3）拒绝、阻碍监狱人民警察依法执行职务的行为，要承担相应的法律责任。《人民警察法》第 35 条规定，对拒绝或者阻碍人民警察依法执行职务的行为，给予治安管理处罚或刑罚处罚。给予治安管理处罚的行为包括：①公然侮辱正在执行职务的人民警察的行为。“公然侮辱”是指使用语言、文字、图画、动作或者其他方法公开侮辱正在执行职务的人民警察的人格的行为。②阻碍人民警察调查取证的行为。调查取证是人民警察的一项重要工作，是执行职务的重要组成部分。对于监狱人民警察来说，当罪犯出现违法违纪行为时，经常需要调查取证，以查清事实正确认定案件。阻碍人民警察调查取证，就会妨碍案件的正确认定和处理。③拒绝或者阻碍人民警察执行追捕、搜查、救险等任务进入有关住所、场所的行为。为了能及时抓捕违法犯罪分子，查获证据，法律赋予人民警察进入有关住所、场所的权力，任何人不得阻碍或拒绝。④对执行救人、救险、追捕、警卫等紧急任务的警车故意设置障碍的行为。“设置障碍”是指设置路障、进行拦截等，使警车无法行驶，从而达到阻碍人民警察依法执行职务的目的。⑤有拒绝或者阻碍人民警察执行职务的其他行为。以暴力、威胁方法实施上述规定的行为，构成犯罪的，依法追究刑事责任。上述规定同样适用于拒绝或者阻碍监狱人民警察依法执行职务行为时应当承担的法律责任。

5. 对监狱人民警察身份标志的保护

按照法律规定，监狱人民警察的警用标志、制式服装和警械、证件受法律保护。具体包括：

（1）监狱人民警察的警用标志、制式服装和警械、证件是监狱人民警察身份的标志。《人民警察法》第 36 条第 1 款规定，人民警察的警用标志、制式服装和警械，由国务院公安部门统一监制，会同其他有关国家机关管理，其他个人和组织不得非法制造、贩卖。监狱人民警察的警用标志、制式服装和警械、证件是监狱人民警察的身份标志,也是法治统一的象征,这些专用物品的制造、管理、持有和使用有着严格的规定,是监狱人民警察依法执行职务权威性的法律保证。

(2)警用标志、制式服装、警械、证件为人民警察专用,不得非法佩戴。根据《人民警察法》第36条第2款的规定,人民警察的警用标志、制式服装、警械、证件为人民警察专用,其他个人和组织不得非法持有和使用。监狱人民警察的警用标志、制式服装、警械、证件只有国家正式在编的监狱人民警察才能使用和持有,禁止任何其他组织和个人制造、非法持有和使用这些警察专属物品。此种规定,对维护监狱人民警察良好形象具有重要作用。同时,有利于人民群众进行监督,保证执法质量。

(3)对非法制造、贩卖、持有、使用人民警察警用标志、制式服装、警械、证件的处罚。根据《人民警察法》第36条第3款的规定,如非法制造、贩卖、持有、使用人民警察警用标志、制式服装、警械、证件的,由公安机关没收这些警察专属物品,处15日以下拘留或者警告,可以并处违法所得5倍以下的罚款;构成犯罪的,依法追究刑事责任。此规定,亦适用于对监狱人民警察身份标志的保护。

(4)授予中国人民警察队伍"中国人民警察警旗"。2020年8月26日,经党中央批准,中国人民警察警旗式样确定,中国人民警察警旗授旗仪式在人民大会堂举行。中共中央总书记、国家主席、中央军委主席习近平向中国人民警察队伍授旗并致训词。警旗旗面由红蓝两色组成,红色为主色调,长方形,警徽居旗帜左上角。红色体现党对人民警察队伍的绝对领导、全面领导,彰显人民警察队伍绝对忠诚、绝对纯洁、绝对可靠的政治本色;蓝色凸显人民警察的职业特征,代表人民警察对平安的守护。警旗是人民警察队伍的重要标志,是人民警察荣誉、责任和使命的象征。确定中国人民警察警旗,对于深入推进监狱人民警察队伍革命化、正规化、专业化、职业化建设,激励监狱人民警察忠实履行党和人民赋予的新时代使命任务具有重要意义。至此,我国形成了包括警徽、入警誓词、警歌、警察节、警旗在内的监狱人民警察荣誉制度和标志体系。

第三节 监狱人民警察资源保障

资源保障是指国家为保证人民警察职能的履行,提供或者配置与警务活动相匹配的物质力量或者条件,主要包括经费保障、基础设施保障、技术装备保障和信息保障等。资源保障是监管改造工作顺利开展的先决条件,是影响监管改造效果的基础性因素之一。随着社会的发展、科技的进步以及国内外形势的变化，监狱人民警察工作面临巨大的压力与挑战。仅以狱内在押犯构成来看，传统的财产型犯罪、暴力型犯罪的数量呈现出不断上升的趋势，占据了犯罪构成的绝对多数；涉毒、涉黑、涉恶、高科技犯罪、跨国犯罪及职务犯罪等在绝对数量上有所增加，且这些在押犯的情况复杂，主观恶性较深，社会危害性较大，增加了监狱的危险性和安全防范的难度，也加剧了监狱人民警察改造罪犯的难度。这就要求监狱人民警察的技术装备必须现代化，基础设施及相应经费必须得到保障，以便能够迅速、有效地打击违法犯罪活动，用科学手段监管改造罪犯，提高改造质量。

一、监狱人民警察经费保障

（一）监狱人民警察经费保障的含义

监狱人民警察经费保障，是指国家为保证监狱人民警察依法履职，根据事权划分及实际需要，通过财政提供监管改造活动所需的资金和费用。任何一项警务活动的开展都需要花费一定的资金和费用。由于监狱监管改造活动具有行使国家公共权力的性质，并且是为了维护国家安全和社会公共利益、保护人民生命财产安全之目的展开，因此需要国家财政资金的有力保障。如果监狱监管改造经费得不到及时的保障，不但会阻碍监狱工作的顺利开展，还可能导致在监管改造中出现“权力寻租”的腐败现象。经费保障是监狱人民警察警务保障中不可或缺的基础性重要组成部分。

（二）监狱人民警察经费保障的内容

1. 监狱人民警察经费保障的法律依据。《人民警察法》第 37 条规定：“国家保障人民警察的经费。人民警察的经费，按照事权划分的原则，分别列入中央和地方的财政预算。”本规定主要从以下三个方面理解：(1) 人民警察的经费由国家承担；(2)人民警察的经费列入中央和地方的财政预算；(3) 中央和地方具体承担经费的比例按照事权划分的原则来确定。所谓事权划分原则，是指按照承担警务活动的权限划分经费拨付的原则，即承担国家警务的经费，由中央政府财政部拨付，承担地方警务的经费，由地方政府财政部门拨付，承担国家警务和地方警务共同事项的，由中央和地方政府财政部门按比例分担。

《监狱法》第 8 条规定：“国家保障监狱改造罪犯所需经费。监狱的人民警察经费、罪犯改造经费、罪犯生活费、狱政设施经费及其他专项经费，列入国家预算。国家提供罪犯劳动必需的生产设施和生产经费。”以上规定为监狱人民警察的经费保障提供了法律依据。

2. 监狱人民警察经费保障的具体内容。具体而言,监狱人民警察经费保障包括以下几个方面:(1)监狱人民警察经费,是指监狱人民警察为履行其职务所需的各项经费,主要有工资、公务费、培训费、工勤人员经费等。(2)罪犯改造经费,是指监管、教育和劳动改造罪犯所需的经费,主要有教育改造费、劳动改造费和狱政管理费、罪犯医院经费等。(3)罪犯生活费,是指保证罪犯基本生活所需的各项经费,主要有伙食费、被服费、零用钱、医药费等。(4)监狱的生产设施与生产经费,是指监狱对罪犯实际劳动改造而组织的生产活动所需的各项经费,主要包括固定资产投资和流动资产投资。

二、监狱基础设施保障

(一)监狱基础设施保障的内涵

监狱基础设施,是指监狱为有效执行刑罚,确保监管改造安全而依法建造、设置和配备的建筑、器材、装置和用品等各种专用物质的总称。《人民警察法》第38条规定:“人民警察工作所必需的通讯、训练设施和交通、消防以及派出所、监管场所等基础设施建设,各级人民政府应当列入基本建设规划和城乡建设总体规划。”这一规定可以从以下两个方面来理解:

1. 界定了基础设施的范围。具体包括:通信设施、训练设施、交通设施、消防设施、派出所设施及监管场所设施等。其中,通信设施主要包括有线通信设施、无线通信设施和图像通信设施;训练设施主要包括人民警察体能和技能训练所需的体育场馆及各种专门设备,如汽车、摩托车及用于训练的警械具等训练工具;交通设施主要包括交通信号、控制系统设施以及车辆等;消防设施主要包括消防队的设置、城市消防栓的分布等有关灭火的基本设备;监管场所主要包括看守所、拘留所、监狱(包括强制戒毒所和未成年犯管教所)等。

2. 人民警察的基础设施建设,各级人民政府应当列入基本建设规划和城乡建设总体规划。也就是说,人民警察工作所需的通信、训练设施和交通、消防以及派出所、监管场所等基础设施建设,应由各级人民政府的财政承担,这项开支应当列入各级政府的基本建设规划和城乡建设总体规划。

(二)监狱基础设施保障的具体内容

1. 监狱基础设施的建设。监狱基础设施的配置和使用,是监狱执法活动不可缺少的外部条件,为监狱人民警察顺利完成惩罚和改造罪犯的任务提供必要的物质基础和保证。因此,做好监狱基础设施的建设工作是十分重要的任务。监狱基础设施的建设需要资金的投入,这部分由国家保障,属于监狱基本建设投资,主要包括:

(1)狱政基本建设投资,即监狱监舍、禁闭室、围墙等建设资金;(2)监狱办公设施投资,指监狱为有效地指挥、领导与管理对罪犯的改造工作而需建设的办公楼、会议室、接待室、监控中心、通信中心等及其附属设施的投资;(3)特殊学校基本建设投资,指对罪犯进行法律、技术文化知识教育和教学楼及其配套设施投资;(4)罪犯医院基本建设投资,指为建设罪犯医院包括特殊病犯(如精神病医院)所需要的房屋等建设物及其附属设施投资;(5)监狱人民警察宿舍投资,指为民警居住、生活而建设、购置的房屋及其附属设施投资;(6)武装看押部队的营房投资,指为驻监狱武警部队建设房屋及其附属设施投资;(7)监狱人民警察训练设施、通信设施、交通设施等的投资也属于监狱基本建设投资的一部分。以上投资应列入国家或地方财政拨款计划,由相应的财政资金管理部门予以划拨。

2. 监狱基础设施的管理。监狱基础设施是开展监狱工作的基础,近几年,社会的迅猛发展、科技的不断进步,为监狱基础设施的完善和发展提供了机遇。现代化办公设施的使用、监管改造设施的建设、狱政管理设施的完善等,确实为监狱人民警察工作带来了很多便利条件,但也增加了管理的难度。因此,科学的管理和维护对设施的充分利用十分重要。具体要求有:(1)树立全局意识,重视建设规划。监狱基础设施建设固然重要,但要统筹安排,避免重复建设,充分利用监狱基本建设资金。(2)加强设施管理,提高使用效率。首先,进一步加强管理制度规范化。明确监狱基础设施的操作规程及管理办法,制定统一的管理标准。其次,落实岗位责任制。要求各部门积极主动地维护好各项监狱基础设施,使其处于良好的管理和使用状态,延长它们的使用寿命,最大限度地发挥其使用价值和积极功能。

三、监狱人民警察的装备保障

(一)监狱人民警察装备保障的含义

监狱人民警察装备是监狱人民警察为了有效地对罪犯执行刑罚,防范和制止罪犯破坏活动,确保监狱安全而配备的警械、武器、交通与通信工具等专用器材的总称。它是监狱及监狱人民警察完成执行刑罚、惩罚犯罪活动所必需的基本物质技术装备,其范围主要包括:武器、警械具以及从事指挥、追逃等工作的交通、通信设施。装备建设是监狱人民警察队伍实力的重要组成部分,是提高工作效率、增强队伍的快速反应能力的物质基础。监狱装备和设施共同构成了监狱赖以对罪犯实施惩罚和改造所必要的特殊的执法环境。它们对罪犯具有一种有形的威慑力量,可以有效地制止罪犯脱逃及其他违反监规纪律现象的发生,同时,在控制罪犯的骚乱、暴动、越狱等突发事件和保证监狱人民警察、武装警察部队、罪犯以及其他人员的人身安全等方面都具有非常重要的意义。

(二)监狱人民警察装备保障的落实

落实监狱人民警察装备保障时需要注意以下两点:

1. 监狱人民警察装备是依法配备的装备。监狱人民警察装备具有明确的法定性,国家有关法律法规对监狱人民警察装备的种类、数量、配备对象、使用条件、管理办法等均有明确具体的规定。

2. 监狱人民警察装备有严格的使用条件。警察装备由国家专门机关统一监制,统一配发,统一管理,除人民警察依法配发和使用外,其他任何个人都不得随意制造、买卖和使用。即使是依法配备了装备的监狱人民警察,在使用装备时也必须严格按照现行法律法规的要求进行,尤其是对警械、武器的使用,法律规定了非常严格的条件。

3. 做好监狱人民警察装备的保障工作。警用装备的配备应当坚持保障必需、不断完善、实用高效、安全可靠的原则。《人民警察法》第 39 条规定:"国家加强人民警察装备的现代化建设,努力推广、应用先进的科技成果。"这里需要推广的现代化是指通信装备现代化、指挥管理技术现代化、报警系统现代化等。根据这一规定,监狱机关应该根据社会经济和科学技术的发展进步,循序渐进地推进监狱装备设施的现代化。

四、监狱人民警察信息保障

(一)监狱人民警察信息保障的含义

监狱人民警察信息保障,是指通过配备专门的信息工作人员和信息设备,采用各种信息网络技术构建信息系统和平台,为监狱工作提供信息情报支持。其主要的功能活动包括对信息的搜集、存储、传递、处理、开发及利用等。由于信息化社会的长足发展和信息技术的不断提高,信息资源的重要性日益突出,信息保障对监管改造工作具有更加重要的意义。21 世纪是信息网络时代,随着科学技术的突飞猛进,社会信息化的快速发展,以信息技术为主要标志的高新技术革命已经引起了社会各个领域的深刻变革。信息化的历史潮流对监狱机关传统的运作方式提出了前所未有的挑战。建立现代化的监管改造信息中心已成为信息化时代世界各国监狱部门迎接日益严峻的罪犯监管改造任务的挑战、回应政府和民众的期望、保障社会安全的根本手段之一。

(二)监狱人民警察信息保障的内容

监狱人民警察信息保障与装备保障密切相关。因为监狱监管改造信息系统的建立必须以现代化的信息技术、设施和装备为硬件基础。但是，信息保障又不仅仅局限于硬件设施的范畴，还包括由各种应用软件组成的信息网络系统，以及一只高素质的信息工作队伍。具体而言，信息保障应该包括三大部分内容：

1. 现代信息技术和装备的运用。现代信息技术包括大数据、云计算、物联网、"互联网＋"、人工智能等；现代装备主要有通信设备、多媒体设备、监控设备、计算机和网络设备、门禁设施、指纹识别设备、人脸识别设备等。这些现代信息技术和装备，被广泛运用于罪犯监管改造、安全生产管理、监狱内部行政管理、监狱对外工作联系等活动过程。

2. 建立一套高效的信息网络系统。具体指在完善的硬件装备设施基础上，建设以计算机情报信息网络为主的各种应用系统和各级各类网站。包括：智慧办公系统、智慧改造系统（智慧安防系统、智慧教育矫正系统、阳光执法系统、基于大数据的帮教系统和狱务公开系统等）、智慧工厂系统（智慧生产系统、劳动技能培训系统、智能劳动报酬系统等）。同时，在保证信息安全的前提下，实现各信息系统的互联互通，建设统一的监管改造信息工作平台。

3. 建设一支专业化的信息工作队伍。具体指：监狱系统自上而下信息情报机构设置健全；信息工作人员队伍的数量满足监狱信息化建设的需求，从事信息工作的监狱人民警察专业对口，业务精熟，训练有素，熟练掌握各种现代化信息技术，熟练运用各类现代化信息装备和监控系统；合理发挥罪犯特情的作用，及时充分了解监管改造工作动态。

第四节　监狱人民警察职业保障

监狱人民警察职业保障，是指国家和政府给予监狱人民警察履行职务时依法享有的公民权利和利益保护。其主要内容包括职业组织保障、职业薪金保障、职业安全保障、职业优抚保障和职业免责保障等。监狱人民警察职业保障主要是对监狱人民警察个人及其亲属提供的各项保障措施。

一、监狱人民警察职业保障的特点和意义

（一）监狱人民警察职业保障的特点

监狱人民警察是我国警察队伍的重要组成部分，是为人民服务的高尚职业，监狱人民警察职业保障具有以下特点：

1. 保障的主体是政府。《人民警察法》(修订草案稿)第10条规定:"国家保障和维护人民警察的合法权益。"第11条规定:"各级人民政府应当为公安机关及其人民警察依法履行职责提供保障。"因此,监狱人民警察职业保障的主体是各级人民政府。

2. 保障的客体是监狱人民警察及其亲属。实施监狱人民警察职业保障,主要是保障监狱人民警察及其亲属依法享有的公民权利和其他利益的实现。

3. 职业保障的目的是使所有依法从事监管改造工作的监狱人民警察,能够在法律框架内更好地履行警察的职责,进而实现稳定社会公共秩序、维护社会安定之目的。

4. 监狱人民警察职业保障的内容是多样的,涉及监狱人民警察及其亲属的多项权利,包含职业组织保障、职业薪金保障、职业安全保障和职业优抚保障等多方面。

(二)监狱人民警察职业保障的意义

监狱人民警察职业保障的价值和意义在于:

1. 有利于维护监狱人民警察的合法权益。监狱人民警察的合法权益是指监狱人民警察依法享有的权利和应得的能够满足其职业需求的各种事物。依法满足和保护监狱人民警察的合法权益,提高其社会地位和经济待遇,赋予其应有的社会尊荣,从政治上和经济上为其提供强有力的政治保障和经济保障,可以解决监狱人民警察的后顾之忧,让他们不为生计发愁,不为小利而枉法,保证其完成好各项任务,是监狱人民警察职业保障的基础和应有之义。

2. 有利于提高监狱人民警察的工作绩效。通过对监狱人民警察提供薪酬、奖励、福利、培训、晋升等人力资源管理中的激励因素,可以对监狱人民警察的工作态度和努力程度产生有效的激励作用,从而提高监管改造工作的绩效。

3. 有利于强化监狱人民警察的职业信仰。警察职业信仰是警察在特定的工作环境中形成的对本职业所具有的高度认同感、崇高归属感与荣誉感。良好的监狱人民警察职业保障可以提高监狱民警的职业认同感、归属感与荣誉感,从而强化监狱人民警察的职业信仰,提升监狱机关的整体战斗力。

4. 有利于维护监狱人民警察的职业权威。警察职业权威,即警察权威,是警察在履职中形成的使人信服的影响力和社会对警察履职的服从。警察权威是警察执法权威与身份权威的有机统一,其形成来自法律的确认,是警察依法履职所产生的影响力,是社会公众对警察职业活动的认可。健全和加强监狱人民警察职业保障是维护监狱人民警察权威的重要途径。

二、监狱人民警察职业组织保障

监狱人民警察职业组织保障主要是指对监狱人民警察参与国家政治生活和参与组织管理各项权利的保障。

（一）监狱人民警察的政治权利保障

监狱人民警察是具有警察职业身份的公民，因此同样享有宪法和法律规定的公民的政治权利。政治权利，是指公民依法享有的参与国家政治生活的权利。主要指选举权、被选举权，参加管理国家事务，担任公职和享受荣誉称号等权利。我国《宪法》规定，凡年满 18 周岁的公民，除依法被剥夺政治权利者外，都有选举权和被选举权。国家保障人民参加管理国家事务，管理经济和文化事业，管理社会事务，监督国家机关及其工作人员等权利。公民有言论、出版、集会、结社、游行、示威的自由权利。同时，规定公民对任何国家机关及其工作人员的违法失职行为有向有关机关进行申诉、控告或检举的权利。

（二）监狱人民警察的名誉权保障

《宪法》第 38 条规定："中华人民共和国公民的人格尊严不受侵犯。禁止用任何方法对公民进行侮辱、诽谤和诬告陷害。"第 41 条规定，"对于任何国家机关和国家工作人员的违法失职行为，有向有关国家机关提出申诉、控告或者检举的权利，但是不得捏造或者歪曲事实进行诬告陷害"。《最高人民法院关于审理名誉权案件若干问题的解释》第 5 条规定："公民依法向有关部门检举、控告他人的违法违纪行为，他人以检举、控告侵害其名誉权向人民法院提起诉讼的，人民法院不予受理。如果借检举、控告之名侮辱、诽谤他人，造成他人名誉损害，当事人以其名誉权受到侵害向人民法院提起诉讼的，人民法院应当受理。"因此，监狱人民警察在履职过程中因职务行为受到侮辱和诽谤，或者被他人借检举之名侮辱、诽谤时，可以名誉权受损为由提起民事诉讼。

（三）监狱人民警察的退休权利保障

监狱人民警察的退休权利保障，是指保护监狱人民警察依法退休的权益。《宪法》第 44 条规定："国家依照法律规定实行企业事业组织的职工和国家机关工作人员的退休制度。退休人员的生活受到国家和社会的保障。"《人民警察法》（修订草案稿）第 64 条规定："国家根据人民警察的岗位、职务，分别规定不同的服务年限和最高任职年龄。从事基层一线执法执勤工作满二十五年或者在特殊岗位、艰苦边远地区从警满二十年的人民警察，本人自愿提出申请，经任免机关批准，可以提前退休，并享受正常退休的待遇。"按照上述规定，监狱人民警察同样依法享有退休的权利。

(四)监狱人民警察的绩效考核与奖励保障

1. 监狱人民警察的绩效考核保障

监狱人民警察的绩效考核是监狱机关为了完成工作任务、提高工作效率，设计相应的考核标准和考核方法，对监狱民警的工作任务完成情况、履职情况以及职业发展情况进行评定，并将考核结论反馈给警员的整个过程。监狱人民警察的绩效考核保障就是对监狱人民警察的工作绩效能够进行客观公正评价的制度保障。当前，我国并没有统一的关于监狱人民警察绩效考核的指标体系，各地监狱机关根据实际情况制定了形式多样的绩效考核体系。从效果来看，能够对监狱人民警察的工作绩效进行客观、公正、公开的评价，对扭转监狱人民警察队伍中存在的工作倦怠，不积极、散漫等问题起到了促进作用，能够调动监狱民警的工作积极性和创造力。但是，在考核方法以及程序等方面可能还存在一定的问题，比如考核指标是否科学全面、考核过程是否公平公正、考核结果是否得到运用等，都需要在实践中不断加以完善。

2. 监狱人民警察的奖励保障

监狱人民警察的奖励保障是指表现突出、有特殊贡献的监狱人民警察集体或个人，依法享有受到奖励的权益。《人民警察法》(修订草案稿)第61条规定："人民警察集体或者个人在工作中表现突出，有显著成绩或者特殊贡献的，应当给予表彰奖励。对受奖励的人民警察，按照国家有关规定，可以提前晋升警衔，并给予一定的物质奖励。"按照此规定，对监狱人民警察的奖励分为集体奖励和个人奖励，监狱人民警察个人或者集体在工作中表现突出，有显著成绩和特殊贡献的，应该给予奖励。

(五)监狱人民警察的申诉权与控告权保障

监狱人民警察的申诉权与控告权是监狱人民警察依法享有的与职业相关的救济权利。《人民警察法》(修订草案稿)第76条规定："人民警察非因法定事由、非经法定程序，不得被免职降职、辞退或者处分。人民警察对涉及本人的人事处理不服，有权按照有关法律规定提出申诉。"第77条规定："人民警察认为所属机关及其领导侵犯其合法权益的，可以依法向上级机关或者有关的专门机关提出控告……"

1. 监狱人民警察的申诉权。《公务员法》第95条规定："公务员对涉及本人的下列人事处理不服的，可以自知道该人事处理之日起三十日内向原处理机关申请复核；对复核结果不服的，可以自接到复核决定之日起十五日内，按照规定向同级公务员主管部门或者作出该人事处理的机关的上一级机关提出申诉；也可以不经复核，自知道该人事处理之日起三十日内直接提出申诉……"根据这一规定，监狱人民警察对国家行政机关作出的涉及本人权益的人事处理决定不服的，可以依法向原处理机关、同级公务员主管部门或上一级机关提出重新处理意见和要求。

2. 监狱人民警察的控告权。《公务员法》第98条规定，“公务员认为机关及其领导人员侵犯其合法权益的，可以依法向上级机关或者监察机关提出控告”。在合法权益受到国家行政机关及其领导人员侵犯时，监狱人民警察可依照法规和法定程序，向上级行政机关或监察机关提出控告。

三、监狱人民警察职业薪金保障

监狱人民警察职业薪金保障，是指对监狱人民警察所付出的劳动和作出的贡献给予相应的工资、福利等待遇。包括监狱人民警察的工资、保险和福利。合理的工资福利待遇是监狱人民警察及其家庭生活的主要来源，是改善和提高他们生活水平的重要条件，可以调动监狱人民警察的工作积极性和主动性，树立职业责任感和荣誉感，还可以有效促进监狱人民警察清正廉洁。

（一）监狱人民警察的工资

《人民警察法》第40条规定：“人民警察实行国家公务员的工资制度，并享受国家规定的警衔津贴和其他津贴、补贴以及保险福利待遇。”《公务员法》第79条规定：“公务员实行国家统一规定的工资制度。公务员工资制度贯彻按劳分配的原则，体现工作职责、工作能力、工作实绩、资历等因素，保持不同领导职务、职级、级别之间的合理工资差距。国家建立公务员工资的正常增长机制。”第80条规定：“公务员工资包括基本工资、津贴、补贴和奖金。公务员按照国家规定享受地区附加津贴、艰苦边远地区津贴、岗位津贴等津贴。公务员按照国家规定享受住房、医疗等补贴、补助。公务员在定期考核中被确定为优秀、称职的，按照国家规定享受年终奖金。公务员工资应当按时足额发放。”国家在制定监狱人民警察工资制度时，考虑到监狱人民警察工作的性质和特殊性，按照监狱人民警察工资略高于行政机关工作人员的思路，确认了监狱人民警察实行国家公务员工资和警衔工资相结合的工资制度。监狱人民警察的工资主要由以下几部分组成：

1. 基本工资。基本工资是指监狱人民警察的职务职级工资，它是按照大体维持监狱人民警察本人的基本生活而决定的。各职务层次、各级别的监狱人民警察执行相同的基础工资，有利于保障监狱人民警察及其家庭的基本生活。基本工资同时按照监狱人民警察的资历和能力确定。

2. 津贴工资。津贴是对监狱人民警察在特殊劳动条件下或工作环境下，付出额外劳动消耗和生活费用支出所给予的适当补偿，它是工资的一种表现形式，目的在于弥补监狱人民警察工资的不足,更好地贯彻公平合理的工资分配原则,充分调动监狱人民警察的工作积极性。津贴工资主要包括地区附加津贴、艰苦边远地区津贴、岗位津贴和警衔津贴等,其中,警衔津贴是国家的法定津贴,按照不同的警衔级别确定不同的标准,监狱人民警察根据自己的警衔,享受相应的津贴补助数额。警衔津贴是监狱人民警察工资的一种补充形式。

3. 补贴工资。补贴工资主要考虑监狱人民警察的生活中应当支付的各项费用,由于受监狱人民警察工资水平的限制,可能增加监狱人民警察的生活负担,而由国家予以补助的部分工资。主要包括住房补贴、医疗补助等,这部分工资随着社会经济发展阶段和市场的变化而变化。

4. 奖金。监狱人民警察在定期考核中被确定为优秀、称职的,按照国家规定享受年终奖金。这是按照监狱人民警察的工作成绩确定的一种工资形式,且为每年一次性发放。

除此之外,监狱人民警察依法享有"五险一金",即养老保险、医疗保险、失业保险、工伤保险、生育保险及住房公积金。"五险一金"将在监狱人民警察的月工资中代扣,由政府按照一定比例返还个人账户。

(二)监狱人民警察的福利待遇

监狱人民警察的福利是国家和单位为解决监狱人民警察生活方面的共同需要和特殊需要,对监狱人民警察所给予的经济上的帮助和生活上的照顾。根据《公务员法》第 82 条及相关法律的规定,监狱人民警察的福利主要包括:福利费制度、探亲制度、困难补助制度、取暖补助制度、交通费补贴制度、年休假和婚丧假等制度。实行监狱人民警察福利制度,有利于增强监狱人民警察队伍的吸引力,有利于解除监狱人民警察的后顾之忧,有利于提高监狱人民警察的工作积极性,有利于进一步促进监狱人民警察队伍的廉洁与稳定。福利与工资不同,它是根据需要和可能提供的,而工资则必须按照按劳分配的原则执行;福利有货币和实物等多种形式,而工资只采取货币形式。

四、监狱人民警察职业安全保障

(一)监狱人民警察的职业安全保障

监狱人民警察职业安全,是指监狱人民警察在履职时处在一种没有危险的持续状态中,既包括身心健康也包括工作环境的安全。《人民警察法》(修订草案稿)第 79 条规定:"国家重视人民警察身心健康和职业安全保障,对在有毒、有害、危险、边远艰苦等特殊环境下工作的人民警察,提供与其工作岗位相适应的安全保护条件。”根据此规定，监狱人民警察的身心健康指监狱民警在工作、生活和行为中表现出来的积极向上的心理状态和良好的身体素质。有毒、有害的工作环境是指监狱民警履职时遭遇化学溶剂或是吸入有毒气体，或者发生物理变化，致使身体遭受可能的损伤；危险的工作环境是指监狱民警履职时遭遇可能使生命受到威胁的境况；边远艰苦的工作环境是指监狱民警在边远地区或自然、地理、气候环境较为恶劣的地区履行职责。监狱人民警察在这些特殊环境下工作，必须为其提供相应的保护条件，包括必要的化学防护设备、定期的医疗检查、必要的武器装备、特殊的津贴、定期的心理干预等。

（二）监狱人民警察的近亲属安全和私生活安宁权保障

监狱人民警察近亲属安全保障，是指保护监狱民警的近亲属不受各种威胁的权利。监狱人民警察及其近亲属私生活安宁权保障是指保护监狱民警及其近亲属的私生活不受非法侵扰、保持安静稳定的权利。监狱人民警察近亲属安全和私生活安宁权均属于基本人权范畴。《宪法》第 33 条第 2 款规定：“国家尊重和保障人权。”监狱人民警察的近亲属是他们履职的强大动力与慰藉，监狱人民警察的家庭生活是他们履职的后方保障。如果他们的近亲属的安全和私生活的安宁没有保障，他们就不能安心履职，就不能很好地承担起职业责任，所以监狱人民警察及其近亲属的人身安全和私生活安宁权应该依法受到保护。

五、监狱人民警察职业优抚保障

（一）监狱人民警察因公受伤的治疗

《人民警察法》（修订草案稿）第 80 条规定：“人民警察因公受伤的，医疗机构应当无条件及时予以救治，不得拒绝或者拖延。”根据我国《工伤保险条例》第三章关于工伤认定的有关规定，监狱人民警察因公受伤就是工伤，即监狱民警在工作时间和工作场所内，因工作原因受到事故伤害或者因履行工作职责受到暴力等意外伤害等，均应当被认定为工伤。监狱人民警察因公受伤后，医疗机构应当履行救治义务，该义务包括三点：一是无条件救治；二是及时救治；三是不得拒绝或者拖延。《护士管理条例》第 17 条规定，“护士在执业活动中，发现患者病情危急，应当立即通知医师；在紧急情况下为抢救垂危患者生命，应当先行实施必要的紧急救护”。同时，医务人员职业道德规范规定，要“救死扶伤”。目前，《人民警察法》中关于医疗机构救治因公受伤监狱人民警察义务的规定，还缺乏相应的操作细则和量化标准。

（二）监狱人民警察的抚恤、优待和保险保障

《人民警察法》（修订草案稿）第 81 条规定：“人民警察因公致伤致残的，与因公

致伤致残的现役军人享受国家同等标准的抚恤、优待和保险保障。人民警察因公牺牲或者病故的，其家属与因公牺牲或者病故的现役军人家属享受国家同等标准的抚恤、优待和保险保障。人民警察被评定为烈士的，其遗属按照有关规定享受国家的抚恤、优待和保险保障。人民警察院校学员、警务辅助人民因公致伤致残或者牺牲的，按照国家有关规定享受相应的抚恤、优待和保险保障。”为做好人民警察的抚恤优待工作，激励人民警察的奉献精神，根据《人民警察法》和国家有关优抚法规、政策，2014 年 4 月 30 日，民政部、最高人民法院、最高人民检察院、教育部、公安部、国家安全部等部门联合公布了《人民警察抚恤优待办法》。在司法部推动下，我国也为监狱戒毒人民警察建立了人身意外伤害保险制度，对于解除监狱民警后顾之忧，增强监狱人民警察队伍凝聚力和战斗力具有重要意义。

1. 监狱人民警察死亡的，根据死亡的性质确定为革命烈士、因公牺牲、病故三种情形。监狱人民警察死亡后，根据其死亡性质和本人死亡时的月工资标准，由县级以上人民政府民政部门发给其遗属一次性抚恤金，标准是：烈士，80 个月工资；因公牺牲，40 个月工资；病故，20 个月工资。对符合享受定期抚恤金条件的监狱人民警察遗属，由县级以上人民政府民政部门发给《定期抚恤金领取证》，定期抚恤金标准应当参照全国城乡居民家庭人均收入水平确定。

2. 监狱人民警察因公牺牲评定标准。根据《人民警察抚恤优待办法》第 10 条的规定，人民警察死亡，符合下列情形之一的，确认为因公牺牲：(1)在执行任务或者在上下班途中，由于意外事件死亡的；(2)被认定为因战、因公致残后因旧伤复发死亡的；(3)因患职业病死亡的；(4)在执行任务中或者在工作岗位上因病猝然死亡，或者因医疗事故死亡的；(5)其他因公死亡的。

3. 监狱人民警察烈士评定标准。根据《人民警察抚恤优持办法》第 8 条的规定：“人民警察死亡，符合下列情形之一的，评定为烈士：(一)在依法查处违法犯罪行为、执行国家安全工作任务、执行反恐怖任务和处置突发事件中牺牲的；(二)抢险救灾或者其他为了抢救、保护国家财产、集体财产、公民生命财产牺牲的；(三)在执行外交任务或者国家派遣的对外援助、维持国际和平任务中牺牲的；(四)在执行武器装备科研试验任务中牺牲的；(五)其他牺牲情节特别突出，堪为楷模的。人民警察在处置突发事件、执行边海防执勤或者抢险救灾任务中失踪，经法定程序宣告死亡的，按照烈士对待。”获得荣誉称号(含死亡后追记、追认功勋)或者立功的监狱人民警察死亡后，其遗属在应当享受的一次性抚恤金的基础上，由县级以上人民政府民政部门按比例增发一次性抚恤金。

4. 监狱人民警察伤残等级评定标准。监狱人民警察伤残按照致残性质分为因战致残和因公致残。监狱人民警察因《人民警察抚恤优待办法》第 8 条第 1 款规定的情形之一导致伤残的，认定为因战致残；因第 10 条第 1 款规定的情形之一导致伤残的，认定为因公致残。《人民警察抚恤优待办法》第 26 条规定，警察伤残的等级，根据劳动功能障碍程度和生活自理障碍程度确定，由重到轻分为 1 ~ 10 级。伤残等级的具体评定标准，参照《军人残疾等级评定标准》执行。因战、因公致残，残疾等级被评定为 1 ~ 10 级的，享受抚恤；因病致残，残疾等级被评定为 1 ~ 6 级的，享受抚恤。残疾监狱人民警察的抚恤金标准应当参照全国职工平均工资水平确定。残疾抚恤金的标准以及 1 ~ 10 级残疾监狱人民警察享受残疾抚恤金的具体办法，按照国务院民政部门会同国务院财政部门作出的规定执行。残疾监狱人民警察享受与所在单位工伤人员同等的生活福利和医疗待遇，所在单位不得因其残疾将其辞退、解聘或者解除劳动关系。

（三）监狱人民警察的抚恤、医疗和特困救助基金制度

《人民警察法》（修订草案稿）第 82 条规定："国家根据人民警察职业特点，建立政府主导、社会志愿参与的人民警察抚恤、医疗和特困救助基金制度，鼓励公民、法人和其他组织提供捐助。"人民警察担负着维护国家安全和公共安全，维护社会治安和社会稳定的重任，与其他职业相比，风险更高，压力更大。在国家和政府出台系列优抚优待政策的基础上，通过建立人民警察抚恤、医疗和特困救助基金制度，举全社会之力提高对伤残警察的优抚和救助水平，可以解决警察的后顾之忧，鼓舞警察的职业士气。目前在实践中，监狱人民警察抚恤、医疗和特困基金制度还没有完全建立起来，但是有一些省份已经根据地方的实际情况建立了基金制度。例如，2007 年，安徽省无为县设立了"民警救助基金"；2014 年 3 月，江西万年县成立了"民警重大疾病（特困）救助基金会"；2015 年 7 月 10 日，江苏省南京市成立了"民警大病特困救助基金会"等。2016 年 4 月，司法部提出要成立中国监狱戒毒人民警察英烈基金会，利用社会力量共同参与监狱戒毒人民警察抚恤工作。

（四）监狱人民警察近亲属受特别照顾和帮助的权利

规范和健全对监狱人民警察的优抚工作，更多地关心和爱护监狱民警及其家属，对规范监狱民警抚恤优待工作，提高监狱民警优抚保障水平，增强监狱民警的职业荣誉感、责任感具有重要意义。《人民警察法》（修订草案稿）第 83 条规定："人民警察因公牺牲、致残或者病故的，国家对其近亲属在住房、医疗、教育、就业等方面提供特别照顾和帮助。具体标准和实施办法由国务院另行规定。"根据《人民警察抚恤优待办法》第 12 条的规定，人民警察除了因患职业病死亡、在执行任务中或者在工作岗位上因病猝然死亡或者因医疗事故死亡之外，因其他疾病死亡的，确认为

病故。人民警察非执行任务死亡,或者失踪经法定程序宣告死亡的,按照病故对待。根据上述规定,监狱人民警察因公牺牲、致残或者病故,其近亲属都会受到国家的特别照顾和帮助。这些照顾和帮助包括住房、医疗、教育和就业等多方面。例如,根据《烈士褒扬条例》第 19 条的规定,烈士的子女、兄弟姐妹本人自愿,且符合征兵条件的,在同等条件下优先批准其服现役。烈士的子女符合公务员考录条件的,在同等条件下优先录用。

六、监狱人民警察职业免责保障

《人民警察法》(修订草案稿)第 84 条规定:“人民警察按照法定条件和程序履行职责、行使权力,对公民、法人或者其他组织合法权益造成损害的,不承担法律责任,由其所属机关按照国家有关规定对造成的损害给予补偿。”监狱人民警察依法履职会遇到诸多不确定因素,有时可能因不可抗力对公民、法人或者其他组织的合法权益造成损害,在这种情形下,监狱人民警察不承担法律责任,而是由其所属监狱机关,按照国家有关规定对造成的损害给予补偿。

——— 案例 ———

全城防疫,深圳监狱启动封闭执勤管理模式,要求警察分为三班,封闭执勤 14 天,集中隔离备勤 14 天,居家隔离备勤 14 天。深圳监狱的警察们义不容辞,深圳监狱警务保障中心主任李平香为奋战在抗击疫情一线的他们,筑起了一道安全防护线。

“最迟,1 月 28 日第一批警察要进驻监管区封闭执勤,1 月 29 日实现第二批封闭执勤警察同步集中隔离,保证第二批警察免受疫情感染,第二轮 14 天执勤的绝对安全。第二批警察该如何安排?李平香,你和你们保障部门想办法在这几天解决。”这就是李平香接到的紧急任务。1 月 26 日,接到上级的通知后,监狱长李田方立即召集相关部门部署封闭执勤的准备工作,平均每批封闭执勤警察为 180 人,李田方要求警务保障中心在 3 天内,实现 180 人进行封闭隔离的安全部署。

“要实现这 180 人集中隔离,而且要安全,监狱的建筑没有一处能做到。”李平香说,再三考虑后,李平香决定利用深圳监狱定向保障性住房——裕璟幸福家园。“裕璟幸福家园在 3 号楼有预留给监狱招录辅警而空着的 300 套左右的单身公寓,从中划出几层楼,空出八九十个房间,每间住两人就差不多了。”但是实际情况稍微复杂一些,集中隔离的目的是让警察不与外人接触,但几乎每层楼都有住户,要请住户搬离,还需要做劝说工作。“我们对 3 号楼的住宿情况进行全面核查后,合理划定隔离楼层,争取让最少的住户搬家。最后,经过劝说,有 15 户住户搬家了,当然也有部分是警察主动搬离了家,给我们腾出了隔离区。”李平香说。

"隔离区的房间是空的,连床和床垫都没有,如何住?在这个节骨眼,大年初二,找谁去?还有一些配套的物品采购,如热水器、洗衣机等也是存在困难。"这是警务保障中心副主任龙剑荣在1月26日讨论划定隔离区时提出的问题。"联系所有的定点家具供货商,如果没有,就找其他的供货商,无论如何也要找够床和床垫。"29日入住,留给李平香的时间不多了。李平香跟龙主任要来了所有供应商的电话,带领警务保障中心7名工作人员,一遍又一遍地打电话联系供应商,联系安装工人等,解决隔离备勤的问题。

从大年初二开始,李平香就没有回过家,每天电话将近200个,常加班到深夜。其间,李平香亲自清点所购物品的数量,参与床铺、桌椅的搬运工作,检查隔离区卫生清理工作,监督热水器、洗衣机的安装工作,检查房间的布置情况,确保隔离区每个房间物品配备齐全,确保隔离区警察能够正常、安全地使用这些物品,在隔离区设置专属电梯,专人管理,确保隔离封闭的效果。4天连续不间断的工作,在裕璟幸福家园准备了房间116间,配置了219个床位,采购热水器60台、洗衣机42台,并安装完毕。隔离封闭的警察们也于1月30日实现了集中隔离。

隔离备勤的警察们十分感激:"在这么短的时间内,警务保障中心不仅为我们配置了床位,还有餐具、拖鞋、毛巾等基本生活用品,补充饭桌16张,不锈钢餐凳30条,解决了180多人隔离期间的生活、吃饭问题,让我们安全隔离,真的要点赞。"

当所有人都在称赞时,李平香在为隔离备勤警察作更多的考虑,"因为时间太紧,我们准备得还不够充分。他们(隔离备勤警察)住的房间是透明窗户又没有窗帘,很影响休息,因为隔离期间不能安排师傅去添置,只能让他们用报纸糊窗。还有伙食供应和保障上,也要改善。下一批隔离前,这些问题我们一定解决"。在深圳监狱警务保障中心工作的李平香因其勤勉尽责、细心耐心,被同事们戏称为深圳监狱的"大管家"。2019年他更是获得了"深圳监狱十大最美退役军人"的称号。李平香于2020年8月退休,退休前,有同志问他:"都要退休了,还这么积极干吗?"李平香回答:"无论何时退休,在岗一分钟,就要尽职六十秒。"

根据上述材料分析:(1)深圳监狱警务保障中心主任李平香的工作体现了监狱人民警察警务保障的哪些特点?(2)假设你是监狱警务保障中心主任,你对做好警务保障工作有何设想?

本章参考文献

[1]吴晓静主编:《监狱人民警察管理教程》,中国政法大学出版社2015年版。
[2]王明泉主编:《警察管理学》,法律出版社1998年版。
[3]刘明望:《警务保障创新与发展》,中国人民公安大学出版社2014年版。
[4]邢志刚:《警务保障理论研究》,中国人民公安大学出版社2018年版。
[5]刘须群:《中国特色警务保障论——由传统走向现代》,载《江西警察学院学报》2011年第2期。
[6]王冠男、李辉:《我国警务保障发展的历程、经验及未来思路:1978—2019》,载《北京警察学院学报》2019年第6期。

第七章 监狱人民警察的执法监督

学习目标

1. 了解执法监督的含义、重要意义、原则和法律依据。
2. 掌握执法监督的主体、形式及其在执法监督中的作用和手段。
3. 重点掌握监狱人民警察内部警务督察的方法、流程和手段。

第一节 监狱人民警察执法监督概述

一、监狱人民警察执法监督的含义

监狱警察组织作为国家刑罚执行机关,其一系列执法活动从属于国家行政行为,而国家行政行为也即行政权或执行权的行使是由国家公务员具体执行的。因此,监狱人民警察执法监督属于行政执法监督的范畴。行政执法监督是指肩负监督职责的国家机关对于行政执法主体实施的行政执法行为,是否符合行政法律规范进行监察和督促,并对违法行为予以纠正的活动。

监狱人民警察的执法监督则是指由法律授权的机关以及公民和社会组织,对监狱人民警察执行职务的活动及监狱人民警察机关内部对执法活动和遵纪情况所进行的监察、督促、检查和纠正的行为。对监狱人民警察的执法行为进行监督的目的,是保障监狱人民警察依法行使职权,履行职责,制约警察权力滥用,达到端正监狱人民警察的纪律与作风。

监狱人民警察监督有广义和狭义之分。狭义的警察监督,是指警察机关内部上下级之间和警察机关内部专设的机构对所属警务人员履行职责、行使职权和遵守纪律的情况进行视察和督导,也即我们通常所说的警务督察。广义的警察监督包括以下两个方面:(1)外部监督,包括执政党、权力机关、检察机关、审判机关、社会团体、公民对警察的监督;(2)政府系统的行政监督,包括上级和本级的监督、行政监察机关的监督、审计监督和其他监督。

二、监狱人民警察执法监督的法律依据

贯彻落实监狱人民警察执法监督的法律依据主要包括《宪法》《监察法》《人民警察法》《监狱法》《刑事诉讼法》等法律中的相关规定。

（一）《宪法》的规定

我国《宪法》明确规定，“中华人民共和国的一切权力属于人民”，“一切国家机关和国家工作人员必须依靠人民的支持，经常保持同人民的密切联系，倾听人民的意见和建议，接受人民的监督，努力为人民服务”。坚持群众原则，是形成严密和强有力监督体系的客观需要。监督的目的是维护人民群众的根本利益，监督的真正力量也孕育在人民群众之中。

“全心全意为人民服务”是中国共产党的根本宗旨，更是人民警察的根本宗旨，这是由国家的社会主义性质所决定的。人民警察依法代表国家行使职权，其行为是代表最广大人民群众的根本利益，应当自觉接受人民群众的监督。在党的十九大报告中，习近平总书记明确指出要加强对权力运行的制约和监督，让人民监督权力，让权力在阳光下运行，把权力关进制度的笼子。强化自上而下的组织监督，改进自下而上的民主监督，发挥同级相互监督作用，加强对党员领导干部的日常管理监督。构建党统一指挥、全面覆盖、权威高效的监督体系，把党内监督同国家机关监督、民主监督、司法监督、群众监督、舆论监督贯通起来，增强监督合力。

（二）《监察法》的规定

2018 年 3 月 20 日第十三届全国人民代表大会第一次会议通过并实施的《监察法》第 11 条规定：

1. 对公职人员开展廉政教育，对其依法履职、秉公用权、廉洁从政从业以及道德操守情况进行监督检查；

2. 对涉嫌贪污贿赂、滥用职权、玩忽职守、权力寻租、利益输送、徇私舞弊以及浪费国家资财等职务违法和职务犯罪进行调查；

3. 对违法的公职人员依法作出政务处分决定；对履行职责不力、失职失责的领导人员进行问责；对涉嫌职务犯罪的，将调查结果移送人民检察院依法审查、提起公诉；向监察对象所在单位提出监察建议。

（三）《人民警察法》的规定

《人民警察法》第 3 条规定：“人民警察必须依靠人民的支持，保持同人民的密切联系，倾听人民的意见和建议，接受人民的监督，维护人民的利益，全心全意为人

民服务。”第 42 条规定:“人民警察执行职务,依法接受人民检察院和行政监察机关的监督。”第 43 条规定:“人民警察的上级机关对下级机关的执法活动进行监督,发现其作出的处理或者决定有错误的,应当予以撤销或者变更。”第 44 条规定:“人民警察执行职务,必须自觉地接受社会和公民的监督……”第 46 条规定:“公民或者组织对人民警察的违法、违纪行为,有权向人民警察机关或者人民检察院、行政监察机关检举、控告。……对依法检举、控告的公民或者组织,任何人不得压制和打击报复。”这就要求人民警察必须转变执法观念,增进同人民群众的感情,提高服务意识,坚决维护群众的合法权益,自觉接受人民群众的监督。

(四)《监狱法》的规定

《监狱法》第 6 条规定:“人民检察院对监狱执行刑罚的活动是否合法,依法实行监督。”

(五)《刑事诉讼法》的规定

《刑事诉讼法》第 276 条规定:“人民检察院对执行机关执行刑罚的活动是否合法实行监督。如果发现有违法的情况,应当通知执行机关纠正。”

三、监狱人民警察执法监督的原则

监狱人民警察执法监督,作为依法治国和法治国家建设的重要内容,在具体执行过程中若要得到有效和充分的保障,法律法规是先决条件,此外还要遵循一系列操作原则。这里主要包括以下几个方面:

(一)维护国家和人民利益原则

维护国家和人民利益原则,是指所有监督活动都必须以维护国家和人民群众的根本利益为出发点,最大限度地保护国家和人民群众的利益不受侵犯。坚持国家和人民利益的原则,不仅强调监督主体要本着为国家和人民负责的精神,认真开展监督活动,把违背国家和人民利益的一切言论和行为作为监督的对象,坚持批评、纠正一切危害国家和人民利益的行为。而且强调在执法监督活动中,必须以国家和人民利益作为最高标准,把维护国家和人民群众的利益作为监督活动的行为准则和评价标准。

(二)法定性原则

法定性原则是指对监狱人民警察的执法监督,必须依照法律赋予的职权和法律规定的程序实施监督活动。也就是说,要确保监督主体、监督对象、监督程序、监督内容的法律规定性。监督活动的法定性原则主要包括:(1)监督主体在监督时必须依照国家宪法、法律法规赋予的监督权力,依法开展监督工作;(2)监督主体在依法行使监督权力时，必须依照法定程序进行，保证监督程序和方式、步骤合法；(3)监督的对象及内容必须属于法律规定所允许监督的特定范畴。只有坚持监督的法定性原则，才能克服监督的随意性和盲目性，确保监督活动有效实施。

（三）公正性与公开性原则

执法监督本身就是一项依法进行的、严肃的执法行为。因此，法律赋予监督职能的机构、组织和人员在监督过程中必须坚持以事实为依据、以法律为准绳，实事求是、客观公正地对监督问题作出结论和处理。

监督的公开性原则，是指监督主体在行使监督权时，除涉及国家机密、个人隐私和商业秘密外，必须依据一定的法律和程序，使监督活动的有关事项向监督对象和社会公开。监督的公开原则包括：

1. 事先公开监督职权的依据。即监督主体应将作为行使监督权的依据在没有实施监督前，向社会以及被监督人公开展示。

2. 公开监督决定过程。即监督主体应当将监督形成的过程、监督的有关事项，向被监督人和社会公开。

3. 公开监督结果。即监督主体通过实施监督行为，最终作出监督决定之后，监督主体应当将监督决定的内容以法定形式向被监督人和社会公开。

（四）经常性与广泛性原则

监狱人民警察对于罪犯的惩罚与改造工作是在监狱这一特定场所内进行的。从广义上讲，监狱人民警察的执法行为每时每刻都在进行，随时随地都在发生变化。因此，要确保监狱人民警察的执法行为能够严格依法办事，就必须把执法监督当作一项经常性的任务而不是临时性的措施。同时，监狱人民警察的执法行为覆盖面广，涵盖监管改造、教育改造和劳动改造三大领域，包括收监、减刑、假释、暂予监外执行、加刑、释放等刑罚执行活动的诸多环节，渗透到狱政管理、教育改造的各项活动中，形成了一个相对完备且不断与外界进行交流的开放性的系统。因此，就要对这一系统及其全过程进行广泛的监督，不能存在监督的“盲点”和“死角”。

（五）确定性与有效性原则

各监督主体的监督权必须按法律确定的监督职责、范围、权限、方式和手段行事，不能随意更改和任意使用。对谁实施监督，在什么范围内监督，监督的内容、标准、方式等都需要明确和具体。同时，无论何种形式的监督，其结果都具有法定效力，对监督对象具有强制性，因此，在行使监督权时必须着眼于实效，以促进刑罚的正确执行，不断提高罪犯教育改造质量作为监督的目的。

四、监狱人民警察执法监督的作用

加强执法监督，不仅符合世界刑罚执行发展的必然趋势，更是社会主义民主与法治国家建设的需要，它对提高监狱人民警察的执法水平和加强监狱人民警察队伍建设，对提高罪犯改造质量，维护社会的和谐与稳定都具有重要的意义和作用。

（一）加强执法监督是国家民主与法治建设的基本要求

党的十八大报告指出，“健全权力运行制约和监督体系”，“坚持用制度管权管事管人，保障人民知情权、参与权、表达权、监督权，是权力正确运行的重要保证”。高度的社会主义民主与健全的社会主义法治是我国现代化建设的目标之一，而完善的监督体系则是实现目标的重要制度保障。2017 年 10 月 18 日，习近平总书记在党的十九大报告中又指出：“健全党和国家监督体系。增强党自我净化能力，根本靠强化党的自我监督和群众监督。要加强对权力运行的制约和监督，让人民监督权力，让权力在阳光下运行，把权力关进制度的笼子。”

监狱人民警察担负着执行刑罚和改造罪犯的重要职责，他们的执法水平不仅是衡量我国法治建设水平的一个重要指标，而且关系到整个社会的稳定和安宁。切实加强对监狱人民警察执法活动的监督，阻止或抑制警察权的滥用，纠正各种违法现象，有利于提高党和政府在人民心目中的地位，有利于维护广大人民群众的根本利益，更有利于促进我国社会主义民主建设和法治国家建设。

（二）加强执法监督是正确执行刑罚和改造罪犯的需要

监狱是我国的刑罚执行机关。刑罚的执行、对罪犯的惩罚与改造，最终都必须通过监狱人民警察的具体执法行为来体现。通过监督，可以及时发现和纠正执法中的错误。由于法律赋予了监狱人民警察重要而又广泛的权力，但由于警察个体知识水平、认识能力、道德素质等方面的差异，在执法中难免出现认识上的偏差或错误，甚至出现违法犯罪现象。通过对监狱人民警察的执法监督，可以及时发现和纠正执法过程中可能出现或已经出现的过错和偏差，提高监狱人民警察的执法水平。同时，对于监狱人民警察执法行为的监督，特别是监狱人民警察的执法对象和他们的亲属以及社会整体的评价，可以有效地规范监狱人民警察的执法行为，保证刑罚的正确执行和改造质量的提高。

（三）加强执法监督是促进监狱人民警察队伍勤政、廉政建设的需要

监狱人民警察的执法环境具有较强的封闭性，由于警戒封闭线的存在，就使得外部监督往往难以发挥应有的作用，而内部监督又存在“与虎谋皮”的现象，这种情况下就极容易滋生腐败。因此，对监狱人民警察的监督不仅必要，而且要形成常态，

从广度和深度上强化监督的力量。要深入开展行政监督，着力加强对监狱单位和监狱人民警察的执法监察、廉政监察和效能监察，注重发挥审计、法治监督检查、行政复议和应诉、信访、警务督察等部门的作用，增强监督工作合力。

第二节　监狱人民警察执法的外部监督

一、国家权力机关监督

国家权力机关监督，又称立法监督，是指我国各级人民代表大会及其常务委员会，按照国家宪法和有关法律的规定，依法对国家行政、审判、检察机关实施宪法、法律的监察、调查、纠正和处理行为。

我国权力机关监督是由全国人民代表大会及其常务委员会作为监督主体所进行的监督，是最高国家机关监督。在我国政治生活中的各种监督中，全国人民代表大会监督无论在监督的法律地位上，还是在监督的效力等方面，都是最高层次的监督，它既是我国国体、政体和国情的必然要求，又是人民当家作主参与国家事务管理权利的体现，还是发展社会主义民主、健全社会主义法治的重要途径。

（一）国家权力机关监督中的权力行使

根据我国宪法和有关法律法规的规定，以及从改革开放以来全国人民代表大会及其常务委员会政治监督工作的实践看，国家权力机关的监督主要有以下几种方式：

1. 立法监督。这一监督主要行使全国人民代表大会的立法权。全国人民代表大会及其常务委员会通过制定相关法律法规，赋予监狱人民警察应有的权力，并用法律的形式来规范监狱人民警察执行职务时的行为准则。立法监督是对人民警察的宏观监督。

2. 工作监督。各级人民代表大会常务委员会均设立了专门行使法律监督职能的委员会，代表本级人民代表大会常务委员会对有关执法机关及其工作人员（包括监狱人民警察）的执法行为进行法律监督。实施法律监督的过程主要通过行使了解权、处置权和制裁权等权力来实现。

3. 质询和询问。各级人民代表大会常务委员会通过质询权和询问权的行使，了解监狱警察机关及监狱人民警察在刑罚执行等活动中贯彻、执行、遵守法律的情况，追究、纠正相关机构及人员的失职行为，督促查处各类违法现象。

4. 视察。各级人民代表大会常务委员会可以通过有关专门委员会行使视察权或调查权,对监狱警察机关的执法活动进行监督,如通过视察工作等方式来改变或撤销不适当的决议、决定和命令;罢免或撤销监狱警察领导职务;受理人民群众的来信来访和申诉控告,等等。

(二)国家权力机关监督的内容

根据全国人民代表大会常务委员会监督法的规定,对于监狱工作的全国人民代表大会监督内容主要包括:(1)听取和审议人民政府、人民法院和人民检察院的专项工作报告,报告中涉及监狱工作内容的部分;(2)审查和批准决算,听取和审议国民经济和社会发展计划、预算的执行情况报告,其中涉及监狱财政的预算与决算等;(3)关于《监狱法》《人民警察法》等法律法规实施情况的检查;(4)通过对监狱规范性文件的备案审查来监督监狱工作;(5)针对引起社会广泛关注的监狱工作问题、突发事件,组织特定的调查委员会,进行相应的调查来监督监狱工作;(6)各级人民代表大会常务委员会均设有信访机构及其专职人员,负责受理公民对于国家工作人员(包括监狱人民警察)违法、失职、侵权行为的申诉、控告和检举。

二、人民检察院的监督

检察机关监督是指我国人民检察院为维护社会主义法治的统一,通过行使法律赋予的监督权,对国家机关及其工作人员和全体公民遵守宪法和法律的情况实施的专门性监督。

《宪法》和《人民检察院组织法》均明确规定,中华人民共和国人民检察院是国家的法律监督机关。人民检察院的检察监督是一种法律监督,是解决立法、执法之间协调发展的重要环节。

人民检察院对于监狱所实施的监狱监察,是指由人民检察院,即专门的刑事司法机关通过派驻监狱的检察人员对监狱工作进行的司法监督。这一特定的监督方式在不同历史时期分别被称为“监所检察”“驻监检察”“行刑监督”“刑事执行法律监督”等。与此相对应,从事这方面检察工作的检察人员,分别被称为“监狱检察人员”“派驻检察人员”“驻监检察官”“派驻监察官”等。

(一)人民检察院的监督特点

监狱检察除了具有监督的法定性、综合性和专业性的特点之外,还具有以下特点:

1. 广泛性

这是指监狱检察工作贯穿于监狱工作的全过程和各方面的特性。从过程来讲,在监狱接收罪犯到减刑、假释直至最终刑满释放罪犯的整个服刑过程的各个阶段中，监狱检察人员都要进行法律监督，查看监狱是否依法执行刑罚。从范围来看，从狱政管理到教育改造、劳动改造等活动以及人民法院裁定减刑、假释的活动，监狱管理机关批准暂予监外执行的活动等，都属于监狱检察人员进行法律监督的范围，都要接受他们的监督。

2. 同时性

这是指监狱检察工作应当与监狱工作同步进行的特性。监狱检察人员应当在监狱工作的过程中，同时进行监狱检察工作，密切关注监狱的执法工作是否偏离法律规定的内容，是否存在不合法律规定的做法；如果发现问题，应当及时提出纠正，从而促使监狱人民警察严格依法治监、依法行刑。监狱检察人员不能消极地等到监狱工作发生问题之后再进行“马后炮”式的监狱检察工作，不能把监狱检察工作的重点放在事后追究责任上。等到发生重大的违法行为或者工作事故之后再进行“秋后算账”式的监狱检察工作，不仅于事无补，难以避免给监狱事业造成的损失，而且会严重挫伤监狱人民警察的积极性，引起监狱人民警察对于监狱检察人员的抵触心理和对立情绪，不利于相互配合做好监狱工作。

3. 专门性

这是指由专门机构和专职人员对监狱进行法律监督的特性。尽管可能有多种多样的相关机构开展和参与监狱监督工作，但是，只有监狱检察机构及其检察人员是其中唯一的专门从事监狱监督工作的力量，他们是监狱监督工作的最主要、最经常的进行者，也是监狱监督任务的主要承担者，在监狱监督中发挥着举足轻重的作用。根据《人民检察院监狱检察办法》第 51 条的规定，“派驻检察人员每月派驻监狱检察时间不得少于十六个工作日，遇有突发事件时应当及时检察。派驻检察人员应当将罪犯每日变动情况、开展检察工作情况和其他有关情况，全面、及时、准确地填入《监狱检察日志》”。如果由专门机构和专职人员从事的监狱检察工作能够有效进行，那么，监狱监督工作的水平和质量就可以有很大的改进。

4. 司法性

这是指由专门的刑事司法机关根据职能分工进行法律监督的特性。在我国刑事司法制度的发展中，人们已经形成了不同的刑事司法权由不同的刑事司法机关行使的共识：侦查权由公安机关行使，起诉权和监督权由检察机关行使，审判权由审判机关行使，执行权由司法行政机关（监狱、戒毒和社区矫正机关）行使。这些机关按照分工负责、互相配合、互相制约原则行使刑事司法权。监狱检察就是根据分工负责、相互制约的原则，按照权力监督与制约的法治精神，由检察机关对监狱机关开展的监督工作，它属于整个刑事司法工作的重要组成部分，对于防止监狱滥用行刑权,具有重要作用。

(二)人民检察院对监狱人民警察的监督内容

最高人民检察院发布的《人民检察院监狱检察办法》规定的监狱检察的职责,充分体现了监狱检察的广泛性特点。根据该办法第3条的规定,监狱检察的内容包括:(1)对监狱执行刑罚活动是否合法实行监督;(2)对人民法院裁定减刑、假释活动是否合法实行监督;(3)对监狱管理机关批准暂予监外执行活动是否合法实行监督;(4)对刑罚执行和监管活动中发生的职务犯罪案件进行侦查,开展职务犯罪预防工作;(5)对监狱侦查的罪犯又犯罪案件审查逮捕、审查起诉和出庭支持公诉,对监狱的立案、侦查活动和人民法院的审判活动是否合法实行监督;(6)受理罪犯及其法定代理人、近亲属的控告、举报和申诉;(7)其他依法应当行使的监督职责。

三、社会监督

社会监督是指公民、法人或者其他组织对监狱工作进行的监督。我国《宪法》第27条第2款规定:"一切国家机关和国家工作人员必须依靠人民的支持,经常保持同人民的密切联系,倾听人民的意见和建议,接受人民的监督,努力为人民服务。"这就意味着,作为国家刑罚执行机关的监狱,必须接受公民、法人或者其他组织的监督。

近年来,我国许多地方的监狱系统不断创新方式方法,广泛开展社会监督的有益尝试。例如,江苏省监狱系统在2018年通过优化执法服务,深化狱务公开,拓展微博、微信、热线功能,在12348中国法网、江苏监狱网公布罪犯减刑假释建议书和暂予监外执行决定书;全年共受理热线电话16,809个;执法结果通过江苏监狱网、江苏监狱微信公众平台及时向社会公布。同年,苏州监狱、江宁监狱等多个监狱选择以更为接地气的方式,首次面向社会接受公众报名、微信线上挑选报名人员,开展"社会看监狱"活动。这一举措使得越来越多的社会公众有机会走进高墙电网,不仅发挥了良好的警示教育作用,更密切了和社会之间的联系。

从我国监狱工作的实践来看,对于监狱的社会监督大体上可以分为以下三类:

(一)公众监督

公众监督是指社会公众通过一定方式对监狱工作进行的监督。《人民警察法》第46条第1款规定:"公民或者组织对人民警察的违法、违纪行为,有权向人民警察机关或者人民检察院、行政监察机关检举、控告。受理检举、控告的机关应当及时查处,并将查处结果告知检举人、控告人。"

尽管罪犯是被改造对象,但他们的合法权利仍然受到法律保护,其对监狱及监狱人民警察也可以依法进行监督,有权对其违法行为依法进行控告和检举。对此,《监狱法》第7条第1款规定:"罪犯的人格不受侮辱,其人身安全、合法财产和辩护、申诉、控告、检举以及其他未被依法剥夺或者限制的权利不受侵犯。"第23条规定:"罪犯的申诉、控告、检举材料,监狱应当及时转递,不得扣压。"第47条规定:"……罪犯写给监狱的上级机关和司法机关的信件,不受检查。"这些规定,为保证罪犯的合法权利提供了法律保障。

同时,公民对监狱机关及其人民警察的执法监督,还包括罪犯的家属对监狱机关和监狱人民警察执法活动的监督。他们有权依法对监狱机关及其人民警察的执法活动提出批评、建议、控告和检举。监狱机关应当主动向他们介绍情况、宣传政策,征求意见,并认真对待合理合法的批评或实事求是的检举、控告。

这类监督的形式还包括由知名人士进行的监督(如政协委员等进行的监督)、由专业人员进行的监督(如有关领域的研究者和专家等进行的监督)以及由普通公民进行的监督。

从实践来看,单独的公民个人是很难对监狱工作进行监督的。如果通过一定的形式将普通公民组织起来,就有可能对监狱实行有效的监督。在这方面,英国的独立监督委员会(Independent Monitoring Board,IMB)具有启发意义。在英格兰和威尔士,每个监督和移民遣送中心都有一个独立监督委员会,有10~20名由民间志愿人士担任的监督员,对其进行监督;监督员从事监督工作没有工作报酬,但可报销差旅费;监狱的独立监督委员会由司法部负责,移民遣送中心的独立监督委员会由内政部负责;监督委员会与监狱没有任何附属关系。

(二)社会团体监督

社会团体监督是指由社会团体通过一定方式对监狱工作进行的监督。在我国,一些社会团体在社会生活中发挥着重要的作用,如各级工会、共青团、妇联、各种协会、学会、商会等组织就属于这样的社会团体。它们可以通过一定方式对监狱工作进行监督,促进监狱完善工作,加强管理,提高罪犯改造质量。其最大特点是能最广泛地密切联系群众,了解各方面群众的意愿。他们在对罪犯的法律援助、帮教以及刑满释放后的安置等方面能够发挥重要作用。社会团队对监狱机关及其人民警察的监督,可以采取批评、建议、控告、检举等形式来开展。

(三)新闻舆论监督

新闻舆论监督是社会监督的一个重要方面。所谓新闻舆论监督,是指舆论监督机构利用舆论工具(电台、电视、报纸、杂志、网络等)的媒介作用反映广大公民意愿、意见和要求,揭露各级国家机关工作人员的违法渎职行为。从我国监狱工作的实践来看,尽管监狱具有封闭性的特点,监狱外面的社会公众很难了解监狱的运行情况,但随着互联网技术的不断进步,新媒体,如网络、手机、微信、微博等先进的电子媒体、通信工具的普及,使得各类监狱工作信息越来越易于被新闻媒介传播。与此同时,由于大众传媒在信息传递上具有公开、传播及时、覆盖面广的特点,新闻舆论监督中一定要注意防范歪曲事实真相、任意武断猜测等不良负面效应。总体来看,随着社会主义民主与法治建设的进步,新闻舆论在监狱监督中的作用必将越来越大。

第三节　监狱人民警察执法的内部监督

一、纪检监察监督

纪检监察监督,是指中国共产党党内的纪检监督和国家行政监察机关的行政监督。

中国共产党是我国的执政党,是中国社会主义事业的领导核心,中国共产党的各级组织对执法机关贯彻党的路线、方针、政策,遵守国家法律进行全面监督是实现党对国家领导的一种重要方式,它主要通过党的各级纪律检查委员会对在执法机关中工作的党员,特别是担负主要领导工作的党员干部进行监督,促使他们坚定地执行党的路线、方针、政策,模范地遵纪守法。

党的十九大报告指出,要不断深化国家监察体制改革,组建国家、省、市、县监察委员会,同党的纪律检查机关合署办公,实现对所有行使公权力的公职人员监察全覆盖。目前,我国已经建立起自上而下的行政监察组织系统:在中央设立了国家监察委员会;省、市、县各级政府部门也设立了相应的监察机关。我国的监狱大多数属于县处级或者更高行政级别的单位,因此,也普遍设立了行政监察部门——监狱监察室等。

行政监察与人民检察院的监督虽然都属于对监狱工作的监督形式,但二者有重要区别。人民检察院对监狱执法工作进行的监狱检察,是基于不同刑事司法权之间的相互制约关系而进行不同部门之间的法律监督,是法律监督部门对刑罚执行部门的监督,属于外部监督;而监狱监察机关对监狱工作进行的行政监察,是基于监狱行政机关内部的权力分工和相互制衡,而对监狱行政机关和监狱工作人员进行的监督,属于内部监督。二者的区别体现在以下几方面:(1)从监督主体来看,人民检察院监督的实施者是驻监检察室的监狱检察人员;而行政监察的实施者是监狱监察室的工作人员，这些工作人员的身份与监督对象的身份一样，都属于监狱人民警察。(2)从监督对象来看，人民检察院的监督对象是监狱及其人民警察的执法行为；而行政监察的对象是监狱内各个部门及其工作人员的各种行为。(3)从监督内容来看，人民检察院监督的主要内容是监狱的刑罚执行工作是否合法；而行政监察的主要内容还包括监狱内各个部门及其工作人员的工作是否符合政令、工作纪律，特别是是否有腐败等问题。

在监狱中，监狱监察室通过多种方式行使监察权力。例如，组织专项执法检查，列席监狱行政班子会议，对监狱的减刑、假释等工作进行监督，组织警务督察对警察执法行为进行动态监察，受理有关警察执法的举报、检举、控告行为，就发现的问题向有关部门发出监察建议等。

二、审计监督

这是指由专门的审计机关对监狱的财务工作进行的独立检查与监督工作。审计是审计机关依法独立检查被审计单位的会计凭证、会计账簿、会计报表以及其他与财政收支、财务收支有关的资料和资产，监督财政收支、财务收支真实、合法和效益的行为。

对监狱工作进行审计监督是很有必要的。首先，有利于按照规定使用监狱经费。监狱是国家全额保障经费的刑罚执行机关，国家审计机关有权对监狱如何使用国家划拨的经费进行检查与审核，从而保证监狱依法恰当地使用监狱经费。其次，有利于保证监狱的正常运行。监狱机构的正常运行，离不开充裕经费的保障。如果出现对监狱经费进行挪用、贪污、浪费等违法犯罪行为，就有可能使监狱的正常运转受到干扰。再次，有利于提高罪犯改造质量。监狱依靠国家划拨的经费所产出的主要产品就是经过改造后的守法公民。国家财政部门和每个纳税人都有权知道监狱效益，特别是改造罪犯方面取得的社会效益。因此，通过审计活动，可以不断促使监狱人民警察牢记自己的使命，改进监管改造工作，提高罪犯改造质量，生产合格的产品——将罪犯改造成为守法公民。最后，有利于促进监狱人民警察遵纪守法。通过经常性的或者定期的审计活动，可以及时发现监狱人民警察是否存在违规、违法使用监狱资金的情况，是否存在侵占和贪污监狱国有资产的情况。这对监狱人民警察的遵纪守法起到了良好的促进作用。

三、上级对下级的监督

上级对下级的监督，是指监狱的上级管理机关对下级监狱机关，本单位、本部门领导对下属监狱人民警察的监督。我国监狱实行两级管理体制,即中央监狱管理机关对直属监狱及全国监狱的管理和省级监狱管理机关对所属监狱的管理。根据这种管理体制,省级监狱管理机关有权力对所属监狱的工作情况进行监督;中央监狱管理机关,即司法部监狱管理局有权对直属监狱(燕城监狱)和全国任何监狱工作的工作情况进行监督。同时,《人民警察法》第43条也对自上而下的执法监督作了明确的规定:“人民警察的上级机关对下级机关的执法活动进行监督,发现其作出的处理或者决定有错误的,应当予以撤销或者变更。”

上级监督具有以下特点:(1)经常性。即监狱的上级管理机关在日常行政管理中可以随时对监狱工作进行监督。这一特点体现在上级机关经常性地与监狱发生工作联系和信息交流,可以通过检查重大任务的落实情况、下级机关的请示报告等环节中随时了解监狱的运行情况,从而发现偏差、查摆漏洞。这既是监狱行政管理工作的正常内容之一,也是上级管理机关的重要职责。(2)普遍性。这是指各地监狱的上级管理机关对于监狱的监督并不是针对少数监狱开展的特殊工作,而是监狱上级机关普遍进行的日常管理工作,是上级机关领导基层监狱的重要内容。(3)全面性。这一特点是指监狱的上级机关要对监狱各个方面的工作实行监督,也即上级机关不仅要对监狱监禁管理、刑罚执行的全过程进行监督,还要监督监狱设施的建设与运用、监狱人民警察队伍建设、人事管理、监狱经费的划拨与开支等内容。

目前,在我国监狱系统内部,无论是上级管理机关对下属监狱还是各个监狱内都已经建立了警务督察制度,即由专门机构及人员依照有关规定,对监狱人民警察在执法执勤活动中依法履行职责、行使职权和遵守纪律情况进行现场监督和检查。关于警务督察,我们将在下一节进行重点介绍,此处不再赘述。

四、下级对上级的监督

下级对上级的监督,是指监狱系统的下级机关对上级机关,监狱人民警察对本单位、本部门领导的监督。为了充分保障社会主义民主、保证各级组织及人员的合法权益不受损害,我国监狱监督制度中还依法赋予了下级对上级的监督权利。监狱的下级机关或基层监狱人民警察对上级管理机关或领导的指示、批复、决议、决定、决策等,认为有不当或错误时,可以提出批评或建议;对领导的官僚主义和不正之风,监狱人民警察有权抵制,并进行批评;对于个别监狱领导人员的严重违法违纪行为,监狱人民警察还可以采取控告、检举的形式向上级机关或其他司法部门进行揭发。

第四节　监狱人民警察警务督察

1997年6月20日，中华人民共和国国务院令第220号《公安机关督察条例》发布施行，这是我国警察制度史上的一个路标：它标志着具有中国特色督察制度的建立。《公安机关督察条例》第2条第2款规定："县级以上地方各级人民政府公安机关督察机构，负责对本级公安机关所属单位和下级公安机关及其人民警察依法履行职责、行使职权和遵守纪律的情况进行监督，对上一级公安机关督察机构和本级公安机关行政首长负责。"

2006年，为进一步加强监狱劳教人民警察的管理和监督，提高执法能力和水平，树立监狱劳教人民警察的良好形象，司法部下发了《关于加强警务督察工作的意见》。意见中对于司法行政机关开展警务督察工作的重要性、督察任务和工作职责、督察机构和队伍建设等问题进行了明确部署和指示。2013年，党的十八届三中全会审议通过的《中共中央关于全面深化改革若干重大问题的决定》，对司法行政机关提出了明确的改革任务，新的形势任务赋予了司法行政系统督察工作新的重要使命。实施警务督察，是促进监狱人民警察队伍职业化、专业化、正规化建设的重要措施；对于加强司法行政机关对监狱工作的领导，确保监狱人民警察严格正确执法，有效提高监狱管理水平，增强监狱人民警察的法治观念和组织纪律性，实现依法治国、从严治警具有重要的现实作用。

一、监狱人民警察警务督察及原则

（一）警务督察

警务督察从字面理解有两层含义：一是表示督察行为，即监督和视察的行为；二是表示职务，即监督和视察的主体。在本书中，我们将警务督察界定为监狱专门机构及其人员依据有关规定对监狱人民警察在执法活动中依法履行职责、行使职权和遵守纪律情况进行的现场监督和检查。警务督察作为一项政策性、专业性极强的工作，必须由专门的机构和队伍来承担。在监狱开展和加强警务督察，对于促进依法治监、监狱人民警察队伍建设、行刑科学化以及罪犯改造质量提高等方面都有重要的积极作用。

（二）警务督察的原则

监狱在进行警务督察时必须遵守以下基本原则：

1. 依法监督原则。督察机构是监狱系统内部的执法监督机构,各级督察机构在警务督察过程中,必须严格依照法律法规的规定,依照法定的权力和法定的程序进行督察活动。

2. 以事实为根据,以法律为准绳原则。以事实为根据,就是要重证据、重调查研究,不主观臆断,不妄加猜测,做到证据确凿、准确无误。以法律为准绳,就是在弄清事实的基础上,严格按照法律规定进行公正处理,做到正确运用法律,秉公执法,不偏不倚,不枉不纵,处理得当,令人信服。

3. 公正、公开和透明的原则。监狱人民警察执法工作的核心价值就在于公平和正义。因此,及时发现、纠正监狱人民警察执法中的各类问题也必须坚持公正、公开和透明的原则。督察活动不仅要对督察对象负责,更要接受社会公众的监督,督察的全过程及结果要经得起推敲和考验。

二、监狱人民警察警务督察的组织机构

司法部警务督察委员会领导全国司法行政机关的警务督察工作,负责对司法部所属单位和下级监狱机关及其人民警察依法履行职责、行使职权和遵守纪律情况进行监督。

各省司法行政系统警务督察工作,在省司法厅党委的领导下,由司法厅政治部职能部门统一组织实施并负责管理监督和协调。司法厅政治部职能部门在履行警务督察管理监督职能的过程中,应加强同厅纪委等部门、省监狱管理局的沟通,形成有效的协调配合工作机制。

省司法厅成立警务督察总队,设警务督察总队长1名。警务督察总队就全省司法行政系统警务督察工作,直接向厅党委和政治部负责。

监狱管理局成立警务督察支队,设警务督察支队长1名。警务督察支队就本系统警务督察工作,向省厅警务督察总队和所在单位党委负责。

各监狱成立警务督察大队,设警务督察大队长1名。警务督察大队就本单位警务督察工作,向省监狱管理局警务督察支队和所在单位党委负责。

各级警务督察人员在警务督察工作中,必须严格贯彻公开、公平、公正原则,自觉接受组织监督和群众监督。监狱人民警察对警务督察工作中的违纪违规行为,有权向上级机关、纪检监察部门举报、申诉。警务督察机构和人员滥用职权、徇私舞弊、玩忽职守的,依法予以处理。

警务督察机构应经常开展警务督察活动,每月向上级警务督察机构上报一次工作情况。涉及警务督察事项的重大或突发事件,事件发生单位除按现有规定上

报外,应同时报告上级警务督察机构。

三、监狱人民警察警务督察的内容

司法部明确提出,警务督察工作要紧密结合监管改造实际情况、执法规范化建设,贯彻实施“六条禁令”,重点加强对监狱落实各项监管安全制度和措施、监狱人民警察遵守工作制度和纪律情况的督察。督察事项主要包括:重要警务部署、措施、活动的组织实施情况;监狱突发事件处置情况;监狱规范执法情况;警察执勤现场履行岗位职责情况;警察使用武器、警械及警用车辆、警用标志的情况;警察文明执法、执勤和遵守警容风纪情况等。

具体来讲,主要包括以下内容:

1. 对监狱人民警察贯彻落实党和国家关于监狱工作的方针、政策、法律、法规的情况进行督察;

2. 上级重要警务部署、措施、活动的组织实施情况及突发事件处置情况进行监督检查;

3. 监禁管理、戒毒管理、教育矫治、劳动生产、生活卫生、警戒护卫等法律、法规及制度的执行情况;

4. 执法、值勤活动中严格、依法、规范文明执法和履行岗位职责情况;

5. 使用武器、警械具、警用车辆和警用标志情况;

6. 遵守警容风纪规定的情况;

7. 执行司法部“六条禁令”情况;

8. 上级机关指令和领导交办的其他警务督察事项。

四、监狱人民警察警务督察的形式

警务督察机构执行督察任务,可以根据不同的警务督察内容,采取多种不同的方式进行。

从内容上看,警务督察可以分为执法督察、行政督察、职能督察等;从形式上看,可分为现场督察、重点督察、专项督察、定期督察与突击督察相结合等不同方式。

1. 执法督察。执法督察是指对监狱及监狱人民警察执行法律、法规、规章、命令和遵守纪律的情况进行的督察。具体督察的内容有:法律、法规及规范性文件在本级和下级监狱机关是否得到认真贯彻实施,执法和遵纪中有哪些问题需要解决;监狱及其人民警察有哪些违法违纪问题需要纠正或向有关部门反映予以处理的;是否存在有法不依、执法不严,甚至违法违纪等方面情况,需要采取措施予以纠正的。

2. 行政督察。行政督察是指督察机构检查监狱在组织管理、财物、装备等警务保障中，是否存在违纪、违法行为。

3. 职能督察。职能督察是指检查监狱各职能部门和人员在行使职权和履行职责过程中，是否发挥了职能作用，在履行义务和遵守纪律中是否存在违法违纪或失职渎职行为。

4. 现场督察。这是指督察人员深入现场，对监狱及人民警察正在进行的警务活动实施的同步动态监督。通过对遵守法律和纪律的情况进行监督，在现场督察中发现违法违纪行为的，要及时予以制止和纠正；可能造成恶劣影响和严重后果的，对违法违纪人员可当场采取停止执行职务，带离执法现场等临时处置措施。督察人员执行现场督察任务时，不得少于两人。根据工作需要，可采取明察和暗访两种方式，以明察为主。明察时应着警服，佩戴督察标志，主动出示督察证件，严格按照批准的工作方案开展工作；暗访时可以着便装，必要时出示督察证件。根据督察工作需要，经警务督察机构领导批准，督察人员可以模拟设置警情。任务结束，督察人员及时撤销所设警情。未经批准，任何人不得擅自模拟设置警情。

5. 专项督察。这是指根据司法部、省司法厅安排的专项工作任务，或者针对监狱一个时期内普遍存在的某一类带有倾向性、多发性的问题，集中督察警力，开展督察活动。

6. 定期督察。警务督察人员定期开展的，对监狱人民警察的执法与执勤情况、岗位责任落实情况、警容风纪的执行情况进行督察。

7. 不定期督察。这是指为了更好地掌握实际情况，在定期督察的基础上，由督察机构和人员所实施的突击检查。目前，不少省市的监狱督察机构纷纷采取“四不两直”的方式对监狱各项工作进行突击检查，起到了良好的督察效果。“四不两直”意指，不发通知、不打招呼、不听汇报、不要陪同、直奔基层、直插现场。这一督察方式因为具有突然性、直接性等特点，往往更能反映和暴露监狱执法环节中存在的真正问题。

五、监狱人民警察警务督察的工作流程

警务督察工作可以分为现场督察和远程督察两种方式。其中，远程督察主要是运用现代化网络信息技术对监狱人民警察的警务活动和行为规范所进行的实时监督和检查。具体督察工作流程如图 7－1 所示。

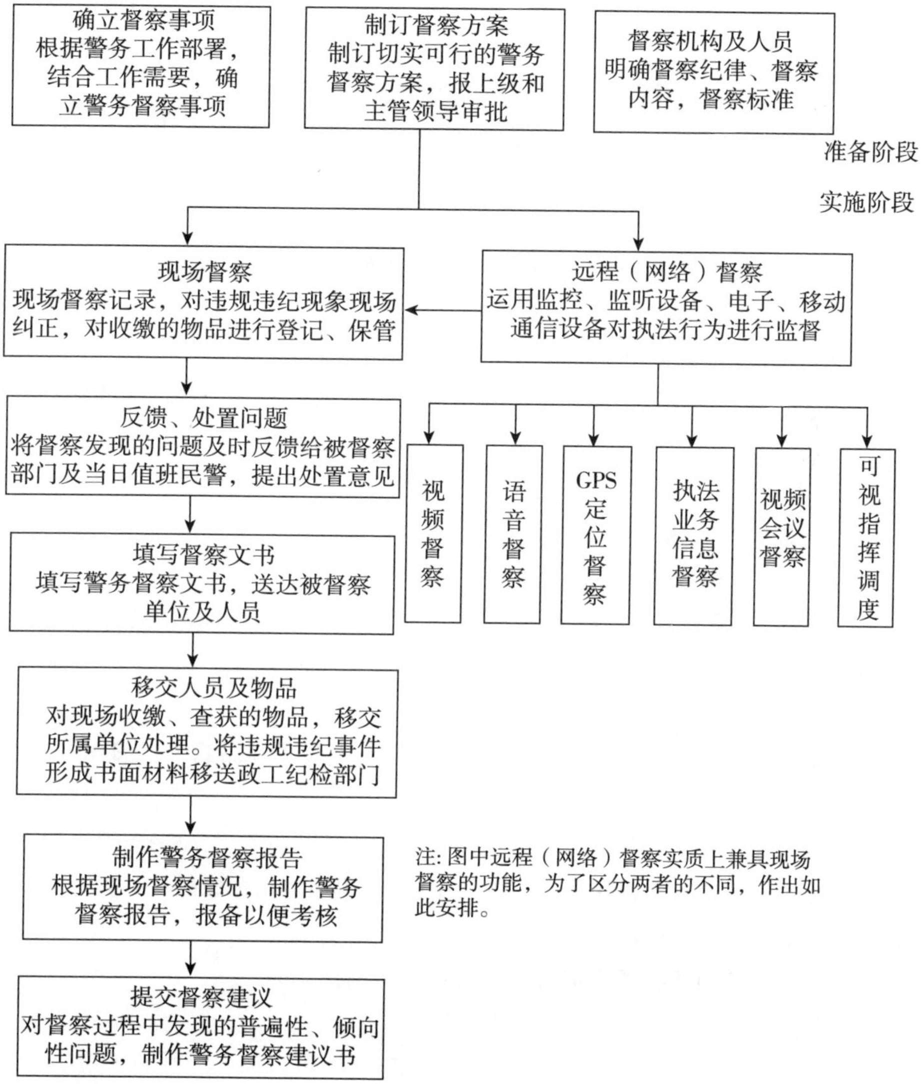

图 7－1　监狱人民警察警务督察工作流程

六、监狱人民警察警务督察的职权行使

警务督察人员在执行警务督察任务时依据规定可以行使以下职权：

1. 督察中发现监狱人民警察有下列违反警容风纪规定的，可以当场给予批评教育并予以制止纠正：

(1)不按规定穿着制式警服的,包括不按规定佩戴警用标志或者警服和便服混穿的;

(2)警容不整的,包括女警察着警服时染指甲、留长指甲、化浓妆、戴首饰、梳披肩发,男警察着警服时戴首饰、留胡须、留长发、留大鬓角、卷发(自然卷发除外)、剃光头的,在外露的腰带上系钥匙或饰物的;

(3)穿着警服在公共场所举止不端,有失警察形象的;

(4)穿着警服或携带枪支、警械、机密文件在饭店、酒店等公共场所饮酒、酗酒、娱乐的;

(5)其他违反警容风纪规定的行为。

2. 督察中发现监狱人民警察有下列违反规定使用武器、警械的,可以当场予以制止、纠正,必要时可以予以扣留:

(1)无持枪证而携带枪支的;

(2)违反规定携带武器、警械进入禁止区域、场所的;

(3)违反规定配发武器或持有警械的;

(4)其他违反《人民警察使用警械和武器条例》等法律、法规和规章制度的。

3. 督察中发现监狱人民警察有下列违反规定使用警车和警用标志的,可以当场予以扣留:

(1)不按规定使用警车,滥用警灯、警报器,不按规定携带警车牌证或者挪用、转借警车牌证的;

(2)私自喷涂警车外观标志,安装警灯、警报器以及伪造、涂改警车牌证的;

(3)违反规定购买并使用不合格的警衔标志、警服专用标志的;

(4)佩戴与授予警衔不相符的警衔标志的;

(5)转借或赠与非警务人员警服或者警察专用标志的;

(6)其他违反法律、法规和规章制度的。

4. 督察中发现监狱人民警察有下列行为之一的,可以停止其执行职务,并带离现场:

(1)其违法违纪行为正在发生,可能造成恶劣社会影响或严重后果的;拒绝、阻碍督察人员执行现场督察工作任务的。

(2)对监狱及监狱人民警察的违规违纪行为,应当按照规定填写《警务督察通知书》,将督察决定或督察建议及时通知违规违纪对象所在单位。监狱及监狱人民警察对警务督察机构作出的督察决定或督察建议,应当在规定时间内以书面形式向警务督察机构反馈整改落实情况。

(3)监狱人民警察对督察机构作出的督察决定不服的,可以自接到通知书之日起3个工作日内提出复核申请,所在单位督察机构应当在10个工作日内作出复核决定。对复核决定不服的,可以在收到复核决定书之日起3个工作日内向省监狱管理局警务督察支队提出申诉,省监狱管理局警务督察支队应当在1个月内予以答复。对省监狱管理局警务督察支队复核决定仍不服的,可以在收到复核决定书之日起3个工作日内向省厅警务督察总队提出申诉,省厅警务督察总队应当在1个月内予以答复。

(4)警务督察机构经督察认为监狱人民警察违法违纪需给予组织处理、行政处分、降低或取消警衔的,可以提出建议,移交相关职能部门按规定处理;对涉嫌犯罪的,移送司法机关依法处理。

5. 在督察过程中,如果监狱及其人民警察有下列行为的,可以对被督察单位主要领导、责任人进行告诫直至追究单位或个人的纪律责任:对警务督察工作设置障碍,隐瞒事实真相,伪造或隐匿、毁灭证据,包庇违法违纪人员的;无正当理由拒不执行警务督察决定或拒不接受警务督察建议的;打击、报复检举、控告人和警务督察人员的。

—— 事例 ——

贵港监狱"四个强化"提升警务督察工作

2018年以来,贵港监狱结合实际情况,充分发挥警务督察在维护监狱安全稳定、加强警察队伍建设中的重要作用,以"四个强化"进一步提升警务督察工作,促进监狱整体工作规范有序运行。

强化法治思维,完善警务督察制度。监狱党委将深入推进依法治监提上重要议事日程,致力于运用法治思维和法治方式祛除监狱工作肌体中的顽疾。警务督察部门根据司法部、区监狱管理局相关要求,结合实际制定了警务督察提示卡,将触角延伸到警察执法管理工作的每一个环节。

强化职责使命,落实警务督察责任。围绕"保安全、促稳定、求发展"目标,警务督察部门采取日常督察与专项督察相结合的工作方式,及时提醒和纠正警察执法管理过程中的偏差,并将警务督察工作与依法行政考评、政风行风建设、执法教育整顿、警务机制建设等活动有机结合,确保警令畅通、政令落实、制度执行。

强化工作创新,形成警务督察合力。监狱积极打造"阳光警务""阳光督察",警务督察部门在工作中主动接受各方监督、争取广大警察的理解和支持,最大限度地凝聚警务督察工作的正能量。注重整合执法监督员、兼职监察员等专兼职力量,突出发挥"网络督察""视频督察”的优势，科学探索全方位、信息化的警务督察工作新模式。

强化惩防并举，提升警务督察实效。正确处理敢于督察与善于督察的关系，警务督察部门在“唱黑脸”的同时，及时汇总分析各类不良倾向和苗头，对警察执法管理工作多提醒、多教育、多警示，充分体现了从严治警与从优待警的有机统一，在标本兼治、惩防并举中，避免了警务督察工作陷入“只督不察、越督越忙”的误区。

本章参考文献

[1]吴宗宪主编:《刑事执行法学》，中国人民大学出版社2007年版。

[2]兰洁主编:《监狱学》，中国政法大学出版社1999年版。

[3]白泉民:《监所检查三十年回顾与展望》，载《人民检察》2008年第24期。

[4]徐盈雁:《2301个派驻检察室实现信息联网》，载《检察日报》2007年6月1日。

[5]叶旺春:《英国监狱社会监督制度的考察及对我国的借鉴价值》，载《刑法论丛》2011年第1期。

[6]聂晶:《对监狱刑罚执行严厉性的重新审视》，载《犯罪与改造研究》2008年第5期。

[7]李丽君:《“多元视角:监狱与社会关系的重新审视与探讨”学术研讨会综述》，载《中国监狱学刊》2006年第2期。

[8]彭波、李婧源:《监狱腐败怎么治?》，载《人民日报》2019年7月4日。

[9]吴宗宪:《监狱学导论》，法律出版社2012年版。

[10]葛炳瑶:《监狱执法监督制度研究》，载《中国司法》2004年第11期。

[11]陈颖:《论监狱人民警察执法监督机制及其完善》，华中师范大学2017年硕士学位论文。

[12]陈连喜主编:《监狱人民警察概论》，中国政法大学出版社2013年版。

[13]张德淼、唐杏湘:《比较法视野下监狱执法监督员制度探究》，载《湖北警官教育学报》2018年第2期。

第八章　监狱人民警察的执法风险与防范

学习目标

1. 了解监狱人民警察执法风险的含义、特征及成因。
2. 重点掌握监狱人民警察执法风险的类型。
3. 重点理解监狱人民警察的法律责任。
4. 熟悉监狱人民警察执法风险的防范策略。

第一节　监狱人民警察执法风险概述

近年来,随着监狱各项规章制度的不断完善,规范执法等各项教育培训活动的深入开展,监狱人民警察队伍的整体执法水平得到了极大提升。同时,国家、社会对监狱人民警察公正文明执法、有效改造罪犯、保证监狱安全的期望和要求越来越高,对失职渎职行为的责任追究力度越来越大,监狱人民警察对执法的安全意识明显增强,大多数监狱民警能够认真履行岗位职责,较好地完成监管改造工作。但是,由于法律法规的不健全、罪犯的暴力伤害以及过度维权、监狱人民警察自身严格依法执法意识淡薄等原因,监狱人民警察的执法风险也日益凸显。因此,理性剖析监狱人民警察执法风险成因,加强执法风险管理,鉴别、防范和化解执法风险,促进监狱人民警察的执法权益保障,就成为监狱人民警察管理者无法回避而又迫切需要解决的重大问题,也是监狱人民警察管理的重要内容之一。

一、监狱人民警察执法风险的含义

"风险"一词最初是指不确定性。最早提出风险概念的美国学者海恩斯在其著作《Riskasan Economic Factor》中写道:"'风险'一词在经济学和其他学术领域中并无任何技术上的内容,它意味着损害或损失的可能性。偶然性的因素是划分风险的本质特征,某种行为能否产生有害的后果应以其不确定性而定。如果某种行为具有不确定性,则该行为就承担了风险。”20 世纪后半期,风险问题逐渐被社会学界关注,风险经过演化逐渐发展为社会风险。西方许多著名的社会学家如贝克、吉登斯、卢曼、拉什等都从各自的视角对风险社会进行了比较深入的研究,形成了各具特色的风险社会理论。

通常情况下,风险是指在一定条件下和一定时间内,由于社会的或自然的因素可能发生各种事故的变动情况进而造成伤害、毁损、损失的可能性。它的本质属性有两层含义:一是风险的不确定性,可以用风险的概率衡量,即风险为不确定事件;二是风险给人们带来的损害和不利后果。我国对于监狱人民警察执法风险的研究已经积累了一些成果。如李兆琪等人认为,监狱人民警察执法风险是指监狱人民警察在对罪犯管理、教育等刑事司法过程中可能出现的招致严重后果的危险。还有学者认为,监狱人民警察执法风险是在从事监狱工作及其相关执法实务中所面临的各种风险,这些风险造成监狱人民警察受到损害或不利的可能性。

综合来看,监狱警察执法风险有广义和狭义之分。广义的监狱警察执法风险泛指监狱人民警察在刑罚执行过程中,可能发生又不能准确预知的,能够造成监狱人民警察人身、财产、名誉、责任等损失的可能性。而狭义的监狱警察执法风险仅指在监狱警察执法过程中,因执法过错、执法不当、不作为等违规违法行为造成的行为主体需承担相应责任风险的情况。下面,我们将从广义角度来探讨监狱人民警察的执法风险。

二、监狱人民警察执法风险的特点

监狱执法风险与一般的执法风险有相同之处,也存在一定的特殊之处,主要有客观性、多样性、危害性、多因性四个特点。

1. 客观性。首先,监狱人民警察的执法对象是触犯国家刑事法律的罪犯,在面对这一特定群体时,其风险是客观存在的。同时,执法的主体是监狱人民警察,他们在执法过程中因各种主客观因素的影响,势必会因执法行为而引发风险事故。正是由于其客观存在性,监狱执法风险不可能完全消灭,只能在一定的范围内采取有效的措施加以控制,将伤害和损失降到最低。

2. 多样性。即在监狱人民警察执法过程中所面临的风险种类和形式具有多样性。既有身体健康、生命安全、合法权益等方面的显性风险,也有心理健康、名誉受损等隐性风险。同时,监狱人民警察既要承受人为风险,也要承受由监狱偏僻和恶劣的地域环境而引发的自然风险。

3. 危害性。一旦风险发生，不仅仅是对监狱人民警察个体造成人身、财产、名誉、法律责任等方面的损失，有时甚至会危及其亲人和家庭，抑或是其他社会公民。另外，作为监管罪犯的特定场所，监狱内的任何风险事故都有可能造成恶劣的社会影响，直接损害监狱的执法形象，影响司法行政部门的公信力。

4. 多因性。多因性是指引发和增加监狱人民警察执法风险的原因和因素比较复杂，既有法律法规、监狱布局、监狱管理体制、犯罪类型等宏观因素，也有监狱押犯规模、押犯构成、警力配置、岗位设置、监狱物质保障等微观因素；既有外部因素，如社会对监狱和警察的认知评价、上级工作要求等，也有内部因素，如监狱民警心理疏导、技能培训、考核激励等因素。

三、监狱人民警察执法风险的主要成因

监狱是国家的刑罚执行机关，监狱人民警察在监禁管理、刑罚执行、教育改造中的所有活动都可以看作执法行为。在内外环境和主客观条件相互作用下，监狱人民警察的执法风险既有其偶然性也有其必然性。为了更好地防范风险发生的可能性，降低监狱人民警察可能存在的不利损害的发生概率，就必须对风险发生的影响因素进行识别和探究。归纳来看，导致监狱人民警察执法风险的因素很多，主要包括：监狱执法对象和环境、监狱人民警察权益保障机制尚不完善、监狱警力不足及监狱布局不合理、监狱及其人民警察执法风险防范意识不足等。

（一）监狱执法对象和环境

监狱执法工作有其显著的复杂性、长期性、反复性、封闭性等特性，这些特性使得从事监狱执法工作的人民警察总是或多或少地存在一定的执法风险。

首先，监狱执法工作的对象是罪犯，他们是一个有思想、意识、行为的群体，这个群体里的绝大多数人思想偏离社会主流意识、具有反社会人格、法律意识淡薄、行为违背社会规范，具有较强的现实危害性。如何改造他们原有的思想、意识和行为，转变成社会规范所能接纳的守法公民是一项复杂、反复而又长期的过程，与此相对应的教育改造工作也必定是艰难、反复和漫长的。与此同时，监狱处于一个相对封闭的系统之中，不仅有高墙电网的物理隔离，还有社会评价（人们对监狱的负面印象往往占据优势）的心理隔离，使得监狱执法工作具有双重的封闭性。这些特性，决定了监狱人民警察在执法过程中总是要承受着被伤害、损失和其他不利后果的可能性以及由此带来的实质性伤害。

（二）监狱人民警察权益保障机制尚不完善

近年来，在罪犯权利日益得到完善和保护的同时，监狱人民警察的执法权力和

各项合法权益受到了其执法相对人——罪犯的严峻挑战。

首先,相关法律法规的滞后导致监狱人民警察执法权益受到不同程度的侵扰。当前保障监狱人民警察执法权益、防范职业危险的法律法规及规章制度散见于各类规章制度之中,既不成体系,也缺乏现实可操作性,使得监狱人民警察在人身安全、身心健康、执法活动遭受威胁时无具体法规可依,无规章可循。例如,《监狱法》第58条规定,“罪犯有下列破坏监管秩序情形之一的,监狱可以给予警告、记过或者禁闭”。而其所规定的八种情形却缺乏具体的司法解释,对现实中常见的辱骂、对抗、恶意投诉、暴力袭警、扰乱秩序等没有具体的标准和尺度。这就导致监狱人民警察在实际操作过程中难以准确适用法律法规,形成罪犯违规、违法行为成本与监狱人民警察执法追责成本倒挂的现象。

其次,权益保障机制的落后导致监狱人民警察的合法权益得不到有效保障。比如罪犯暴力袭警,监狱警察人身安全缺乏保障:罪犯抗改,监狱警察的执法权易受干扰;罪犯过度维权,监狱警察精神受损;工作繁重,监狱警察的休息权难以保障;经济窘迫,监狱警察的获取劳动报酬权受到损害;接触病患,监狱警察的健康权受到严重侵害;保障不力,监狱警察的福利相对低下且警务装备配置不全或性能落后,等等。

(三)警力不足及监狱布局不合理

目前,监狱沿用的警囚比例18%的警力配备标准是1981年制定的,在此暂且不论这个标准的确定是否科学合理,能否满足当前监狱工作运行和发展的需要,就现实状况来看,还有很多监狱未能达到18%的配备标准。警力的不足,在很大程度上成为制约和影响监管安全与教育改造质量提升的“瓶颈”,也给监狱及其人民警察带来了难以言喻的压力。在监狱人民警察的绝对数达不到一定比例的情况下,一线民警长期处于超负荷工作状态,必然会对他们的身心健康造成严重伤害。由于历史原因,我国大部分监狱远离城市,建在偏远的山区湖边,即使一些原有的城市监狱,也纷纷搬迁到偏远之地。目前,我国仍有70%左右的监狱不在或远离县以上城镇,交通不便、信息闭塞、资源匮乏、经济落后,而且规模小,关押点分散。在新的社会历史条件下,这种格局逐渐显现出了许多弊端,既不利于罪犯的教育改造,也不利于监狱人民警察队伍的稳定,也必然加剧了监狱人民警察的执法风险。

(四)风险意识不强、能力有待提升

在刑罚执行过程中,监狱人民警察相对于罪犯来讲始终处于强势地位,其执法风险在惯性思维下往往易被忽视,导致监狱人民警察执法风险的防范意识淡薄。首先,思想上不够重视。监狱工作的特殊性决定了其职业的“高危”。然而,由于风险的不可预知性，再加上习惯性思维的作祟，监狱各级领导对监狱人民警察执法风险教育定位缺乏准确的把握，加之监管安全及监狱企业效益的压力，往往无暇顾及此项工作，存在“说起来重要，做起来次要、忙起来不要”的情况。其次，部分监狱人民警察对自身执法风险认识不足。对于自身所面临的种种风险，不少民警认识存在偏差和不足，没有真正意识到风险防范对自身执法帮助的重要性。最后，部分监狱人民警察自身执法素质和能力有待提升。许多工作经验丰富的老同志“经验主义”作祟，依仗自己多年的监狱工作经验，对于罪犯改造实际形势缺乏应有的敏感度，常常以旧经验、老办法来面对新问题。还有一些新入职的监狱人民警察缺乏专业和系统的监狱工作知识培训，并且缺乏实际工作中管理罪犯的经验，其执法能力和执法素质不能适应岗位的需求。这些情况都极易造成对一些工作的不当处理，并引发一定的监管事故和执法风险。

第二节　监狱人民警察执法风险的类型

根据执法风险给监狱人民警察带来伤害或损害的客体不同，可以将监狱人民警察执法风险概括为三大类，即人身安全类风险、精神健康类风险、法律责任类风险。这三类风险并不是孤立存在的，它们既相互联系、相互渗透又相对独立。

一、人身安全类风险

人身安全类风险是监狱人民警察因从事监狱执法工作而引发的，造成身体健康和生命安全受到威胁或伤害的风险。主要包括以下几种情形：

1. 因遭到暴力袭击而造成伤亡。当前罪犯构成日趋复杂，杀人、抢劫、纵火、绑架等严重暴力犯罪和涉黑、涉恶、涉毒犯罪日益增多，狱内重新犯罪的预谋性、团伙性、凶残性日趋凸显。在监狱硬件条件不断完善的情况下，个别不思悔改、铤而走险的罪犯往会把监狱人民警察作为攻击目标，暴力袭警甚至杀害监狱人民警察以达到脱逃、报复民警的目的。有的罪犯以暴力对抗民警合法管理；有的罪犯亲属、罪犯本人刑释后对监狱人民警察及其家属进行威胁甚至采取暴力手段报复；有些精神疾病罪犯在一些诱因的影响下会毫无征兆地袭击监狱民警；监狱人民警察在执行追捕、移交罪犯、收监保外和假释罪犯时，极易受到罪犯亲属、当地不明真相的群众和黑恶势力的攻击。例如，发生在呼和浩特的“10·17”杀警越狱案就曾引发社会的广泛关注。2009 年 10 月 17 日，呼和浩特第二监狱三监区罪犯乔海强、高博、李洪斌、董佳继杀害了当班民警兰建国,抢夺了当班民警徐某的警服,用抢来的警察门卡通过了三道关卡,在最后出门时引起了值班民警的怀疑。这几名逃犯打伤值班民警,强行冲出大门,抢劫一辆出租车后驾车逃脱。2009 年 10 月 20 日,4 名逃犯 1 人遭警方毙命,3 人遭捕。

2. 因抢险救灾和处置突发事件而发生伤亡。由于历史原因,不少监狱地处偏僻,自然环境较为恶劣、监狱人民警察在遇到地震、风暴、洪涝、火灾等自然灾害和突发事件时,既要把罪犯的生命安全放在首位,挺身而出尽可能地避免罪犯伤亡,又要全力维护和稳定监管秩序、应对各种困难,保护监狱财产。因此,一旦突发事件发生,危及监狱人民警察人身安全的危险因素就会成倍增加、造成监狱人民警察伤亡的可能性加大。

3. 因超负荷工作而使身体健康受到损害。由于监管安全稳定的巨大压力、基层警力配备未完全达标、全天候监管和轮值制工作等原因,监狱人民警察长时间处于高强度、高压力的工作状态,身心很难得到及时修养和调整,“生物钟”遭到破坏,容易形成“职业倦怠”并导致患病与日俱增,不少民警身患多种疾病。例如,据一份针对某监狱 343 名监狱人民警察的调查结果显示,患各种疾病的达到 56%;患心脏病的 89 人,占 26%;患神经衰弱的 73 人,占 21%;患高血压的 24 人,占 7%;患一种疾病的 101 人,占 29%;患两种以上疾病的 67 人,占 19%;患三种以上疾病的 26 人,占 8%。2020 年,新冠肺炎疫情肆虐,各行各业均面临巨大挑战,为了确保监狱安全,全国监狱人民警察加大执勤力度和工作强度,用坚定信念和顽强意志谱写了监狱人民警察的英雄赞歌,践行了“不忘初心,牢记使命”的铮铮誓言。其中,天津市长泰监狱六监区监区长张治国身先士卒、主动请缨,成为第一批封闭执勤的“逆行者”。3 月 22 日,全市监狱进行第二次勤务轮换,他再次回到监狱执行封闭任务,带领监区民警坚守阵地。直到去世那天,他已在监狱连续封闭值勤 25 天。

4. 狱内传染病的威胁。每种传染病都有其特异的病原体,具有流行性、地方性、季节性、免疫性等特征,一旦滋生了传染病就会在一定范围内威胁人的身体健康,甚至生命。监狱是人口密集的地方,也是各类疾病存在和滋生、蔓延的场所。监狱人民警察长期工作和生活在这种环境中,其自身受到传染病的威胁要远远高于其他场所,尤其是传染病监区、老弱病残犯监区。监狱人民警察在监管艾滋病、肝炎、肺结核等传染病罪犯时,必须与其近距离、长期地接触,处于职业暴露之中,增加了受感染的概率和风险,导致监狱人民警察身体健康受到巨大威胁。

二、精神健康类风险

精神健康类风险是指因从事监狱工作而使监狱人民警察心理、名誉等非物质形态受到不安全状态的威胁。

1. 因执法工作强度而引发的心理问题。监狱警察属“高风险、高负荷、高强度”类型职业，其个体认知、社会支持和生物免疫三大中介系统相对软弱，造成其心理压力大、心理障碍多。对某省 10 个监狱 6000 多名监狱人民警察的调查发现，感到心理压力的比例高达 92%，民警或多或少处于心理不健康状态。SCL－90 常规心理测试显示：一线警察在躯体化、焦虑、抑郁、敌对、偏执、精神病性、人际关系敏感等因子项，明显高于社会常模；16PF 测验结果显示，监狱人民警察存在一高一低，忧虑性高，稳定性低。在当前监狱警力配置不足的情况下，监狱人民警察“8 小时的待遇，12 小时的工作量，24 小时的责任”成为一种工作常态，由此也导致监狱人民警察精力、心力、体力严重透支，焦虑等躯体反应引发心力交瘁、厌倦、烦躁等不良心境。各种执法风险使监狱人民警察时刻处于危险包围之中，导致神经过度紧张、焦虑、抑郁和苦闷心境，以致出现猜疑、被动体验、幻觉、思维被控制等偏执或精神病倾向。

2. 因执法对象而引发的心理问题。罪犯群体最集中、最典型地反映着社会的阴暗面，这些阴暗面催生的各种各样的心理垃圾，在没有良好的防御机制或疏通渠道的情况下，监狱警察耳闻目睹，“亲密接触”，难以及时处理并日积月累地沉淀下来，难免会使监狱警察比常人更容易出现情绪悲观、心境阴暗以及对某些社会现象的困惑。同时，监狱执法的特殊性使监狱人民警察及其家人容易成为狱外黑恶势力威胁、恐吓、利诱的目标，这些都会使监狱人民警察产生一定心理阴影。从哲学的角度讲，外因通过内因起作用，同时外因量变是构成内因质变的重要因素，监狱人民警察长期直面罪犯，部分罪犯恶习很深，世界观、价值观偏离社会主流，道德趋向异化，心理消极，部分意志力不坚定的监狱人民警察极有可能受到罪犯的不良影响，被罪犯同化。这种执法风险具有一定的潜伏性，短期内不会表现出来，甚至警察自身都可能觉察不到，但它确实存在，而且是监狱人民警察在世界观、价值观、人生观方面所面临的重要风险。

3. 因理想与现实反差而引发的心理问题。教育改造罪犯是一项长期的系统工程，监狱人民警察的工作成效往往很难在短期内立竿见影，这容易导致监狱人民警察在长年累月的工作中慢慢丧失工作热情，滋生职业惰性，最终导致激情澎湃的职业理想在岁月的流逝中消失殆尽。基层一线警察常年从事着高风险、高负荷、高强度的工作，但实际收入与其他公务员却相差无几，较低的收入水平致使一些监狱警察心理失衡，久而久之便会产生许多不良情绪。同时，由于监狱机关的职级限制，许多基层监狱人民警察勤勤恳恳工作了几十年，在职务和职级上却难有更大的发展空间，于是一些监狱人民警察在内心深处逐渐放弃自我发展的信念和理想，产生

“当一天和尚撞一天钟”的不良心理。另外,由于监狱工作的艰苦性、环境的封闭性,部分监狱人民警察精神生活单调,精神压力宣泄疏导途径不畅,容易导致性格孤僻、消极偏激等负面心理反应,既不利于自身心理健康,也给监狱人民执法工作带来潜在的不安定因素。

4. 因职业特性产生家庭矛盾而引发的心理问题。由于社会的支持理解不够,加之很少有时间参加社会交往,缺少相互信赖、相互支持和帮助的朋友;与家人生活作息时间不同步,缺乏感情交流,顾及家庭事务少,职业特性和工作压力在家庭生活中有着现实的、习惯的反应和表现,受到家人的不理解和埋怨,甚至误解,引发家庭矛盾,造成家庭不和,也给监狱警察自身增加了心理负担。

5. 因诽谤、诬陷等引起的名誉损伤。部分罪犯出于各种原因,当面抗拒监狱人民警察的管理教育,言语侮辱、诽谤警察;部分抗拒管理教育的罪犯,借申诉的途径,歪曲、捏造事实,向上级领导、监督部门甚至媒体中伤监狱人民警察。现行制度下,对罪犯子虚乌有的中伤行为难以处置,事后缺乏名誉恢复等弥补性措施。近年来还出现了罪犯家属、刑释人员利用互联网对监狱人民警察乃至监狱进行名誉攻击的现象。虽然该现象尚不具有普遍性,但互联网已经成为表达个人意愿、维护个人权利的途径,并且具有大众化的特点,互联网极可能被不正当利用,成为危及监狱以及监狱人民警察名誉的重要工具。在此种精神压力下,导致部分监狱人民警察在执法过程中缩手缩脚,出现妥协执法、被动执法现象。

6. 因社会评价和自我评价产生的心理问题。特殊的工作环境和社会评价,使得监狱人民警察认知系统偏颇失衡。监狱相对于社会其他系统,仍处于封闭地带,社会对监狱执法工作不甚了解,对监狱人民警察存在一定程度的歧视,他们认为监狱是关押犯罪分子的地方,传统观念中的监狱警察往往随着黑暗、血腥、暴力等灰色形象,因而对监狱人民警察及其执法活动存在或多或少的偏见。一些监狱人民警察否定自我,在平时的言论中喜欢把自己列为二等警察,把自己的工作看作每天和犯人打交道,实现不了人生价值,工作没有意义。在自我否定和社会支持不力的情况下,少数监狱人民警察形成了自卑、焦虑、抑郁、烦躁、冲动等心理特点,进一步加速了心理压力的膨胀,加剧了监狱人民警察的执法风险。

三、法律责任类风险

法律责任类风险是指监狱人民警察在执行刑罚、惩罚和改造罪犯的过程中,因执法不当而引发的失职、渎职和违纪违法等情况而被追究纪律和法律责任的风险。正如德国法学家耶林所言:“世上不法之事莫过于执法人自己破坏法律。”监狱人民警察承担法律责任风险来源于作为和不作为两种情况。

1. 履职不当而引发的执法风险。履职不当会出现过失、过错，甚至渎职。对社会普通人来讲，一次失误可能是几句领导的批评，而对监狱警察来讲，一次失误可能意味着监管安全事故，意味着严苛的纪律处分，甚至意味着个人职业生涯的结束乃至严重的刑事责任。比如，因失职渎职造成罪犯脱逃、自杀、非正常死亡、生产安全事故等所承担的监管安全风险；因保密意识不强，丢失密件，在社会交往中泄露国家秘密、工作秘密所承担的失密风险；在与罪犯亲属及其他群众接触中处理方法不当，引发投诉、信访问题所承担的风险，等等。

2. 权力寻租而诱发的执法风险。监狱人民警察特别是监狱领导干部在对罪犯入监分配、工种调整、日常考核、减刑、假释、暂予监外执行等执法环节中掌握着多项执法权力。这些权力成为"监狱腐败"中执法者借以"寻租"的最好资源。在监狱有关法律法规不尽完善和国家财政保障还没完全到位的情况下，一些罪犯家属通过请吃、托人情、金钱交易诱惑监狱人民警察。个别警察意志薄弱，产生非分之想、与罪犯及其亲属关系不清，在减刑、假释、保外就医、安排特殊工种等执法环节上收受贿赂，以权谋私、收受贵重礼品、礼金等商业贿赂的现象时有发生。

近年来，随着监狱经费投入保障力度的增强，监狱文明、公正执法建设力度的加大，监狱监管设施日趋完善，监狱人民警察的各项物质保障获得了相应提升，监狱人民警察心理咨询与疏导成为一种常态化的工作机制，监狱人民警察自身执法风险的防范意识也逐渐增强，这些条件的改善为规避和减少监狱人民警察执法风险起到了良好的促进作用。但由于长期行使着各项执法权力，在惯性执法思维的作用下，监狱人民警察对自身执法的法律责任风险意识尚显薄弱，而这一风险相较于人身安全风险和精神健康风险，其后果更严重，危害也更大。本书下一节将就监狱人民警察的法律责任作重点介绍。

第三节　监狱人民警察的法律责任

一、监狱人民警察法律责任的含义

监狱人民警察的法律责任有广义和狭义之分。从广义上看，监狱人民警察的法律责任是指监狱人民警察机关及监狱人民警察在执行刑罚、惩罚犯罪、改造罪犯活动过程中，由于违反法纪或者不履行法定义务所应当依法承担的制裁性的法律后果。从狭义上看，监狱人民警察的法律责任是指监狱人民警察个人在执行刑罚、惩罚犯罪、改造罪犯活动过程中，由于违反法纪或者不履行法定义务所应当依法承担的制裁性的法律后果。监狱人民警察的法律责任包括行政责任、刑事责任和侵权赔偿责任。

根据有关法律法规的规定，监狱人民警察法律责任的构成必须具备以下四个要件：

（一）责任主体要件——监狱人民警察及其所在的机关

承担监狱人民警察法律责任的主体包括监狱人民警察及其所在的监狱机关。监狱人民警察法律责任与其特殊身份有着紧密联系，专指监狱人民警察因违反相关法律法规而应承担的否定性的法律后果，其他公民和组织的违法行为不适用警察法所规定的警察法律责任内容。其中，国家赔偿责任由监狱机关承担，行政法律责任和刑事法律责任由责任者监狱人民警察个人承担。

（二）责任内容要件——在职务活动中实施了违法违纪行为

监狱人民警察承担法律责任的前提和直接根据，必须是其在执行职务、行使职权过程中实施了违法违纪行为。这应从以下几点理解：（1）必须实施了违反法律、法规或规章的行为，即违法违纪行为，多数违法违纪行为属于作为行为，也有不作为行为。（2）违法违纪行为必须是在执行职务活动中实施的，且与监狱人民警察身份或职务行为紧密相连。监狱人民警察不是以其执法者身份而违法违纪或者在非职务过程中违法违纪的，应当以普通公民的身份来承担民事责任或刑事责任，而不是以监狱人民警察的身份承担法律责任。（3）监狱人民警察在履行职责过程中所违反的法律、法规或规章，必须是现行有效的有关监狱人民警察工作的法律、法规或规章。现行有效的法律、法规或规章约束监狱人民警察的执法行为，当监狱人民警察在执行职务过程中出现了与之相违背的情形，给国家、公民或组织造成损害的，就必须承担法律责任。如果没有违反有关监狱人民警察工作的法律、法规或规章的行为，就不能构成监狱人民警察的法律责任。

（三）责任结果要件——职务上的违法违纪行为给国家、公民或组织的利益或合法权益造成损害

损害结果可以是对人身的损害、财产的损害、精神的损害，也可以是其他方面的损害。有的违法违纪行为是给国家利益造成了损害，有的则是给公民或组织的合法权益造成了损害，也有的可能既损害了国家利益又损害了公民合法权益。

（四）主观要件——存在主观过错

主观过错是指人民警察在实施违法行为或违纪行为时的主观心理状态，包括故意和过失两种。监狱人民警察实施违法违纪行为，在主观上要么是出于故意，要

么是出于过失。故意,是指行为人明知自己的行为会发生危害社会的结果,并且希望或者放任这种结果发生的心理态度。过失,是指行为人应当预见自己的可能发生危害社会的结果,因为疏忽大意而没有预见,或者已经预见而轻信能够避免,以致发生这种结果的心理态度。

以上四个要件是构成监狱人民警察法律责任的必备要件,且必须同时具备;否则,就不能构成监狱人民警察的法律责任。

二、监狱人民警察的行政法律责任

(一)概念界定

行政责任,是指因违反行政法律或因行政法规定的事由而应当承担的法定的不利后果。在法律规定的范围内,行政责任通常包括行政处分和行政处罚两种。

行政处分,是指根据法律或国家机关、企业事业单位、社会团体的规章制度规定,由国家机关、企业事业单位和社会团体按行政隶属关系,给予有轻微违法失职行为尚不够刑事处罚或违反内务纪律的所属人员的一种制裁性处理。有时也称"纪律处分"。它是行政公务人员最主要的法律责任,是对行政公务人员职务身份的制裁,是一种内部行为和责任方式。行政处分的种类包括警告、记过、记大过、降级、撤职、开除。根据《公务员法》的规定,国家公务员实施了违纪违法行为,尚未构成犯罪的,或者虽然构成犯罪但同时其行政责任并不能免除的,应当给予行政处分。

行政处罚,是指国家行政机关或者其他行政主体对实施违反行政管理秩序的行为但尚不构成犯罪的公民、法人及其他组织,依照法律、法规或者规章规定给予行政制裁的具体行政行为。行政处罚的适用对象是作为行政相对方的公民、法人或其他组织,属于外部行政行为和责任形式。行政处罚的种类包括:警告;罚款;没收违法所得、没收非法财物;责令停产停业;暂扣或者吊销许可证、暂扣或者吊销执照;行政拘留;法律、行政法规规定的其他行政处罚。

监狱人民警察行政法律责任,是指监狱人民警察在执行刑罚、改造罪犯过程中,违反了国家法律的规定而承担的责任。它是对监狱人民警察违反行政纪律行为的一种制裁,属于内部的行政行为,不包括行政处罚这种外部责任形式。

(二)监狱人民警察行政法律责任的形式

根据《人民警察法》《监狱法》等有关法律的规定,监狱人民警察的行政法律责任包括行政处分,警纪处分,停止执行职务、禁闭的适用等。

1. 行政处分

监狱人民警察的行政处分,是指监察机关或者任免机关对实施违法违纪行为的监狱人民警察，依照法定权限和程序实施的一种行政惩戒措施。它具有以下特征：(1)监狱人民警察的行政处分是一种内部行政惩戒措施，它不同于行政处罚；(2)监狱人民警察的行政处分是一种独立的法律责任，即是一种由法律、法规、规章规定的纪律责任；(3)监狱人民警察的行政处分是由其行政违法违纪行为所引起的法律后果。

根据《公务员法》《人民警察法》《行政机关公务员处分条例》《监狱和劳动教养机关人民警察违法违纪行为处分规定》的相关规定，监狱人民警察违法违纪，应当承担纪律责任的，由任免机关或者监察机关按照处理权限依法给予处分。行政处分的种类包括警告、记过、记大过、降级、撤职、开除六种。

2. 警纪处分

警纪处分包括降低警衔、取消警衔，这是对人民警察的一种特殊惩戒措施。

(1)降低警衔。降低警衔是指对受到行政处分或者违反警纪情节严重的人民警察的警衔予以降低一级的处分。《人民警察法》第 48 条第 2 款规定："……对受行政处分的人民警察，按照国家有关规定，可以降低警衔……"《人民警察警衔条例》第 21 条规定，"人民警察违犯警纪的，可以给予警衔降级的处分"，同时规定"人民警察警衔降级不适用于二级警员"。

(2)取消警衔。取消警衔是指对因违法犯罪受到一定处罚或者因违纪被开除公职的人民警察，将其警衔取消，使其不再具有人民警察身份，不再享有警衔津贴的一种处分。《人民警察法》第 48 条第 2 款规定，对受行政处分的人民警察，按照国家有关规定，可以取消警衔。《人民警察警衔条例》第 22 条第 1、2 款规定："人民警察被开除公职的，其警衔相应取消。人民警察犯罪，被依法判处剥夺政治权利或者有期徒刑以上刑罚的，其警衔相应取消。"《人民警察警衔工作管理办法》进一步规定："人民警察被依法判处刑罚、拘役、管制、免予起诉、免予刑事处分和被劳动教养的，或者被开除公职、警籍、党籍的，其警衔相应取消，警衔标志和授衔命令证书均应收缴。"

3. 停止执行职务、禁闭的适用

《人民警察法》第 48 条第 3 款规定："对违反纪律的人民警察，必要时可以对其采取停止执行职务、禁闭的措施。"停止执行职务和禁闭都不是一种行政处分，而是在必要的情况下对违法违纪的人民警察所采取的临时性措施。

(1)停止执行职务。停止执行职务，是指为制止、查处人民警察违纪行为，预防事故，对违反纪律的人民警察在一定期限内停止其执行职务活动的行政措施。人民警察有下列行为之一的，可以对其采取停止执行职务的措施：拒不执行上级警察机关和领导的决定、命令或者违抗命令不服从指挥,可能造成严重后果的;涉嫌泄露国家秘密、警务工作秘密的;弄虚作假、隐瞒案情,包庇、纵容违法犯罪活动的;刑讯逼供或者体罚、虐待犯罪嫌疑人、被告人和罪犯,情节比较严重的;涉嫌敲诈勒索或者索取、收受贿赂的;违反规定使用武器、警械,造成严重后果的;违法实施处罚或者收取费用,造成恶劣影响的;接受当事人及其亲属或者代理人请客送礼,数额较大,造成恶劣影响的;从事营利性的经营活动或者应聘、受雇于任何个人、组织搞营利性经营活动,不听制止的;玩忽职守,不履行法定义务,造成严重后果的;其他违反纪律的行为有必要采取停止执行职务措施的。停止执行职务的期限为 15 天 ~ 3 个月。

(2)禁闭。禁闭,是指对违反纪律的人民警察在一定时间内限制其自由的惩戒措施。人民警察有下列行为之一并不听制止,可能造成恶劣影响的,可以对其采取禁闭的措施:违抗命令,不服从指挥,可能造成严重危害的;涉嫌泄露警务工作秘密或者为犯罪嫌疑人通风报信的;威胁、恐吓、蓄意报复他人的;殴打他人或者唆使他人打人的;酗酒滋事,扰乱工作秩序和公共秩序的;其他有必要采取禁闭措施的。禁闭的期限为 1 ~ 7 天。

对违反纪律的监狱人民警察,可参照上述规定,决定对其是否采取停止执行职务、禁闭的措施。同时,对被停止执行职务或者禁闭的人民警察,应当收回其枪支、警械和执行职务的有关证件。

三、监狱人民警察的刑事法律责任

(一)概念界定

监狱人民警察的刑事法律责任有广义和狭义之分。

广义的监狱人民警察刑事责任,是指监狱人民警察违反刑事法律规范,实施违反刑法规定、构成犯罪的行为所应依法承担的法律后果。也就是说,监狱人民警察在非职务活动中实施危害社会的行为构成某种犯罪的,也应当依法追究刑事责任。例如,监狱人民警察故意放火焚烧公私财物,危害公共安全的,应依法承担放火罪的刑事责任;监狱人民警察违反交通运输管理法规,发生重大事故,致人重伤、死亡或者使公私财产遭受重大损失,危害公共安全的,应依法承担交通肇事罪的刑事责任;等等。

狭义的监狱人民警察刑事责任,是指监狱人民警察在执行职务活动中,实施违反刑法规定、构成犯罪的行为所应依法承担的法律后果。例如,监狱人民警察对罪犯实施刑讯逼供,情节恶劣的,应承担刑讯逼供罪的刑事责任;殴打、体罚、虐待罪犯,情节严重的,应追究其虐待被监管人罪的刑事责任,等等。本节学习内容主要是针对监狱人民警察执法过程中可能发生的法律责任风险,因此仅介绍狭义的监狱人民警察刑事法律责任。

(二)监狱人民警察刑事法律责任的内容

《监狱法》第14条第1款规定,监狱人民警察不得有下列行为:(1)索要、收受、侵占罪犯及其亲属的财物;(2)私放罪犯或者玩忽职守造成罪犯脱逃;(3)刑讯逼供或者体罚、虐待罪犯;(4)侮辱罪犯的人格;(5)殴打或者纵容他人殴打罪犯;(6)为谋取私利,利用罪犯提供劳务;(7)违反规定,私自为罪犯传递信件或者物品;(8)非法将监管罪犯的职权交予他人行使;(9)其他违法行为。第14条第2款规定,监狱人民警察有上述所列行为,构成犯罪的,依法追究刑事责任;尚未构成犯罪的,应当予以行政处分。2012年7月1日,由监察部、人力资源和社会保障部、司法部颁布实施的《监狱和劳动教养机关人民警察违法违纪行为处分规定》中的第7~19条也对监狱人民警察的各种违法违纪情形作了具体的规定。综合来看,可能会构成犯罪的违法违纪情形,大致如下:

1. 有下列行为之一,致使公共财产、国家和人民利益遭受重大损失的,构成《刑法》第397条规定的滥用职权罪或其他犯罪:(1)违反规定办理罪犯收监的;(2)扣压、销毁罪犯申诉、控告、检举材料,或者向被举报人透露举报情况的;(3)违反规定办理罪犯离监探亲、特许离监的;(4)为罪犯奖惩提供虚假材料的;(5)私带罪犯离开监狱的;(6)擅自安排罪犯会见的;(7)违反规定允许罪犯携带、使用通信工具等违禁品或者为其传递违禁品的;(8)发生罪犯脱逃逃跑或者其他事故,不及时上报或者隐瞒不报的;(9)违反规定将管理罪犯的职权交予他人行使的;(10)违反规定转借、赠送、出租、抵押警用车辆、警车号牌、警服、警用标志或者证件的;(11)为谋取私利,利用罪犯提供劳务的。

2. 有下列行为之一,致使公共财产、国家和人民利益遭受重大损失的,构成《刑法》第397条规定的玩忽职守罪或其他犯罪:(1)因工作失职致使罪犯伤残、死亡或者脱逃、逃跑的,其中,因工作失职致使罪犯脱逃,造成严重后果的,构成失职致使在押人员脱逃罪;(2)因工作失职致使发生罪犯聚众闹事、斗殴等监狱内重大案件或者群体性事件的;(3)因工作失职致使发生罪犯集体食物中毒或者感染传染病等重大疫情的;(4)因工作失职致使发生安全生产、环境污染等重大事故的,这两种情形也可以构成重大责任事故罪、重大劳动安全事故罪、污染环境罪;(5)在值班、执勤时擅离岗位的;(6)因工作失职致使违禁品进入监狱的;(7)拒绝执行上级依法作出的决定、命令,或者在执行任务时不服从指挥的。

3. 殴打、体罚、虐待或者指使、纵容他人殴打、体罚、虐待罪犯，情节严重的，构成《刑法》第 248 条规定的虐待被监管人罪；致人伤残、死亡的，以故意伤害罪、故意杀人罪定罪从重处罚。

4. 刑讯逼供或者使用暴力逼取证人证言的，构成《刑法》第 247 条规定的刑讯逼供罪或暴力取证罪。致人伤残、死亡的，以故意伤害罪、故意杀人罪定罪从重处罚。

5. 侮辱罪犯的人格，情节严重的，构成《刑法》第 246 条规定的侮辱罪。

6. 包庇或者纵容罪犯从事犯罪活动的，构成《刑法》第 310 条规定的包庇罪等。

7. 私放罪犯逃离监狱的，构成《刑法》第 400 条第 1 款规定的私放在押人员罪。

8. 违反规定办理罪犯减刑、假释、暂予监外执行也可能构成犯罪，即徇私舞弊。对不符合减刑、假释、暂予监外执行条件的罪犯，予以减刑、假释或者暂予监外执行的，构成《刑法》第 401 条规定的徇私舞弊罪。

9. 对罪犯超期禁闭的，若超期禁闭的时间超过 24 小时，可能会涉嫌构成《刑法》第 238 条规定的非法拘禁罪。

10. 违反规定利用或者插手监狱的基建等工程招投标、政府采购，为本人或者特定关系人牟取不正当利益的，可能会涉嫌构成《刑法》第 385 条规定的受贿罪等。

11. 索取、接受、侵占罪犯及其亲属财物的，可能会涉嫌构成《刑法》第 385 条规定的受贿罪、第 270 条规定的侵占罪、第 274 条规定的敲诈勒索罪。

12. 违反规定办理监狱机关人民警察录用、考核、任免、奖惩、调任、转任的，可能会涉嫌构成《刑法》第 418 条规定的招收公务员徇私舞弊罪或第 397 条规定的滥用职权罪等。

13. 非因工作需要携带枪支进入监区或者生产场所，携带枪支饮酒，情节严重的，会涉嫌构成《刑法》第 130 条规定的非法携带枪支危及公共安全罪。

14. 有其他违反公务用枪管理使用规定行为的，例如，依法配备公务用枪的人员和单位，违反枪支管理规定，非法出租、出借枪支的，构成《刑法》第 128 条规定的非法出租、出借枪支罪。

15. 违反规定转卖警用车辆、警车号牌、警服、警用标志或者证件，情节严重的，构成《刑法》第 281 条规定的非法买卖警用装备罪。

16. 违反规定使用警械、武器，造成不应有的人员伤亡、财产损失的，可能会构成《刑法》第 232 条规定的故意杀人罪或《刑法》第 275 条规定的故意毁坏财物罪。

17. 违反规定发表反映监狱工作内容的言论或者传播反映监狱工作内容的录音、录像、图片、文字等，如果涉及国家秘密且情节严重的，构成《刑法》第 398 条规定的故意泄露国家秘密罪或过失泄露国家秘密罪。

18. 酒后驾驶机动车，造成严重后果的，即发生重大事故，致人重伤、死亡或者使公私财产遭受重大损失的，构成《刑法》第133条规定的交通肇事罪和危险驾驶罪。

追究监狱人民警察刑事法律责任时应注意以下几点：第一，监狱人民警察的违纪行为尚未构成犯罪的，只能追究其行政法律责任，主要是给予行政处分；第二，监狱人民警察的违纪行为是否构成犯罪，不仅要看是否具备犯罪的属性，而且要分析该违纪行为是否符合《刑法》所规定的犯罪构成；第三，坚持法律面前人人平等原则，只要监狱人民警察的违纪行为构成犯罪，就要依法追究其刑事责任。

四、监狱人民警察的侵权赔偿责任

（一）概念界定

监狱人民警察的侵权赔偿责任是指监狱人民警察或其所在的机关在执行职务中，因违法违纪行为，侵犯公民、法人或其他组织的合法权益，造成损害而应当承担的赔偿责任。

监狱人民警察的侵权赔偿责任是国家赔偿责任的一部分，其构成要件包括：

第一，实施了违法行为。根据《国家赔偿法》的规定，构成国家赔偿须有违法行为存在。监狱人民警察在执行职务活动中行使职权的行为违法，是构成侵权赔偿的一个必要条件。如果行使职权的行为合法，即使给他人造成了损害，也不成立侵权赔偿责任。

第二，有损害后果。如果仅有监狱人民警察的违法违纪行为，而并未造成对合法权益的损害后果，则不构成侵权赔偿责任。损害包括人身损害和财产损害，但不包括可能造成的损害和仅仅造成危险的情况。并且，要求该损害后果必须是由监狱人民警察违法行使职权的行为造成的；否则，不能构成监狱人民警察的损害赔偿。

第三，损害后果是在监狱人民警察执行职务过程中产生的。监狱人民警察执行职务是代表国家行使职权，因此，其行为产生的损害后果由国家承担，如果是执行职务以外的其他行为违法，造成的损害后果只能由行为人本人负责，国家不承担赔偿责任。

明确监狱人民警察侵权赔偿的构成要件，可以准确地判断监狱机关及其成员的行为是否需要由国家承担赔偿责任，正确解决国家赔偿问题。

（二）监狱人民警察侵权赔偿的形式

由于监狱机关及其警务人员的执法活动既有行政管理方面的，又有刑事司法方面的,因此,监狱人民警察行使职权侵犯公民、法人和其他组织的合法权益造成损害的,既可能涉及行政侵权赔偿,也可能涉及刑事侵权赔偿,还可能涉及民事赔偿。

1. 行政侵权赔偿

行政侵权赔偿,是指监狱人民警察在行使行政职权时,侵犯到受害人的财产和人身权时产生的赔偿。

(1)行政赔偿的范围。根据违法行为侵害的客体不同,可将行政赔偿分为监狱人民警察行使职权侵犯人身权的赔偿和监狱人民警察行使职权侵犯财产权的赔偿两大类。

根据《国家赔偿法》第 3 条的规定,行政机关及其工作人员在行使行政职权时有下列侵犯人身权情形之一的,受害人有取得赔偿的权利:①违法拘留或者违法采取限制公民人身自由的行政强制措施的;②非法拘禁或者以其他方法非法剥夺公民人身自由的;③以殴打、虐待等行为或者唆使、放纵他人以殴打、虐待等行为造成公民身体伤害或者死亡的;④违法使用武器、警械造成公民身体伤害或者死亡的;⑤造成公民身体伤害或者死亡的其他违法行为。由于监狱机关不具有行政拘留权,因此,上述五种情形除违法拘留外,均适用于监狱机关及其监狱人民警察。

关于侵犯财产权的国家赔偿,根据《国家赔偿法》第 4 条的规定,适用于监狱及其监狱人民警察的内容有:当监狱及其监狱人民警察由于违法行为造成财产损害的其他情形时,需要承担行政赔偿。

根据《国家赔偿法》第 5 条的规定,属于下列情形之一的,国家不承担赔偿责任:①监狱人民警察实施的与行使职权无关的个人行为;②因公民、法人和其他组织自己的行为致使损害发生的。在这种情形下,损害的发生是由损害人自己的行为引起的,与监狱机关及其民警执行职务的行为没有直接的关系,因此,即使行政行为可能违法,但是国家仍然不承担赔偿责任。

(2)行政赔偿中的国家追偿权。根据《国家赔偿法》第 16 条的规定,监狱人民警察违法行使狱政管理权侵犯公民、法人和其他组织的合法权益造成损害,其主观上有故意或者重大过失的,赔偿义务机关赔偿损失后,应当责令其承担部分或者全部赔偿费用。

2. 刑事侵权赔偿

这是指监狱机关及其警务人员因违法行使刑罚执行权或其他刑事司法职权,侵犯受害人人身权和财产权,由国家依法给予受害人赔偿。监狱人民警察行使刑事司法权,是指监狱人民警察行使狱内侦查、监狱管理等职权。根据其违法违纪行为侵犯的客体不同可分为两种:①在行使刑事司法职权时侵犯人身权利引起的损害赔偿;②在行使刑事司法职权时侵犯财产权利引起的损害赔偿。

(1)刑事赔偿的范围。根据《国家赔偿法》的规定,监狱人民警察在刑事司法活动中的赔偿,也分为侵犯人身权的赔偿和侵犯财产权的赔偿两大类。

《国家赔偿法》第17条中适用于监狱机关及其监狱人民警察刑事赔偿的内容有:①刑讯逼供或者以殴打、虐待等行为或者唆使、放纵他人以殴打、虐待等行为造成公民身体伤害或者死亡的;②违法使用武器、警械造成公民身体伤害或者死亡的。

《国家赔偿法》第18条中适用于监狱机关及其监狱人民警察刑事赔偿的内容有:监狱机关及其监狱人民警察在行使刑事侦查权时违法对财产采取查封、扣押、冻结、追缴等措施的,受害人有取得赔偿的权利。根据《监狱法》和《刑事诉讼法》的相关规定,如果监狱及其监狱人民警察在侦查罪犯狱内犯罪的案件时,查封、扣押、冻结、追缴了与案件无关的财产或者是案外人的财产,或者未按法律规定妥善保管或使用的,或者宣告无罪后仍然查封、扣押、冻结的,均属于违法行为,造成损害的,受害人有取得赔偿的权利。

(2)刑事赔偿中的国家追偿权。根据《国家赔偿法》第31条的规定,监狱人民警察在刑事司法活动中有下列情形之一的,赔偿义务机关赔偿损失后,应当向监狱人民警察追偿部分或者全部赔偿费用:刑讯逼供或者以殴打、虐待等行为或者唆使、放纵他人以殴打、虐待等行为造成罪犯身体伤害或者死亡的;违法使用武器、警械造成罪犯身体伤害或者死亡的;在处理案件中有贪污受贿、徇私舞弊、枉法裁判行为的。

3. 民事赔偿

民事赔偿是指监狱人民警察在执行职务中,侵犯公民、法人或其他组织的合法的民事权益,造成损害的,受害人有权获得的赔偿。如监狱人民警察在抓捕脱逃罪犯的过程中,不慎损坏了所有人的田地、房屋或者造成了其他人员伤亡的,监狱人民警察应承担赔偿责任。

第四节 监狱人民警察执法风险的防范

监狱人民警察执法风险的有效防范,既是确保国家安全、社会安全、监狱安全的需要,也是对监狱人民警察执法权益的保护和监狱人民警察执法权力的维护。

因此,监狱人民警察执法风险防范是一项国家、社会和人民群众共同参与建设的系统工程。习近平新时代中国特色社会主义思想对监狱人民警察执法安全建设提出了更高要求,需要通过加强法治建设、机制建设、物质建设、能力建设等途径,建立系统完备、运转高效的执法风险保障体系。

一、风险防范的法治建设

规避监狱人民警察的执法风险,要先从执法的依据即法律法规入手。法律法规即是监狱人民警察执法的依据,又是其执法活动的保障。因此,无论是从规范执法的角度还是从保障监狱人民警察执法权力和利益的角度,都应当完善监狱相关执法工作的法律法规。形成一套完整的以《监狱法》为基础,各项法律法规为重要补充的完整的法律体系。

(一)尽快修订完善《监狱法》

现行的《监狱法》是经2012年10月26日第十一届全国人民代表大会常务委员会第二十九次会议审议通过,并于2013年1月1日起实行的。近年来,随着社会的发展变化和我国司法行政事业改革的快速推进,监狱工作出现许多新情况、新问题。监狱管理体制、机制也进行了相应的调整,但一些实质性的不利于监狱正常执法或监狱人民警察执法权益保障的问题仍然没有得到良好解决。例如,《监狱法》第17条规定,"罪犯被交付执行刑罚,符合本法第十六条规定的,应当予以收监。罪犯收监后,监狱应当对其进行身体检查。经检查,对于具有暂予监外执行情形的,监狱可以提出书面意见,报省级以上监狱管理机关批准",但实际情况却是,监狱对一些有严重疾病罪犯(包括精神类疾病)、不符合监狱收押条件的罪犯不得不收监,而且很多罪犯一收监就要启动保外就医程序,监狱成了社会相关部门甩包袱的对象,对监狱执法造成沉重负担。另外,还应当出台相应的《监狱法实施细则》,健全完善贯穿监狱人民警察执法工作各个环节的具体标准,对监狱人民警察执法活动受法律保护的内容进行细化,提高法律法规的可操作性和实用性,从法律层面对监狱人民警察的各项合法权益予以规范和保障,真正做到有据可依、有章可循、有法可依。

(二)加大妨害监狱人民警察执法的制裁力度

当前在监狱人民警察执法过程中,对故意违反监规纪律,扰乱监管秩序、破坏监管环境的罪犯惩罚措施往往局限于监狱现行管理规定,对罪犯的震慑性和惩戒力度都很薄弱。一些顽危抗改的罪犯还存在辱骂、威胁、污蔑、陷害、诽谤监狱人民警察,甚至采取暴力手段导致警察人身伤亡等恶劣行为,给监狱人民警察的执法带来巨大压力，严重侵害监狱人民警察的执法权益。对这些行为，应当根据情节轻重和导致后果的严重程度，从违法犯罪的高度进行处理，通过出台相应的法规加大对狱内顽危犯的威慑，严厉打击各类狱内违规、违纪甚至违法犯罪行为，从而降低监狱执法风险，维护监狱人民警察执法权益。

（三）加强监狱人民警察责任追究的保障性立法

保障执法权力的法律条款可操作性强，就能使监狱人民警察在执法中更加清楚如何去做、做到什么程度，有效地降低受到责任追究的风险；对妨害监狱执法的行为制裁更加严厉，就能减少和消除一些潜在的暴力对抗行为，客观上降低监狱人民警察人身安全受到威胁的风险。因此，无论是《人民警察法》还是《监狱法》的修订，都应将保障警察执法权力的法律条款进行细化和充实，如增加保障警察生命健康权、教育培训权、休息休假权等权益的内容，将侵害警察权益的行为具体化，并明确应当承担的法律责任。针对监狱人民警察的执法，应当进一步明确监狱人民警察在刑罚执行中的权力范围，使监狱人民警察在执法过程中有明确的法律遵照实施，减少因自由裁量权所引发的执法风险。另外，责任追究的相关法规建设虽然非常必要，对于从严治警、纯洁队伍起着非常重要的作用，但是对于监狱人民警察在行使执法权过程中由于不可知、不可抗拒的因素所引发的监管安全事故和非正常死亡等，也应科学研究并制定免责法律条款，明确免责范围和免责处理办法。

当前的监狱执法中，由于押犯结构复杂、管理模式落后、警囚比例较低，必然会出现或多或少的监管漏洞，由此也会导致执法不力的现象。现实中往往存在这样一种情况，即监狱一旦出问题，上级机关以及相关司法部门很可能首先想到由谁来承担责任，而监狱人民警察在全天候的监管执法中又很难确保没有疏漏，因此就自然而然地成为事故的直接责任人，被行政处分或承担刑事责任也就成了应然之举。因此，必须做好责任追究的保障性立法工作，才能有效调动监狱人民警察的工作积极性，确保他们的各项执法权益，从而降低监狱安全风险。

二、风险防范的机制建设

随着我国依法治国的不断推进，监狱人民警察的执法风险问题也越来越引起监狱管理者和监狱基层人民警察的重视。监狱人民警察在依法执法的过程中，如何防范各种风险已经成为一个迫在眉睫需要解决的问题。以前一味强调监狱人民警察讲奉献，要求个人利益绝对服从国家利益的观念也在悄然发生着变化。在这一背景下，监狱管理机关要想更为有效地保障和落实监狱人民警察的合法权益，必须构建良好的管理机制。

（一）建立监狱人民警察执法权益保障机制

监狱人民警察执法权益保障机制，是指以法律形式赋予监狱人民警察依法执行公务的权力，充分运用警察技术和警察战术改善执法环境，维护法律的严肃性和权威性，保证监狱人民警察生命安全、减少伤亡的执法措施。建立完善的执法权益保障机制是防范、化解监狱人民警察执法风险的根本保证，是从法律制度上给予监狱人民警察的职业保护，是监狱人民警察在面临各种执法风险时处理事务的坚强后盾。

首先，《监狱法》第5条明确规定"监狱的人民警察依法管理监狱、执行刑罚、对罪犯进行教育改造等活动，受法律保护"；《人民警察法》对警察的权利和义务也作了相应规定。现行法律法规虽然对监狱人民警察执法权益作了一些规定，但总体来讲还不够完善，处置权不明确，操作程序不清晰，特别是执法程序尚不规范。各类法规、规章以及各监狱制定的诸多法律实施细则基本上都只关注监狱管理和执法的实体内容，而忽视执法程序。由于执法程序不明确、不具体、不规范而导致执行的随意性大，实践过程中任意发挥，走形变样的现象时有发生。同时，受监狱人民警察个体能力和重视程度等自身因素的影响，对制度的理解和把握尺度也不统一，从而导致监狱制度实施的结果往往存在差异。这对公正执法、依法治监极为不利，也增大了监狱人民警察的执法风险。

其次，尽管我国刑法和监狱法等法律明文规定了罪犯辱骂、殴打监狱警察等攻击行为所应追究的法律责任，但其条款过于空泛、含糊，对于监狱人民警察实施的威胁、恐吓、诬告、诋毁等最常见的精神损害行为也缺乏相关法律规定和具体制裁措施。针对这些现象，监狱及其管理机关也应依法制定和完善相关制度，既能确保监狱人民警察履职尽责时有法可依，又能最大限度保护监狱人民警察的个人合法权益。

最后，还要完善监督制约机制和责任追究机制，来防范监狱人民警察法律责任风险。要建立执法监督和纪律监督相互渗透、内部监督和外部监督相互结合的监督机制，将监督的重心放在事前、事中而不是事后；实行敏感部门、岗位人员定期轮岗、保障执法工作和管理工作的健康发展，把执法中的偏差和违纪苗头及时消灭在萌芽状态中，防止警察违纪违法问题的发生；将"责任意识"扎根于头脑之中，从加强责任意识教育着手，把责任建设作为提升监狱人民警察职业道德、履行职责能力的抓手，及时纠正警察执法中出现的问题和偏差。

（二）建立风险识别、评估、预警和干预机制

首先，构建执法风险识别、评估机制。通过全面梳理监狱工作岗位、流程、环节、

制度,辨识和发现可能存在的风险。根据监狱人民警察的层级、岗位和所从事的执法活动划分监狱人民警察所面临的执法风险类别。按照发生概率、损失后果等标准进行科学评估,划分风险等级,明确管理重点、管理部门、管理措施。根据不同的类别和不同的对象,进行科学评估,有的放矢,制定出周密细致的防范措施。

其次,构建执法风险预警机制。在对各类执法风险进行系统评估、分类分级的基础上,明确执法风险检测监控部门、频次、控制标准和何时启动预警及响应机制。如明确监狱人民警察的体检周期、体检项目,分析监狱民警个体和总体健康情况,进而采取相应的岗位调整、治疗、休息休养等措施;根据罪犯及其家属的检举,对会见、电话、书信等进行监听检查,掌握线索和信息并进行及时和客观的调查,以便时刻督促监狱人民警察严格落实相关管理制度;发现某罪犯对民警存在对立、仇视情绪而无法调解或罪犯流露出报复言语和迹象的,应立即采取防范措施。

最后,构建心理干预机制。监狱职业的特殊性要求监狱人民警察必须具备较强的心理素质,应建立监狱人民警察心理健康常模,在招录工作中,通过心理测试,将不符合职业要求的人员排除出去。为每一名监狱人民警察建立心理档案,准确把握其心理素质和人格基础,进行系统的心理健康教育和心理素质训练,帮助监狱人民警察掌握心理学的各种调适方法,增强其内在的自我心理调节能力、应变能力和心理免疫能力。定期对监狱警察进行心理咨询、心理健康检查,对发现有心理疾病,或心理出现一定偏差的警察要及时进行心理治疗和疏导。对一些心理问题严重的警察应及时进行岗位调整。

三、风险防范的物质建设

监狱人民警察执法风险的防范也离不开物质条件建设,这里包括合理的警囚比例、监狱布局的调整以及经费、装备等的保障。

(一)优化警力配置

警囚比例偏低和警力超负荷运转是监狱安全风险的主要原因之一,解决这一难题无疑要扩充警力。当前一部分监狱还没达到"监狱警察配制标准为押犯总数18%"的要求,可以扩充编制名额,通过招录监狱人民警察来缓解警力不足的压力;可以对现有的警力进行优化配置。以监狱职业分类制度为基础优化监狱警力资源结构,考虑配备各种监狱管理所需的专业人员,监狱各层次管理岗位由具有相应专业素质的人民警察担任。注重能位层序,按能用才,监狱的各种工作岗位有不同等级,人也有不同的才能,这就要求监狱机关根据不同的职位能力的要求,配置具有相应能力的人。通过流动使用,使原有的不合理的配置趋向合理,其意义在于通过流动，盘活警力资源，优化资源组合，使个人潜力得到充分发挥。随着治本安全观的不断推进，要切实加强生产岗位警力资源向管教岗位流转，机关警力资源向一线警力流转，打破监狱与监狱之间警力资源流转的传统界限，实施警力资源的互动机制。

（二）推进监狱布局调整

由于历史原因，我国多数监狱地处偏远山区和经济欠发达地区，不利于提高罪犯改造质量和监狱现代化建设，不利于警察、家属子女的就医、就业、就学等，监狱的包袱越背越沉重，产生的困难和问题日渐凸显，严重制约了监狱的发展。从实践来看，关押布局调整后的监狱，永久关押能力明显扩大，关押集中度明显提升，警戒设施条件明显改善，监狱的执法环境和条件得到了改善，罪犯监舍居住条件、生活设施、学习条件和改造环境得到了明显改观，监管改造罪犯功能日趋完善，为监狱的持续安全稳定和罪犯改造质量的提高奠定了较好的基础。这些重大的变化，给监狱人民警察人身安全带来了更强有力的物质保障，有效地缓解了监管安全给监狱民警带来的精神压力，增强了监狱人民警察职业信心。因此，加快监狱布局调整，科学规划、规范管理，以布局调整为引领，联动实施人力资源、产业结构的重大调整，全面改善监管改造基础条件，使得监狱的安全防范、教育改造、刑罚执行等功能日趋完善，不仅能够有效地提高教育改造质量和监管安全，也大大降低了监狱人民警察的执法风险。

（三）加大经费、装备投入力度

监狱是国家的刑罚执行机构，没有充足的资金，就不能建立起符合监狱工作需要的监狱设施，监狱设施不完备，监管安全就无从谈起，监狱的风险等级就会成倍增加。同时，监狱人民警察执法经费的有效保障，有利于贯彻落实监狱人民警察各项工资福利待遇，切实改变以精神鼓励为主的激励方式，使不同岗位、不同工作环境和工作强度的监狱人民警察真正享受到有差别的薪酬、晋升、退休等待遇，解决部分监狱人民警察自卑、不满、浮躁等不良心态，提升他们的职业认同感，增强职业自豪感。

监狱人民警察装备是监狱人民警察为了有效地对罪犯执行刑罚，防范和制止罪犯破坏活动，确保监狱安全而配备的武器、警械以及交通与通信等专用器材。加强监狱装备建设是监狱人民警察应对各种突发事件和防范风险的必备物质基础。现代化、科技化的监狱装备和设施共同构成了监狱赖以对罪犯实施惩罚和改造所必要的特殊的执法环境。它们对罪犯具有一种有形的威慑力量，可以有效地制止罪犯脱逃及其他违反监规纪律现象的发生，同时，在控制罪犯骚乱、暴动、越狱等突发事件和保证监狱人民警察人身安全等方面具有重大意义。

四、风险防范的能力建设

监狱人民警察的政治素养、业务知识和岗位技能是执法的基础,在社情、狱情、犯情复杂多变的情况下,监狱人民警察无论是做好执法工作,还是维护自身安全,都需要具备较高的综合执法能力。

(一)加强思想政治建设,提高政治素质

思想政治建设是监狱人民警察队伍建设的灵魂,是队伍革命化建设的重要内容。要有计划地开展政治理论学习,提升监狱人民警察的政治理论水平,以开展专题教育活动为契机,坚定监狱人民警察的政治信仰及政治立场,培养他们敏锐的政治鉴别力。政治素质在监狱人民警察素质结构中居于核心地位,坚定正确的政治立场和政治觉悟是监狱人民警察防腐拒变的思想防线,要不断加强监狱人民警察的思想政治建设,努力打造一支对党忠诚、服务人民、执法公正、纪律严明的监狱人民警察队伍。

(二)加强警务技能训练,提高实战能力

有组织地实施培训,不断加强管教业务和警务技能训练。通过多种形式的培训使监狱人民警察掌握执法过程中必须具备的法学、教育学、心理学等学科知识,熟悉监狱规章制度、监管改造业务,掌握突发事件处置技能及各种警械、武器的操作和使用方法等,切实增强监狱人民警察执法水平,规避执法风险。训练内容要从警务实战出发,充分体现学以致用、学之能用,突出实用性和可操作性。切实提高制敌技能,有效震慑、预防和处置狱内犯罪的发生,尤其是在处置狱内突发事件时监狱人民警察要有一种防暴预警意识,对有可能受到的不法侵害和暴力袭击,应时刻保持高度的警惕性。

(三)强化监狱人民警察风险防范意识

不断提高监狱人民警察维权素质能力,切实掌握与罪犯作斗争的思想武器、法律武器和防范罪犯袭击的防身本领,加大执法证据保全力度,提升监狱人民警察的执法素质和执法技巧,自觉维护法律权威,正确行使执法权力,充分履行法定职责,有效实现监狱人民警察执法权益的自我保障。

——— 案例一 ———

2018年7月23日16时许,青海省某监狱罪犯赵某(强奸罪、抢劫罪,刑期11年6个

月），在监区组织罪犯劳动间隙，违反管理规定将纱剪藏在裤兜里带入厕所，有袭警和自残可能。两名同监改造犯人发现后，立即报告给值班警察，随后该警察将纱剪从赵某处缴回。

次日，该警察向监区长李某汇报，后经监区研究，决定对赵某严重违规行为处以禁闭和使用警戒具，狱政科同意监区意见。大约1小时后，在李某安排下，几位民警和服刑人员给赵某加戴手铐，强制将其送至严管队执行禁闭。

7月27日19:23，李某等3位警察进入放风室对赵某进行讯问。讯问过程中，他们持随身携带的电警棍间断性地轮番对赵某的手臂、颈、腿、头等部位进行电击，并于当天19:36离开。

当晚9:30左右，严管队安检后组织犯人就寝，1名犯人向正在值班的警察赵某等两人报告称，罪犯赵某乱喊乱叫影响他们休息。随即，赵某和另一位警察先后携带4根电警棍进入放风室，对赵某的胳膊、腿部、颈部持续电击3分钟左右，见赵某头部后仰，呼吸急促，2名民警立即与在场罪犯给赵某打开戒具进行抢救。抢救未果，又立即将其送往青海省红十字医院和局中心医院再次抢救，当晚10:59罪犯赵某被宣布死亡。

案发后，警察赵某等主动到该监狱纪委说明事情经过，并接受组织调查，涉案的另外3位警察等待接受组织调查。1名知情警察称，赵某被害致死后，该监狱赔偿了其家属85万元。

2019年8月26日，青海省西宁市中级人民法院一审宣判称，赵某等2位警察犯故意杀人罪，均被判处有期徒刑11年，另外李某等人因犯虐待被监管人罪，被判处有期徒刑3年缓刑5年不等。

一审宣判后，赵某等5人均不服，提起上诉，其中3位警察均称他们系正常履职行为，无虐待赵某的主观故意，应宣告他们无罪。

青海省高级人民法院审理后认为，赵某等5位警察身为监管机构的监管人员，在监管场所电击被加穿束缚衣固定在束缚椅并无反抗能力的被监管人的行为，已构成虐待被监管人罪，且情节特别严重，应予严惩。其中，赵某等2位警察用电警棍电击被监管人并致其死亡的行为，应根据《刑法》相关规定以故意杀人罪定罪从重处罚。2020年1月17日，青海省高级人民法院作出终审裁定，驳回上诉，维持原判。

请讨论上述案例中，该5名监狱人民警察的违法违纪行为产生的深层次原因。另外，你认为该5名监狱人民警察的违法行为，除了要承担相应的刑事法律责任外，还应该承担什么责任？

案例二

2012年3月10日7时45分许，山西××监狱政科民警王某正在维持出工秩序。王某见罪犯吕某没带胸牌便询问原因，吕某回答胸牌坏了，不能带了。王某因此要扣吕某考核分，于是两人发生争执。王某命令配合民警维持出工秩序的罪犯打吕某，于是在押人员张某打了吕某两个耳光,打了腹部一拳。之后王某抓住吕某的双肩,用膝盖向吕某的头部顶撞三四下,又打了吕某几个耳光。后将吕某双手向上举过头背铐在禁闭室的铁窗户上,吕某双脚脚尖着地,在铐的过程中,吕某挣扎反抗,王某朝吕某胸部击打一拳。王某回到办公室下班回家。禁闭室民警发现吕某情况异常立即送医务所救治。经诊断,吕某左第8、9肋骨骨折。

请讨论,民警王某对罪犯吕某的处置是否妥当?民警王某应该承担什么责任?

案例三

2015年10月11日,××监狱××监区分队长张某未能按常规时间到分监区。民警陈某在未能联系上张某情况下带罪犯出工下井。11日23时20分左右,陈某对张某交代罪犯出工有关情况后,回狱内继续值班。张某先到监区调度室签到,又到干部作衣房换作衣。11日23时43分,张某来到井口人车场坐人车下井,没有集合罪犯,没有点名,也没有对当班出工罪犯进行现场管理。12日凌晨1时20分左右,罪犯(安全员)吴某打电话向张某报告,罪犯陈某在工作面找不见了。张某当晚安排分队罪犯在井下工作面寻找,没有发现陈某踪迹,报告分监区值班干部,后逐级报到监狱。监狱遂安排在监狱内外,井上井下进行了地毯式排查。12日晚,寻找人员在工业广场排污口处发现罪犯陈某下井穿的作衣、胶靴、钢锯条和安全帽等,确认罪犯陈某已经脱逃。

在该起案例中,监区分队长张某应该承担什么责任?为什么?

案例四

××监狱原民警陈某于2012年年初至2014年2月,在担任分监区分队长、管教期间,不仅多次为罪犯侯某、刘某传递现金并购买、携带茶叶和手机等违禁品进监,从中获利;对于罪犯侯某、刘某长期存在私藏、使用现金及手机,赌博等严重违反监规纪律的行为,没有予以查处,也没有向组织报告;明知罪犯侯某、刘某不符合减刑条件,仍故意隐瞒事实,在分监区狱情分析会、月考评会上,发表同意达标呈报减刑的意见,致使2名罪犯如期获得减刑。2014年3月,监狱纪委对其涉嫌违纪违规进行调查时,其仍未第一时间向组织交代违纪违法的事实。2015年,法院判处陈某有期徒刑1年6个月。

在该案例中,民警陈某应该承担什么法律责任?

本章参考文献

[1]盛高璐:《监狱警察执法风险制度分析》,载《学理论》2013年第13期。
[2]陶新胜:《监狱警察职业风险防范的思考——基于保障基层监狱警察职业发展的视角》,载《法制与社会》2012年第18期。
[3]邵高涵:《监狱警察在执法中面对的法律困境以及应对策略》,载《法制与社会》2014年第1期。

[4]冯景、雷小平、罗辉:《我国监狱人民警察执法风险初探》,载《学理论》2014 年第 11 期。
[5]王明迪、董云虎主编:《中国监狱人权保障》,法律出版社 2004 年版。
[6]耿连海:《警察权益保护》,群众出版社 2004 年版。
[7]姜明安主编:《行政法与行政诉讼法》,高等教育出版社 2002 年版。
[8]马克昌主编:《犯罪通论》,武汉大学出版社 1999 年版。
[9]杨殿升主编:《监狱法学》,北京大学出版社 1997 年版。
[10]冯建仓、鲁兰:《中国监狱人民警察权利研究》,北京大学出版社 2009 年版。
[11]黄梅:《基层监狱人民警察职业风险成因分析与防护》,载《法制博览》2016 年第 26 期。
[12]林喆:《公民基本人权法律制度研究》,北京大学出版社 2006 年版。
[13]于永福:《维护监狱人民警察执法权问题研究》,中国政法大学 2010 年硕士学位论文。
[14]严琦华:《如何建立人民警察执法权益保障机制》,法律出版社 2006 年版。
[15]马臣文:《监狱警察执法意愿:要素、价值和结构》,载《河南司法警官职业学院学报》2013 年第 1 期。

第九章　监狱人民警察的素质与职业能力提升

学习目标

1. 了解监狱人民警察素质的内涵及主要内容。
2. 掌握监狱人民警察的职业能力范畴。
3. 重点掌握监狱人民警察职业能力训练的方法。

第一节　监狱人民警察的素质

一、监狱人民警察的素质及构成

(一)监狱人民警察素质的概念

素质是心理病理学上的专用名词,本来是指有机体与生俱来的生理解剖特点,即生理学上所说的“遗传素质”,它是人的能力发展的自然前提和基础。素质是心理活动发展的前提,离开这个物质基础就谈不上心理发展。因为个体生理、心理的成熟水平不同,也就决定了个体素质是存在差异的。

素质可以分为狭义和广义两种解释。狭义的素质,是指人生来就具有的某些解剖生理特点,特别是指神经系统、脑的解剖生理特点和感觉、运动器官的解剖生理特点。它表明素质是人的身体、智慧、能力和个性,乃至整个心理活动形成和发展的自然前提。广义的素质,是指在人的先天生理的基础之上,经过后天的教育和社会环境的影响,由知识内化而形成的相对稳定的心理品质及其素养、修养和能力的总称。

监狱人民警察的素质,一般取广义理解,即监狱人民警察在先天生理的基础上,经过后天的教育和环境的影响,由知识内化而形成的相对稳定的心理品质及其素养、修养和能力的总称。

（二）监狱人民警察素质的构成

我国关于素质要素构成的研究，主要有以下三种不同观点：(1) 六要素论。认为素质的构成可以分为六个基本要素，即思想政治素质、道德素质、文化素质、业务素质、身体素质和心理素质。(2) 五要素论。认为素质的构成可分解为五个基本要素，即思想道德素质、文化素质、业务素质、身体素质和心理素质。(3) 四要素论。认为素质构成分为思想道德素质、文化素质、业务素质和身体心理素质。

随着我国司法行政事业改革的不断推进，司法部明确提出要建设一支革命化、正规化、专业化的高素质监狱人民警察队伍。按照这一要求，监狱人民警察"五要素论"符合监狱人民警察素质要求与实际发展方向。其一，思想政治素质和道德素质之间具有相通性，二者有较强的联系和交叉，我们可以将两者统称为监狱人民警察的政治素质。其二，把心理素质作为独立要素进行研究，有利于解决监狱工作实际困难以及广大监狱人民警察普遍存在的心理问题。这样，监狱人民警察的素质构成就可以分为以下五个方面（如图 9－1 所示）。

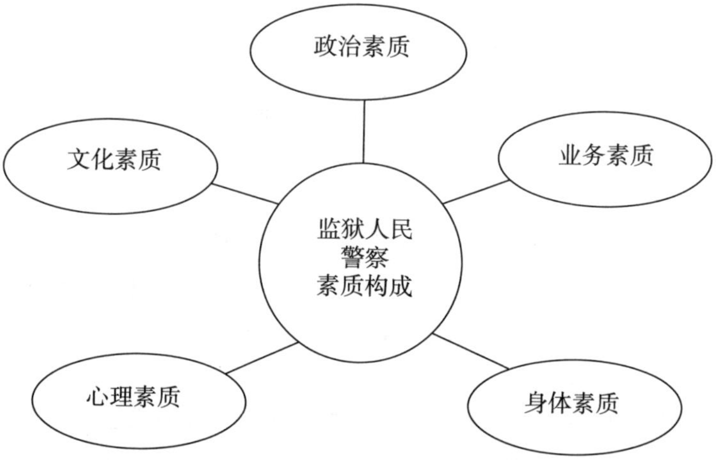

图 9－1 监狱人民警察素质结构图

1. 政治素质。监狱人民警察担负着惩罚、教育和改造罪犯，维护国家和社会安全与稳定的重要职责。监狱各项工作具有极强的政治性和原则性。因此，较高的政治素质是监狱人民警察必须具备的。

这一素质包括：(1) 坚定的政治立场和正确的政治方向。当前世界形势错综复杂，监狱人民警察要在风云变幻的国际形势中，始终保持清醒的政治头脑，坚持党的绝对领导和社会主义制度。必须要与以习近平同志为核心的党中央保持高度一致，牢固树立执政为民的思想观念，时刻保持高度的政治敏锐性和警惕性，在执法中自觉筑起牢固的思想防线，坚决抵制各种腐朽思想和落后文化的侵蚀和诱惑，严格贯彻落实党的路线、方针和政策。(2)较高的政治理论水平和政策水平。政治理论水平和政策水平是衡量监狱人民警察工作能力和工作水平高低的主要依据。作为一名监狱人民警察，在监管改造工作中要时刻关注国内外形势变化和监狱改造动态，要正确理解和贯彻执行党和国家有关监狱工作的法律法规，不断用马列主义、毛泽东思想、邓小平理论、三个"代表"重要思想、科学发展观和习近平新时代中国特色社会主义思想来武装和完善自己。(3)坚持刻苦学习和实践，用科学的理论、先进的思想指导自己的言行，不断加强党性修养，严守底线，防微杜渐，杜绝一切以公谋私、滥用职权的行为。

2. 文化素质。这一素质是指监狱人民警察做好本职工作所必须具备的文化基础知识、法律法规和相关专业知识。一方面，监狱工作具有极强的专业性和改造方法的多样性。监狱人民警察需要学习和掌握的知识量越来越多，知识面越来越广。另一方面，罪犯的构成日益复杂，暴力型犯罪、有组织犯罪、流窜犯罪、涉黑涉恶、高智能犯罪呈现出快速增长趋势，心理精神因素在各种刑事犯罪的成因中占据越来越重要的位置。因此，监狱人民警察就要充分运用心理学、精神病学、教育学、社会学、犯罪学等专业知识对监狱服刑人员进行心理矫治和行为矫治。相应地，只有具备了法学、心理学、行为学、教育学、管理学等专业知识才能更好地完成惩罚与改造罪犯的艰巨任务。

随着监管改造形势的日益严峻，对监狱人民警察的文化素质提出了更高的要求。监狱人民警察应当通过多形式、多内容、多层次的教育和培训形成科学合理的文化素质结构，从横向上拓宽其知识面，从纵向上深化其专业能力，以此更好地适应教育改造工作的需要。

3. 业务素质。监狱人民警察的业务素质是指其顺利完成惩罚和改造罪犯工作所应当具备的素养和能力。这一素质包括：(1)熟悉国家的法律法规。从监狱工作实际来看，监狱人民警察应当认真学习《宪法》《刑法》《刑事诉讼法》《人民警察法》《监狱法》等与监狱工作密切相关的法律法规，确保依法执法、依法治监、依法办事。(2)熟悉监狱管理工作规章制度。监狱人民警察要从监狱工作实际出发，认真钻研刑罚执行、狱政管理、教育改造、生活卫生、劳动生产、考核奖惩等相关业务，熟练组织并开展各项监禁管理、教育改造工作，维护正常的监管秩序。(3)熟练掌握并运用监管改造罪犯所需的各种岗位基本技能。监狱人民警察在依法执行刑罚的过程中，需要具备相应的组织指挥能力、现场管理能力、"三课"教育能力、语言表达能力、心理矫治能力、应急处突能力、舆情控制能力等。

4. 心理素质。监狱人民警察的心理素质是指在从事监狱工作中表现出来的认知、情感、意志等心理过程特点和能力、气质、性格以及心理倾向等个体心理。

监狱人民警察作为改造罪犯的主体,在促使罪犯认罪悔罪、改恶向善方面起着举足轻重的作用。监狱人民警察所具有的良好心态,不仅可以使其工作效率和质量大大提高,其自身的榜样示范作用也会对罪犯的改造起到有益的推动作用。由于职业的特殊性,监狱人民警察长期处于高风险、高压力、高强度工作环境中,容易导致心理健康水平下降,影响正常生活,也不利于工作效率的提高。另外,由于监狱人民警察的工作对象往往是那些具有暴力性、凶残性、反社会性的罪犯,在与之打交道的过程中,监狱人民警察除了运用法律武器来管理罪犯,还要用自身强大的心理素质来震慑罪犯,使他们产生心理畏惧感。因此,监狱人民警察过硬的心理素质是维护监管安全和改造秩序的重要保证。如果监狱人民警察心理脆弱或者心理健康状况不佳,则会带来比其他从业人员更加严重的后果。如监狱人民警察长期处于焦虑状态,就会产生遇事不够冷静,或者产生过激反应,或者处理问题的方法简单粗暴等,从而导致罪犯产生误解甚至抵触的心理和过激行为,降低罪犯改造质量,造成不良社会影响。还有,心理健康状况欠佳的人民警察,会产生职业倦怠、人际关系不协调、身体健康受损等不良现象。因此,良好的心理素质是做好监狱执法工作的前提条件,是保质保量完成刑罚执行任务的重要保障。

5. 身体素质。健康的身体素质是监狱人民警察完成任务、履行职责的基本保障。监狱人民警察扮演着教育者、管理者、执法者等多种角色,承担的工作任务重、压力大、风险高,没有健全的体魄和良好的身体素质,就失去了做好本职工作的基本前提。此外,由于执法工作的特殊性、工作对象的复杂性,监狱人民警察面临着极大的职业风险。尤其是来自罪犯的暴力威胁往往具有突发性和致命性,这就要求监狱人民警察除了要具备良好的身体素质,还应具备过硬的警务实战技能。

当前,我国监狱押犯的成分极为复杂,暴力犯罪、团伙犯罪、流窜犯罪、涉黑涉毒等犯罪人员日益增加,他们的反社会意识和抗拒改造情绪强烈,给监管安全工作造成了极大威胁。此外,随着监狱体制改革,产业项目调整,罪犯劳动现场从室外转移到了室内,使得罪犯脱逃必须冒更大风险,为达目的,他们往往选择更加凶残和隐蔽的手段。同时,罪犯长期在高墙电网内生活,心理压抑感明显增强,暴躁、烦闷、压抑、焦虑等不良情绪滋生蔓延,容易导致偏激或过激行为,暴力脱逃、闹监哄监、自杀自残、暴力袭警等恶性狱内事件频发。因此,要求监狱人民警察通过模拟演练,岗位练兵等活动,不断增强身体素质,掌握过硬的擒拿格斗技能,减少人身安全隐患。

二、监狱人民警察素质的现存问题

(一)思想政治教育形式化

在监狱各项工作中,思想政治工作占有十分重要的地位,是一切工作的生命线,历来为各部门高度重视,并列入监狱工作重要议事日程。但工作实践中,也有部分监狱人民警察片面存在重视业务学习,轻视政治理论学习;追求文凭学习,忽视钻研政治理论等情况,以至于形成政治理论学习“说起来重要,学起来次要,忙起来不要”的现象,导致某些警察政治观念淡薄,一遇到具体的问题就无所适从,缺乏正确的政治方向与敏锐的政治判断能力。还有些警察长期不注重政治理论学习,在处理一些工作时,盲目决策,主观臆断,造成失误。更有甚者,在对罪犯的教育改造工作中,由于对党的方针政策不熟悉、不了解,常常误导罪犯,甚至出现违规违纪行为,给监狱工作乃至整个社会造成不良影响和不应有的危害。

(二)个别监狱人民警察业务素质偏低

监狱的刑罚执行、监禁管理、教育改造是一项专业性极强的工作。掌握精深的业务知识,具有良好的业务能力是做好监狱工作的必要条件,也是推动监狱工作科学发展、提高罪犯改造质量的动力。但由于受市场经济浪潮的冲击,有部分警察缺乏必要的上进心,面对监狱体制改革新的形势、任务和要求,习惯于故步自封、墨守成规,一味用传统的经验来处理问题。认为监狱人民警察端着国家的铁饭碗,享受着公务员待遇,可以高枕无忧,安于现状,混天度日。还有一些年轻民警,虽然受过高等教育,具有一定的理论水平,但往往安于现状,缺乏敬业精神和开拓创新意识。在监狱实际工作中,不勤于钻研业务,不能够很好地将所学理论与实际工作有机地结合起来,动辄本本主义,生搬硬套,不能把知识灵活地运用到工作中,尤其是对一些顽危犯、惯累犯、暴力犯、流窜犯等的改造,以及狱内越狱脱逃、自杀自残等突发事件,往往是束手无策,不知如何应对。尽管这并非普遍现象,但它的危害不可低估,它不仅损坏了监狱人民警察形象,也阻碍了监狱事业的正常发展。

(三)警务实战技能与身体素质无法应对工作需要

监狱人民警察作为国家重要的专政工具,是一支着装配枪,半军事化的武装力量,招之即来、来之能战、战之能胜、纪律严明、作风优良是对这支队伍的职业要求。因此,监狱人民警察必须具有健康的体魄和良好的警务实战技能,才能胜任工作需要。然而,由于基层警力严重不足和工作要求的不断提高,监狱人民警察超负荷工作是普遍而又非常现实的问题。“两眼一睁,忙到熄灯”是监狱人民警察日常生活的真实写照。据某监狱统计表明:基层有60%以上的同志年均出勤在300天以上;

80%的基层警察每月工作25个工作日以上;每天工作10小时以上的警察占65%。长期的高风险、高压力执勤,对警察的体力、脑力、心理都产生了严峻的考验,一些警察难以适应,甚至英年早逝,在一定程度上削弱了队伍整体战斗力。同时,随着监狱人防、物防、技防、联防"四位一体"防范体系的建立和逐步完善,多数监狱连续多年保持无罪犯脱逃和无重大安全事故,致使部分监狱领导和警察产生了麻痹思想,对监狱的安全稳定缺乏足够的重视,盲目乐观,对狱内改造与反改造斗争的长期性、隐蔽性、复杂性、尖锐性没有清醒的认识。这就导致了部分警察在执法工作中警惕性不高,自我保护意识不强,处突防变能力弱化,增加了监狱安全风险。因此,没有良好的身体素质作保证,没有必要的自我保护意识,又不具备同罪犯作斗争的警务实战技能,就会危及监狱人民警察的人身和生命安全,危害监狱与社会的稳定发展。

(四)监狱人民警察心理健康状况不容乐观

有人说:"监狱人民警察拿的是8小时的工资,干的是12小时的工作,负的是24小时的责任。"我国的多数监狱地处偏远,远离闹市,加之监狱工作性质的特殊性以及工作对象的人身危险性等众多因素,极易导致监狱人民警察的心理健康状况不佳。有学者对监狱人民警察的心理进行研究后发现,监狱人民警察多数存在一些心理问题,最为明显的是焦虑、人际敏感、躯体化、抑郁、敌意等,健康状况总体不佳。调查表明,约有70%的警察处于高焦虑、高压力、低心理健康状况中,尤其是一线监狱警察,其焦虑程度、压力水平明显偏高、心理健康水平较其他从业人员普遍偏低。

究其原因,主要有:(1)职业要求高。对于罪犯而言,监狱人民警察是公权力的化身,是国家法律政策的执行者,必须具有一定的威严性,而且要尽量避免出现各种影响自身形象的不恰当行为。(2)社会及罪犯家属对监狱人民警察的期望越来越高,要求监狱人民警察具备较高水平的业务素质和道德修养,希望监狱能将所有的罪犯全部改造成为对社会有用的人。(3)监狱"三防安全事故"等硬性指标,无形中会使监狱人民警察产生一定的职业压力,产生焦虑在所难免。加之监狱工作强度、风险大,紧张度高,警察的休息调整时间不足、收入不高、社会地位低等,均在一定程度上影响或损害了监狱人民警察的心理健康。

三、监狱人民警察素质提升的途径

(一)不断学习,丰富知识

2013年3月1日,习近平总书记在中共中央党校建校80周年庆祝大会上强调指出:“我们的干部要上进,我们的党要上进,我们的国家要上进,我们的民族要上进,就必须大兴学习之风,坚持学习、学习、再学习,坚持实践、实践、再实践。全党同志特别是各级领导干部都要有加强学习的紧迫感,都要一刻不停地增强本领。”监狱人民警察作为国家公务员和法律工作者,必须具备良好的综合素质才能够更好地胜任监狱执法工作的需要,必须顺应社会发展和监狱体制改革的要求,积极营造创建学习型的监狱机关、争做学习型的监狱人民警察氛围。

1. 有计划地开展政治理论学习,提升监狱人民警察的理论水平。监狱每年应当根据社会发展形势、监狱人民警察队伍建设和监狱工作实际,制订详细的政治理论学习计划,通过会议、专题辅导、讲座、自学、集中学习、讨论等方式,引导、督促、帮助警察进行政治理论宣传教育与学习培训,不断提高全体监狱人民警察的政治理论水平。

2. 有组织地进行法律法规和国家刑事政策学习,不断提高监狱人民警察的法律意识和法治思维。结合形势发展,监狱应当定期、不定期地及时组织监狱人民警察立足监狱工作实际,系统学习《宪法》《刑法》《刑事诉讼法》《监狱法》《人民警察法》《公务员法》等法律法规;根据岗位分工,适时组织学习讨论监管安全、刑罚执行、狱政管理、教育改造等法规制度,全面提高监狱人民警察执法能力和执法水平。

3. 以开展专题教育活动为契机,坚定监狱人民警察的政治信仰及政治立场。通过大学习、大讨论等教育活动,解放思想、争先创优,树立监狱人民警察忠诚担当、清正廉洁、克己奉公的价值观和人生观。进一步培养监狱人民警察敏锐的政治鉴别力,坚定政治立场及政治信仰,确保对监狱工作的绝对忠诚。

4. 重视和加强科学文化知识学习,努力提高全体监狱人民警察的科学文化水平。监狱人民警察不仅要具有精湛的法律知识,还要具备广博的综合文化知识。监狱的职能,除了要把罪犯改造成守法公民外,还要养成他们一定的知识技能,成为对社会有用的新生力量,这就要求监狱人民警察必须具备一定的现代科学技能素质。因此,要通过多种教育培训的方式提高监狱人民警察的现代科技水平与技能素质。这将为预防和减少重新犯罪,实现监狱职能,积极推进社会矛盾化解、社会管理创新等工作奠定坚实的基础。

(二)努力实践,提升能力

监狱工作是一项实践性很强的执法工作,需要监狱人民警察具有丰富的实践经验和良好的技能才干。从监狱工作实际来看,无论是对罪犯执行刑罚、狱政管理、教育改造,还是组织罪犯开展劳动生产、考核奖惩、生活卫生、文体活动等,都离不开一定的实践环节、实践条件和实践环境。在具体监管改造实践中,由于罪犯群体的文化水平、法律意识、价值观念、改造表现等差异性比较大,因此监狱人民警察要通过不断的、丰富的司法实践,形成较高的能力素质。

1. 通过实践,提高组织管理能力。随着社会的迅速发展,监狱押犯的成分也发生了相应的变化,涉黑、涉恶、涉毒等罪犯呈增长趋势,暴力犯罪、团伙犯罪、职务犯罪、高科技犯罪不断增加。面对新的问题,要求监狱人民警察必须系统掌握组织管理的相关知识,在管理和教育罪犯实践中充分发挥管理者、组织者、促进者、帮助者、指导者的功能,组织和管理好各类服刑人员,维护正常的监管秩序。

2. 通过实践,提高教育改造能力。教育改造是监狱改造罪犯的基本手段,也是治本攻心之策,"三课"教育是罪犯教育改造的重点。实践中,通过多种渠道培训后,广大监狱人民警察的理论水平普遍得到了提高,但实践效果并不突出。特别是从事罪犯教育改造所需要的政治学、教育学、心理学、社会学、法学等科学知识远非纸上谈兵能够奏效的,需要积极投身工作实践,并通过一系列司法实践活动才能够转化为教育改造能力,不断增强教育改造效果。例如,监狱的思想政治教育要开展得有声有色,需要监狱人民警察将思想政治教育内容紧密联系生活实际并付诸社会实践,从而使罪犯摆脱空洞的、灌输式的说教。罪犯的文化教育不能只是走过场图形式,要看罪犯实际掌握程度和运用程度。对于技术、技能教育,监狱人民警察更应做到"打铁须得自身硬",率先掌握相应的技能,避免纸上谈兵,实现从理论到实践的升华,才能够有效地组织罪犯开展生产实践,使罪犯在劳动实践中悔过自新,掌握一技之长,学会谋生技能。

3. 通过实践,提高调查观察能力。在管理和教育改造罪犯实践当中,可能会遇到罪犯脱逃、暴狱、自杀、凶杀、劫持人质以及自然灾害等各种异常、突发情况,监狱人民警察要时刻具有敏锐的观察力和细致入微的洞察力,要善于捕捉稍纵即逝的现象和寻找反映事物本质的蛛丝马迹,沉得下,盯得准,看得全,动得快,不断总结经验教训,做到防患于未然。

4. 通过实践,提高司法文书写作能力。监狱工作有大量的司法文书制作,无论是收监、释放、减刑、假释等法律事务,还是狱政管理等活动,都需要相应的司法文书、行政公文,而文书的制作质量不仅反映了监狱人民警察的语言文字水平,而且反映了监狱管理水平和执法水平。

5. 通过实践,提高语言表达能力。教育改造罪犯需要一定的训话技巧、谈话技巧、询问技巧。谈话教育是一门科学,也是一门艺术,不同的谈话教育,其教育效果是截然不同的。个别刚参加工作的监狱人民警察首次找罪犯谈话,不知如何开口,甚至一些从事管教工作多年的老警察也感觉到有时言不由衷、词不达意,究其原因,有些是文字功底差,有些是没有掌握一定的表达技巧。因此,监狱人民警察要多学习业务知识,多总结经验,多深入实践,多掌握提高表达技巧的要领。

(三)加强培训,全面提高

《人民警察法》第29条规定:“国家发展人民警察教育事业,对人民警察有计划地进行政治思想、法制、警察业务等教育培训。”根据法律规定和人民警察队伍建设发展实际,监狱必须定期、不定期地组织开展监狱人民警察的教育培训工作,不断提高监狱人民警察的整体素质,更好地适应新形势下的监狱管理工作和提高罪犯改造质量的需要。

在全国监狱系统内,深入贯彻党的十九大精神,广泛开展学习习近平新时代中国特色社会主义法治思想,通过“大学习、大培训、大研讨”活动全面提升监狱人民警察队伍政治素质、专业能力和履职能力,以政治建设为统领,以学习新思想为核心,以提高履职能力为主线,以强化纪律作风为保障,建设一支正规化、专业化、职业化的监狱人民警察队伍,推进我国司法行政事业的改革发展。

监狱在组织教育培训中,应当坚持全员参与、立足岗位、战训合一、内强素质、外树形象,坚持“干什么练什么,缺什么补什么”,知识培训和技能训练相结合,在岗培训与集中培训相结合,全面学习监狱业务知识与重点掌握岗位基本技能相结合的原则。

1. 加强政治理论培训。通过系统培训,让全体监狱领导干部和监狱人民警察系统掌握新时代中国特色社会主义理论体系,把握党的十八大、十九大会议精神,牢固树立和自觉践行社会主义法治理念,增强“四个意识”,坚定“四个自信”、做到“两个维护”,始终保持正确的政治方向。通过培训,确保监狱人民警察在执法过程中始终坚持党的绝对领导,贯彻党的方针政策,勤政廉洁,执法为民,服务大局,维护社会的和谐与稳定。

2. 加强法律法规培训。监狱是国家的法律执行机关,通过培训,要求监狱领导干部和监狱人民警察了解、掌握监狱工作相关法律法规,切实提高广大监狱人民警察学法、知法、懂法、守法和运用法律政策能力及解决实际问题的能力。

培训内容主要包括《宪法》《刑法》《刑事诉讼法》《监狱法》《公务员法》《人民警察法》《安全生产法》《行政机关公务员处分条例》《人民警察使用警械和武器条例》等。通过培训,要求全体监狱人民警察认真学法、自觉守法、秉公执法,依法做好在押罪犯的收监、申诉、减刑、假释、通信会见、生活卫生、考核奖惩、死亡、重新犯罪及释放等工作,提高执法质量与水平。

3. 加强监狱工作有关规定培训。建立健全监狱管理规章制度,通过各种培训,让全体监狱人民警察系统掌握监狱工作有关规章制度,切实提高运用监狱工作方针政策、规章制度的能力。应当紧密联系监狱工作实际,认真组织学习监管安全、刑罚执行、狱政管理、教育改造、生活卫生、劳动改造、队伍建设,以及监狱体制改革、布局调整等有关方针政策、规章制度的主要内容,确保监狱管理各项工作科学化、制度化、规范化。

4. 加强舆论宣传培训。新媒体时代,要求监狱人民警察了解现代传媒技术的应用和运作,能够正确、及时、有效应对社会舆论,积极开展正面宣传和引导,树立监狱机关、监狱人民警察的良好形象,提高监狱工作的社会影响力。各监狱应当结合社会形势、监狱形势,组织监狱人民警察进行现代传媒技术、网络舆情处置、新闻宣传等培训,以此进一步宣传国家的法律法规和党的监狱工作方针政策,接受社会监督、群众监督、舆论监督,提高监狱工作的社会公信力。

5. 加强信息化实战应用培训。通过培训,要求广大监狱人民警察熟练应用现代化办公设备来开展工作,掌握监狱现有的现代化信息手段应用技能,熟练应用网络技术开展有关工作。按照科技强警、科技兴监战略要求,监狱应当不断提升智慧监狱、信息化监狱建设水平,加强计算机技术、多媒体制作、网络监控、智能报警、电子门禁、数据采集、狱情研判等培训,充分利用局域网、互联网开展监狱执法信息网络管理、监控,监狱执法活动网上监督,执法质量网上考核等,提高执法效率和执法水平。

6. 加强应对突发事件和应急处置培训。面对当前复杂多变的国际国内形势,监狱应当居安思危,通过经常性、仿真性的培训,不断加强监狱人民警察熟悉相关规定,熟记本单位预案,牢记自己在各预案中的职责,掌握应急处置要领,切实提高预警防范和处置突发事件的能力。面对汶川地震、雅安地震、H7N9 禽流感等诸多突发事件,尤其是在 2020 年席卷全球的新冠肺炎疫情中,湖北、山东、浙江共 5 所监狱因输入型病例而导致罪犯感染新冠病毒,引发社会各界广泛关注和质疑,监狱安全与公信力受到严重挑战。因此,全国监狱要大力完善突发事件预警应急预案,加强人防、物防、技防、联防“四位一体化建设”,重点开展对罪犯脱逃、暴狱、骚乱、哄监闹事、劫持人质、自杀、凶杀、纵火、群体斗殴等狱内突发事件的应急处置培训,以及传染病、食物中毒、流行病、瘟疫、安全生产事故、自然灾害等突发事件的防范处置。

7. 加强岗位技能培训。监狱工作具有点多、线长、面广的特点,从罪犯收监开始到刑满释放为止,其间涉及监狱与公、检、法、司、武警等政法部门的相互配合,牵涉与社会党政机关、企事业单位、学校家庭的协调联系。就监狱自身而言,从刑罚执行、狱政管理、教育改造,到劳动生产、生活卫生、考核奖惩、文体活动等,都需要监狱与社会各部门相联系,需要监狱内部各职能部门相配合。因此,必须采取集中培训和分散培训、课堂培训和实战培训相结合等形式,切实提高监狱人民警察履职尽责的各项岗位技能。

8. 加强警容风纪和警体技能培训。按照人民警察警容风纪和警体技能训练要求,通过系统培训,规范着装,注重礼仪,养成良好的仪容举止,树立新时期监狱人民警察的良好形象。同时,通过严格教育、严格训练、严格管理、严格纪律,着力培养监狱人民警察强健的体格、良好的体能、充沛的精力、较强的适应力、敏捷的反应力。另外,还要根据监狱工作性质、监狱人民警察职业特点,加强队列训练指挥、擒敌技术、查缉战术、武器警械使用技能培训演练,做到体能训练达标,警体技能精湛,努力打造一支政治坚定、业务精通、作风优良,具有凝聚力、战斗力的监狱人民警察队伍,圆满完成党和人民赋予的神圣职责。

第二节 监狱人民警察的职业能力

一、监狱人民警察职业能力的含义

监狱警察管理是通过对监狱机关及其人民警察的有效组织和管理,促进监狱行政行为的实施,以确保监狱机关职能充分发挥的活动过程。在这一过程中,监狱人民警察的职业能力高低至关重要。通常来讲,监狱人民警察的职业能力是指监狱人民警察将所学的知识、技能和态度在特定的监禁管理和教育改造罪犯中进行类化迁移与整合所形成的能完成一定岗位任务的能力。监狱人民警察的职业能力主要包括两个基本要素:一是为了胜任监狱人民警察职业而必须要具备的能力,表现为任职资格;二是在执行刑罚、惩罚和教育改造罪犯过程中表现出来的职业素质与能力。

由于监狱人民警察的职业能力是多种能力的综合,具有复合性和多样性的特点。因此,可以将其划分为基本职业能力和综合职业能力。基本职业能力,是指从事监狱工作必须要具备的基础知识和岗位技能。这类能力是监狱人民警察能够从事监管改造工作的基础和先决条件,如监狱人民警察的刑罚执行能力、教育矫正能力以及维护监管安全的能力。综合职业能力则更多地强调监狱人民警察在岗位上具有的胜任力,突出的是不仅能“干”还要“干好”。这些能力主要包括岗位业务的自主学习能力、协调与沟通能力、口头和书面表达能力、信息处理能力、创新能力、组织管理能力等。

二、监狱人民警察职业能力的构成

近年来,作为刑事司法最后一道防线的监狱面临的压力与日俱增。一方面,押犯的数量激增,押犯结构出现新的变化,狱内严重违纪或重新犯罪手段不断翻新;另一方面,罪犯的认知构成发生了新的变化,罪犯的恶习危险程度增大。罪犯的维权意识和自我保护意识不断加强,甚至达到扭曲的程度,监狱民警的管理难度直线上升。为进一步提高教育改造质量,建立一支高度敬业、素质过硬、战斗力强的监狱人民警察队伍将是大势所趋,而核心要素,就是要提高广大监狱人民警察的职业素质、履职能力和执法能力。结合司法部提出的监狱人民警察应具备的"六种能力",可将监狱人民警察的重点能力分为以下七个方面:

1. 刑罚执行能力。刑罚执行能力是监狱人民警察在刑罚执行过程中,依照法定职权和法定程序,行使职权,履行职责,贯彻实施法律的能力。监狱是国家的刑罚执行机关,承担着对判处死刑缓期 2 年执行、无期徒刑、有期徒刑的罪犯的刑罚执行活动。监狱刑罚执行的好坏,有关罪犯加刑、减刑、假释、暂予监外执行、保外就医等执法行为的公正性直接关系到刑事司法目标能否最终实现,关系到社会公安全保障目标能否最终落实。

2. 教育改造能力。教育改造能力是监狱人民警察通过各种有效的途径和方法,教育罪犯认罪悔罪,自觉接受改造,增强法律意识和道德素养,构建和谐健康心理,掌握一定的文化知识和劳动技能,成为守法公民的能力。教育改造能力是监狱人民警察的核心能力,这一能力的高低直接决定着罪犯改造质量的高低与监狱职能的发挥。

3. 维护监管安全能力。这一能力是监狱人民警察落实监管安全制度,规范监管安全管理,维护监管改造秩序的能力。确保监狱安全稳定是监狱工作的第一责任,是监狱人民警察的首要任务。监狱监管安全的目标主要是确保不发生罪犯脱逃、暴狱、凶杀、非正常死亡、重大恶性事故,通常被表述为"五个不发生"或"三防安全事故"等。这些目标主要以罪犯为关注点,以保障罪犯的生命健康和维护监狱秩序为追求。但是,随着监狱职能的演化和变迁,监狱监管安全不再单纯以罪犯为关注点,监狱的执法行为、监狱的公信力、监狱人民警察职务犯罪、维护监狱信息安全、卫生与防疫安全、正确处置监狱舆情、化解各种矛盾等也被赋予了安全的含义。

4. 应急处置能力。应急处置能力是监狱人民警察面对各类狱内突发事件,应具有的监测预警、应急决策、处置应对、资源配置、善后管理等能力。应急处置能力是监狱人民警察维护监管安全,适应监管安全形势不断变化的"有力武器"。

5. 信息化实战应用能力。信息化实战应用能力是监狱人民警察运用信息技术开展各项工作的能力。近年来，随着监狱信息化建设不断推进，如何更好地运用信息技术实现管理现代化、促进监狱工作转型，对监狱人民警察的信息化实战应用能力提出了更高的要求，信息化实战应用能力具体包括最新安防技术、信息设备、侦测技术、信息化警用设备的使用、维护等方面。

6. 创新能力。创新能力是监狱警察在依法履行刑罚执行、狱政管理、教育改造等职责过程中所形成的创造性认识问题、解决问题的能力，是监狱人民警察主观能动性的高级表现形式，是推进监狱警察队伍整体素质提高和监狱事业发展的动力源泉。

7. 综合事务处理能力。综合事务处理能力，是指监狱人民警察分析、应对、处理监狱工作中所需的服务性或辅助性事务的能力。包括政务工作、公文写作与处理、事务处理、警用装备管理、对外宣传、监狱社区管理等能力。

三、监狱人民警察素质与职业能力的现存问题

我国《监狱法》明确规定，监狱对罪犯实行惩罚和改造相结合、教育和劳动相结合的原则，将罪犯改造成为守法公民。监狱的一切工作都应该围绕这一根本目标展开。受刑事政策影响，监狱押犯总量虽然在连续多年高位运行之后有所回落，但押犯构成日趋复杂，重大刑事犯、长刑期罪犯不降反升，押犯沉淀性风险日益加大，高度危险罪犯明显增多，危害国家安全罪犯、判刑两次以上罪犯呈继续上升趋势。在新的历史时期，监狱工作的任务更加繁重，押犯的新变化、新构成带来了关押和管教难度增大等新问题，对确保监狱安全稳定、提高罪犯改造质量提出了新挑战。

在监狱工作中，提高教育改造工作质量的关键在于人的因素，即在于监狱人民警察队伍素质与能力的高低。因此，为适应当前社会大环境和监管教育改造形势发展的要求，必须不断加强监狱人民警察队伍建设，大力开发监狱人民警察人力资源，提高监狱人民警察的综合素质与职业能力，才能保证对罪犯教育改造质量的提高，更好地实现监狱长治久安的目标。从监管改造实际工作效果来看，当前监狱人民警察中绝大多数民警讲学习、讲政治、讲正气，能够秉公执法，严于律己，锐意进取，无私奉献，这是监狱人民警察整体素质的主流。但是，依然存在小部分监狱人民警察的素质与能力无法完全胜任监狱实际工作需要，主要表现如下：

（一）个别监狱人民警察思想政治素质薄弱

随着经济社会转型，各种思想文化交流、碰撞日益频繁，一些社会成员的世界观、人生观、价值观扭曲，一些社会领域出现道德、诚信缺失。监狱人民警察作为社

会组成的一部分,也面临着拜金主义、享乐主义和极端个人主义等腐朽思想的诱惑,世界观、人生观和价值观不断受到冲击和挑战。

监狱工作强度高、风险高、压力大,工作内容单调枯燥,监狱人民警察对待工作容易产生心理疲劳。于是,一些监狱人民警察出现理想信念模糊、缺少职业自豪感,工作注意力不够集中,干劲不足等现象。有的监狱警察,特别是年轻民警,对待工作奉献精神淡化,价值取向功利化,人生目标模糊,重利益而轻思想,不愿踏实奉献,总把个人利益放在第一位。有的责任感弱化,不求有功但求无过,抱着“只要在自己班上不出事就行”“能不管则不管”的思想消极工作。更有甚者,与罪犯界限不清,徇私舞弊,利用手中的权力大搞权钱交易,最终从执法者沦落为犯法者。

(二)个别监狱人民警察执法能力不足

监狱人民警察对于罪犯的惩罚与改造工作是在监狱这一特定场所进行的,其执法行为覆盖面广,涵盖监管改造、教育改造和劳动改造三大领域,包括收监、减刑、假释、暂予监外执行、加刑、释放等刑罚执行活动的诸多环节,渗透到狱政管理、教育改造的各项活动中。因此,监狱人民警察执法行为的公正性与合法性,监狱人民警察执法能力的高低,就成为衡量监狱效能与管理水平的关键因素。

从监狱整体执法状况来看,依然存在个别监狱人民警察执法能力不足的现象。有的监狱人民警察在工作中,不思进取,得过且过,不认真钻研业务知识,不能熟练掌握监狱工作法律、法规和刑罚执行政策,对罪犯的计分考核、减刑、假释制度理解不透彻,在工作中往往以印象好坏作为执法尺度,从而造成事实上的执法不公。有的则对执法尺度和管理方法缺乏研究,出现问题不想管、不敢管、不会管,仅仅满足于罪犯不脱逃的最低目标。还有个别“老管教”执法观念陈旧,执法行为仍停留在老传统、老习惯上,执法时更多沿用过去的粗放式管理模式,凭经验办事,拍脑门决策。这些个别现象无疑从侧面暴露出监狱人民警察整体执法能力与监管改造需要尚存在不相适应的地方。

(三)个别监狱人民警察安全防范能力不强

监狱自诞生之日起,面临的首要问题就是监狱的安全问题,安全也一直是监狱追求的重要功利性目标之一,无论是惩罚、报复、威慑的刑罚目的,还是被现代社会普遍认可的教育刑、矫正刑的监狱职能,其实现均必须依赖于监狱安全和稳定的秩序。

监狱安全防范的对象主要包括三类,即人,包括罪犯、监狱人民警察、其他人员;物,包括财产、设施、信息等;环境,包括自然环境和社会环境。其中,罪犯作为消极、破坏和危险因素,是安全防范的主要对象。事实上,脱逃、暴狱、自杀、袭警、伤人等事件都是出于罪犯的主观故意和积极推动。

从能力建设角度看,当前一些监狱人民警察对于犯情动态,即罪犯的个体和群体在改造中的思想、行为表现变化及发展趋势掌握不细致、不准确、不完整,甚至没有掌握,不能及时发现各种事故苗头,监管安全纯粹靠运气。另外,对顽危犯,即在改造过程中具有违法犯罪以及自杀、自伤、自残等嫌疑的罪犯防控不力。顽危犯或是有强烈的反社会意识,或是恶习积重难返,或是对判决和改造极端抵触,在罪犯中虽占极少数,但危害和影响很大,是狱内突发事件的祸首。同时,监狱职工和外来人员虽然不直接从事罪犯管理工作,但却是监管安全漏洞的潜在隐患。个别监狱人民警察往往在思想上存在麻痹大意,对这一特定群体疏于防范。

(四)个别监狱人民警察应急处置能力不强

监狱突发事件发生之后,在信息高度缺失的状态下,监狱人民警察必须作出及时、迅速的反应,采取尽可能合理、有效的处置措施,充分利用各种资源,并根据现场实际情况,对应急预案进行动态调整,从而达到有效处置、减少危害损失的目的。

虽然我国各级监狱都相应建立了应急管理机制,并不断通过预案演练来强化监狱人民警察的处突能力,但是在面对狱内突发事件时,依然有不少监狱人民警察存在处理不及时、方法不得当、措施不到位的现象。例如,某监狱中队 2 名罪犯斗殴,其中 1 名罪犯被利器刺到动脉,立即血流如注,值班民警未采取任何止血措施,而是组织其他罪犯将受伤罪犯抬往大队医务室,大队医务室建议送到监狱医院包扎,送到监狱医院后,因其失血过多要转送社会医院治疗,该值班民警这才联系要求监狱派车。显然,由于民警处置不当,浪费了大量宝贵时间,错失了救治的良机,最终该名罪犯因失血过多而死亡。类似地,对突发事件反应迟钝、行动缓慢,没有及时汇报,不会采取应急措施,不会保护现场、收集证据的事件举不胜举。

(五)个别监狱人民警察教育管理能力偏低

教育改造是监狱改造罪犯的基本手段,承担着攻心治本、促使罪犯洗心革面、脱胎换骨的重要功能。要使罪犯改造好,改造质量有保证,从根本上转变罪犯的思想使其彻底放弃犯罪意图,就必须通过对罪犯进行思想教育、文化教育、技术教育以及其他改造活动,改变罪犯的认知结构,提高罪犯的认识能力,逐步改变罪犯犯罪意识,培养法纪观念和良好的行为习惯,从而使罪犯逐步走上遵纪守法的道路。

当前,一些监狱人民警察,尤其是年轻民警,不钻研业务,不会直接管理,对罪犯改造三大现场特别是劳动现场的管理不同程度地依赖"拐棍";有的民警不会队前讲评,队前讲评的内容仅限于生产安排,或者以训斥代替说教,不善于将政治思想教育贯穿于讲评过程之中,不懂得将罪犯关心的焦点问题与劳动改造结合起来,缺乏专题性、针对性的主题教育与管理能力;有的民警不讲究个别教育的方式方法,对每个罪犯的谈话教育都千篇一律,不会因人施教、对症下药,不会掌握教育、转化、挽救罪犯的时机;有的民警队列指挥动作不规范,口令不准确,精神状态差,导致罪犯出、收工队伍不整齐,影响了正常的监管秩序。

(六)个别监狱人民警察开拓创新能力不足

创新是民族进步的灵魂,是国家兴旺发达的不竭动力,也是监狱事业持续、快速、健康发展的必由之路。在监管改造中,一些监狱人民警察思想保守、墨守成规、安于现状。在面对新形势、新情况、新问题时,往往因循守旧,不敢标新立异,不会迎难而进,在工作中总是畏首畏尾,停滞不前,推一下动一下,缺乏进取和创新精神,不求有功,但求无过。个别监狱人民警察在管理过程中仍然存在体罚、虐待罪犯的现象,管理方法简单粗暴,不能深入领会和运用科学改造手段来推进监狱管理效能。不会根据改造形势的变化和要求,创新罪犯管理理念、管理模式、管理手段、管理方法。虽然这部分人只是少数,但他们却在不同的监狱管理岗位上从事着教育改造罪犯的工作,也直接影响着监狱教育改造质量的提高。

第三节　监狱人民警察的职业能力训练

安全防范是监狱工作永恒的主题。当前,社会治安形势日益严峻,刑事犯罪率居高不下,监狱工作面临新的挑战,监管安全压力越来越大。因此,以监狱安全稳定为目标,整合人力、物力两大资源,构建监狱安全防范良性机制,就对监狱人民警察的各项职业技能提出了全新的、更高的要求。本节将对监狱人民警察应具备的若干职业能力的训练目的、实操性环节以及具体训练方法进行介绍。

一、监狱人民警察观察能力训练

细致入微的观察能力是监狱人民警察必备的职业能力之一。在对罪犯的监管改造工作中必须要全面细致地了解服刑人员,了解他们的生活史、教育史、犯罪史,了解他们的需求,善于捕捉罪犯在改造中的细微变化,并作出正确判断。只有善于观察的监狱人民警察才能有针对性地打开罪犯封闭的心灵,重塑其人格,感化其内心。

(一)训练目的

通过观察或感知心理和情绪变化,使监狱人民警察对罪犯的情绪变化的觉察更为敏锐，从而提高依据面部表情的变化，准确地预测罪犯心理上的细微变化或异常反应情绪的能力。在此基础上，及时和适时地开展个别教育或有针对性的谈心、谈话，从源头上预防罪犯异常心理，从而有效降低“三防安全事故”发生的概率。

（二）训练方法

首先，要熟练掌握十二种面部表情或情感变化（见表9－1）。

表9－1　十二种面部表情或情感变化

序号	表情肌	情绪或情感反应
1	口唇三角肌	轻蔑
2	眼窝下肌	悲痛、流泪
3	皱眉肌	悲伤
4	前额肌	注意、惊奇
5	下唇控制肌	厌恶
6	鼻肌	注意、兴奋
7	大额骨肌	笑
8	眼轮肌	反省、冥想
9	唇颈相连肌	痛苦、激励、奋发
10	口轮肌	欲求或吻
11	上唇鼻翼肌	不满、悲哀
12	鼻根肌	粗暴、威胁、攻击

通过观察罪犯的不同面部表情，判断罪犯的情绪和情感反应。为了防止出现误差，应遵循以下步骤观察—询问—测谎—修正—再观察—再询问……如此多次反复。

其次，要掌握表征判断法，即通过观察事故的各种征兆进行预测和判断。通常情况下，罪犯异常表现和行为主要包括：

1. 情感异常

（1）如较长时间的郁郁寡欢，最近突然无缘无故地表现出异常开心。心理学研究证明，当罪犯度过自杀矛盾期下定自杀决心后会表现出异常平静，需要引起监狱人民警察的高度关注。

（2）罪犯频繁出现走神、呆滞，自言自语，或无故出现惊慌失措迹象。

（3）罪犯私下偷偷流泪，长吁短叹，甚至吃不下饭，睡不着觉。

2. 意向表露

罪犯选择自杀以结束自己的生命或意图伤害他人，是一件十分痛苦或冲动下的选择。人在求生本能的支配下，往往自觉和不自觉地希望得到别人的救助。因此，在自杀或行凶前，可能表现出：

(1)流露出对人生的绝望。如“人生一世，活着真累，还是走了好”“人生没有意思，不如一了百了”等。

(2)主动与他人攀谈一些关于自杀的话题。如“人怎样死既方便又不痛苦”“自杀的方式都有哪些”等。

(3)对相处关系对立的民警或罪犯呈明显敌视。流露出“老子贱命一条”“临死拉个垫背的”“一命抵一命，够本了”等意思表示，这在一定程度上是行凶报复的前兆。

(4)对平时相处关系融洽的民警或罪犯，作出一些暗示性的告别，留恋或道歉等，如“我会记住你对我的好的”“如果有来世，我会报答你的”。

3. 处理后事

(1)私下整理个人物品，将自己的衣服、用品处理掉或分送他人。

(2)含蓄地向可以信得过的罪犯托付后事。如嘱托临近释放的罪犯出狱后帮助自己照顾一下家人等。

(3)痛苦哀伤地反复关注亲人的照片、信件等。家庭发生变故或负罪感强的罪犯，在自杀前往往会有这些征兆。

4. 准备工具

(1)留心察看周围环境，特别是一些很少有人经过或逗留的地方。

(2)留意寻找有利于跳楼的楼台、高架等。

(3)私藏绳索、刀具、利器等。

(4)突然十分关注民警对罪犯的活动安排和规律。

5. 制造时机

(1)千方百计地想离开罪犯集体而单独活动。

(2)主动寻找民警，要求从事个别劳动或公益勤杂劳役。

(3)寻找借口溜进仓库、储藏室、厕所等一些隐蔽场所和死角。

二、监狱人民警察记忆能力训练

记忆是人脑对经历过的事物的反映。可以是感知过的事物，也可以是思考过的问题、体验过的情绪、练习过的动作等。记忆不是一瞬间的活动，而是一个从

“记”到“忆”的过程,它包括识记、保持和回忆三个基本环节。记忆是积累经验、丰富知识的基本手段。人的学习就是不断积累经验、丰富知识,除认知外,记忆是必不可少的。

(一)训练目的

记忆能力的不断提升对于监狱人民警察的监管改造工作非常重要。作为一名监狱人民警察,在日常工作中必须准确记忆罪犯的工位、站位、铺位、座位;以及罪犯的犯罪史、成长史、教育史;还包括劳动工具的摆放位置,罪犯物品的摆放位置,门窗、监管设施等的位置及初始状态等一系列的内容。

(二)训练方法

1. 明确目标,培养兴趣

监狱人民警察心中有明确的目标和任务,就能营造适度的压力和紧张,而这种压力和紧张可以激活大脑细胞,使大脑处于适度的兴奋状态,从而提高记忆效率。

2. 集中精神,关注问题

人的注意力在感知上具有一种无意识的选择作用。记忆是否牢固在很大程度上取决于注意力是否集中。不能聚精会神,人就很难将外界信息完整地输入大脑中,也无法长时间储存。

3. 增强理解,把握特征

“想要记得,先要懂得。”监狱人民警察想要拥有良好的记忆能力,增强理解是一条重要途径。对于独特的事物、场景或人,我们的记忆会较为牢固。这是因为事物的特征会帮助我们提高记忆力。对于罪犯显著特征的敏锐观察,有助于增强记忆,如光头、胡须、文身、身体残疾、口音、体态姿势等。

4. 注意联系,运用联想

在监狱这一特定的封闭场所内,所有人或事物都不是彼此孤立的,而是普遍联系的。监狱人民警察须时刻保持警惕,注重事物之间的联系以及它们的因果关系。

三、监狱人民警察沟通能力训练

(一)训练目的

良好的沟通能力与口头表达能力是监狱人民警察必须具备的职业能力之一。它是指监狱人民警察与罪犯之间交流信息、沟通感情,从而达到相互了解,相互认知,相互影响的过程。与罪犯进行有效的沟通,并不单纯是说教的过程,更为重要的是,通过沟通可以向罪犯传递正确的人生观和价值观,从而达到影响罪犯的目的,使他们的态度和行为符合改造的预期。有效的沟通,不仅可以使监狱人民警察全面掌握和了解罪犯的思想动态，更有助于开展有针对性的矫治策略。

(二)训练方法

1. 支持性聆听

聆听并记住罪犯的谈话而尽量避免流露感情或作出明显的反应，目的是要集中聆听罪犯的话以便了解他的所思所感。

支持性聆听由三种反应组成——(1)开放式问题；(2)“嗯哼”技术；(3)内容反映。

开放式问题就是不能简单地用“是”或“否”来回答的问题。“嗯哼”技术使用最简单的口头回答，就是在他人谈话时说“嗯哼”或“哦”，这种将谈话责任交给对方的托付也同样明显。内容反映就是你重复别人刚刚发表的意见。支持性聆听表明你希望对方开始或继续谈论什么。

【情景模拟】:模拟练习监狱人民警察和罪犯的一次谈话。

民警:你觉得你们监舍如何?(开放式问题)

罪犯李甲:在这个监舍过得特别没劲。

民警:嗯。(“嗯哼”)

罪犯李甲:我的意思是我和王××处得不好。

民警:哦。(“嗯哼”)

罪犯李甲:他平时对我爱搭不理的。

民警:他平时对你爱搭不理?(内容反映)

罪犯李甲:没错儿!他还总是讲一些关于我的刻薄话。

民警:他都说了些什么?(开放式问题)

……

支持性聆听是以正强化理论为基础的。罪犯也往往喜欢向支持他们、至少是不否定排斥他们的人倾诉。因此，如果监狱人民警察能以支持的态度对待罪犯的谈话，他就会觉得自己的言论得到了强化，就会继续讲下去，从而披露更多的信息。

2. 气氛控制

安全而和谐的沟通气氛，能使罪犯更愿意沟通。如果沟通双方彼此猜疑、批评或恶意中伤，则会造成气氛紧张、冲突，加速彼此心里设防，沟通中断或失效。气氛控制由联合、参与、信赖与觉察四个技巧组成。

(1)联合——拉近彼此距离。尽量用“我们”“咱们”而避开“你”“我”的字眼，多运用“联合阵线”“一起”“共同努力”等话语。

(2)参与——用行为表现出来，不摆架子，以真诚换真心。监狱人民警察可以分享自己的成功与失败经历,分享自己的情绪体验,通过自身剖析指出每个人都有优缺点,使罪犯真正感受到自己的投入,而不是敷衍。

(3)信赖——创造安全的情景,提高罪犯的安全感,而接纳罪犯的感受、态度与价值观等。具体做法:意见表达针对事件而不是个人,倾听意愿,让罪犯尽量表达,容许犯错,表达了解和关爱;以罪犯的合法权益为先,肯定罪犯其他方面的优点,不给予立即性评价;对于罪犯的谈话内容予以保密。

(4)觉察——寻找到双方谈话的一致性,并加以强化,帮助罪犯觉察彼此的交流与沟通是对他有利的,从而增加罪犯继续沟通的意愿。

3. 推动技巧

沟通的目的是用来影响罪犯的行为,使之逐渐符合我们的预期。有效运用推动技巧的关键,在于积极的态度,要让罪犯在毫不怀疑的情况下,接受自己的意见,并受到激励。推动过程主要包括回馈—提议—推论—增强。

四、监狱人民警察批评教育能力训练

(一)训练目的

通过训练,使监狱人民警察了解批评教育的重要性。学会正确的批评教育方式,以达良好的教育改造效果。

(二)训练方法

【案例】服刑人员王××,男,34岁,因犯盗窃罪被判入狱,刑期5年。经过2个月的入监教育,被下分到监区服刑。王××在入狱的前6个月服刑表现良好,无任何违规违纪现象。但近一个月以来,王××经常称病以逃避劳动,经监狱民警日常观察和深入调查,发现王××改造思想有波动,不能正确对待服刑改造,于是对其开展批评教育。请问,如果你是管教民警,你将如何对其进行批评教育?

【情景模拟】

1. 单独场景下,找王××谈话——体现尊重。

2. 态度真诚、发自内心——让王××感受到管教民警的谈话目的:指导和帮助自己,有良好动机,尊重自己的人格。

3. 战术一,迂回战术:通过询问病情,揭穿王××的谎言;战术二,单刀直入法:直接揭穿其逃避劳动的不良思想——实事求是、措辞得当,意思表达清楚,批评有针对性。

4. 先作积极性评价,肯定王××入狱服刑以来的良好表现,营造良好心理氛围,同时使王××产生愧疚心理。

5. 表示自己一直在关注他，希望对方能敞开心扉，将自己的真实思想表达出来——共情。

6. 通过罪犯王××的问题交代，决定后续的批评方法，如采取激励式批评法：指出罪犯潜在的能力，认为他有能力做好或改正错误。或者惩戒式批评法：通过惩戒使罪犯认识到自身的错误。

7. 对罪犯的批评教育中要注意：戒不分场合，随便发威；戒无凭无据，捕风捉影；戒威胁逼迫，以权压人；戒以事论人，全盘否定；戒一批了之，弃之不管。

五、监狱人民警察查抄能力训练

（一）训练目的

违禁品作为影响监狱监管安全的重要因素，其防控与查抄是需要各级各类监狱及监狱人民警察必须予以重点关注的一项工作。一般来说，违禁品泛指由监狱明文规定禁止罪犯在监管场所持有、藏匿、传递和使用对监狱安全管理具有危险性的物品。其中包括移动电话、毒品、大额现金、刀刃具、攀爬挖掘物品等。

违禁品的流入，不论是何种渠道，究其原因一是人的因素，二是管理漏洞。人的因素主要涉及监狱人民警察自身、罪犯、外协人员；管理漏洞则主要涉及制度落实、理念偏差以及能力缺失。一方面，违禁品的流入与泛滥会淡化罪犯改造意识，污染监狱改造风气，导致罪犯对监狱人民警察执法的公信力产生怀疑和失望，从而挫伤绝大部分罪犯的改造积极性；另一方面，为了得到这些违禁品，一些罪犯往往会不择手段，或拉帮结派或采用暴力行为，作出违反监规、影响安全的事情，由此所产生的不良后果也往往难以预料和把握，对监狱安全带来极大的隐患。因此，监狱人民警察对于狱内违禁品要给予高度重视，从态度、行为和能力上构建坚实的屏障，确保有效阻断违禁品的流入。

（二）训练方法

1. 监舍查抄

（1）查抄前准备

①不同经济条件罪犯藏匿违禁品的区别：经济条件较好的罪犯多藏匿于监舍公共区域，经济条件较差的罪犯则多藏匿于自己的责任区。

②新犯人与“老官司”区别：新犯人因入狱时间较短，对狱内情况不熟悉，因此较少藏匿违禁品，而“老官司”因对狱内情况非常熟悉，其违禁品多藏匿于监舍公共区域或他罪犯责任区。

③不同罪犯类型藏匿违禁品的特点：政治类罪犯藏匿反动言论的文字材料；暴

力犯藏匿行凶工具;性犯罪藏匿色情书刊等。

(2)查抄方式:定期查抄与突击查抄相结合

(3)查抄程序

①划分查抄区域:公共区、卫生区、床位区(含内务箱)。

②从上到下、由内至外,查抄重点部位(瓷砖、面向无人区的铁栅栏、床板底部、墙壁张贴物等)。

2. 人身查抄

(1)查抄前准备

人身查抄一般受时间、空间的影响,无法做到对每名罪犯都全方位的彻查,应在普通查抄的基础上对重点罪犯进行仔细的检查;在查抄时,民警位置要合理,确保1名民警在一定距离外观察犯群,掌握全局,保证查抄民警的安全。查抄民警要提高警惕,关注罪犯情绪变化。

(2)人身查抄程序

出入监抄身:脱衣裤→背向民警、两手高举、手心朝外→检查头部→检查体表和四肢→手抱头、蹲下、蛙跳→发现危险物品、发现伤情。

常规抄身:告知事项→背向民警、两手高举、手心朝外→检查头部→翻开检查衣物→检查脚底→发现危险物品、发现伤情。

通常,罪犯藏匿违禁品的多发部位为头发、口腔、腋下、私密处、脚、指缝及脚底、包扎的绷带、贴附的膏药等。

3. 物品检查

违禁品多藏匿于牙膏、肥皂、箱包夹层、被褥、热水瓶、衣角缝隙处、鞋底、鞋垫。

检查要领:一看二捏三打开。一看,检查物品外观是否异常、罪犯表情、眼神、肢体动作;二捏,用手捏摸头发、被褥、衣领、衣角、裤脚;三打开,如果有异常需要进一步打开外包装检查。

六、监狱人民警察处突能力训练

监狱作为国家的刑罚执行机关,具有特殊性和复杂性的特点。狱内突发事件,泛指监狱突然发生的、破坏监管改造秩序、危及监管安全、生产安全、人身安全的事件以及自然灾害事故和食物中毒事故等。

总体来讲,狱内突发事件主要包括:(1)罪犯脱逃、劫持人质、哄监、骚乱和暴乱等事件以及社会不法分子袭击看押目标,劫夺罪犯等监管安全事件等;(2)火灾、机械伤人等生产安全事故;(3)集体性食物中毒、霍乱、禽流感等传染性疾病等公共卫生事件;(4)地震、水灾、风灾等自然灾害事故。

(一)狱内突发事件的特点

1. 爆发的突然性

狱内突发事件的组织、发动者,在事件爆发前,总是避人耳目,秘密行动,并试图选择最适当的时机和场所,然后采取突然袭击的方式,以求形成声势,影响正常监管改造秩序,从而达到预期目的。这些组织者熟悉监管改造的漏洞,他们力求以最快的速度,形成规模,以便以罪犯集体的力量破坏监管秩序。

2. 成因的复杂性

狱内突发事件发生在特定的环境内,必然与构成特定环境的某些矛盾密切相关,它是多种矛盾交织冲突的产物。这种多因性体现了狱内突发事件形成的复杂性。这里的因素包括人的因素、物的因素和环境因素等。因此,监狱人民警察必要要注意罪犯的异常反应,关注环境的细微变化,力争将突发事件消灭在萌芽状态。

3. 危害的严重性

狱内突发事件所产生的严重后果是不言而喻的。不管何种形式的突发事件都有可能削弱监狱的刑罚执行功能,影响监管改造秩序并对社会乃至国家的整体安全与稳定带来负面效应。另外,在信息化时代,狱内突发事件还容易被不断渲染和扩散,从而被一些居心不良的国内外敌对势力利用。

4. 处置的迫切性

随着经济全球化、信息网络化、行刑社会化的发展,监狱的高墙电网已不再神秘,任何的狱内突发事件,在范围和性质上已向纵横延展,使国家、政府、监狱的公信力受到严峻挑战。罪犯的反社会、攻击性行为不仅对监管改造秩序造成极大破坏,更直接威胁着监狱人民警察的人身安全。因此,狱内突发事件的处置过程必须雷厉风行、快速准确。

(二)应对突发事件的总体原则和要求

力争在第一时间做到四个快速、四个控制、四个冷静。

四个快速:快速发现、快速反应、快速报告、快速处置。

四个控制:控制事发现场、控制事态蔓延、控制危险对象、控制危险物品。

四个冷静:冷静了解情况、冷静分析情况、冷静对待情况、冷静处置情况。

(三)几种常见狱内突发事件处置训练

【情景模拟 1】服刑人员聚众哄监闹监事件的处置

第一,处置要领:(1)立即到达事发现场,阻止事态进一步发展;(2)查明带头闹事首要分子,加以严格监管控制;(3)做好参与闹事服刑人员的思想教育、分化瓦解和情绪稳定工作;(4)做好其他服刑人员的稳定防范工作,以防矛盾扩大;(5)迅速调查事件发生的主要原因;(6)对不服管教和有暴力倾向的,及时予以加戴戒具,实施禁闭;(7)检查有无潜在的诱发因素或重新激化矛盾的不稳定因素;(8)认真填写值班日志和事故处理记录并报告上级。

第二,处置标准:(1)确定闹事首要分子已经被严格控制;(2)确定经批评告诫,参与闹事的服刑人员情绪已经稳定;(3)确定事件的主要原因已经查明;(4)确定无潜在的诱发因素或不稳定因素;(5)确保其他服刑人员思想稳定;(6)事故处理记录详细,报告上级及时。

【情景模拟2】突发性暴狱事件的处置

处置要领:(1)及时发现、及时报警、迅速出警;(2)及时启动实施防暴方案,快速封锁监狱(监区)大门及其他要害部位;(3)迅速开展政治攻势,对服刑人员进行喊话,阐明首恶必办、胁从不问等法律政策,分化暴狱犯群力量,瓦解服刑人员的反抗意志,促其缴械投降;(4)对执迷不悟,实施打、砸、抢、烧等过激行为,负隅顽抗者,要严厉警告,强行阻止,必要时使用催泪瓦斯、麻醉弹,或依法将其击伤或击毙,以震慑犯罪分子;(5)突入现场,捕获暴狱首犯,驱散控制其他参与服刑人员,阻止和平息事态的恶性发展;(6)迅速查明事发主要原因,同时采取必要防范措施;(7)彻底排查有无潜在的诱发因素或重新激化矛盾的不稳定因素,消除一切隐患;(8)认真填写值班日志和事故处理记录。

【情景模拟3】服刑人员自杀(自伤、自残)事件的处置

处置要领:(1)快速报警,果断行动,阻止自杀行为,竭力避免伤亡;(2)及时做好自杀服刑人员的说服规劝和情绪稳定工作;(3)实施人道主义,迅速做好自杀未遂人员的救治工作;(4)做好其他服刑人员的思想稳定和安全防范工作,以防矛盾激化;(5)迅速调查自杀事件发生的主要原因,对症下药;(6)对已经自杀身亡的服刑人员,立即报告上级并通知驻监检察院;(7)检查有无潜在的诱发因素和不稳定因素;(8)认真填写值班日志和事故处理记录并报告上级。

案例一

近日,某监狱民警赵某,通过手机浏览文章并扫描二维码添加他人为好友,之后被拉进陌生人组成的微信群,随后在该微信群参与讨论,发表涉港、涉台敏感不当言论被公安机关核查处置,造成不良影响。监狱纪委根据公安机关移交问题线索对其立案审查。鉴于其在审查期间,能够如实交代自己的违纪问题,认错态度较好,监狱党委经研究,决定给予赵某党内警告处分。

请讨论,作为一名监狱人民警察,赵某的言行是否妥当?他违反了什么纪律?通过这一案例,你认为一名监狱人民警察应该具备什么素质?

——— 案例二 ———

一念地狱　一念天堂——一例自杀危险犯蜕变成监狱积极改造分子的案例

一、罪犯基本情况

谢某,男,26岁,湖北老河口人,因抢劫罪判处有期徒刑14年6个月,于2012年投入某监狱服刑,2014年押回重审并加刑7年,合并执行19年。

谢某系家中独子,父母在其很小的时候就离婚。其父在一次争斗中腿受伤致残(据其说因母亲的问题导致)。谢某因此事仇视母亲,对母亲的再婚更是"恨之入骨",认为她是个"水性杨花"的女人,父亲因为她变成残疾,她却抛家弃子。家庭因素使谢某表现为内心极度自卑,但外在又过于张扬。父母离婚后谢某就辍学在家,游手好闲,混迹社会,最终走上犯罪道路。

谢某入监后,对其进行心理测验,结果显示:情绪波动易变,起伏不定。比较感情用事,冲动鲁莽。有较强的自卑感,自信心不足。焦虑感较强。倾向于忧虑抑郁,忧心忡忡。暴力倾向较强。不太安守本分,有较强的变态心理倾向,犯罪思维程度很严重。

谢某入监之初,内心缺乏归属感,一度迷失方向,屡次违规违纪,扣分成了"家常便饭"。加刑后,谢某自认为刑期漫长,活在这个世界上没有任何意义,产生自杀念头流露出自杀言论。综合其家庭原因、成长经历、心理测试、现实表现等因素,谢某被监狱认定为重大危险犯,有极大的自杀危险性。

二、罪犯教育改造方案的制订和实施

根据监狱"1+1+X"教育攻坚转化模式,即一个专管民警+一名心理咨询师+其他相关民警等对一名重大顽危犯攻坚转化。监狱成立攻坚转化谢某的专班,联合会诊,辨证施治,步步为营,精心制订并有序实施教育改造方案。

(一)教育改造难点

1. 认知方面:对亲情特别是对母亲的错误认知固化已久,短时间内难以改变。

2. 情感方面:缺乏爱的能力,仇恨深植于心,重新构建爱与被爱的能力非一朝一夕。

3. 行为方面:混迹于社会多年,缺乏自律,遇事易冲动。

(二)教育改造方案的制订与实施

1. 找根源,重拾亲情,破除错误观念

幸福的童年治愈人的一生,不幸的童年被一生治愈!谢某一直认为自己是不幸的,母亲可恨,父亲可怜,自己可悲。

第一步:转变认知。与谢某咨询谈话并建立良好的咨询关系,他道出了心底的"秘密"。父亲残疾是母亲的原因,对母亲仇恨且泛化成对他人仇视冷漠,自己犯罪入狱就是对母亲最好的报复。找准症结，对症下药，逐渐转变谢某错误认知，慢慢消融情感冰山。

咨询片段：

咨：你说父亲身体残疾是因为母亲？她动手了吗？

谢：那倒没有，但起因是母亲与他人发生了口角，父亲是为了保护她。

咨：噢，也就说你父亲受伤是在与人争斗中所致。那如果他当时找人调解或是报警呢？

谢：我没想过，也许结果不一样吧。

咨：如果你的父亲没有残疾，你还会恨母亲吗？

谢：也许不会，但是她不应该与父亲离婚。（沉默许久）

咨：确实如此，拥有完整幸福的家庭是每个孩子所期望的。但是婚姻好比鞋子，合不合脚只有自己知道。你的父母都是成年人，他们有选择的权利。（共情）

第二步：撕掉标签。“穿牛仔裤的就一定是流氓吗？”这个标签曾经被贴在穿牛仔裤的年轻人身上。之后咨询谈话中，咨询师提出类似这样的问题促其思考。谢某逐渐明白自己给母亲贴上了“离婚的女人就是水性杨花”的标签，内心被仇恨充斥着，所以无法体会到母爱和亲情的温暖。唯一的办法就是要撕掉这个标签。

第三步：尝试宽恕。通过宽恕的四段进程，促使谢某与自己、与母亲和解。

①把事情说出来（告诉母亲自己知道父亲受伤残疾的原因）；

②正视内心的感受（从此仇恨母亲）；

③予以宽恕（决定开始宽恕母亲）；

④重建或放下这段关系（接纳母亲重新建立与其亲情连接）。

谢某与母亲的关系渐渐修复，他心中的恨少了，爱的能力就慢慢被唤醒。

2. 化危机，看到希望，学会珍爱生命

人最宝贵的是生命，每个人的生命只有一次。谢某与母亲的关系慢慢好起来，但漫长的刑期让谢某看不到希望，对生命也轻言放弃。

2014年谢某重审加刑后，他变得颓废消沉，经常把“刑期这么长，活着也没有什么意义”等消极言论挂在嘴上。攻坚转化小组及时召开了“诸葛亮”会，并制订以下方案。

第一步：悉心教育。“教育就是用一颗心去唤醒另一颗心。”包管民警和咨询师定期对其谈话教育，尊重接纳共情他的内心感受（如因为刑期漫长感觉到焦虑和痛苦），对其流露出的消极言论不过多评判，而是让其尽情倾诉出来，使不良情绪得到释放，尝试着面对现实。

第二步：隔离反思。在强大的心理攻坚下，2015年的一天，谢某找到民警汇报思想，主动把私藏的一根长约15厘米的钢筋条上交，并坦白准备对他人行凶后再实施自杀。谢某说就在自己犹豫不决的时候，看到了包管民警关切鼓励的眼神，内心顿时瓦解。这次事件后，对谢某进行了隔离控管，促其好好反思。

第三步：解除危机。谢某隔离期间，民警对其不放弃不抛弃，开展了生命意义教育。布置思考题“如何把‘刑期当学期’更好地顺利地度过余刑？”谢某在监区帮教大会上深刻反省，表示要“知耻而后勇”，作出了积极劳动、踏实改造、珍爱生命的承诺。

3. 治顽疾，增强信心，坚定改造目标

文化改造的力量是无穷的。谢某文化程度较低，小学没有毕业就辍学了，因此他认知水平较低，自律性较差。转化小组为其量身定制了学习计划，提高其文化水平，增强其改造信心，帮助其寻找改造目标，促其洗心革面。

一是传统文化教育“洗心”。让其学习《论语》《弟子规》等国学经典，并布置作业，要求分三步走，即熟记背诵、融会贯通、积极践行。做到“每日三省吾身”，用中国传统文化精髓洗涤蒙尘的心灵。慢慢地，谢某规范了自己的言行，学会了处理人际关系，并具有了感恩意识。2016 年的一天，谢某与母亲会见时，泪流满面，真心忏悔，面对着母亲跪下并磕了三个响头，用实际行动跪拜谢恩，这一幕感人至深并被搬上了监狱文化节活动的大舞台。谢某从“不知道—知道—做到”，学会了爱自己爱他人，这就是文化的力量。

二是监区文化教育“革面”。监区以“唱响主旋律，友善你我他”为文化主题，经常开展丰富多彩的文体活动，如拔河比赛、卡拉 OK 大家唱、乒乓球赛等，鼓励谢某积极参与，寻找自己和他人身上亮点，既促进了他人际关系的改进又增强了其改造信心。

4. 奔新生，助人为乐，明确生命意义

谢某改造态度端正，改造劲头十足。“好风凭借力”，攻坚转化民警以此为契机，对其提出了更高更远的目标，即明确生命的意义，帮助他人，快乐自己。

一是发现优点，提供平台。利用谢某聪明好学的特点，让其担任监区网吧管理员及文体活动宣鼓员；利用其善于沟通的特点，让其担任寝室长；利用其敢于直面问题的特点，让其担任质检员。谢某在集体中找到了自身价值，体验到“赠人玫瑰手留余香”的积极心流。

二是同伴效应，互帮互学。“近朱者赤，近墨者黑”，专管民警将文化程度较高，个人修养、自身素质较好的服刑人员安排与谢某同小组同寝室，在同进同出、同劳同学的日常改造生活中，于无声处不断地影响他、激励他。

三是明确生命意义，过好每一天。心理学认为，人的生命本来没有意义，需要每个人自己赋予其意义。负责任就是人类存在之本质，自己为什么负责、对什么负责以及对谁负责。要求谢某制订出每日劳动、学习、生活、公益等计划，以实际行动对自己、对家庭、对社会负责。谢某在与民警谈心时提出了“出狱就等于新生吗”的问题，自己认真思考并用“热爱学习，积极乐观，踏实劳动”的实际行动来作答。让狱中的每一天都不虚度，赋予生命新的意义。

三、教育改造成效

春去秋来，寒来暑往。谢某服刑 7 年多来，攻坚转化小组对他进行个别谈话教育达 166 次，心理咨询 21 次，安排其亲情会见 9 次，亲情电话 24 次。春风化雨，润物无声，截至 2019 年，谢某减刑 3 次累计 22 个月，并被评为监狱改造积极分子。

在监狱，对长刑犯、重刑犯的教育转化是一项长期而又艰巨的工作。在实施攻坚转化时，既不能操之过急也不能止步不前，要找准症结，对症下药，一把钥匙开一把锁。监狱教育改造工作者就是灵魂的摆渡人，陪伴着一个个迷失的灵魂走出迷茫，走向希望，奔向新生。

组织大家共同学习这一案例，体会和理解监狱人民警察的教育改造能力的范畴和手段，并就此案例深入讨论监狱人民警察的素质与能力。

本章参考文献

[1]《一念地狱　一念天堂—— 一例自杀危险犯蜕变成监狱积极改造分子的案例》，载司法行政（法律服务）案例库：http://alk.12348.gov.cn/Detail?dbID=22&dbName=JYJG&sysID=3908。
[2]乔成杰、宋行主编：《监狱人民警察管理实务》，化学工业出版社2013年版。
[3]于爱荣、沈建生等：《监狱警察论》，江苏人民出版社2011年版。
[4]陈惠：《人力资源管理研究综述》，载《北京邮电大学学报》（社会科学版）2002年第3期。
[5]刘建会：《监狱警察本体论》，中国人民公安大学出版社2009年版。
[6]吴强：《人力资源开发与管理》，化学工业出版社2009年版。
[7]孙平：《监狱管理与实务》，中国政法大学出版社2004年版。
[8]潘光政：《警察管理与警务战略》，中国人民公安大学出版社2011年版。
[9]张兆瑞：《中国式警察管理》，中国人民公安大学出版社2007年版。
[10]陈连喜：《监狱人民警察概论》，中国政法大学出版社2013年版。
[11]周影、王玥琪：《基于新时代人才培养模式下监狱人民警察教育培训问题研究》，载《法制博览》2019年第23期。
[12]徐勇：《试论新时期监狱人民警察的素质及提高途径》，载《河南司法警官职业学院学报》2004年第4期。
[13]杨静洁：《关于提高监狱人民警察素质的研究——以兵团X监狱为例》，东北财经大学2018年硕士学位论文。
[14]杨建达：《监狱人民警察警务技能培训的实践与思考——以福建监狱为例》，载《湖北警官学院学报》2012年第12期。
[15]《身体素质》，载百度百科：https://baike.baidu.com/item/身体素质/290205?fr=aladdin。
[16]《心理素质》，载百度百科：https://baike.baidu.com/item/心理素质/361382?fr=aladdin。

第十章　监狱人民警察职业压力与心理健康维护

学习目标

1. 了解监狱人民警察职业压力的含义及主要来源。
2. 掌握监狱人民警察职业压力的类型。
3. 掌握监狱人民警察心理健康及维护方法。

第一节　监狱人民警察职业压力概述

一、监狱人民警察职业压力的含义

"压力"是一个在现代社会中高频度出现的词语,它渗透到我们生活的各个角落,可以说每一位社会成员都承受着来自方方面面的不同压力。纵观"压力"这一词语的发展史,我们可以发现,从物理界的物体承受的与表面垂直的作用力;到后来医学界用来表示人体的超负荷或过度负荷;进而在社会需求的推动下,从医学领域迅速扩展到社会学、心理学、管理学等学科研究领域。有关"压力"这一话题的研究开始引起不同专业背景学者们的重视,而关于职业压力的探讨就首先源于对压力的研究。

通常"压力"一词有以下三种解释:(1)指环境中客观存在的某种具有威胁性的刺激;(2)指具有威胁性的刺激引起的一种反应类型;(3)指刺激与反应的关系,个体对环境中具有威胁性的刺激,经认知其性质后所表现的反应。心理学研究上常用第三种解释,即把压力看作个体对外界刺激的反应过程,包括对威胁的感知和相应的身心反应。

我国学者徐长江把职业压力定义为:在工作环境中,使个人目标受到威胁的压力源长期、持续地作用于个体,在个性和应对行为的影响下,形成一系列生理、心理和行为的反应过程。职业压力包括个体在工作环境和工作过程中由于环境因素、组织因素和个体因素等一些原因的影响所带来的各种压力,也应包括来自工作环境之外,但对工作本身产生影响的压力。

监狱人民警察的职业压力,是指监狱人民警察在履行监狱管理、刑罚执行和教育改造罪犯等职责的过程中,以及来自工作环境外部的,对职业内容、职业对象、职业环境等压力源所作出的应激反应和表现出的生理或心理上的紧张状态。

相对于其他警种而言,由于监狱工作环境具有封闭性的特点,对于监狱人民警察职业压力的研究往往缺少相关关注。因此,开展对监狱人民警察职业压力的研究,并寻求缓解监狱人民警察职业压力的应对方法具有重要而深远的现实意义。

二、监狱人民警察职业压力源

监狱人民警察担负着改造罪犯思想,破除其犯罪人格和监禁人格,重塑其健全人格,向社会输出合格社会人的重要使命。罪犯是具有特殊属性的一类群体。他们在失去自由,缺乏隐私、长期监禁的状态下容易产生矛盾、错综复杂的心理特征并引起长期的心理变化,这种消极心理很容易对监管安全构成威胁。监狱要从底线安全观向治本安全观转变,切实提高罪犯教育改造质量,在改造罪犯成为守法公民上加大监管机制改革的工作力度。一方面是罪犯改造难度不断加大,另一方面是工作要求标准越来越高,加之其他主客观因素的影响,监狱人民警察的职业压力这一问题日益凸显。

监狱人民警察职业压力源就是会迫使监狱人民警察的心理和生理功能偏离正常的职业相关因素。这些因素会使监狱人民警察在工作中产生身心紧张状态。综合来看,监狱人民警察产生职业压力的来源主要包括:

(一)特殊的工作对象

监狱人民警察工作的对象是罪犯,罪犯是具有特殊属性的一类群体。罪犯具有社会人的一般性特征,具有生理需求和社会需求以及依法享有未被法律剥夺和限制的权利。但必须认识到罪犯是特殊的人,这种特殊性主要表现在以下三个方面:一是在享有的人身权利方面罪犯的原有公民权利一部分受到法律的剥夺,一部分在行使过程中受到法律限制,一部分因无法行使而处于停止状态。二是在承担义务方面,罪犯所承担义务的内容大大增加,履行义务的强制性更强。罪犯在服刑期间的行为受到严格的制约和要求。三是由于失去自由,缺乏隐私、长期监禁,罪犯比普通人更容易产生矛盾、错综复杂的心理特征并产生长期的心理变化,这种消极心理很容易对监区安全构成威胁,罪犯的思维习惯和行为方式都不同于普通社会人。

因此，监狱人民警察开展工作的对象，是危险性很大的一个群体，在对这一特殊群体开展监管改造的过程中，发生职业风险的可能性很高。例如，遭遇罪犯的暴力袭击，发生罪犯脱逃、自伤、自杀等事故，遭到罪犯投诉，甚至遭遇罪犯设置的陷阱等。如果发生严重安全事故，可能会造成监狱人民警察受伤、牺牲等悲惨后果。

（二）特殊的工作任务

监狱人民警察承担着特殊的工作任务。我国《监狱法》总则第 2 条规定："监狱是国家的刑罚执行机关。依照刑法和刑事诉讼法的规定，被判处死刑缓期二年执行、无期徒刑、有期徒刑的罪犯，在监狱内执行刑罚。"由此法条可以看出，监狱人民警察的工作任务之一就是负责罪犯的刑罚执行工作。监狱人民警察担负着安全监管罪犯的重要任务，这种任务本身十分艰巨。由于警囚比例偏低的现实情况，尤其是基层一线警力不足，导致部分监狱人民警察必须超时间工作和加班，甚至平均每天的工作时间在 10 小时以上，一些监狱人民警察往往在正常的法定休假日、休息日都无法休息。加班加点已成为弥补警力不足的常用手段，"8 小时工资、12 小时工作、24 小时责任"，成为监狱人民警察普遍的真实写照。除此之外，目前部分监狱对监管工作提出了极高的工作要求，甚至要求监狱管理工作的"零失误"，也带来了一定程度的职业压力。

同时法律又赋予了监狱人民警察对罪犯进行教育改造的权力。我国《监狱法》总则第 4 条规定："监狱对罪犯应当依法监管，根据改造罪犯的需要，组织罪犯从事生产劳动，对罪犯进行思想教育、文化教育、技术教育。"治本安全观的提出，使得监狱的工作重点从监内拓展到罪犯回归后的社区，也强调了监狱人民警察对罪犯教育改造的职责和任务。因而，有些人把监狱称作"特殊的学校"，把监狱人民警察称作"特殊的园丁""人类灵魂的工程师"。监狱人民警察除了要对罪犯群体进行集中管理，还要兼顾自己的包管对象，由于罪犯人数太多，他们要想熟悉每个罪犯的情况，对每个罪犯开展个别化的教育改造等工作，需要付出极大的努力。

（三）特殊的工作手段

监狱人民警察特殊的工作手段是由其刑罚执行和教育改造罪犯这两项职责所决定的，可以用刚柔并济这样一个词语来形容监狱警察特殊的工作手段，"刚"是指监狱警察要完成刑罚执行的职责就必须要在法律法规和相关制度的规定下采取一些强制性的工作手段，比如罪犯不按照制度规范要求行动以及出现违规和抗拒改造行为的情况下。"柔"是指监狱人民警察在完成教育改造这一职责时要人性化执法。所谓的人性化执法就是完成监管工作的过程中要体现"以人为本"的理念，不仅用理性感召改造监管对象，还要用真诚打动罪犯，用人格感染罪犯，用易于为改造对象所接受的方式沟通、交流，将强制性的训斥变成关爱式的疏导，促使罪犯消除疑虑、偏见和不信任等对抗情绪，正确对待监狱各项监管、改造举措，从而完成对囚犯人格的重新塑造。因此，监狱人民警察往往扮演多种社会角色，最基本的角色包括监狱管理者、罪犯改造者，除此之外，还有生产经营者、心理咨询员、社会工作者等。众多的角色，容易使监狱人民警察产生角色冲突和角色超载，引起他们的职业压力。

除了上述监狱人民警察职业压力源外，监狱人民警察还承受着一些来自其他方面的职业压力，虽然这些压力不直接产生于职业活动过程，但却与其职业本身有着紧密的相关性。比如监狱监狱环境的因素、家庭因素、社会认同等。

三、监狱人民警察职业压力的特征

（一）特殊性

监狱人民警察职业压力的产生主要是由于其特殊的职业本质属性所决定的。监狱人民警察是我国人民民主专政政权中具有武装性质的刑事司法力量，是人民民主专政的重要组成部分，通过暴力的、强制性手段维护国家安全和社会治安秩序，承担着惩治犯罪和保护人民的重要职责。除此之外，他们还是我国国家刑罚权的具体执行者，是监狱狱政的管理者，是服刑人员教育改造的组织者。特殊的工作性质、特殊的职责任务决定了监狱人民警察职业是一项责任大、挑战大、风险大的职业。因此，相比其他职业群体，监狱人民警察这一群体更容易产生职业压力。

（二）持续性

监狱人民警察的工作环境相对封闭，其工作区域一般是在监区之内，与社会接触较少。日常工作程式化、规范化要求较高，长期从事单一工作的同时，又需要时刻保持高度的警惕。执法难度加大、服刑人员构成复杂、公众监督力度增大、日常工作复杂等原因都增加了监狱人民警察的职业压力。所以有人说："监狱人民警察拿的是8小时的工资，干的是12小时的工作，负的是24小时的责任。"对服刑人员的日常教育改造和生产、生活管理，值班备勤，狱内案件的侦查侦破，是监狱一线执勤民警每天都要面对的工作任务。这一过程中还可能会发生意料不到的紧急突发情况。长时间处于压力状态下得不到有效缓解，会对监狱人民警察的身心健康造成损害。与此同时，监狱人民警察还要承受来自人际关系、家庭等方面产生的压力，导致压力一直处于持续之中。

（三）高压性

监狱人民警察在管理和教育改造服刑人员的实践中，可能会遇到罪犯脱逃、暴狱、自杀、凶杀、劫持人质以及自然灾害等各种异常、突发情况，所以需要监狱人民警察时刻保持高度的警惕和付出大量的劳动。工作的特殊性、危险性、持续性决定了监狱人民警察职业压力的高强度。有研究证明，想象中的危险情景与真的情景同样都能造成个人恐惧、紧张、害怕，而长期从事监狱警察工作，其本身更会造成巨大压力。

四、监狱人民警察职业压力的消极影响

（一）对罪犯教育改造质量的消极影响

监狱人民警察承担着教育改造罪犯的重要职责。在这一职业活动中，能否正确面对职业压力，能否积极进行调整，正确处理和妥善解决职业活动中的各种矛盾，对于提高罪犯教育改造质量有着直接的关系。监狱人民警察职业压力的来源是多方面的。有研究表明，帮助人的职业最容易产生职业压力，当帮助者将个体的内部资源耗尽而无补充或无效果时，极易引发职业倦怠。监狱人民警察也是在帮助违法犯罪人员转变犯罪思想意识，帮助他们掌握必要的文化知识和生产技能，使其能够自食其力，不再危害社会，所以，监狱人民警察也是典型的助人行业。但由于改造任务的长期性、艰巨性和反复性，导致监狱人民警察的职业荣誉感和价值感不高，进而产生职业压力并引起普遍的职业倦怠现象，一旦出现这种情况，监狱人民警察完成本职工作的积极性和主动性就会逐渐降低，对罪犯的教育改造质量产生消极影响。

（二）对监狱人民警察身心健康的危害

与其他警种相比，监狱人民警察的工作环境相对封闭，工作对象非常特殊，所以监狱人民警察往往要承受更大的心理压力、面对更多不可预测的突发情况。在高度戒备的职业状态下，高压、谨慎和警觉等紧张状态时刻随着监狱人民警察的日常工作。同时，对罪犯的安全防范、教育改造、生产劳动等执法活动占据了监狱民警大部分时间和精力，这也使得他们没有足够的时间精力参与其他生活和娱乐项目，从而进一步恶化了监狱人民警察的心理应激状态。紧张的职业压力若长期得不到有效的缓解和释放，警察个体的情绪、情感、认知以及行为方式就会出现异化，其身心易处于亚健康状态，进而导致某些疾病的出现。从监狱人民警察身心表现来看，主要可能出现为：精力不充沛、极度疲劳、慢性疾病、睡眠质量差、消极情绪频发、经常感到紧张、情绪稳定性差等不良反应。

（三）对监狱人民警察执法执纪水平的消极影响

随着新媒体时代的到来以及普法工作力度的不断加强，社会各界开始越来越

多地关注监狱人民警察执法工作的成效。与此同时，监狱执法监督工作的加强也对监狱执法工作提出了更新和更高的要求。监狱人民警察是刑罚执行这一职责的直接行使者，其所承受的职业压力与执法水平之间有着直接的关系。长时间的职业压力有时会导致监狱警察身心疲惫，无法时刻保持饱满的工作热情和工作积极性；心理和情绪的波动也会干扰监狱人民警察的工作状态，表现为工作缺乏主动性和积极性，工作责任心下降，情绪暴躁易怒，对执法对象缺乏耐心等。这些都会对执法工作的水平和质量产生消极影响。

除此之外，研究表明，当人的压力不能得到及时而有效的调节和缓解时，情绪有时就会失控，而压力也会转化为行为的反向动力，使人出现一些反常行为甚至暴力行为。这些反常行为有可能导致监狱人民警察违法违纪现象的出现。

第二节　监狱人民警察职业压力的类型

一、外部压力

（一）舆论环境压力

监狱由于其特殊的性质和职能以及警戒封闭线的存在，在对外宣传报道的内容上受到一定的制约，这就造成社会公众对于监狱和监狱工作的了解经常是碎片化和片面性的。随着社会公众法律意识的不断提高，新媒体传播技术的快速发展和社会监督力量的崛起，以及个别监狱负面新闻报道的刺激，社会公众对监狱执法工作的关注度空前高涨。

在互联网高速发展之下，新媒体的影响力已超越传统纸质媒体和广电媒体，监狱网络舆情阵地也已成为新的、重要的宣传阵地。我国多地监狱为了适应新形势的发展需要、为了全面接受社会监督，逐步建成了以各种形式为载体的新媒体平台，以多种方式和途径积极弘扬和传播正能量。同时，为了推动狱务公开工作的开展和执法的透明度，也不断借助新媒体平台加强与社会公众的联系、沟通和交流，让人民群众能够利用新媒体手段参与到监狱执法的外部监督中，为监狱工作营造了良好的舆论氛围。

但同时，也有一部分别有用心的个人和组织为谋取不正当利益，利用新媒体传播速度快、传播范围广的特点以及一些平台监管不到位的漏洞，对一些涉及监狱执法的事件与新闻进行恶意炒作，甚至对监狱人民警察进行恶意诋毁。还有一部分服刑人员家属因过分要求得不到满足就借由网络进行片面维权，对监狱和民警进行抨击以发泄不满情绪,造成社会上部分不了解事情真相的群众无法客观公正地看待和分析问题,对监狱和监狱人民警察形成负面认知。

(二)社会认同压力

监狱是国家的刑罚执行机关,是刑事司法链条的最后一环,承担着确保安全、维护稳定、改造罪犯、减少和降低社会重新犯罪率的重要职能,关系到司法公正的最终实现,目前社会对监狱人民警察的关注度持续攀升,但由于监狱工作具有一定的保密性和工作环境的相对封闭,一定程度上导致社会对监狱工作,特别是对监狱警察的工作、职业风险,缺乏了解和认同,导致社会公众无法全面客观地认识监狱人民警察这一职业群体。另外,监狱功能比较单一,监狱人民警察与外界的人际交往较少,这些在客观上影响了社会公众对监狱人民警察这一职业对维护社会稳定和人民群众安居乐业的重要作用和意义的认同。受传统观念的影响,监狱往往和血腥、暴力、肮脏等社会黑暗面紧密相连,部分公众对监狱人民警察还停留在“狱吏”和“狱卒”的认知中。有调查发现,许多监狱一线人民警察自身也认为相较其他警种而言自己的社会地位不高、社会声望较低。这种认知又进一步导致监狱人民警察在工作中产生一定的心理落差,从而出现自我否定、自我怀疑的不良心理,进而影响对监狱人民警察这一职业的认同。

(三)经济收入压力

按照亚当斯的公平理论来看,当一个人作出了成绩并取得报酬以后,他不仅关心所得报酬的绝对值,而且关心自己所得报酬的相对值。因此,他要进行种种比较来确定自己所得报酬是否合理,即他会自觉或不自觉地把自己的收支比率同其他人在这方面的收支比率作横向社会比较,还会同自己过去在这方面的收支比率作纵向比较。当他感到不公平时就会产生紧张和不安状态,导致工作积极性和工作效率的降低。

对于监狱人民警察而言,虽然拥有公务员身份,但是工作危险程度以及压力强度却远远超过其他公务员的工作。由于种种原因,监狱人民警察的工资收入与其他公务员基本持平甚至更低,这显然与其高风险、高强度的工作投入不成正比,由此导致部分监狱人民警察在一定程度上丧失工作动力,许多监狱人民警察是家庭经济收入主要来源。面临日益增长的生活消费水平,监狱人民警察在赡养父母、子女教育和日常生活开支方面承受着一定的经济压力,进而造成监狱人民警察产生一定的心理压力。此外,部分一线监狱民警在执法中面临着各种诱惑时,经济上的困境很有可能让他们产生剧烈的心理斗争,进而转化为心理失衡。

二、内部压力

(一)监管工作压力

监狱人民警察所从事的是高应激性、高对抗性和高危险性的工作。监狱人民警察的工作对象是服刑人员,是接受教育改造的危险群体,有些罪犯主观上并不愿意接受教育改造,甚至带有抗拒心理,还有一些罪犯甚至会寻衅滋事,以暴力手段对抗、逃脱监管,破坏监管安全。所以,在监管工作过程中监狱人民警察必须时刻保持高度的警惕,一旦出现事故就会造成严重的后果,因此有人说监狱人民警察时刻工作在“火山口”上。随着监狱执法工作要求越来越高,标准越来越细,在监狱基层警力不足的现实情况下,监狱人民警察工作时间长、任务重、风险高已是不争的事实,广大基层监狱人民警察长期处于高强度的工作状态,无时无刻不承受着持续的监管安全压力。除此之外,他们还面临着随时可能出现的暴力袭击、传染性疾病等人身安全方面的压力。

(二)角色冲突压力

主要是指角色冲突和角色模糊给监狱人民警察带来的压力,既包括工作之中的角色压力,也包括工作与个人生活之间的角色冲突带来的压力。工作方面,监狱人民警察职权的主要内容有刑罚执行权、依法管理监狱权和教育改造权等。这就决定了监狱人民警察在日常工作中要扮演执法者、教育者和管理者这些多重的角色。在行使刑罚执行权时要树立秉公执法的威严形象,在行使教育改造权时又要充当“改造罪犯灵魂的工程师”,在缺乏科学引导和制度规范的情况下很容易在这些角色的转换过程中引发角色冲突。监狱人民警察工作角色和生活角色之间的冲突。监狱民警在生活情境中同样扮演着不同的社会角色,或是丈夫(妻子),或是父亲(母亲),或是儿子(女儿),这些不同的角色要求有不同的行为模式,监狱民警在处理职业角色与家庭角色的关系上常常感到力不从心,二者无法兼顾,从而陷入角色冲突和角色模糊之中,使监狱人民警察面临较大的角色冲突压力。

(三)与罪犯关系压力

罪犯虽然是监狱人民警察工作的对象,但在警察与罪犯的关系中也应当把这一群体作为与监狱人民警察相对应的主体去对待,两者共同构成了这一特殊的社会关系。罪犯在这一关系中具有被动性,被动地接受惩罚、教育和改造,正是这种被动性客观造成了监狱人民警察与罪犯关系的对立和冲突。在改造与被改造中,两者之间经常会处于一种紧张的对抗和博弈关系之中。在与罪犯群体长期相处过程中,监狱人民警察有可能会被服刑人员的一些消极情绪和观点影响,有些特殊情况下甚至还会出现被反改造的危险。此外,还存在一些服刑人员通过各种方式和途径拉拢、腐蚀监狱人民警察的情况,造成廉政风险压力。与罪犯关系中所存在的这种对抗性,会在潜意识中给监狱人民警察带来较大的职业压力。

(四)个人诉求与职业发展压力

近年来,我国监狱人民警察的招录基本上都是通过各省(市)统一组织的公务员招考这一途径进行的,许多具有不同专业背景的高学历人才也逐渐加入监狱人民警察这个队伍之中,使得监狱人民警察队伍的整体素质得到了较大提升。但由于监狱职能较为单一,监狱警察队伍结构庞大、人数众多,因此无法满足所有专业背景人才的职业发展诉求,从而造成部分高学历人才感觉专业无法施展,个人价值得不到体现。在年复一年、日复一日的工作消耗中,部分监狱人民警察的职业诉求长期得不到满足,就很容易造成他们的职业倦怠,产生职业挫折感,进而影响他们对自身职业的认同与实际工作中的积极性和责任心。据有关调查显示,监狱人民警察离职的一个主要原因就在于他们认为自己的劳动价值得不到应有的体现,个人职业发展空间有限。如果不能及时地进行心理调适,缓解其职业压力,即使一些监狱人民警察选择继续留在工作岗位,那么“出工不出力”“当一天和尚撞一天钟”的不良心理状态也会极大地削弱监管改造效能。

第三节　监狱人民警察职业压力的应对策略

有研究表明,在所有应激性职业中,警察工作所承受的心理压力指数高居首位。监狱人民警察的工作对象是罪犯,警察与罪犯之间天然存在着对抗性,从心理到行为长期处于相互排斥、相互抵制的状态,因此监狱人民警察需要时刻保持警惕,不能有丝毫的松懈,长期处于这种高压状态下,其压力之大可想而知。

监狱人民警察作为一个特殊的职业群体,具有一定的职业压力是必然的。但是,如果任其自由发展,不及时予以排遣和调整,就会成为监狱工作中的障碍,有的甚至妨碍警察正常履行职责和公正执法,这必将成为制约监狱各项工作发展的“瓶颈”。因此,应从环境、组织保障、自我疏导三个方面入手,有效缓解监狱人民警察的职业压力,提高其工作积极性和主动性,确保监狱职能的实现。

一、加强监狱外部舆论环境与内部文化氛围的建设

(一)加强监狱人民警察外部舆论环境建设

信息时代的到来以及新媒介技术的发展加速了信息传播的速度,拓宽了信息

传播的范围,每个人都成了信息的生产者。信息传播格局、社会舆论生态和公众关注与参与的方式较以往都发生了深刻的变化。

涉警新闻话题一直是媒体和社会关注的焦点和热点,被形象地称作新闻"富矿"。而监狱由于场所的封闭性、工作内容的保密性等特点,造成社会各界和广大人民群众对监狱和监狱工作知之甚少。因此,监狱机关应顺应媒体传播新格局,从思想上认识宣传工作的重要性,重视媒体的强大舆论作用,形成警媒关系的良性互动。此外还要主动出击,大力拓宽新闻宣传渠道,充分利用媒体资源搞好新闻宣传,鼓舞士气,树立形象,扭转社会对监狱的错误印象,利用各种媒体平台和信息传播渠道,尤其是社会主流新闻媒体加强舆论宣传,通过一些能够反映监狱刑罚执行与教育改造等工作特色,又能结合监狱一线民警工作特点的新闻报道或纪实报道来展现监狱民警独特的工作性质与使命。同时也可适当宣传服刑人员在教育改造过程中的一些比较典型、成功的案例。从而使社会对监狱人民警察工作有一个正确的了解和评价。塑造监狱人民警察在人民群众心目中的光辉形象。通过正面的、积极的宣传报道,使监狱人民警察获得更多的社会支持。同时,监狱干警在做好自身的本职工作外,也应时刻具备形象意识,增强工作的敏锐性和前瞻性,提高掌握、判断舆情的能力,主动向外界介绍监狱的情况,让监狱变得不再神秘,让人们了解监狱警察的工作状态,一方面提升监狱民警职业自豪感,激发基层监狱民警的敬业精神;另一方面在社会群众的心目中树立监狱人民警察的优良作风和良好形象,从而获得更多的社会支持和认同。

总而言之,要弘扬主旋律、提升正能量,宣传监狱人民警察群体的爱岗敬业,宣传监狱人民警察工作对于社会安定和谐的重大意义。以此来塑造监狱警察良好的社会形象,打造有利于监狱人民警察开展工作的外部舆论环境。

(二)加强监狱警察文化氛围建设

文化氛围,是指笼罩在特定的环境中,体现文化建设主体所推崇的特定传统、习惯及行为方式的精神格调和精神气质。文化氛围虽然是无形的,但是具有制度和规范所不具备的传播、感染、引领、凝聚、疏导、陶冶等多方面的文化功能。监狱警察文化氛围,是指一定时期内影响监狱人民警察集体或个体的文化背景。监狱警察文化氛围与监狱民警个体的职业压力有着直接的联系。甚至会影响监狱民警的一些行为。如果警察个体与文化氛围经常处于不协调的状态,会导致监狱民警个体心理的变化,进而造成心理压力。因此,要建设一个良性的监狱警察文化氛围,使每一位民警都能够在这种氛围中感受到监狱人民警察这一职业的自豪感和荣誉感,感受到对这一集体的归属感和信任感,从而有效缓解和预防职业压力的产生以及抵御罪犯亚文化所带来的不良影响。文化氛围的营造也是一个长期的、动态的过程，不能一蹴而就，具体来说可以从以下几个方面进行：

一是加大硬件投入，通过馆舍建筑营造文化氛围。监狱人民警察日常工作场所具有封闭性的特点。他们日常工作的活动范围几乎都在监区和监狱内部，所以要本着实用、贴近监狱民警工作和生活的原则，建设警官俱乐部、图书馆、阅览室、文化娱乐活动中心、健身房、心理解压室、党建文化长廊等设施和场地，为开展文化活动搭建平台，陶冶情操，从而使工作压力得到舒缓。

二是通过典型示范增强文化氛围。监狱人民警察职业价值观的形成，离不开典型和榜样的示范引领。监狱机关要注意发现和总结系统内部的先进典型和榜样，采取多种形式，创新宣传方法，深入挖掘监狱系统英雄模范和先进典型的思想和精神，运用先进典型影响和带动全体监狱干警，从而在整个系统中形成崇尚先进、学习先进、争当先进的良好风气。监狱机关要充分利用好这一载体，大力宣传先进事迹，将典型系统化，形成监狱警察文化特色的旗帜，以此引导、激励广大干警向典型看齐，主动提升自己的修养，升华思想境界和人生追求，从而起到缓解职业压力的作用。

三是通过各种文化活动营造文化氛围。要有针对性地建立健全一些文化组织载体，发挥这些组织在文化建设中的引领作用，广泛开展多层次、多形式的文体活动，除各种球类、棋类、书画、摄影比赛活动外，还可结合监管工作业务开展各类知识竞赛、业务技能大比武等活动，通过这些活动形成爱岗敬业、积极向上的监狱警察文化氛围。在活动中要注意坚持全警参与的原则，尽一切可能将所有民警都涵盖其中，以达到丰富民警业余生活、提高民警文化素养、陶冶民警情操，进而达到缓解监狱干警职业压力，增强队伍凝聚力与战斗力的目的。

二、加大组织保障力度

（一）完善监狱工作相关法律法规，切实维护监狱警察权益

目前，已经有一些省份的监狱管理机关成立了维护监狱人民警察执法权益的专门机构。这对于保障监狱人民警察依法行使职权起到了一定的积极作用。但是，《人民警察法》和《监狱法》中涉及监狱人民警察执法权益保障的法律依据不够细化，具体条款较少，保障力度较低。因此，应尽快对相关法律法规进行修改，明确规定罪犯的权利义务和对罪犯的奖惩考核办法，增强监狱执法的可操作性。并针对违纪罪犯和蓄意干扰监狱正常秩序的罪犯制定具体的约束、惩戒、处罚措施；要明确监狱人民警察的执法条件和程序，真正做到制度化、程序化。特别是对罪犯的自

伤、自残、自杀、脱逃、袭警等行为，要出台法律责任界定办法，以清晰职责，区分权责；要建立完整系统的监狱人民警察执法保障体系，对监狱人民警察的执法行为既能起到约束作用，也能起到保护作用，确保监狱人民警察安心执法、规范执法，杜绝不作为、乱作为等行为。以此来维护监管场所的正常秩序和国家法律、司法制度的权威性，保障监狱人民警察的执法权益。

（二）合理调配警力与现有资源，减轻监狱人民警察工作压力

目前，我国监狱警囚比例普遍偏低，绝大部分监狱警力达不到标准要求。2019年中共中央办公厅、国务院办公厅发布的《关于加强和改进监狱工作的意见》中将监狱警力不足列为需要重点解决的问题之一。因此，要继续扩大监狱人民警察的招录比例，在原有基础之上扩大警力，以此来缓解监狱人民警察因警力缺口而造成的职业压力。此外，要对现有警力资源进行科学合理的优化配置和统一规划，配齐配足一线警力，现有警力向一线倾斜，压缩机关和非执法岗位民警比例，充实到监区一线，做到警力下移。同时，要建立健全合理的轮岗制度和有效的激励措施。通过轮岗和有效的激励机制，来避免或缓解监狱人民警察因长期在某一固定岗位从事简单重复的工作而引起的职业倦怠，从而提高整体工作效率，缓解日常工作给监狱人民警察带来的压力。最后，还要科学合理地安排工作量，尤其是减少基层监狱人民警察的工作量，确保他们充足的休息时间。

（三）落实从优待警，提高工资福利待遇

根据马斯洛需要层次理论，只有当物质需要达到一定水平并被满足时，人才会追求高层次的精神需要，进而产生精神层面的幸福感。物质需要的满足，可以为监狱人民警察安心工作提供物质上的保障。繁重的监狱工作投入应该与收入成正比，必须要从解决监狱人民警察的工资福利待遇做起，通过提高监狱人民警察的物质待遇提升其职业幸福感，缓解他们的职业压力。要使监狱人民警察不为生计发愁，应提高工资待遇，落实执勤补贴和加班补贴。监狱工作任务艰巨，工作性质危险，要落实国家政策，确保执勤补贴及时到位，并与监狱人民警察工作的付出成正比。同时，要增加监狱人民警察的加班补贴。很多监狱人民警察尤其是一线执勤的监狱人民警察为了完成监管改造任务，时常需要加班加点地工作、执勤，不能享受国家法定节假日休息，所以要提高他们的加班补贴，使之对应监狱人民警察的辛苦付出。

（四）加强教育培训

一是要持续加强对监狱民警的思想政治教育，监狱民警思想政治觉悟水平的高低直接关系着服刑人员教育改造的质量好坏和监管工作的安全。思想政治教育

工作要根据不同民警不同的思想状态有针对性地开展，尤其是对于一些普遍性的问题要及时发现，及时开展工作。这样才能使思想政治教育具有针对性。此外，思想政治教育要立足于实际问题，帮助监狱民警解决实际困难，这样思想教育工作才能具有实效性。通过思想政治教育工作，增强监狱人民警察的责任感、使命感，提高其抗变拒腐能力和政治素养。

二是要加强监狱人民警察的法治教育，使监狱人民警察深刻理解和切实把握社会主义法治理念的丰富内涵，牢固树立社会主义法治理念，自觉遵守法律规定，维护法律权威。工作中认真坚持公正执法、执法为民、依法办事，切实保障罪犯的合法权益，维护国家利益、保障监狱安全。

三是要加强监狱警察的素质能力教育，不断加大教育培训力度。要教育广大监狱警察树立终身学习的理念，将有限精力尽可能地用到提高素质能力的学习中。要掌握科学的学习方法，树立良好的学风，坚持理论联系实际，学以致用，善于运用新知识解决工作中出现的实际问题，在工作实践中提升自己的素质能力。

四是要加强监狱人民警察的身心健康教育，通过讲座、宣传等形式使监狱人民警察明确健康的重要性，了解和掌握一些行之有效的健康养生、心理调解、情绪调整的技巧和方法。要定期对监狱人民警察进行身体和心理体检，建立健康档案，组织开展体能训练和测试，落实休假制度，适时安排休整，缓解监狱人民警察的紧张状态，提高监狱人民警察的身体素质。

（五）拓宽职业发展渠道，提高职业认同感

在监狱人民警察面对的职业压力中，个人职业发展压力占据一定的比重。职业发展压力无疑会对监狱人民警察的工作表现、工作实绩造成一定的负面影响。科学的职业生涯规划和管理有助于调动他们工作的积极性、主动性和开创性，有助于提升监狱人民警察队伍的综合素质，不仅可以减轻和缓解其职业发展压力，还能提高职业认同感和满意度。因此，要不断完善监狱人民警察警官、警员、警务技术人员分类管理制度，健全执法勤务机构人民警察警员职务序列制度，重点解决量大面广的基层一线人民警察任务重、职级低、待遇差的问题。通过实施分类管理，可以使执法勤务机构警员得到正常晋升，享受相关经济待遇，拓宽监狱人民警察的职业发展空间，从根本上、制度上解决压职压级问题。

三、正确认识压力，有效自我疏导

（一）客观对待和认识职业压力

应引导监狱干警在思想上正视职业压力的存在，改变传统上对职业压力认识

的误区。现代社会大多数人感受到职业压力的存在。传统观点将压力当作一种对身心健康产生消极影响的因素,使工作效率下降,甚至会引发一些严重的后果,应该认识到职业压力不仅具有消极方面的作用,也有其积极的一面。压力可以分为良性压力和负面压力,良性压力也称良性应激、正面压力、积极压力。能够促使监狱警察追求其预期目标。负面压力是指在工作和生活中,对监狱警察带来消极影响的有害刺激,负面压力使监狱人民警察不能够适应现实工作的需要,完成本职工作的积极性和主动性逐渐降低。良性压力和负面压力往往同时存在。适度的压力可以使工作、生活变得更精彩。难以通过培训培养的、有价值的品质往往就是在具有挑战的情况中才可以形成,克服压力可以使我们增加自信,可以确认自己的内在力量,可以发现工作的方向与意义。压力可以调动自身的潜能从而把职业压力转化为做好本职工作的推动力。但是,过度的心理压力不仅损害身心健康,还可能扰乱正常的工作和社会秩序。特别是反复、持久而严重的心理压力,最终不仅会损失心理压力的积极效应,而且可能陷入困境不能自拔。

(二)提高自身职业能力

只有个人的努力才能缓解工作中遇到的压力,并提高工作效益。监狱人民警察需要不断学习,在工作中磨砺自己,使自己的职业能力不断增强。职业能力的提升是缓解职业压力的有效途径,具备了过硬的职业技能和本领,才能有效应对职业中的各种困难,从而具备一定的抗压能力。

一是要加强专业知识的学习。知识是基层监狱人民警察胜任力中,最不稳定的能力特征,也最容易获得的能力。随着司法行政事业改革的不断推进,监管改造工作呈现出许多新特点、新问题,对监狱人民警察知识结构更新提出了更高的要求,监狱人民警察个人如果不及时“充电”,加强自身学习,知识储备就会捉襟见肘,思想上的僵化就会导致工作能力的欠缺,最终导致职业压力凸显。因此,基层监狱人民警察必须强化专业学习,及时更新自己的专业知识结构,才能确保职业能力与岗位职责相匹配。

二是要注重在实践中提升。要将书本知识转化为解决问题的能力,这不是一个简单的过程。作为一名监狱人民警察,要学会在“在学中干,在干中学”,在监管改造业务活动中,要带着问题去干,带着想法去干,在干的过程中,探索问题,解决问题,使自己的能力在实践中得到锻炼和提升。

(三)科学制定职业规划

作为一个社会人,工作占据人生大部分的时间和精力,大多数人需要通过职业来实现物质需求和精神需求的满足。职业规划对职业生涯有着重要的导向作用。

现实中,一部分监狱民警对自我认知、角色认知还不清晰,没有科学合理的职业规划,仅凭个人摸索很难找到真正适合自己发展的方向。所以对于监狱干警个体而言,只有正确地认知职业角色,定制好自身的职业规划,才有机会将自己的特长运用到工作中,才会获得更好的职业生涯发展。同时监狱警察队伍是国家执行刑罚、教育改造罪犯、维护社会稳定的中坚力量。当前社会高速发展,服刑人员构成复杂、管教形势严峻,对监狱民警队伍的战斗力提出更高要求。在监狱工作的高标准下,职业生涯规划的引入就更具有现实意义,通过职业规划手段在监狱工作中的积极应用,推动民警队伍的建设进程。创造一个良好的职业发展前景,规划自身的职业生涯,对于民警来说,尤其是比较年轻的民警,是减轻其压力,增加工作认同感和满意感非常重要的手段。要科学地进行职业生涯设计,提高职业效能感。职业生涯设计应从民警个人的自身实际量身定做,可以从职业岗位的选择、工作内容的设计、专业发展方向、职务职级晋升与成就的预期、成长步骤的设定等方面着手。个人职业生涯规划的基本要素包括个人特征、自身素质、周围环境等。如果民警能够根据自己的实际情况和发展方向来制定科学合理可行的职业规划设计,就有很大的可能获得自己预期的成绩,增加工作的成就感。

(四)寻求社会支持力量

寻求社会支持力量是监狱警察个体应对压力的一个有效手段。当监狱人民警察个体受到压力的威胁时,他人或社会的帮助和支持可以使其体验到被尊重、被支持、被理解,从而促使其恢复信心,有效地维护和促进监狱人民警察的心理健康。因此,当监狱警察遇到个人无法排解的心理压力时,要学会调适压力,不要一味埋怨,更不要惊慌失措,要静下心来,审时度势,理顺思路,要主动向身边的家人、朋友等社会力量寻求支持,形成一个互惠的、相互交流的社会网络,通过诉说排解心中的烦恼和郁闷,通过倾听求得更多的宽容和理解,从而释放压力,避免心理危机的形成。一些监狱人民警察在长期的教育改造罪犯的过程中迷失或埋没了自我。工作的成绩,除了刑满释放的罪犯好像什么都没有,从而对工作产生厌倦感,对自己失去信心。因此,在工作之余,要懂得丰富文化生活,改善一下自己的心态,调节一下自己的情绪,参与一些有益身心健康的活动,在多彩的生活中释放自己的压力,培养自己的生活情趣、增强自己的生活乐趣,从而对工作产生积极的影响。

第四节　监狱人民警察的心理健康与维护

以往人们普遍认为,健康是指身体本身的健康,但随着时代的变迁和医学的发展以及现代健康观念的提出,人们认识到健康不仅仅是指身体本身的健康,另一个非常重要的方面是心理健康,只有身体和心理同时健康才是衡量一个人健康与否的根本标准。健康权也是监狱人民警察的一项基本权利,是监狱人民警察依法享有的身心健康不受非法侵害的权利,身心健康是监狱人民警察开展各项执法活动的前提条件。所以关注监狱人民警察心理健康问题意义重大。

一、监狱人民警察心理健康的标准

在此需要说明任何心理健康的评价标准都不是绝对的,不同环境下,不同文化背景,不同性别、年龄、对象和场合等的心理健康评价标准都会有所差异。本书认为监狱人民警察心理健康的一般标准表现为以下几个方面。

(一)智力水平正常

智力正常是人正常生活最基本的心理条件,是心理健康的首要标准。世界卫生组织提出的国际疾病分类体系,把智力发育不全或阻滞视为一种心理障碍。智力反映出一个人认识事物和解决问题的能力。智力是一种偏重于认识方面的潜在能力,其核心是抽象思维能力,还包括人的记忆力、观察力和想象力等。监狱人民警察的录用必须符合一定的政治条件,文化条件及身体条件,其中当然包括必须具有正常的智力。

(二)情绪稳定、积极乐观

人是有感情的动物,对于周围的客观事物,人们会根据自己的认识水平以及是否符合自己的需要,抱有一定的态度,发生一定的情感体验,出现一定的情绪反应。人类正因为有多种情感体验和多彩的情绪表现,社会生活才具有丰富的内容。愉快而平稳的情绪,不仅使人的大脑处于最佳活动状态,保证体内各器官系统的活动协调一致,使得食欲旺盛,睡眠安稳,精力充沛,充分发挥有机体的潜能,提高脑力和体力劳动的效率和耐久力,还能使整个机体的免疫系统和体内化学物质处于平衡状态,从而增强对疾病的抵抗力。心理健康的人能经常保持愉快、开朗、乐观、满足的心境,对生活和未来充满希望。虽然也有悲、伤、愁、怒等消极体验,但能适当发泄,主动调节和控制情绪,不因为情绪影响正常的工作与生活。有研究者认为情绪的调试与心理健康关系最为密切。作为监狱人民警察,必须能够协调和控制情绪,保持良好心境;正确对待成功与失败、顺利与挫折;不以感情代替法律政策,耐得住寂寞与诱惑;以平常心干好自己的本职工作,善于调节与控制情绪。

(三)有良好的环境适应能力

环境适应能力是指个体与环境在适应过程中所表现出来的个性特征。它是一种善于根据周围环境的变化,及时作出反馈,随机应变地作出调节的能力。良好的环境适应能力是监狱人民警察心理素质的综合反映。环境适应能力包括正确认识环境的能力和正确处理个人与环境关系的能力两个层面。心理健康的监狱人民警察能够客观、全面地认识和分析周围环境并根据环境的变化主动作出调适去适应环境,以达到自身和周围环境的良性协调;能够以客观的态度面对现实,冷静地判断事务,理性地处理问题,调整自己的需要,使自己的思想行为与罪犯改造协调统一。监狱人民警察在封闭的工作环境中,面对形形色色的罪犯,应该具备较强的环境适应能力,主动适应监管改造环境,勇于面对环境变化带来的新情况、新挑战。

(四)有良好的人际关系

人类的心理适应中重要的一项内容就是对人际关系的适应。良好的人际关系可以使人心情舒畅,有助于缓解心理压力、促进心理健康。在和谐的人际关系状态下,人与人之间可以互相关心,互相爱护,互相帮助,这样有助于化解心理障碍。人际关系的失调则很容易引发心理健康问题,个人会把所有的问题都压抑在心中,产生的问题不能得到有效的化解,很容易把心理问题积蓄和放大,从而产生心理障碍。心理健康的监狱人民警察,在与同事乃至罪犯的人际交往过程中能够信任和尊重他人,换位思考去理解他人,能客观地评价他人,对他人诚挚、热情,富于同情心和友爱心,即使在遇到矛盾时,也能积极有效地去化解矛盾,取得双方的相互理解。

(五)意志健全、人格统一

个人意志也是衡量一个人心理健康的重要指标。意志健全包括行动的自觉性、果断性和顽强性等方面的内容。行动的自觉性是对自己的行动目的有正确的认识,能主动支配自己的行动,以达到预期的目标;行动的果断性是善于明辨是非,适当而又当机立断地采取决定并执行决定;行动的顽强性是在作出决定、执行决定的过程中,克服困难、排除干扰、坚持不懈的奋斗精神。

人格是指一个人的整体精神面貌,即具有一定倾向性的心理特征的总和。人格的各种特征不是孤立存在的,而是有机结合成相互联系的整体,对人的行为进行调节和控制。如果各种成分之间的关系协调,人的行为就是正常的;如果失调,就会造成人格分裂,产生不正常的行为。双重人格或多重人格是人格分裂的表现。一个人的人格一经形成,就具有相对稳定的特点。因此,形成统一的、协调的人格和形成残缺的、失调的人格,其性质对心理发展和精神表现的影响是截然不同的。人格统一具体表现为:言行一致、理智而不冷漠、稳重而不寡断、谨慎而不胆怯、自信而不自负、自谦而不自卑、自尊而不自骄、自爱而不自恋。

二、监狱人民警察异常心理的表现

心理异常是相对于心理健康而言的。心理健康是指一个人较长一段时间内持续的心理状态,但并不是说一个人的心理健康状态就是固定的、一成不变的,心理健康状态也是动态的、不断变化的。衡量心理健康的标准是相对的、变化的、不确定的,所以心理正常和心理异常这两者之间有时并没有绝对的分界线,心理异常的表现也会受到客观环境、人的主观经验和心理状态以及人际关系和社会文化背景等因素的影响。

虽然心理异常与心理健康之间并没有绝对的分界线,但通常认为凡是人的心理活动和行为不能与客观环境保持一致而使人难以理解,各种心理活动和行为之间不能保持协调、统一与完整而失去良好的社会功能,在长期生活经历过程中形成的独特的人格不能保持相对的稳定性,则被视为心理异常。因而心理异常不仅是指各种心理障碍(认知障碍、情感障碍、意志和行为障碍、人格障碍)、心理疾病(神经症、功能性和脑器质性精神病等)以及心身障碍与心身疾病,而且应包括一般性心理问题。一般性心理问题,又称非病理性心理异常,是指心理异常的不严重状态,或是心理异常出现的持续时间还没有达到心理异常标准所规定的时间。往往具有情景性、暂时性和无病理性精神症状、精神活动完全正常的特征,但若不及时治疗可能转化为病理性心理异常。不管是心理障碍和疾病还是一般性心理问题,都是研究监狱人民警察心理健康问题的重要内容。

(一)一般性心理问题

1. 紧张、焦虑

紧张、焦虑的心理压力在监狱人民警察尤其是监管一线的监狱人民警察中非常普遍。由于担心罪犯脱逃、非正常死亡等安全事故发生,监狱人民警察“心里始终绷着一根弦”,即便在加班后回到家中,心情仍然无法得到完全放松。加之要应对家庭、生活等困难,监狱人民警察往往处于紧张、焦虑状态。在这种紧张、压抑的心态下,监狱人民警察个体很难有舒缓平和的心境,时常处于对监管对象严防死守的紧张状态之下。长期的紧张状态成为一种常态时,就超出了个体所能承受的正常范围,心理压力增大从而成为焦虑。同时会引起失眠、易怒、烦躁等情绪变化,甚至会引发肠胃系统、心血管系统等方面的疾病。

2. 麻木、倦怠心理

机械、重复、单调的工作和生活,容易使监狱人民警察产生麻木、厌烦心理,造成心理疲劳。导致对工作、生活提不起兴趣,无价值感、无成就感,责任心、职业意识下降。监狱人民警察所从事的是教育改造罪犯的工作，罪犯刑满释放换了一批又一批，而监狱人民警察所从事的工作却要周而复始地进行下去。因此，许多监狱人民警察将今天的工作视为昨天的重复，工作不过是一种机械的习惯、一种不得不从事的谋生手段。在这样的负面心理下，容易产生厌烦心理，一旦超出了心理承受的范围，就易导致麻木、倦怠。长时间得不到疏导化解，会造成心理障碍、心理失控等心理危机，在精神上会造成精神萎靡、精神恍惚，影响监狱人民警察的身心健康，在工作中会造成注意力涣散和警惕性下降，并进而对监管安全带来潜在威胁，影响罪犯教育改造质量。

3. 失落苦闷、不平衡心理

这主要是指那些与监狱人民警察的需求和目标之间存在的阻碍或障碍，从而造成心理挫折。当一些监狱人民警察心中的"目标"与现实反差较大时，就会产生挫折感，造成心理压力。监狱工作具有封闭性的特点，监管任务重、面临安全压力，和外界交往少，生活枯燥单调，有时需要占据陪伴家人、照顾家庭的时间，工作带来的疲劳、倦怠等症状有时会在家庭生活中表现出来，致使家人不满、关系紧张。这些都会导致监狱人民警察看不到自身价值，很容易产生失落心理。有些监狱人民警察在工作、学习、生活及人际关系等方面出现了问题，个人无法排解，又找不到倾吐、宣泄的对象，则很容易产生苦闷的心理。同时，监狱人民警察有时要受到来自社会的刺激，如对监狱工作和监狱人民警察的误解或偏见等，这些刺激很容易使监狱人民警察产生不平衡甚至不满心理，导致脾气暴躁，甚至出现对外变态反应，将积累的情绪往他人身上宣泄，在工作中可能会出现对罪犯的粗暴管理，当遇到个别服刑人员无理取闹时，监狱警察很容易情绪冲动。

（二）心理障碍

心理障碍一般与特定的情景没有必然的联系，具有持久性和特异性（指心理障碍的表现明显、突出、异样与特殊），可无明确的自我感觉，心理状态变异、能力下降等，又称病理性心理异常。心理障碍可分为精神病性心理障碍（也就是精神失常）、非精神病性心理障碍（心理紊乱）以及介于二者之间的边缘状态。监狱人民警察的心理障碍主要是轻度的心理障碍，常见的类型主要有：心理因素相关的生理障碍（主要指睡眠障碍）、神经症和部分心身疾病等。

三、监狱人民警察心理健康的自我调适

俗话说："解铃还须系铃人。"心理学的基本原则就是助人自助，即监狱人民警察自己要学会心理调适，学会自助，成为自己的"心理医生"。

（一）加强个人修养，培养健康的情绪情感

监狱人民警察要不断提高自身修养，树立科学的世界观、人生观和价值观，做好心理的自我调节，保持一种健康、平和、淡定的心态。要不断培养自身坚韧不拔的性格，在困难面前不退缩，宽容大度，乐于奉献。不断增强理智感，增强自制力，增强信心，克服自暴自弃。要经常保持乐观向上的生活态度，做到不多愁善感，不暴怒暴喜，始终在快乐中工作、生活、学习。除此之外，还应有意识地培养健康的情绪情感，情绪和情感与心理健康有着相当密切的关系。可以说，保持积极健康的情绪情感，也就保持了心理上的健康。监狱人民警察应做到保持愉快的情绪体验，形成与社会占优势的情感相一致的情感。

（二）正确认识自己，客观对待压力

正确认识自己是保持心理健康的关键，不能正确认识自己也会造成个体的心理异常表现。要认识到自己的优点和不足，对自己的能力水平有一个客观的评判，明确适宜的成就动机水平和目标。要树立正确的压力观，做好抗压的心理准备。遇到突如其来的困难和压力，不要惊慌失措，要静下心来，审时度势，理顺思路，从困境中找出解决问题、缓解压力的办法。要化压力为动力，不断强化自己的进取意志，充分发挥全身的能量，坚定不移地向目标迈进。同时要学会适度卸减压力，做到有张有弛，有劳有逸，适当宣泄，及时疏导。

（三）培养兴趣爱好，积极参加体育锻炼

首先，监狱人民警察要培养对职业的兴趣，要正确认识监狱人民警察这个职业是教育、改造和挽救罪犯的工程师，是社会及人民安全的维护者，是高尚而神圣的事业。其次，监狱人民警察应该有一定的兴趣爱好，这有利于维护心理健康。兴趣爱好可以放松身心，陶冶情操，促进心理健康的发展，兴趣爱好是监狱人民警察参加其他社会活动的桥梁和途径，可以体验到在工作之外的乐趣。可以通过业余爱好结交一些朋友，扩大人际交往领域，同时避免产生一些不良嗜好。最后，身体与心理健康两者密切相关，健康的体魄能够促进心理的健康，而心理健康反过来又可以保证身体健康。身体健康是心理健康的物质基础，体育运动不仅能够强身健体，也有益于心理健康。运动能产生快乐的荷尔蒙，有助于转移人们的注意力，是宣泄不良情绪的有效途径。

（四）协调人际关系

良好的人际关系可以使人心情舒畅，有助于心理健康；不良的人际关系，可以使人心情压抑、苦闷，甚至产生疾病，破坏心理健康。监狱人民警察要愿意同他人交往，并将其作为生活中的乐趣，同时要具有正确的交友观和掌握人际交往的一些技能、技巧,学会同各种类型的人打交道并保持良好的关系。

(五)掌握必要的心理学知识,主动预防心理疾病

监狱人民警察应掌握必要的心理学知识,积极参加心理知识培训和在线学习与远程教育,从而提高心理健康水平。有条件的监狱还可以聘请高等院校心理学领域专家开展现场专题讲座。培养监狱民警的学习热情和对心理健康的关注,增强监狱人民警察内在的自我调适能力和心理免疫能力。

有关保持心理健康的方法远不止这些,还有许许多多行之有效的方法,在实践当中,既要重视前人已经总结出来的方法,又要注意结合自己的实践,创造出符合自身特点的保持心理健康的方法。

四、监狱人民警察心理危机与干预

(一)心理危机的含义

心理危机是指个体在遭遇到突发事件或面临重大地挫折和生活事件或精神压力,当事人自己既不能回避又无法用现有的生活条件和经验以及应激方式来解决问题时所出现的心理反应。常伴有绝望、麻木不仁、焦虑,以及植物性精神症状和行为障碍。

美国心理学家凯普兰认为:“每个人日常都是在努力保持着一种内心稳定的状态,保持着自身和环境的一种平衡和协调。而当重大危机事件来临的时候,个人感觉到难以解决,自身和环境的平衡被打破,正常的生活受到了干扰,随之出现认知、行为、情绪上的紊乱,进入一种失衡的状态,就会出现心理危机。”因此,心理危机也指人所处的紧急状态。当个体遭遇重大问题或变化时,个体感到难以解决、难以把握,平衡就会被打破,正常的生活受到干扰,内心的紧张不断积蓄,继而出现无所适从甚至思维和行为的紊乱,进入一种失衡状态,这就是危机状态。危机意味着平衡稳定的破坏。危机出现是因为个体意识到某一事件和情景超过了自己的应付能力。

作为一个特殊的职业群体,监狱人民警察长时间在监区环境里工作,较少地参与到社会交往的大圈子里,认知模式较为单一,应对环境变化的能力较弱,面对突发危机事件和重大生活工作事件的时候,以往的认知评价如果不能够很好地应对当前事件,造成认知偏差,放大事件的危害程度,就容易导致心理危机的出现。

判断是否处于心理危机状态有三个标准:一是现实生活中存在一些重大的影响个体心理的事件,可以是重大危机事件,如新冠肺炎疫情的暴发,也可以是个体现实生活中没有预料到的一些影响心理的重要事件。二是这些事件引发个体的急

性情绪混乱，或者导致在认知上、躯体上以及行为上的一些改变。个体感受到痛苦，但尚不符合任何精神疾病的诊断。三是应对事件过程中，个体平常惯用的一些应对方法，这时变得无效，无法帮助恢复心理的平衡，个体感觉无助与无力。

（二）心理危机的类型

1. 常规性危机

常规性危机，又称为内源性危机、内部危机。这种危机被认为是常规发生的、可以预期的，在生命发展的各个时期都可能存在。比如在监狱人民警察执法过程中，因为缺乏工作经验，随时都可能会遇到一些新的问题，由于自身没有解决问题的办法，于是出现常规性的危机状态。

2. 存在性危机

存在性危机，是指伴随重要的人生问题，如关于人生目的、责任、独立性、自由和承诺等出现的内部冲突和焦虑。该危机可以是基于现实的，也可以是一种压倒性的持续空虚感、生活无意义感。

3. 境遇性危机

境遇性危机，也称外源性危机或环境性危机，或适应性危机，是指由外部事件引起的心理危机，当出现罕见或超常事件，且个体无法预测和控制时出现的危机。如果事情能够被预测，就不是危机事件，而是风险事件。境遇性危机的关键特点在于它是随机的、突然的，对个体而言可能是具有震撼性或者灾难性的。心理危机的程度与发生事件之间的强度有时不一定成正比，重要的是它取决于当事人对于事件的认识，当事人对于事件应对的能力状况，当事人以往的经历和性格等。

（三）心理危机的表现

1. 生理方面

肠胃不适、腹泻、食欲下降、头痛、疲乏、失眠、做噩梦、容易惊吓、感觉呼吸困难或窒息、哽塞感、肌肉紧张等。

2. 情绪方面

常出现害怕、焦虑、恐惧、怀疑、不信任、沮丧、忧郁、悲伤、易怒，绝望、无助、麻木、否认、孤独、紧张、不安、愤怒、烦躁、自责、过分敏感或警觉、无法放松、持续担忧等。

3. 认知方面

常出现注意力不集中、缺乏自信、无法作决定，健忘、效能降低、不能把思想从危机事件上转移等。

4. 行为方面

常出现社交退缩、逃避与疏离，不敢出门、容易自责或怪罪他人、不易信任他人等。

(四)监狱人民警察心理危机干预策略

心理危机干预是指采取某些措施来干预或改善危机情境,针对处于心理危机状态的个人及时给予适当的心理援助,使之尽快摆脱困难。监狱人民警察心理危机干预是帮助处于危机中的监狱人民警察弄清问题实质,用较好的方法处理应激事件,尤其是避免创伤后应激障碍的发生。它是帮助监狱人民警察重建信心,发挥自己的能力和潜力,恢复心理平衡的过程。危机干预是一种短程的帮助过程,是对处于困境或遭受挫折的人予以关怀和帮助的一种方式。

1. 建立预防识别机制

(1)建立警察心理健康档案

针对监狱人民警察职业特点,各监狱应建立心理普查调研制度,全面掌握民警心理状况。一方面,定期对监狱人民警察进行心理健康检查,为每一名警察建立心理档案,准确把握其心理状况和人格基础。在有条件时,根据不同民警的人格特征和个性特点,合理安排工作岗位,人尽其才;另一方面,了解掌握监狱人民警察的心理健康状况的动态变化过程,预测监狱人民警察心理发展方向,及时发现问题,消解困惑,努力为维护民警心理健康营造良好的外部环境,避免民警带病上岗。

(2)加强警察心理训练

特别是加强新进监狱民警、有心理疾病的民警的心理训练更为重要。要针对监狱人民警察的心理状况,引入心理训练的内容,并成立专门的心理辅导和培训机构,负责监狱人民警察心理健康教育的日常管理工作,不断增强监狱人民警察社会心理能力,使之能够在艰苦的工作环境中把握好自己的社会角色,正确地评价自我,始终保持健康的心态。

(3)强化监狱人民警察对心理危机干预的认同

通过引导使监狱人民警察能够正确面对监狱工作带来的各种心理压力,进行自我心理调适,从而保持积极向上的工作状态。要引导监狱民警认识到心理危机的普遍性特征,大部分的人可能会遭遇到心理危机,心理危机的出现并不代表个性的弱点和工作能力的不足。同时,还要引导监狱人民警察在遭遇到心理危机时主动进行自我调适并及时寻求单位帮助和社会支持。鼓励心理压力较大的监狱人民警察主动向身边的家人、朋友等社会关系寻求支持,必要时直接向心理医生进行心理咨询。

2. 完善心理咨询疏导机制

监狱应建立警察的心理疏导机制,扩展狱内心理健康指导中心工作范围,不仅为罪犯提供心理健康指导,也为监狱人民警察提供心理健康指导。创造条件,有组织、有计划地对民警开展心理培训和心理辅导,增强警察内在的自我调适能力和心理免疫力,帮助警察改善解决问题的方法,切断他们心理问题产生的源头。如果有条件,可积极探索监狱人民警察心理服务机制,成立专门的民警心理健康服务中心,通过各种方式和途径为民警倾吐心声,疏导抑郁、焦虑等不良情绪,缓解心理压力提供服务。还可充分利用社会资源,如专业心理咨询师定期为监狱人民警察提供心理辅导或心理咨询。

3. 强化社会支持机制

社会支持本身并不仅仅是指对监狱人民警察的直接帮助,而且应该是多维度的推动、信赖、鼓励与肯定,表现为一种体系化、网络化的支持体系。研究表明,社会支持水平会直接影响个体的心理健康水平。社会支持主要包括宏观和微观层面。微观层面对监狱人民警察的心理影响至关重要,一般指的是家人和个人生活层面的支持。

在监狱人民警察产生心理困扰的问题中,夫妻感情、子女教育与亲子沟通是比较主要的问题。完善社会支持机制,需要从和谐家庭创建入手,家人的信赖、鼓励、理解、肯定与帮助是有效化解监狱人民警察心理危机的重要助推力量。良好的家庭氛围主要包括:家庭成员间关系融洽,无冲突;家庭生活温馨、幸福、美满、安全、放松;家庭成员间有相当的克制力等。

4. 做好应急干预措施

监狱人民警察面临复杂的执法环境和高强度的职业压力以及超负荷的工作强度,随时可能需要应对狱内哄监闹事、暴力袭警等重大事故和服刑人员脱逃、自杀以及非正常死亡等突发事件,成为心理危机的易感人群。因此,有必要构建监狱人民警察心理危机应急干预措施,在监狱人民警察遇到突发事件,如罪犯袭警、暴狱;执行特殊任务,如处理犯人死亡事故现场,大批远途调动犯人;遭遇直接影响个人工作和生活的重大变故,如丧偶、离婚、工作失误被撤职等情况时,及时启动应急干预措施,使监狱人民警察尽快摆脱不良情绪的困扰,降低心理问题的发生率。

案例一

小王警校毕业后顺利通过公务员考试成为一名监狱人民警察。分配到监区工作后尽职尽责,努力认真,得到了监狱领导和同事的一致好评。但最近几个月来却出现情绪低落、烦躁的现象,几次在工作中因小事和同事发生争执,工作中屡次出现失误,效率下降。在与同事交流过程中曾表示自己最近身心疲惫,对工作失去热情和信心,对前途感到悲观。据小王讲,两个月前的一天,他在劳动现场执勤时发现服刑人员李某违反劳动纪律,在车间乱喊乱叫,便及时进行制止。没想到李某当着其他服刑人员的面,当场顶撞并对小王进行辱骂,小王当时感到非常没有面子,有些愤怒,准备将李某带到办公室进行谈话教育,没想到李某又喊:“警察打人啦,我要告你,咱们走着瞧……”当时在场的其他民警及时进行制止,监区领导及时赶到现场并进行了妥善处理。事后监区领导对小王当时的处理方式提出了批评,小王感觉很委屈,认为自己刚刚树立起来的威信在服刑人员面前丢完了,自此之后心情一直不好,感到烦躁和郁闷,没有兴趣参加自己喜欢的娱乐活动,回家就睡觉,也不和父母交流,不时还向父母抱怨,在单位见到领导就躲闪。

请讨论,如果小王的这种状态持续下去,会对工作产生哪些影响?你觉得小王的问题在哪里?如果要恢复正常,小王自己要做哪些努力?

案例二

五万次心理护航为四千陕西监狱警察减压

3月11日,关中大地上淅淅沥沥地飘起了第二场春雨,浸润了干燥已久的空气和土地。陕西省庄里监狱内正在举行一场以“适应与减压”为主题的心理咨询讲座,众多一线监管警察也像在吸收着甘霖,专注、认真。

这是陕西省监狱管理局聘请的心理咨询专家在为30多名一线警察进行团体心理健康辅导,也是庄里监狱举办的第二期警察心理健康服务项目运行的第四个阶段,已有90多名一线监狱警察参与这种有针对性的心理健康团体辅导和专题讲座。

《法制日报》记者近日从陕西省监狱管理局了解到,早在2014年4月,陕西省监狱管理局就聘请心理健康服务企业在全系统警察中开展了大规模、全面的心理科普与心理服务工作。截至目前,共服务4000多名一线监狱警察,累计心理健康服务5万余人次。此举在全国尚属首家。

学会如何减压 身心得到洗礼

“承认压力、欢迎压力、运用压力、化压力为动力,打造良好心理素质,更好地为工作服务,正如老师说的,挺住了,你就是一道美丽的风景线,听了心理专家讲的适应与减压心理咨询讲座,我学会了压力来自何处、如何减压、宣泄压力的方式方法,使我的身心得到一次洗礼。”庄里监狱警察张存良欣喜地说。

记者注意到,2018年3月,庄里监狱警察心理健康服务第二期项目就已正式启动,共有131人参加,开展心理健康调研访谈1次;重点人群心理健康服务和心理咨询3次,共15名警察参加;举行心理健康教育、团体辅导和心理健康讲座3次,共计160多人次参与。部分警察及家属子女还通过热线电话、网上咨询等便捷途径积极参与心理健康服务。

“监狱警察长期面临管理对象复杂、执法环境封闭、单调枯燥的工作环境,特别是监管一线警察,更易产生职业倦怠、工作价值感降低、情感淡漠、焦虑、偏执、恐惧、抑郁等心理健康问题,这些不仅关系到工作的质量和效率,更关系到监狱警察的生活质量和幸福感、荣誉感,因此,关注和保护监狱警察的心理健康显得尤为重要。”陕西省监狱管理局政治部主任汪洋坦言。

及时危机干预　渡过心理难关

监狱警察王世(化名)有一个可爱的女儿,一家三口的生活温馨、平淡而幸福。可是,女儿因患抑郁症自杀,巨大的打击让这个高大的汉子不知如何承受。深夜,当女儿的灵车离开时,妻子哭得撕心裂肺,而他却异常地平静,甚至还面带惨烈的微笑温和地招呼着周围的人。见此状,在场的人心中不免一阵紧缩。

王世这异乎寻常的表现引起所在监狱领导的重视。监狱第一时间联系聘请企业的心理危机干预中心,请求提供心理援助。心理咨询师应用心理咨询专业技术对王世进行了三个阶段的系统心理危机干预。通过专业倾听技术(共情、真诚、尊重、接纳等)建立咨询关系,引导当事人积极应对;帮助当事人正视现实,进行哀伤处理,宣泄抑郁、悲伤等负面情绪;建立心理支持,感受帮助温暖。

经过多次干预治疗后,王世夫妇逐渐从悲伤的情绪中走出来,找到新的生活目标。如今,王世已经恢复正常工作,妻子也上了老年大学。

定制精神福利　犹如第六保险

近日,一场特别的心灵碰撞在陕西省富平监狱上演,那是心理咨询服务企业的资深心理学专家在对富平监狱警察进行第三期心理健康辅导。

在第一环节中,心理咨询师常剑以亲子关系和夫妻关系为切入点,详细介绍正确处理婚姻家庭关系的方法。“在亲子关系中,要多关注孩子的内心世界,当孩子长大需要翱翔的时候家长要学会放手;在夫妻关系中,要把家庭终将分离的关系排在第二位,夫妻间要相互赞许、彼此鼓励、共建爱的家园。”老师的话语很快在参与这一环节辅导的警察中产生共鸣。

第二个环节中,新老监狱警察齐上阵,积极参加“指肚连接”“不愿撒手的爱”“妙手解开千千结”等团体互动游戏,在欢乐愉悦的氛围中身临其境地领悟到和谐家庭关系及良好生活心态的真谛。

心理咨询师张昕说:“在进行心理咨询过程中,我发现,多数中年警察很多时候不能完成警官角色和父母角色的转换,对孩子只是简单地提出各种要求。作为心理咨询师,我能感受到他们的焦虑、惶恐和无力感。通过长期的心理支持,可以为他们提供更多、更适合的方法解决自身家庭问题和情绪困扰。”

陕西省监狱管理局党委书记、局长高涛形象地介绍说:“警察心理健康服务项目是一项看得见摸得着的心海护航工程,是专门为全省监狱警察,特别是监管改造一线警察量身定制的精神福利,是继五险之后的第六种保险。”(来源:法制日报)

思考:结合以上内容谈谈你对监狱人民警察心理危机干预的作用和重要意义的认识。

本章参考文献

[1]何志鹏:《监狱民警的心理健康状况与改进对策》,载《犯罪与改造研究》2008年第6期。

[2]陶新胜:《监狱警察职业风险防范的思考——基于保障基层监狱警察职业发展的视角》,载《法制与社会》2012 年第 18 期。
[3]李玫:《监狱警察压力与调控》,载《中国监狱学刊》2007 年第 5 期。
[4]张振生、屈佳:《我国监狱人民警察心理压力状况研究》,载《江西警察学院学报》2013 年第 4 期。
[5]邵晓顺:《监狱警察心理健康调查与对策探讨》,载《中国监狱学刊》2007 年第 5 期。
[6]耿连海:《警察权益保护》,群众出版社 2004 年版。
[7]李志艳:《监狱人民警察心理健康与监管安全》,载《中国监狱学刊》2008 年第 1 期。
[8]陈奇、邵晓顺主编:《监狱人民警察心理素质与训练》,中国市场出版社 2006 年版。
[9]张林、邓小平、陈朝阳:《监狱警察社会支持、主观幸福感与心理健康的关系》,载《中国健康心理学杂志》2009 年第 8 期。
[10]冯建仓、鲁兰:《中国监狱人民警察权利研究》,北京大学出版社 2009 年版。
[11]邵晓顺、郑全全:《监狱民警心理健康状况及影响因素研究》,载《应用心理学》2003 年第 2 期。
[12]郭晓伟、余耀先、胡朋利:《监狱民警心理健康状况及应对方式的中介效应研究》,载《中国健康心理学杂志》2012 年第 12 期。
[13]辛勇、冯春、陈幼平:《监狱警察睡眠质量与心理健康》,载《中国健康心理学杂志》2013 年第 2 期。
[14]严琦华:《如何建立人民警察执法权益保障机制》,法律出版社 2006 年版。

第十一章　监狱人民警察队伍建设

学习目标

1. 了解监狱人民警察队伍建设的重要性。
2. 重点掌握监狱人民警察队伍建设的主要内容。
3. 了解监狱人民警察领导班子建设的内容。
4. 了解监狱人民警察基层基础建设的内容。

第一节　监狱人民警察队伍建设概述

2017年年初，司法部印发了《2016—2020年监狱戒毒人民警察队伍建设规划纲要》，对我国新时期监狱戒毒人民警察队伍建设工作作出部署。该纲要强调，要全面贯彻落实党的十八大和十八届三中、四中、五中、六中全会精神，深入学习贯彻习近平总书记系列重要讲话精神和对司法行政工作重要指示，深入贯彻落实《中共中央关于新形势下加强政法队伍建设的意见》和《司法部关于新形势下加强司法行政队伍建设的意见》，紧紧围绕维护社会大局稳定、促进社会公平正义、保障人民安居乐业的总任务，按照“五个过硬”的总要求，坚持中国特色社会主义政法队伍正规化、专业化、职业化方向，深入推进思想政治建设、业务能力建设、纪律作风建设，努力建设一支信念坚定、执法为民、敢于担当、清正廉洁的监狱戒毒人民警察队伍。

党的十九大确立了习近平新时代中国特色社会主义思想，提出了中国特色社会主义进入新时代的一系列新判断、新方略、新部署，指明了党和国家事业的前进方向。今后一个时期监狱工作必须以贯彻落实习近平法治思想，坚持全面深化改革，坚持总体国家安全观，坚持全面推进依法治国为指导思想，努力开创监管改造新局面。

近年来，随着我国经济、政治、军事、外交、文化等领域的强势崛起，西方一些发达国家从自身战略角度出发对我国社会主义制度、国家内政、主权和领土完整横加指责和干涉并设置诸多障碍。在这一严峻的国际形势下,如何确保党对国家事业的绝对领导,如何确保国家安全与社会稳定,如何确保我国经济平稳快速发展,就成为我们党和国家必须要面临的重要挑战。而监狱作为国家刑罚执行机关和国家行政武装治安力量的重要组成部分,肩负着对罪犯的刑罚执行、劳动改造和教育改造,预防和打击犯罪,维护社会稳定,保证国家长治久安和经济建设顺利进行的重任。监狱人民警察在惩罚改造罪犯过程中,执行党的方针、政策和国家法律,对于罪犯脱胎换骨、重新做人起到了主导作用,居于中心地位。因此,监狱人民警察队伍建设工作的好坏不仅关系到监狱工作的成败,更关系到党和国家以及社会的稳定与团结。

一、监狱人民警察队伍建设的紧迫性和重要性

监狱人民警察担负着依法管理监狱、执行刑罚和教育改造罪犯,维护社会安全稳定的重要职责。加强监狱人民警察队伍建设,是实现依法治国基本方略、实行依法治监的需要,是提高公正、文明、严格执法水平和防范执法腐败的客观要求,是提高罪犯教育改造质量,践行治本安全观,推动监狱工作高水平发展的根本保证。

(一)加强监狱人民警察队伍建设是贯彻落实中央关于不断开创新时代政法工作新局面决策部署的必然要求

2019 年 1 月 15 日至 16 日,中央政法工作会议召开,习近平总书记出席会议并发表重要讲话,从全局和战略高度,深刻总结了党的十八大以来政法工作取得的成就、积累的经验,深刻分析了新时代政法工作所处的历史方位,深刻指明了新时代政法工作的使命任务、总体思路、重点工作。其中,强调要坚持不懈加强革命化、正规化、专业化、职业化建设,锻造一支政治过硬、业务过硬、责任过硬、纪律过硬、作风过硬的新时代政法队伍。中央的决策部署和习近平总书记的重要指示,对不断开创新时代政法工作新局面提出了新期待、新要求,对于进一步加强政法队伍建设具有重要的指导意义。政法队伍建设要旗帜鲜明地把党的政治建设放在第一位,推动习近平新时代中国特色社会主义思想大学习、大研讨、大培训活动常态化,扎实开展"不忘初心、牢记使命"主题教育,开展清理两面派、两面人专项行动,确保队伍绝对忠诚、绝对纯洁、绝对可靠。要健全从严管理体系,以最坚决的态度、最有力的举措,打一场刀刃向内、刮骨疗毒、正风肃纪的攻坚战,坚决清除害群之马,加快修订完善政法机关铁规禁令,完善警示教育机制,教育引导民警知敬畏、存戒惧、守底线。要健全能力培养体系,完善实战化技能训练机制,着力提升民警的法律政策运用能

力、防控风险能力、群众工作能力、科技应用能力、舆论引导能力。要健全激励保障体系,把职业化建设的重点放到落实从优待警政策上来,健全落实政法民警职务序列制度及与之配套的待遇政策,健全依法履职免责、履行职务受侵害保障救济、不实举报澄清等制度,清理取消不合理、不必要的考评指标,让民警有更多的获得感。

(二)加强监狱人民警察队伍建设是落实治本安全观的必然要求

监狱人民警察是监狱工作的主体,是依法治国、正确执行刑罚、监狱持续安全稳定的最关键因素,对于落实治本安全观,监狱人民警察队伍建设就显得尤为重要。

1. 加强队伍建设是落实治本安全观,提高罪犯改造质量的有力保障。提高罪犯的改造质量,把罪犯改造成为守法公民,是监狱工作的根本任务。监狱要坚持"惩罚与改造相结合,以改造人为宗旨"的方针,向社会输出"合格产品",只有高素质的监狱人民警察才能确保罪犯改造的高质量。特别是当前罪犯构成复杂,犯罪手段的多样化和各种犯罪比例不断上升,这就要求监狱人民警察对罪犯改造的理念、手段和方法,也要与之相适应。通过加强队伍建设,克服警察队伍单兵、分散作战的弊端,有效提高队伍建设的整体合力和管理效能,依托警察队伍素质的提高实现罪犯改造质量的提高。

2. 加强队伍建设是落实治本安全观,履行监狱工作职能的客观要求。人是监狱工作各种要素中的第一要素,相对于其他要素来讲人是最具能动性和创造性的,监狱要发挥其职能,必须拥有一支高素质的监狱人民警察队伍,必须具备各项管理机制健全、机制之间顺畅运转的长效机制,必须大力加强警察队伍的革命化、正规化和专业化建设,在从严治警、依法管警、素质强警的同时,也要坚持从优待警,满足警察的个性化需求,强化对他们的职业技能培训,适应新时代罪犯改造工作需要的新型高素质警察队伍,为监狱工作提供坚实的组织保障。

3. 加强队伍建设是落实治本安全观,推进监狱工作向前发展的必然选择。监狱的各项工作要持续、健康、协调发展,监管改造、队伍建设、生产经营和机制体制要整体协调并进,推动监狱工作法治化、科学化、社会化建设。在监管改造上,以监管安全稳定为首位,以提高改造质量为中心,建立长效监管改造机制。而加强监狱人民警察队伍建设,为监管改造提供强有力的保证,为教育改造提供必要的保障,为机制体制高效运行提供人力资源,为监狱工作协调有序的发展提供人力支持。

(三)加强监狱人民警察队伍建设是全面提高队伍整体素质的必然要求

随着整个社会法治意识的增强,人民群众对公正廉洁执法的要求越来越强烈。习近平总书记就做好新形势下政法工作指出:要顺应人民群众对公共安全、司法公正、权益保障的新期待，全力推进平安中国、法治中国、过硬队伍建设，深化司法体制机制改革，坚持从严治警，坚持反对执法不公、司法腐败，进一步提高执法能力，进一步增强人民群众安全感和满意度，进一步提高政法工作亲和力和公信力，努力让人民群众在每一个司法案件中都能感受到公平正义，保证中国特色社会主义事业在和谐稳定的社会环境中顺利推进。习近平总书记的重要指示体现了对政法工作的高度重视，对政法工作提出了新要求，为进一步做好工作指明了方向。与形势任务的新要求相比，目前我国监狱人民警察队伍整体素质有待进一步提高。各级司法行政机关和监狱系统要切实增强责任意识、大局意识，抓住机遇，迎接挑战，坚持不懈地加强队伍建设，大力开展思想政治教育和业务培训，不断提高队伍的整体素质，使广大监狱人民警察进一步端正执法理念、规范执法行为、提高执法能力、养成良好作风，为更好地履行职责、完成使命奠定坚实基础。

二、监狱人民警察队伍建设的主要任务

认真贯彻落实中央关于加强政法队伍建设的决策部署和习近平总书记的重要指示精神，按照严格、公正、文明、廉洁执法的要求，以提高队伍思想政治素质和业务能力素质为重点，大力推进革命化、专业化、正规化建设，全面提高保障国家安全、保证社会大局稳定、维护社会公平正义、服务经济社会发展的能力和水平，努力建设一支素质优良、廉洁高效的监狱人民警察队伍。

当前和今后一个时期队伍建设的主要任务是：

（一）大力加强思想政治建设

1. 以习近平新时代中国特色社会主义思想武装头脑。党的十九大把习近平新时代中国特色社会主义思想确立为我们党的行动指南，建设过硬监狱人民警察队伍必须用党的最新理论成果武装头脑，要把学习贯彻习近平新时代中国特色社会主义思想作为队伍建设的重大政治任务，旗帜鲜明讲政治，切实增强政治意识、大局意识、核心意识、看齐意识，始终坚持“四个自信”，始终坚持在思想上、政治上、行动上同以习近平同志为核心的党中央保持高度一致，始终保持警察队伍对党和监狱事业的绝对忠诚，打造政治过硬的警察队伍。只有政治过硬的警察队伍才有可能完成党的事业，坚持党的领导，发挥优势，让罪犯感受到党和政府还有社会主义大家庭的温暖，给他们出路和希望，帮助他们接受改造，争取重新做人。只有警察队伍自身树立了良好的意识形态风貌，才有可能将罪犯教育和改造成走社会主义道路、遵守国家法律的公民。

2. 加强思想政治教育工作。结合实际，扎实开展“发扬传统、坚定信念、执法为

民”等各项主题教育实践活动，确保活动取得实效。开展经常性的爱国主义、集体主义、社会公德和职业道德等优良传统教育。认真做好时事政策教育，监狱系统各单位每年至少要举办一次形势政策报告会、一次理论时事政策测验和一次先进典型事迹报告。建立省级统一的监狱人民警察思想动态调查反馈机制，及时了解掌握监狱人民警察思想动态。创新思想政治工作形式和手段，健全完善谈话谈心制度，坚持解放思想和实际问题相结合，不断提高思想政治工作的针对性和有效性。

3. 加强宣传表彰工作。加大表彰工作力度，健全完善表彰机制，大力表彰奖励先进集体和先进个人。深入开展创先争优活动，注意发现和培养先进典型，充分发挥先进典型的示范引导作用。认真贯彻落实新闻宣传工作方针，坚持正面宣传为主、内外有别的原则，大力宣传监狱工作中涌现出的先进事迹、先进人物，努力营造良好社会舆论环境，树立监狱人民警察的良好形象。

4. 加强党的建设。坚持党对监狱工作的绝对领导，坚定不移地贯彻落实党中央的决策部署，坚持完善中国特色社会主义监狱制度。进一步理顺监狱党组织管理关系，完善党建工作责任制，切实加强基层党组织的思想、组织、制度、作风建设和反腐倡廉建设。健全党组织生活制度，落实“三会一课”制度，广泛开展党员责任区、党员先锋岗和党员突击队等活动，充分发挥党组织战斗堡垒作用和党员的先锋模范作用。

（二）大力加强业务能力建设

1. 切实加强教育培训工作。健全完善统一规划、分级管理、分类实施的教育培训体制。以培训需求为导向，科学设计教育培训内容，合理设置培训课程。创新教育培训方式方法。加强教材建设，实施精品教材工程，形成权威、统一的监狱人民警察队伍建设培训教材体系。加强师资队伍建设，建立全国和省级教育培训师资库，实现优秀师资资源共享，实施培训者培训工程。加强培训机构建设，充分发挥司法行政系统所属院校、培训机构的主渠道作用，有效利用高等院校、社会培训机构等优质培训资源，逐步形成分工明确、布局合理、优势互补、竞争有序的教育培训机构网络。加强教育培训信息化建设，推进在线学习、网络培训和远程教育。严格落实初任培训、晋升晋级培训制度，做到“凡进必训”“凡晋必训”，确保每人每年参加培训不少于100学时，领导干部每人每年不少于110学时。加强参训人员管理，建立培训效果评估机制。积极争取党委政府的支持，将监狱人民警察培训经费单独立项，纳入当地财政预算，建立培训经费动态增长机制。

2. 建立和完善岗位练兵活动。建立岗位练兵长效机制，认真开展岗位练兵需求调研，根据监狱不同岗位的职责要求以及监狱人民警察自身发展需求，制定分类分岗培训练兵规划,提高岗位练兵的科学化、规范化水平。定期组织开展业务技能、警体技能训练及应对突发事件实战演练活动,推行“战训合一、轮训轮值”岗位练兵模式,努力实现岗位练兵的制度化和经常化。健全完善岗位练兵考评激励机制,把岗位练兵开展情况作为考核单位领导班子政绩的重要依据,把考试考核结果纳入警察个人年度考评,作为考察、培养干部的重要依据,确保岗位练兵要求落到实处。

3. 大力加强人才队伍建设。着眼于改善队伍知识结构,继续加大法律、管理、教育、心理、信息工程和医学等核心专业人员的招录力度,核心专业人员比例达到监狱人民警察总数的70%以上。鼓励和支持监狱人民警察参加在职学习和学历教育。有条件的地方,可按有关规定,积极开展高级专业人才聘任制试点工作。加大人才培养力度,在理论研究、实践锻炼、学习考察等方面,为人才成长提供支持和帮助,对有突出贡献的各类专业人才予以精神和物质奖励。加强高层次人才库建设,司法部建立高层次专家型人才库,各省(区、市)司法厅(局)建立高层次综合管理人才、高层次专业人才库,健全完善相应的管理办法,充分发挥高层次人才的带头引导作用。

(三)大力加强管理规范化建设

1. 健全完善队伍管理体系。建立健全监狱人民警察职业准入机制和职业退出机制,严把“进口”,疏通“出口”,确保队伍的纯洁性和战斗力。研究制定规范统一的工作标准和程序,科学设置工作考评指标,完善考评方法,健全执法考评档案制度,建立科学规范、评价客观、导向正确的工作实绩量化考核评价体系。健全完善有利于充分调动监狱人民警察积极性、鼓励干事创业的激励机制。建立完善监狱人民警察职业行为规范体系,加大从严治警力度。健全案件评查制度,加强执法责任体系建设,定期开展规范执法行为专项治理活动,严肃执法过错责任追究。

2. 加强编制和警力配置管理。配合编制部门,研究确定符合监狱工作实际需要的编制配备和警力配置标准,根据罪犯规模、戒备等级以及不同管理模式,科学核定编制配备和警力配置比例,实行警察编制配备动态管理。规范和加强政法专项编制管理工作,切实解决个别地区空编和挤占挪用政法专项编制等突出问题。坚持警力下沉,压缩非执法岗位警察人数,精简机关科室人员,争取直接从事管理教育罪犯的一线警力达到警察总数的75%以上。

3. 加强警务督察工作。健全各级警务督察机构,完善警务督察工作制度,理顺警务督察工作管理体制。建立警务督察岗位资格准入制度,完善警务督察培训机制。加大警务督察工作力度和范围,围绕监狱中心工作,对监狱人民警察依法履行职责、行使职权和遵守纪律的情况进行现场以及远程监督和检查。建立健全警务督察定期汇报制度和结果运行机制,充分发挥警务督察职能作用。

(四)大力加强监狱人民警察文化建设

1. 构建监狱人民警察价值体系。大力弘扬社会主义核心价值体系,认真开展"忠诚、为民、公正、廉洁"的政法民警核心价值观教育,努力培育符合广大人民群众期待和要求,反映监狱人民警察愿望和职业追求的共同理想。继承发扬监狱人民警察优良传统,坚定"四个自信"、树牢"四个意识"、坚决做到"两个维护",全面提升监狱人民警察综合素质。

2. 开展丰富多彩的文化活动。积极推进监狱文化建设,开展制作徽标、象征物、格言等形式多样的监所文化,创建文化实践活动。加强文化阵地建设,办好理论专刊、内部报刊、宣传专栏,充分利用网络平台,介绍文化宣传活动。充分发挥工会、共青团、妇委会等群众组织的作用,加强各类兴趣爱好组织建设,广泛开展丰富多彩、喜闻乐见的文体活动,丰富监狱人民警察文化生活。

3. 加强监狱人民警察职业形象建设。坚持立警为公、执法为民、爱岗敬业、无私奉献,树立忠诚敬业的政治形象。加强执法规范化建设,不断提高执法公信力、树立公正文明的执法形象。切实提高教育改造质量,树立改造挽救的专业形象。增强廉政意识,严守有关法规和纪律,树立清正廉洁的廉政形象。加强社会宣传,组织开展监狱人民警察社会评价调查,不断改进工作,全面提升监狱人民警察的社会形象。

(五)大力加强反腐倡廉建设

1. 加强反腐倡廉教育。把廉政教育列入教育培训计划,在全体监狱人民警察特别是领导干部中重点开展理想信念教育和党性党风党纪教育,切实提高广大监狱人民警察的廉洁自律意识,筑牢拒腐防变的思想道德防线。依托反腐倡廉警示教育基地,结合监狱系统的典型案例,开展以案析理、以案释法,扎实推进警示教育。针对重点执法岗位特点,围绕腐败现象易发多发的重点部门、关键环节,深入开展岗位廉政教育,强化广大监狱人民警察责任意识和廉政意识。

2. 认真落实党风廉政建设各项制度规定。全面落实党风廉政建设责任制,切实抓好责任分解、责任考核、责任追究三个环节,确保反腐倡廉各项任务落到实处。严格执行领导干部任前廉政谈话、个人有关事项报告、诫勉谈话等制度,严格落实"一把手""四个不直接分管"制度,用制度保廉洁。贯彻落实《政府信息公开条例》,深化狱务公开,实行"阳光执法",以公开促进公平公正。强化权力制约监督机制,重点加强对减刑、假释、暂予监外执行、保外就医、计分考核等环节的监督,加强对干部选拔任用工作的监督。

3. 加大违纪违法案件查处力度。认真落实中央政法委提出的"四个一律"的要求,以"零容忍"的态度严肃查处违法违纪案件。重点查处领导干部违法违纪案件、警察利用执法权力索贿受贿、因失职导致安全事故、以各种手段侵吞国有资产等案件。完善重大案件剖析制度和通报制度,充分发挥重大案件的警示教育作用和惩戒治本功能。

(六)大力加强队伍保障机制建设

1. 完善监狱人民警察队伍保障制度。建立完善监狱人民警察身份保障制度,进一步明确和规范免职、降职、辞退或处分的法定事由和法定程序,保障监狱人民警察执法权益。健全完善警察救济保障制度,探索建立警察保险制度,形成警察职业风险保障体系。

2. 加强基础设施设备保障能力建设。积极争取党委政府的支持,不断加强监狱工作财政经费保障。实施科技强警,推进信息化建设,打造"智慧监狱",提升现代科学技术在监狱中的应用水平,为监狱人民警察执法提供有力技术支持。加强监狱基础设施建设,扎实推进办公场所标准化建设,提高办公自动化水平,努力营造良好的工作环境。

3. 认真落实从优待警政策。严格执行国家关于执勤岗位津贴、加班补贴和高危津贴标准,落实工资、养老等政策。重视提高监狱人民警察福利,落实例行体检、公休假等制度,继续实行先进模范人物定期疗养、重大节日慰问和特困警察救助等制度,做好警察死亡和伤残的抚恤工作。重视监狱人民警察心理健康教育,建立警察心理咨询和心理疾病诊疗机制。关心监狱人民警察的个人成长进步,注重帮助解决监狱人民警察住房以及家属子女就业、就学、就医等实际困难。

三、监狱人民警察队伍建设的具体要求

(一)政治建警

政治建警是我国人民警察制度运行的基本原则,是关于人民警察政治方针、政治立场、政治观点、政治纪律、政治职能等方面的根本性原则。政治建警是监狱机关在中国特色社会主义进入新时代必须遵循的加强政治思想工作和队伍建设的一条重要的政治原则。坚持政治建警原则,旨在把讲政治的要求贯穿于监狱工作之中,切实加强队伍的政治思想建设,使队伍永远保持政治坚定,站稳政治立场,把握正确的政治方向。

1. 政治建警的含义。政治建警原则有以下三层含义:(1)始终把思想政治建设放在首位,要坚持不懈地用马列主义、毛泽东思想、邓小平理论、"三个代表"重要思

想、科学发展观、习近平新时代中国特色社会主义理论体系武装头脑，提高贯彻落实科学发展观的自觉性和坚定性，增强监狱人民警察的党性，提高监狱人民警察执行党的路线、方针、政策的坚定性、自觉性，强化政治意识、大局意识、核心意识和看齐意识，自觉做到"两个维护"，始终与党中央保持高度一致。(2)要在监狱人民警察队伍中开展理想信念教育、党风廉政教育、时事政策教育，牢固树立科学的世界观、人生观、价值观和正确的权利观、利益观，切实做到执法公正、一心为民，使全体监狱人民警察在思想上筑牢底线思维，在纷繁复杂的内外形势面前，保持清醒的头脑，自觉抵制不良思想的侵蚀、诱惑，始终保持监狱人民警察忠于党、忠于祖国、忠于人民、忠于法律的政治本色。(3)适应新时期司法行政事业需要，把加强监狱人民警察队伍建设作为监狱工作的重中之重，以提高队伍的整体素质为中心，强化管理，促进队伍的革命化、专业化、正规化和现代化建设，努力把监狱人民警察队伍锻造成为一支政治坚定、业务精通、作风优良、执法公正的队伍。

2. 坚持政治建警，必须把握好以下四点：

(1)把捍卫党的绝对领导和国家政权放在首位。党的十九大把党的政治建设摆在首位，作为一项重要任务予以部署。监狱机关和监狱人民警察必须把旗帜鲜明讲政治体现到监管改造工作的各方面、全过程。监狱人民警察必须提高政治鉴别力和敏锐性，增强忧患意识和政治警觉，对敌对势力的阴谋破坏活动要时刻保持高度警惕，对维护安定团结的政治局面的极端重要性要始终保持清醒认识，一切工作都要从政治的高度出发，都要以巩固政权和捍卫党的领导为指导思想，要以对党对人民高度负责的态度切实肩负起政治责任和使命。

(2)要紧紧围绕经济建设这个中心搞好服务。"以政治建设为统领"是中国共产党自身建设的必然要求，"以经济建设为中心"是中国共产党作为执政党领导社会主义事业的必然要求，二者相辅相成。习近平总书记在庆祝改革开放40周年大会上的讲话中指出，"40年来，我们始终坚持以经济建设为中心，不断解放和发展社会生产力"，中国特色社会主义建设不断取得举世瞩目的成就，"中国人民在富起来、强起来的征程上迈出了决定性的步伐"。在新时代，只有坚持以经济建设为中心，坚持发展才是硬道理。因此，要把政治建警落实在主动为经济建设创造良好的社会环境上，落实在维护社会的和平与稳定上。

(3)要以"人民满意不满意"作为衡量执法的重要标准。群众观点，是我们党的基本政治观点；群众路线，是我们党的根本工作路线。因此，在一定意义上讲，忽视群众也就忽视了政治，没有群众观点也就没有政治观点。在执法工作中必须强化群众观点，树立公仆意识，把群众满意不满意作为衡量监狱工作的标准。大力倡导群众路线，真正把联系群众、为人民服务变为每个监狱人民警察的自觉行动。同时锻炼提高做群众工作的本领，把密切警民关系作为密切党群关系的重要组成部分，作为赢得民心、强化执政党的政治基础。

(4)要切实加强政工部门自身建设。政工、纪检队伍是各级监狱机关抓思想政治工作和队伍建设的职能部门。在新的形势和任务下，加强这支队伍建设，对于开展好政治建警工作是十分重要的。各级监狱机关要把政工纪检工作列入重要位置，按照政治坚定、公道正派、业务精通、清正廉洁的要求，配齐配强政工干部，各省（区、市）监狱局和各监狱设政治委员，监区（大队）、分监区（中队）设教导员、指导员。加强对政工干部的管理和教育培训，增强广大政工干部履行职责的能力。

(二)依法管警

法治兴则国家兴，法治强则国家强。全面依法治国是中国特色社会主义的本质要求和重要保障。党的十九大把坚持全面依法治国确立为习近平新时代中国特色社会主义思想和基本方略的重要内容，进一步明确了全面依法治国的科学内涵和实践要务，为建设社会主义法治国家提供了科学指导。法律、制度是监狱政治工作的根本保障。严格管理、严格要求不能只严在口头上，要有法规制度做保障。因此，警察管理规范化、制度化是建警的基础。要把监狱人民警察一切执法活动纳入法律建设的轨道，用法律和法规来管理和约束每一个监狱人民警察，教育他们牢固树立法律至上、依法执法的观念。

1. 依法管警的含义。依法管警，是指运用法律、法规和规章等手段，对监狱人民警察队伍实行强化管理的过程，包括立法、守法、执法和违法行为的处理，它是从严治警方针的体现、发展和完善。依法管警的具体内容是在坚持从严治警的基础上，队伍建设要继续向法治化、正规化迈进，实现依法从严治警。

2. 依法管警要做的工作。深化改革、强化管理、实现依法管警并非易事，这是一项重大的系统工程。在这个过程中要突出抓好以下两个环节：

(1)加强立法，有法可依。依法管警，首先立法，要有法可依，这是当前最迫切的任务。我们要在司法部的统一领导下，上下协同，通力合作，加快建立健全整套与社会主义市场经济相适应，与国家公务员相衔接，与《监狱法》《人民警察法》相配套，体现监狱人民警察特点，不同于一般行政机关的队伍建设的法规和规章体系。这个体系主要包括：编制机构方面有《各级监狱机关编制标准》《各级监狱机关编制序列规定》等；人事管理方面有《录用监狱人民警察实施办法》《监狱人民警察辞退办法》《监狱人民警察教育培训规定》等；《监狱人民警察警衔津贴的实施办法》《监狱人民警察岗位津贴标准》《监狱人民警察节假日超时工作补贴制度》《关于发给特殊贡献的牺牲、病故监狱民警家属特别抚恤金的办法》;监督制约方面有《监狱机关监督条例》等。

(2)严格执行,配套教育。有法可依是重要的,执法必严更加重要。依法管警,首要的问题是组织落实,因此要做到党政齐心协力,步骤、方法明确,扎扎实实地把各项规范变成每一个监狱人民警察的自觉行为。同时,在实行依法管警的过程中,要特别强调把思想政治工作渗透到队伍依法管理的各个环节中,教育监狱人民警察增强法治意识,树立法治观念,自觉地遵守和维护党章、法规,保证各项规章制度的贯彻落实。

(三)从严治警

监狱人民警察掌握着刑罚执行、教育改造罪犯的执法权,必须严格要求,严格管理,严格监督。从严治警,是监狱人民警察队伍建设的一条重要原则,是指对监狱人民警察队伍严格录用、严格选配、严格教育、严格训练、严明纪律、严格管理的总称。

1. 录用监狱人民警察必须依法进行。凡是新警员的招收和领导干部的调入,都必须严格条件、严格考核,严格程序,严把入口关,以确保质量。

2. 准确任用监狱人民警察。选拔、任用监狱人民警察要坚持以实绩为主,要逐步建立一套与警衔相配套的监狱人民警察管理制度,变过去的单一委任制为选举任用、考试任用、招标任用等多种形式并用的任用制度,创造一种有利于人才竞争的环境,增强监狱人民警察队伍的活力。(1)要对各级领导干部实行任期目标责任制。根据监狱机关的具体情况,确定干部不同的任职期限,同时明确规定干部在任期内所要达标的目标以及监督措施和奖惩办法,增强责任感和危机感。(2)要在一般民警中实行岗位职务选聘合同制,在定编、定员、定岗的基础上实行竞争考核上岗。(3)要在专业技术人员中,按照实绩进行聘任,以事定岗,以岗定人,以职定责,以责定权,根据要求和工作需要,实行评聘分开,高职可低聘,低职可高聘,按照实聘职务享受待遇。

3. 严格的教育。要按照中央政法委的统一部署,开展好社会主义法治理念教育,用正确的执法理念指导执法行为。以各种行之有效的方式,继续扎扎实实抓好遵纪守法的教育。通过教育,使广大监狱人民警察在思想上牢固确立遵纪守法观念,熟知各项纪律和规章的条文和内涵,并切实形成自觉行动,使廉政勤政在监狱人民警察队伍中蔚然成风。

4. 严格的训练。就是以高标准、严要求,从实际出发对监狱人民警察进行包括纪律作风、警容风纪、警体技能、身体素质、现代化办公设备的操作等在内的业务技能训练。通过严格训练,使广大监狱人民警察具有英勇顽强的精神、高度自觉的组织观念,不怕艰苦的战斗作风、本职岗位的业务技能。

5. 严明的纪律。根据《人民警察法》《监狱法》的有关纪律规定制定实施细则,用铁的纪律对监狱人民警察队伍进行约束,规范其行为,切实做到令行禁止,真正把监狱人民警察队伍建设成一支招之即来、来之能战、战之能胜的人民警察队伍。要依法管教,用法育人,用法管人,用法治人,严格贯彻落实《监狱和劳动教养机关人民警察违法违纪行为处分规定》,对滥用职权、知法犯法、玩忽职守的要坚决依法惩处。

(四)精心育警

监狱人民警察队伍素质的高低,不仅关系到能否把罪犯教育改造成为懂法守法的合格公民,关系到狱内的安全与稳定,而且关系到监狱事业的健康顺利发展,关系到国家和社会的长治久安。为了深入贯彻落实习近平总书记全面依法治国新理念新思想,奋力推进新时代司法行政事业大发展,必须大力加强监狱人民警察的教育培训,不断提高警察队伍基本素质、业务水平和执法能力,以适应新形势下监狱工作发展的客观要求,努力打造一支让党和人民信得过的监狱人民警察队伍。

1. 深入开展执法规范化建设和岗位练兵活动,大力提高专业化水平。在监狱系统深入开展社会主义法治理念的教育和执法规范化建设活动,大力提高警察规范执法的意识和能力。按照司法部的统一部署,以基本知识、基本技能、基本体能和基本职业道德风范为重点,深入开展岗位练兵活动,不断提高广大监狱人民警察履行岗位职责的能力。在此基础上,建立健全有利于提高履行岗位职责能力和规范执法水平的长效机制,为推进监狱人民警察队伍专业化建设奠定基础。

2. 以提高教育改造和教育矫治能力为重点,构建专业化建设长效机制。5 年内,监狱人民警察应当接受累计 3 个月以上的脱产培训,新录用的警察上岗前应当接受不少于 1 个月的岗前培训。按照人民警察管理权限,建立统一领导、分级负责、分类管理的培训体制。依托所属警官院校建立培训基地,加强专兼职师资队伍建设。培训内容要体现监狱工作特色,重点加强教育改造、心理矫治、监所管理、警务管理、信息工程、临床医学等监狱工作急需的专业知识和警体技能培训。积极争取党委、政府的支持,将警察培训经费纳入当地财政预算,建立培训经费逐年增长的长效机制。

3. 创新用人机制和环境,改善警察队伍知识、专业结构。抓住考录、选调和引进等重要环节,积极吸收符合监狱劳教工作需要的专业人才。积极创造条件,鼓励警察通过自学提高学历。重视发挥学历政策的杠杆作用,将警察自修专业选择引导到监狱工作急需的专业上来，大力改善队伍的知识专业结构。结合监狱人民警察职务序列，逐步建立高级专家人才库，实行相应的管理办法，充分发挥他们的带头引导作用。制定对改造教育工作有突出贡献的人才奖励政策，定期评选、表彰优秀教育改造和教育矫治能手，形成有利于人人自觉提高本领、争当改造教育能手的良好环境。有条件的地方，可按照《公务员法》的规定，积极稳妥地开展高级专业人才聘任制试点工作。

（五）从优待警

从优待警就是切实关心、爱护广大监狱人民警察。各省（区、市）司法厅（局）和监狱机关的领导同志，要深怀爱警之心，善谋爱警之策，常做爱警之事，从政治上、工作上、生活上关心、爱护、帮助广大监狱人民警察。要积极争取党委、政府对监狱工作的关心和重视，建立完善长效保障机制，包括经费保障机制、伤亡保险制度和医疗保险制度等，把从优待警的各项制度建立健全起来并落实到位。

1. 政治上从优。要从政治上关心爱护广大监狱人民警察，关心民警的进步，帮助民警不断提高觉悟，注意强化民警公仆观念和主人翁意识，树立依靠民警和为民警服务的观念，加强对民警的培养，使他们找到发挥自己特长的最佳位置。

2. 工作上从优。要从工作上关心爱护广大监狱人民警察，鼓励民警积极、主动、独立负责地进行工作。要积极解决民警工作中的实际困难，改变所谓"民警为钱干，领导靠钱管，一切向钱看，无钱玩不转"的管理方式，在提倡民警奉献精神的前提下，注意关心民警必要的、合理的个人利益。同时，对其政治上的进步，工作中的成绩，应给予充分肯定；对其缺点错误不能姑息迁就，放任自流。要积极改善工作条件，创造良好环境，使民警始终保持健康的心理状态和饱满的工作热情。

3. 生活上从优。领导者必须做到心中有民警，关心民警的冷暖疾苦，想民警之所想、急民警之所急，把民警的实际困难当作组织的困难，从细微之处关心爱护民警。要经常深入基层，深入监区、大队，了解一线民警的工作和生活情况，帮助解决实际困难，尤其要研究解决拖欠民警工资问题。要积极创造条件为民警办实事、办好事，增强凝聚力、吸引力。要根据上级有关规定努力搞好集体福利设施，关心和改善民警的福利待遇，千方百计解决好民警生活中的实际困难，妥善处理好民警的住房、孩子入托、上学、就业等实际困难，解决民警的后顾之忧，调动其工作的积极性、主动性和创造性。

4. 实施"护警工程"。建立保护民警合法权益组织，重点维护监狱人民警察的合法权益，切实把维护民警正当权益作为一项凝聚警心的工程来抓，以事实为根据，以法律为准绳，积极主动地开展维权工作，探索建立保障和维护正当执法权益工作机制。把握警察正当执法难、执法风险大等新情况、新问题，梳理执法维权的主要需求内容，在用足用好现有法律规定的同时，积极与法院、检察院等部门进行协商研究，争取制定保护警察正当执法权益的规定，依法科学界定警察执法责任，避免无限责任，增强执法的信心和勇气，营造监狱机关良好的执法环境。落实民警抚恤慰问制度，对因公牺牲（病故）、致残、伤病的民警及家属及时进行慰问，对有困难的民警及时给予帮助，体现组织关怀。

（六）科技强警

科技强警，向科技要警力，是现代警务建设的新模式。科技强警就是将社会学、自然科学、工程技术学的先进理论与技术成果应用于警务建设，使警务工作更加适应改革开放和社会主义市场经济条件下打击犯罪、保护人民、服务社会、实现社会安定的需要。它的内涵应包括警察装备和基础设施建设的科技化、信息化、现代化，监狱人民警察科技素养不断提高，监狱组织管理机制科学化水平不断提升。

2018 年 7 月，司法部召开网络安全和信息化工作电视电话会议，作出了加快建设“数字法治、智慧司法”的重大决策。随后，司法部印发《关于加快推进“智慧监狱”建设的实施意见》，明确了“智慧监狱”建设的总体目标、重点任务、实施步骤。“智慧监狱”是“数字法治、智慧司法”信息化体系建设中不可或缺的重要组成部分，其主要内容是在现有监狱信息化建设基础上，充分运用大数据、物联网、人工智能等现代科技手段，将现有信息技术与监狱各项业务融合，最大限度地汇聚整合、感测分析监管改造信息资源和社会信息资源，从而对监狱工作各项需求作出智慧判断和响应。建设“智慧监狱”的主要意义在于：

1. 是适应新时代监狱发展的需要。时代飞速发展，科技创新日新月异。以往的指导思想、管理理念、管理模式难以适应当前监狱工作发展形势的需要。监狱工作应主动适用改革发展需要，大力开展以监狱信息化、智能化建设为主的“智慧监狱”建设实践探索，在现有信息化基础上，打破原有格局，实现深度的数据融合、流程融合、模型融合，突出强化信息技术在安全防范中的支撑保障作用，构筑人防、物防、技防、联防四位一体运行格局，使监狱工作从信息化向智慧化跨越发展。

2. 是坚守安全底线，构建平安监狱的需要。建设“智慧监狱”要坚决贯彻落实“坚守安全底线，践行改造宗旨”的指导思想，紧紧围绕监狱安全这个根本，全面梳理监管安全风险点，形成风险分析体系，运用大数据，智能风险，动态跟踪，确保监狱安全风险防范始终处于可控状态。同时，还要加快信息化技术在罪犯改造工作中的应用，不断提升监狱工作科技化水平，为构建平安监狱作出新贡献。

在监狱工作的历史和现实中，现代科学技术不仅是提高监狱效能、确保监狱安全的直接动力,也是推动监狱整体工作不断发展的动力。加强监狱人民警察队伍建设,提高监狱人民警察装备、手段、技术的科技水平,树立"科技水平是警察战斗力的首要因素"的观点,实施科技强警战略已迫在眉睫。

坚持科技强警,要做好以下方面的工作:

1. 要增强各级监狱机关的科技强警意识。当今社会已进入科技信息时代,要求我们必须实施科技强警战略,全力提高监狱人民警察掌握运用现代科技手段的能力,整合一切可以利用的信息资源,以智慧监狱建设带动科技强警战略,维护监狱监管安全与稳定,促进罪犯改造质量提升。各级监狱机关要树立超前的思维谋略,把科技强警放在应有的战略地位上,不断提高监狱各项工作的科技含量,加速智慧监狱建设步伐,这是新时期提升监狱人民警察战斗力和推动监狱工作可持续发展的必由之路。

2. 要着力培养警察科技人才队伍。目前,监狱在技术保障上力量薄弱、专业人员缺乏。信息化建设要求必须有一支既懂信息化专业技能,又通监狱业务的复合型信息化人才,因此,努力构建一支专业的信息化监狱人民警察队伍就成为一种必然选择。随着入警便捷机制的推行,警察院校应责无旁贷地承担起培养警察科技人才的重任。各级院校要挖掘潜力,创造条件,切实承担起科技警务工作者的输送重任,为科技强警提供人才资源。同时,广大监狱人民警察必须树立终身学习的理念,对于科技知识、科学技能要勤于学习、勇于实践,加强网络信息安全知识培训,提高全员安全防范意识和能力。

3. 要加大警务科技建设资金投入。科技强警是实现监狱工作现代化的必由之路,其首要任务就是实现警务工作的信息化。打造智慧监狱,实现大数据、物联网、人工智能等现代科技手段的高效运行,是监狱工作的一项重大改革。智慧监狱建设要求严、标准高、难度大,需要充足的资金投入作为保障。在现有条件下,各级监狱机关应该加大科技资金的投入,逐步提高监狱人民警察管理与装备的现代化水平。

科技强警是监狱机关的一项全局性、基础性、长期性的战略任务,各级监狱机关必须强化向科技要警力、要战斗力的思想,把先进的科学技术应用到各项警务工作中,努力实现警务工作从依靠经验向依靠科技转变,从人力密集型向科技集约型转变。只有切实推进监狱机关的科技化、现代化进程,才能不断增强监狱人民警察队伍维护社会稳定和服务经济建设的能力。

监狱人民警察队伍建设是一个庞大的系统工程,又是一项长期的战略任务,不可能毕其功于一役。因此,应该把工作重点放在经常性工作上,常抓不懈。既要制定切实可行的长期规划，又要扎扎实实地抓紧解决当前存在的突出问题，并且把制度建设贯穿其中，追求队伍建设的整体效益和长远效果。

第二节 监狱人民警察领导班子建设

一、监狱人民警察领导班子建设的重大意义

党的十九大报告指出："党要团结带领人民进行伟大斗争、推进伟大事业、实现伟大梦想，必须毫不动摇坚持和完善党的领导，毫不动摇把党建设得更加坚强有力。"习近平总书记明确指出，领导班子是一个地方、一个单位的"火车头"，建设好领导班子是夯实党执政的组织基础的关键，也是抓好改革发展稳定各项工作的关键。特别要提高领导班子思想政治水平、专业化水平、贯彻执行民主集中制水平，强化领导班子整体功能。习总书记的重要指示为我们加强和改进领导班子建设指明了方向、提供了科学遵循，我们要以讲话精神为引领，切实加强新时代监狱领导班子建设，打造坚强有力的领导集体。

加强监狱领导班子的建设，意义非常重大。它是正确执行法律、切实贯彻执行党的监狱工作方针政策的需要。只有加强监狱领导班子建设，才能从根本上实现正确地执行法律，维护国家安全和社会稳定这一神圣的任务。它是提高监狱整体效能的前提和基础。加强监狱领导班子建设，提高监狱领导班子的整体功能，是创建现代化文明监狱的需要；是适应新形势、新任务的需要，是当前改进监狱领导班子状况的必然要求。

二、监狱领导班子建设需理顺四个关系

从监狱领导班子建设发展的历史轨迹来分析，它先后经历了军事管制的领导体制，党委集体领导下的监狱长（支队长）政委分工负责制，党委集体领导下的行政首长（监狱长）负责制等领导体制模式。自 2003 年逐步进行监狱体制改革后，已经形成了如今的监狱党委集体领导下的监狱长负责制，多数单位的监狱长兼任党委书记，政委和企业总经理兼任党委副书记的领导体制。要使这种领导体制得到很好的运行，需要正确处理"四个关系"。

（一）三个班子之间的关系

现行监狱领导班子体制下，绝大多数监狱形成了监狱党委领导班子、监狱领导班子、企业领导班子。这样，势必要加强党委集体领导的核心领导地位，又要充分发

挥领导班子和成员的分工负责制的有效作用。在实际运行中，务必要解决好“放、管、服”的问题，党、政、企职责不分的问题，领导班子之间分工协作配合不够的问题，进一步建立和完善监狱领导班子管理制度，规范运行体制，使得监狱领导班子真正形成核心力、创新力和战斗力。

（二）三个正职之间的关系

目前设置有监狱长、政委、总经理，是监狱领导班子中的三个正职，对于整个领导集体而言，为监狱党政企的主要领导干部。监狱长、政委、总经理既是监狱领导班子的最高领导者，也是党政企三大系统的最高决策者。因此，监狱长、政委、总经理是监狱领导班子集体领导力的核心。一般由监狱长兼任党委书记，可谓党政一肩挑，这种领导力的状态往往取决于监狱长、政委、总经理个体的领导力和三人之间的密切配合。如果协作配合出了问题，就会严重影响监狱党委核心领导力的正常发挥，影响队伍持续稳定以及监狱工作改革和发展。监狱长、政委、总经理应按照监狱现行领导体制，兼顾监狱的发展方向和目标的双重责任，体现共同领导责任。要实现这一目标，就要完善监狱长、政委、总经理的职责界限，形成科学民主的决策机制，在整个监狱领导班子中起到责任不同但方向一致、分工不同但目标一致的引领作用。处理好监狱长、政委、总经理之间的关系，一要考虑知识结构、人格特征、社会经历、工作作风等方面的匹配。二要建立完备的制度，规范监狱长、政委、总经理的领导职责和决策模式，尽可能减少领导决策中的主观性和随意性，最大限度地避免内耗现象。三要以共同的目标和统一的文化凝聚党政企三大系统的领导能量，让监狱长、政委、总经理成为监狱发展的实践者，监狱文化建设的引领者。

（三）正职与副职之间的关系

监狱领导班子是监狱管理的重要决策机构，班子和谐是科学民主决策的基础，而班子中正、副职之间的和谐是重中之重。和谐有力的领导班子必须是分工与合作都高度协调的群体，既是一个共同决策的领导群体，也是将领导策略向基层延伸的执行群体，而执行必须依靠分管的副职去完成。在工作中，正职要做到以理服人、以大局服人、以个人行为和魅力服人。要充分尊重副职的个性特点，充分相信副职的人品和能力，“用人不疑、疑人不用”，发挥每个副职应有的作用。而副职要对班子集体负责，对正职负责，自觉维护正职的威信，尊重正职在决策中的地位，服从并认真落实班子的集体决策。正职要加强领导、检查、督办；副职要尽其所能，把自己所承担的工作落实到位，力求达到最佳效果。监狱工作点多、线长、面广，涉及刑罚执行、狱政管理、劳动改造、生活卫生等多个领域与环节，需要跨部门协作完成，因此无论是相关领导还是部门都要相互配合、通力协作，淡化部门和个人的利益，以实现人、财、物等资源的优化组合，促进工作取得最佳成效。

（四）三个主体之间的关系

从实践来看，监狱形成有三个领导主体，即党委、监狱和企业。监狱党委是监狱的领导核心，监狱依法履行法定职能，监狱企业承担劳动改造的任务，三个主体工作目标一致，任务各有侧重。监狱党委作为一个主体，具有政治性、全面性和宏观性，是领导主体、落实主体、工作主体、推进主体，它的领导决策形式主要是党委会议。监狱主体是指监狱享有行政职权，以自己的名义行使行政职权并独立承担责任的组织。它的领导决策形式主要是监狱长办公会议。企业主体是指监狱企业满足教育改造罪犯需要的前提下，在社会主义市场经济活动中能够自主设计行为目标、自由选择行为方式、独立负责行为后果并获得经济利益的经济有机体。它的领导决策形式主要是公司董事会议或经理办公会议。三个主体之间既有联系配合，又有独立的权利义务，不能相互替代。只有厘清责任，落实责任，才能形成科学有效的权力结构和运行机制，增强工作的执行力。监狱党委具有核心领导地位，其他两个主体只能服从和服务于党委的领导和工作需要。

三、加强监狱领导班子建设的途径

（一）加强政治建设

习近平总书记所作的十九大报告，第一次把党的政治建设纳入党的建设总体布局，并强调“以党的政治建设为统领”，“把党的政治建设摆在首位”，凸显党的政治建设的极端重要性。加强监狱领导班子的政治建设，一是提高政治站位，坚决维护核心。维护习近平总书记的核心地位，坚决维护以习近平同志为核心的党中央权威和集中统一领导，这是党的政治建设的首要任务，更是监狱领导班子建设的首要任务。监狱领导班子及其成员都要牢固树立“四个意识”、坚定“四个自信”。坚定执行党的政治路线，严格遵守政治纪律和政治规矩，在政治立场、政治方向、政治原则、政治道路上同党中央保持高度一致。要严守党的政治纪律和政治规矩，坚决防止和纠正自行其是、各自为政，有令不行、有禁不止，上有政策、下有对策等行为。二是严肃监狱领导班子党内政治生活，遵守民主集中制原则。这既是党的政治建设的重要任务，又是加强监狱领导班子政治建设的基本途径，更是解决班子内部矛盾和问题的“金钥匙”、领导干部锤炼党性的“大熔炉”、纯洁党风政风的“净化器”。三是发展积极健康的监狱领导班子党内政治文化。重要基础是弘扬忠诚老实、公道正派、实事求是、清正廉洁等价值观，坚决抵制和反对各种腐朽、庸俗文化的侵蚀，坚决防止和反对个人主义、分散主义、自由主义、本位主义、好人主义，坚决防止和反对宗派主义、圈子文化、码头文化，坚决反对搞两面派、做两面人。四是监狱领导班子成员自觉加强党性锻炼。加强党性锻炼，不断提高政治觉悟和政治能力，把对党忠诚、为党分忧、为党尽职、为民造福作为根本政治担当。要永葆对党忠诚的政治品格，坚守个人干净的为官底线，强化敢于负责的担当精神，不断提高政治能力。

（二）加强思想建设

着力加强思想建设，用习近平新时代中国特色社会主义思想武装监狱领导班子和领导干部，是监狱领导班子的基础性建设。共产主义远大理想和中国特色社会主义共同理想，是中国共产党人的精神支柱和政治灵魂，也是保持党的团结统一的思想基础。要把坚定理想信念作为监狱领导班子思想建设的首要任务，教育引导班子成员牢记党的宗旨，挺起共产党人的精神脊梁，解决好世界观、人生观、价值观这个"总开关"问题，自觉做中国特色社会主义共同理想的坚定信仰者和忠实实践者。一是加强政治理论学习，提高监狱领导班子的思想理论素养。监狱领导班子及其成员必须全面系统学、及时跟进学、融会贯通学，深入学习领会习近平新时代中国特色社会主义思想的科学体系、精神实质和实践要求。二是深入细致地搞好思想教育，大力加强监狱领导班子的思想建设。三是建立健全责任机制。把加强监狱领导班子思想建设作为党建工作重要内容，主要负责同志亲自抓，坚持原则、敢抓敢管，抓好班子、带好队伍，切实履行第一责任人责任。四是努力营造浓厚氛围。大力宣传加强监狱领导班子思想建设的重要性、必要性，宣传推广好的经验和做法，营造浓厚的舆论氛围，努力形成一种弘扬正气、惩治邪气的强大声势，把监狱领导班子思想建设提高到一个新水平。

（三）加强组织建设

1. 坚持问题导向，注重优化监狱领导班子整体功能。个别干部素质能力突出并不等同于班子的整体功能过硬，只有领导成员之间权责清晰、相容互补、形成合力，班子才会展现出强大的整体素质。实现班子整体功能的优化，必须进行合理配置，既重视个体的优秀，又重视集体的最佳组合，使班子整体发挥最大效能，努力实现"1 + 1 > 2"的效果。

2. 积极构建"选准、科学、培养"为核心的监狱领导班子建设体系。选准干部是前提。严格执行选人用人流程，规范动议环节，形成合理方案，择优提出胜任且公认的人选。科学配置是关键。在优化班子的专业结构上，既要考虑班子整体的知识面，又要考虑专业学识的组合，既要选拔熟悉党务、行政等方面的管理型干部，又要选配精通本领域重点业务的专业型干部，防止一个班子中同一类型干部过于集中。

在优化班子的年龄结构上，坚持老中青相结合的梯次配备，统筹把握不同年龄层次干部配备比例。发展培养是核心。立足监狱领导班子和领导干部内涵能力的现状水平，注重多岗位历练干部，加大干部跨系统、跨部门、跨条块交流力度，着力培养复合型干部。

3. 建立强化监狱领导班子组织建设保障机制。建立健全选任风险防控机制，拧紧“安全阀”。制定实施干部选任工作全过程纪实制度，以客观准确、完整具体、简便易行为要求，为干部选拔任用调查提供客观依据，进一步落实选人用人痕迹管理。完善领导班子和领导干部考核评价机制，按照不同领域的特点，分别设置考核指标，充分发挥考核的“指挥棒”作用，为干部的能上与能下提供支撑依据。加大领导人员交流轮岗力度。深化任期年满交流制，加大常态化的干部交流力度。

（四）加强能力建设

监狱领导班子及其领导干部，既要政治过硬，也要本领高强，必须加强能力建设。一是以强化理论武装为先导，提高抓学习的能力。在监狱领导班子及其领导干部中营造善于学习、勇于实践的浓厚氛围，建设学习型监狱领导班子和领导干部。二是以讲政治守规矩为遵循，增强政治领导能力。坚持战略思维、创新思维、辩证思维、法治思维、底线思维，科学制定和坚决执行党的路线方针政策，把党总揽全局、协调各方的实践要求落到监狱工作的实处。三是以新的发展理念为指导，提高谋发展的能力。善于贯彻新发展理念，保持锐意进取的精神风貌，善于结合实际创造性推动工作。四是以坚持民主集中制为依托，提高科学决策能力。严格规范用权行为，审慎行使决策权力。对涉及监狱发展的重大问题，实行集体研究，集体决策。

（五）加强作风建设

作风是一个党的性质、宗旨的重要体现，是实现党的纲领、目标、任务的重要保证。我们要清醒认识到监狱领导班子作风建设存在的薄弱环节，进一步树立作风建设永远在路上的思想，始终紧紧盯住监狱领导班子作风的问题不放，持之以恒推进监狱领导班子和领导干部的作风建设，以过硬的作风推动和促进各项监狱工作的健康发展。监狱领导班子和领导干部要坚持和弘扬党的优良作风传统，在作风建设上带好头、作表率，带头遵守党章党规，带头贯彻中央八项规定，带头反对抵制“四风”，带头廉洁自律，真正做到有定力、有原则、有纪律、有底线。坚持以上率下，巩固拓展落实中央八项规定精神成果，继续整治“四风”问题，坚决反对特权思想和特权现象。加强纪律教育，强化纪律执行，让监狱领导班子和领导干部知敬畏、存戒惧、守底线，习惯在受监督和约束的环境中工作生活。

第三节 监狱人民警察基层基础建设

一、监狱人民警察基层基础建设的重要性

监狱的监区、分监区是依法对罪犯实行惩罚、教育、改造,组织罪犯学习、劳动生产、完成各项工作任务的基层基础组织。监狱的监区、分监区处于改造罪犯工作的第一线,直接而又具体地担负着执行刑罚、监管改造罪犯和组织劳动生产的艰巨任务。党的监狱工作方针、政策和法律法规、工作计划要靠监区、分区去贯彻,司法部“规范执法行为,促进执法公正”专项整改活动要靠监区、分监区去落实。因此,监区、分监区在整个监狱中具有特殊的地位,发挥着极其重要的作用。监狱的决策和计划,只有监区、分监区组织执行得力,才可能由此收到预期的效果。如果监区、分监区组织松散、混乱,监狱的决策或计划的实现必然受阻,由此可见,监区、分监区基层组织在整个监狱行刑活动中具有非常重要的地位。

首先,监区、分监区组织在监狱中承担着惩罚和改造罪犯的主体作用。具体表现在:监狱惩罚和改造罪犯的任务,基本上都要由监区、分监区完成。监狱行刑活动遇到的大量具体问题,能否依据法律法规和政策解决,主要取决于监区、分监区。在对罪犯的刑罚执行过程中,对罪犯的减刑、假释、暂予监外执行等刑罚的变更问题,也由监区、分监区提出权威性材料。在日常的行刑活动中,国家的方针、政策、原则等能否贯彻落实,也取决于监区、分监区组织。因此,监区、分监区基层组织在惩罚和改造罪犯工作中起着无可替代的主体作用。

其次,监区、分监区组织是“治本安全观”的先行者。2017 年,司法部党组决定将深化监狱体制改革纳入司法行政体制改革任务,要求从底线安全观向治本安全观转变,切实提高教育改造质量。治本安全观作为一种现代理念、一种价值追求,把安全稳定这条“生命线”变成“起跑线”,从“全力保稳定”转变为“稳中求进”,从“不跑人”深化为向社会输出“合格产品”,体现了新时代监狱工作内在本质要求。在这一背景下,监区、分监区作为监狱的基层组织,作为教育改造罪犯的直接责任人,就应然而然地成为贯彻落实治本安全观的先行者。

二、监狱人民警察基层基础建设的途径

(一)科学设置机构、配备警力

根据《司法部关于加强监狱监区、分监区和劳教所大队、中队建设的若干规定》

之精神，监狱下设监区、分监区，监狱的监区一般为正科级建制，分监区一般为副科级建制。监区按照500名左右罪犯的标准设置，分监区按照150名罪犯的标准设置。监区的警力配备比例为罪犯总数的3%，分监区警力配备的比例不得低于罪犯总数的8%。监区设正、副监区长和正、副教导员，分监区设正、副分监区长和正、副指导员。各监狱要严格按照此规定设置机构，精简机关，充实基层，切实保证监区、分监区警力配备比例。

（二）加强监区、分监区党的建设

《中国共产党章程》规定，凡是正式党员在3人以上的，都应当成立党的基层组织。依据这一原则，监狱机关基层党支部必须建立在监区、分监区，监区、分监区正式党员不足3人的，可与邻近监区、分监区的党员联合组成支部。加强监区、分监区党的建设，有利于充分发挥党的思想政治优势、组织优势和密切联系群众的优势；有利于基层党组织生活制度、工作制度、监狱党委的工作制度、基层党组织议事规则等方面规定的落实。有利于党员队伍建设，加强党员教育、管理和监督，坚持学习制度，提高党员素质，强化党员意识，保证党员认真履行义务，发挥党员作用。

（三）加强监区、分监区领导班子建设

监区、分监区的领导班子应当团结务实、精通业务、廉洁高效，能够率领所属监狱人民警察完成惩罚、教育、改造罪犯及生产经营等项任务。领导班子成员必须在政治上和党中央保持高度一致；具有履行职责所需的政治水平和专业知识；忠于职守、廉洁奉公、严格执法、公道正派、联系群众、为人师表。选配领导班子应注重知识、专业、年龄的合理结构，把政治素质好、作风扎实、事业心强、具有组织协调能力、工作成绩突出的青年干部充实到监区、分监区的领导班子。新任监区领导干部，必须具有大专以上文化程度，5年以上工龄，分监区领导干部，必须具有中专（高中）以上文化程度，3年以上基层工作经验，领导班子成员平均年龄不超过40周岁；上岗前必须在指定的院校经过岗位培训，并取得合格证书。切实加强对监区、分监区领导班子的考核，监狱对所属监区、分监区领导班子每年应考核一次。

（四）加强教育和学习，不断提高监区、分监区监狱人民警察素质

监区、分监区应进行经常性的政治思想教育，认真开展业务培训和业务学习，并保证政治教育和业务培训、业务学习的时间、人员和质量。政治学习要紧密围绕习近平新时代中国特色社会主义理论体系，结合党的路线、方针、政策，加强基层监狱人民警察的法律法规、职业道德、警容警纪等的学习。牢固树立马克思主义的世界观、人生观、价值观和正确的权利观、地位观、利益观，自觉抵制各种错误思想的侵蚀。始终确保正确的政治方向，增强政治意识、大局意识和责任意识，保证党对监狱

人民警察队伍的绝对领导,确保政令、警令畅通。业务学习的内容是:监狱法律法规、罪犯管理学、教育学、罪犯心理学、生产经营管理基本知识,队列指挥与擒拿格斗、武器、警戒具使用,突发事件应急处置以及其他为工作所必需的辅助知识与技能等。以强化履行岗位职责能力,增强工作执行力,适应实战为原则,实操实做技能为重点,着重抓好履行岗位职责能力、驾驭监狱安全能力、实施科学管理、提高教育挽救转化水平、突发事件应急处置能力、提高警察心理素质、现代警务技能及体能等方面的学习教育。

(五)加强廉政建设,提高队伍战斗力

落实党风廉政建设责任制,加强廉政建设,建立健全廉政监督制约机制,狠抓职业道德、职业纪律和廉政教育,引导广大民警自觉遵守廉洁自律的各项规定,增强拒腐防变能力,严格依法办事,严格执行《公务员法》《人民警察法》《监狱法》等有关公务员、警察纪律要求的各项规定,秉公执法。防止利用职权谋取不正当利益的问题发生。坚决反对行业不正之风,敢于同各种腐败现象作斗争,自觉接受人民群众的监督,建立健全教育、制度、监督并重的惩治和预防腐败体系,提高队伍战斗力。

(六)对监区、分监区的人民警察提供保障措施

后勤保障方面,要采取有力措施,为监区、分监区配备必要的交通、通信、枪支、警戒具设备等。以加大基层基础投入为保障,改善监狱的硬件设施、办公条件,提高监狱的物防、技防水平,全面改善基层民警的工作条件。同等情况下,在晋职、晋级、晋衔、津贴、住房、奖金、学习培训、家庭就业等方面应优先考虑监区、分监区的人民警察。重视在监区、分监区发展党员。

—— 事例一 ——

司法部印发《2016—2020 年监狱戒毒人民警察队伍建设规划纲要》

2017 年 1 月,司法部印发《2016—2020 年监狱戒毒人民警察队伍建设规划纲要》(以下简称《纲要》),对当前和今后一个时期监狱戒毒人民警察队伍建设工作作出部署。

《纲要》强调,要全面贯彻落实党的十八大和十八届三中、四中、五中、六中全会精神,深入学习贯彻习近平总书记系列重要讲话精神和对司法行政工作重要指示,深入贯彻落实《中共中央关于新形势下加强政法队伍建设的意见》和《司法部关于新形势下加强司法行政队伍建设的意见》,紧紧围绕维护社会大局稳定、促进社会公平正义、保障人民安居乐业的总任务,按照“五个过硬”的总要求,坚持中国特色社会主义政法队伍正规化、专业化、职业化方向,深入推进思想政治建设、业务能力建设、纪律作风建设,努力建设一支信念坚定、执法为

民、敢于担当、清正廉洁的监狱戒毒人民警察队伍。

《纲要》强调，要加强思想政治建设。大力加强理论武装，抓好中国特色社会主义理论体系特别是习近平总书记系列重要讲话精神的学习，深化社会主义法治理念教育，加强党史国史、革命传统和形势政策教育，教育引导广大警察进一步坚定道路自信、理论自信、制度自信、文化自信。坚决维护以习近平同志为核心的党中央权威，严明党的政治纪律和政治规矩，牢固树立政治意识、大局意识、核心意识、看齐意识，铸就绝对忠诚的政治品格。强化思想政治工作，创新思路、改进方法，赋予思想政治工作新的生命力。

《纲要》指出，要加强正规化建设。深入推进执法规范化建设，加强执法检查和督察，健全完善重点执法岗位和关键环节工作制度，深化狱(所)务公开，充分运用现代信息技术加强执法管理，进一步规范执法行为，提高执法水平。规范编制管理和警力资源配置，改进警察值班备勤模式，推行扁平化管理。扎实推进纪律作风建设，狠抓“双六条禁令”“六个一律”“六个绝不允许”等铁规、禁令的贯彻执行，持之以恒贯彻中央八项规定精神，健全完善纪律作风建设长效机制，实现纪律作风建设的常态化、长效化、制度化。

《纲要》指出，要加强专业化建设。加大教育培训力度，创新教育培训方式，分类分级开展培训，突出精细化管理、教育改造、心理矫治、信息化实战应用等专业技能培训，切实提高履职能力。强化岗位练兵和实践锻炼，优化“战训合一、轮训轮值”岗位练兵模式，大力开展业务竞赛、实战观摩、技能比武等，切实提高单警实战能力和队伍应急处突能力。加大人才工作力度，拓宽专业人才引进渠道，健全从司法警官院校毕业生中招录人才的规范便捷机制，加强高层次人才库建设，为优秀人才施展才华创造良好条件。

《纲要》指出，要加强职业化建设。健全完善职业管理制度和机制，积极推进建立具有监狱戒毒人民警察职业特点的职务序列，健全完善警察分类管理制度。培育监狱戒毒人民警察职业精神，完善职业道德准则和职业行为规范，建立职业道德评价和惩戒机制，建立健全监狱戒毒人民警察宣誓制度和职业荣誉制度，切实提高职业荣誉感。完善职业保障制度，积极争取支持，不断加强财政经费保障。坚持从优待警，认真落实从优待警各项制度，关心警察身心健康，帮助警察解决工作、生活中的实际困难。

通过学习，你认为监狱人民警察思想政治建设与“三化”建设之间是什么关系？你认为正规化、专业化、职业化建设分别从哪些方面对监狱人民警察队伍建设提出了要求？

事例二

监狱人民警察六条禁令：一、严禁殴打、体罚或者指使他人殴打、体罚服刑人员；二、严禁违规使用枪支、警械、警车；三、严禁索要、收受服刑人员及其亲属的财物；四、严禁为服刑人员传递、提供违禁物品；五、严禁工作期间饮酒；六、严禁参与赌博。

司法部“六个一律”要求：凡是私带违禁物品给罪犯戒毒人员的，一经查实，是民警的一律开除，是工人的一律解除劳动合同，是外协人员的一律废止外协合同，此类案件一律上报省局并向驻地检察机关通报,涉嫌犯罪的一律移送司法机关,负有管理、检查、督察责任的人员隐情不报、压案不查的一律就地免职并追究责任。

司法部"三个任何"下"六个绝不允许":在任何形式、任何场合、任何理由下,绝不允许在执行公务中擅自离岗;绝不允许违规发布、传播监狱工作信息;绝不允许给罪犯提供、使用移动通信工具;绝不允许接受罪犯及其家属的财物和请吃;绝不允许在罪犯计分考核等执法管理中弄虚作假;绝不允许执行公务时饮酒。

通过学习司法部关于监狱人民警察的"六条禁令"、"六个一律"、"三个任何"下"六个绝不允许",请体会从严治警在监狱人民警察队伍建设中的作用。

案例

安徽九成监狱 29 名民警收受贿赂为百名在押人员减刑假释

2013 年,安徽省检察机关依法查处了安徽省监狱管理局九成监狱管理分局职务犯罪系列窝案,29 名监狱民警收受在押人员的贿赂,为近百名服刑人员在调换工种、申报减刑和假释等方面给予关照,涉案民警均被法院作出有罪判决。

张某,九成监狱关押的一位在押服刑人员,为了能够提前出狱,其通过亲戚朋友探视的机会,在监狱内对民警进行行贿。从 2007 年至 2009 年上半年,时任九成监狱管理分局泊湖监区第三分监区干部刘某,先后 8 次收受张某及其亲朋现金 2.4 万元,刘某将张某调换到计分分值高的岗位,并在计分考核中违规为张某加分,使张某提前达到假释条件。

据了解,在监狱申报减刑和假释,有一定的比例限制。而能否申报减刑或假释,由监狱刑罚执行部门确定。为此,张某亲友委托朋友,于 2009 年上半年,先后送给时任九成监狱管理分局泊湖监区副教导员的卫某 8000 元现金和黄金项链一条。在卫某的帮助下,张某获得申报假释的机会,并于 2009 年 7 月被假释。除此之外,刘某和卫某还先后收受其他多名服刑犯贿赂,给予他们调换工种、办理假释等关照。

安庆市检察院以此为突破口,一举揭开了九成监狱隐藏的巨大腐败黑幕,29 名民警被立案查处,犯罪领域涉及刑罚执行、干部任免、企业经营管理和工程项目建设等方面,其中在刑罚执行方面徇私民警就有 11 人,他们为近百名服刑人员在调换工种、评劳动积极分子、申报减刑和假释等方面给予关照,谋取不法利益。

讨论上述案例,请就监狱人民警察纪律作风建设提出对策和建议。

本章参考文献

[1]黄娜娜:《九成监狱 29 名民警收受贿赂,为百名在押人员减刑假释》,载人民网:http://ah.people.com.cn/n/2014/0419/c358267-21029588-2.html。

[2]《司法部印发〈2016—2020 年监狱戒毒人民警察队伍建设规划纲要〉》,载中华人民共和国中央人民政府:http://www.gov.cn/xinwen/2017-01/09/content_5158084.htm。

[3]于爱荣、沈建生等:《监狱警察论》,江苏人民出版社2011年版。
[4]于爱荣:《建设一支特别能战斗的监狱人民警察队伍》,载《中国监狱学刊》2010年第2期。
[5]万忠勇:《学习型监狱人民警察队伍建设问题探究》,载《中共云南省委党校学报》2011年第2期。
[6]吴强:《人力资源开发与管理》,化学工业出版社2009年版。
[7]孙平:《监狱管理与实务》,中国政法大学出版社2004年版。
[8]王文阁:《论监狱人民警察队伍的专业化建设》,吉林大学2008年硕士学位论文。
[9]朱国兵:《论新型监狱警察队伍建设》,载《学理论》2013年第21期。
[10]陈连喜主编:《监狱人民警察概论》,中国政法大学出版社2013年版。
[11]张宣、高云起、冯德慧:《加强和创新社会管理背景下监狱警察队伍建设再思考》,载《中国司法》2012年第8期。
[12]徐勇:《试论新时期监狱人民警察的素质及提高途径》,载《河南司法警官职业学院学报》2004年第4期。
[13]李媛媛:《新疆监狱警察队伍人力资源管理问题研究》,新疆大学2011年硕士学位论文。
[14]田艳东:《监狱人民警察队伍建设问题及对策研究——以山东省S监狱为例》,曲阜师范大学2019年硕士学位论文。

第十二章　国外监狱工作人员管理及借鉴

学习目标

1. 了解国外监狱工作人员管理机构、管理制度和经费保障的基本情况。

2. 借鉴国外的先进经验，结合我国国情，对完善我国监狱人民警察的管理机构、管理制度和经费保障作出合理化思考。

“他山之石，可以攻玉。”建立和完善具有中国特色的社会主义监狱警察管理制度，既要立足国情，坚持中国共产党的领导，走中国特色社会主义道路，又要遵循刑罚执行活动的一般规律，学习借鉴国外监狱对工作人员管理的成功经验。在国外，不同国家通过长期的改革发展在监狱工作人员管理制度方面形成了不同的体制和机制，主要包括监狱工作人员管理机构、监狱工作人员管理制度、监狱工作人员经费保障等方面。

第一节　国外监狱工作人员管理机构

一、国外监狱管理机构的地位

监狱管理机构分为国家监狱管理机构和监狱业务的主管机构。

（一）国家监狱管理机构

国家监狱管理机构是指监狱系统的最高行政管理机构，也是监狱工作人员管理的最高行政机构。在不同的国家，国家监狱管理机构的地位有很大差异。

1. 国家监狱管理机构隶属于不同政府部门。在一些国家，监狱管理机构隶属于不同的政府部门，有的是内政部，有的是矫正部或狱政部、监狱总局。如美国、英国监狱局隶属于司法部，加拿大矫正局隶属于内政部，印度尼西亚矫正司隶属于法律与人权部；有的国家监狱管理机构属于政府组成部门，单独成立矫正部，如南非成立狱政部,新西兰成立矫正总署,乌克兰成立监狱总局,均属于政府组成部门。

2. 不设专门的国家监狱管理机构。有的国家联邦没有监狱管理机构,监狱管理事务属于各州事权,如印度宪法规定,对罪犯的监禁和矫正是各邦政府的行政权力,监狱等矫正设施在各邦监督下由警察直接管理;德国刑罚执行属于各州的内部事务,联邦没有自己的监狱,在联邦司法职权范围内被判处徒刑的罪犯,被羁押在各州监狱内,费用由各州财政承担;澳大利亚没有全国的监狱管理部门,各州政府设立矫正部,矫正部下设矫正署直接管理监狱,监狱法律由各州自行制定。

(二)监狱业务的主管机构

监狱业务的主管机构,是指直接管理监狱事务的最高行政机构。

在国外,这些机构名称不同,级别不等,但大部分为部内设机构,称为监狱管理局(司、总局),或矫正司(局)等;有的属于副部级,如俄罗斯联邦刑罚执行总局,局长由联邦政府总理提名报总统任命;加拿大内政部国家矫正局,局长由总督任命,在内政部部长的领导下管理联邦监狱。西班牙内政部监狱总局局长由执政内阁的副国务秘书担任(相当于副部级),直接对内政部部长负责;哥伦比亚、智利监狱管理总局隶属于司法部,为副部级机构,局长由司法部部长提名,总统任命;乌克兰司法部刑罚执行总局局长由总理提名报总统任命,副局长由司法部部长提名报总统任命。有的国家由单独成立的矫正总署、狱政部或监狱总局独立行使监狱管理职权。这些部门属于正部级,是政府组成部门之一。

(三)国内外监狱管理机构地位比较

从整个世界范围来看,大多数国家的监狱在行政地位上归属于司法部领导,这种做法是行刑独立的表现,体现了制刑、求刑、量刑、行刑四者之间的分工合作、相互制约的关系,反映了世界各国在刑罚权的运用上趋于科学、公正、合理。尽管有的国家不是由司法部而是由内政部、矫正部领导,但这只是管理机构名称不同而已,不影响行刑独立的世界性趋势。

行刑由司法行政部门或者其他的机关负责,有利于执法的公正,有利于互相监督。我国监狱由司法部主管,是公、检、法、司分工负责、相互配合、相互制约的体现,实践中也被证明是科学、有效的管理体制。

二、国外监狱管理形式

国外的监狱管理机关对监狱普遍实行直接管理,主要体现在对监狱管理人员的考核、晋升、任命和监狱的建设及经费拨付方面。

(一)国家大小对监狱管理形式的影响

1. 较小的国家或罪犯较少的国家,一般是由国家监狱管理局直接管理全国监狱。如印度尼西亚法律与人权部设矫正司直接管理全国矫正工作，实行中央垂直的领导体制，各监狱长由矫正司任命，监狱的一般官员由省法律与人权局的矫正局任命，经费由中央财政拨给法律与人权部后，再直接拨给各监狱。

2. 较大的国家监狱管理部门设立中间机构（如地区分局），由这些中间机构直接管理监狱。如意大利司法部监狱管理局在全国设16个监狱管理分局，各监狱管理分局直接管理所属地区的监狱。法国司法部监狱管理局在全国9个大区设立监狱管理分局，作为派出机构对所属地区监狱实施直接管理。日本法务省矫正局在全国划分8个区域，每个区域设置矫正管区作为法务省矫正局的分支机构，对区域内监狱进行指导和监督。韩国法务部矫正局把全国划分为4个矫正管区，在全国4个主要的大城市建立了区域矫正工作总部，即矫正分局，作为法务部矫正局的派出机构，负责对辖区内矫正机构的管理和监督工作。加拿大国家惩教署按大区分为大西洋区、魁北克区、安大略区、草原区、太平洋区5个地区惩教分局，分别管理该地区的联邦监狱，分局局长由惩教署助理署长担任，对署长负责。

（二）国家结构形式对监狱管理形式的影响

1. 联邦制国家。在联邦制国家，由于中央和地方分权的关系，监狱管理系统一般有联邦、州或地方政府等两个或两个以上系统，每个系统对所属的监狱实施直接管理。如美国联邦监狱局设立东、南、西、北、中5个地区管理中心，负责管理该地区的联邦监狱，州监狱管理局管理州所属监狱，县市政府管理县市监狱。联邦监狱所需经费和罪犯的经费由联邦政府财政统一、全额拨付。美国法律规定，被逮捕或关押的人，以及执行法院对他们的任何判决所需的开支，应当按照法律规定的方式，由合众国财政部支付。俄罗斯监狱系统在联邦内实行垂直管理，各地方刑罚执行局的主要官员由联邦刑罚执行总局直接任命、垂直领导，经费由联邦财政全额保障。

2. 单一制国家。在单一制国家，中央监狱管理机关或者其设立的派出机构直接管理监狱。如英国皇家监狱总局设立12个地区主管（相当于监狱分局），每个地区管理约10所监狱。监狱总局任命、考核12个地区负责人，任命监狱长，拨付地区经费，制定政策和规定，向司法部和罪犯管理总局负责；地区负责人提名并考核所属地区监狱长，核拨由监狱总局划拨的各监狱经费，负责培训、招录监狱管理人员，向监狱总局负责并向监狱总局运营主任报告工作，监狱长向地区负责人报告工作。波兰监狱管理总局下辖15个地区分局，地区分局作为总局直属派出机构管理所属地区的监狱。分局长由总局长提名，司法部部长任命；监狱长由分局长提名，总局局长任命。马来西亚监狱局为了便于管理，在全国划分为西马区和东马区，分别设置分局进行直接管理。

(三)中外监狱管理形式比较

在国外,无论是单一制国家还是联邦制国家,监狱管理部门对监狱都是直接管理。由中央直接管理监狱,可以使全国监狱的发展水平保持基本一致,从经费保障、硬件设施到刑罚执行,都有统一的标准,保障了在不同监狱服刑的罪犯所受的处遇标准基本相同,有利于实现公共服务标准化、均等化目标。

我国监狱是以省级管理为主的两级管理体制,这与我国的财政体制相适应。我国目前实行分税制财政管理体制,各级政府财政的支出范围按照中央与地方政府的事权划分,中央财政主要承担国家安全、外交和中央国家机关运转所需经费,调整国民经济结构、协调地区发展、实施宏观调控所必须的支出以及由中央直接管理的社会事业发展支出。地方财政主要承担本地区政权机关运转所需支出以及本地区经济、社会事业发展所需支出。中央财政每年通过转移支付方式向经济困难地区和为实现特定目标提供资金帮助。与财政体制相适应,我国监狱的管理体制以省级为主,省属监狱的经费保障由省级财政负担为主,中央财政补助为辅。

由于各省经济社会发展水平不平衡,所属监狱的差距,包括经费保障、硬件设施、刑罚执行等方面差距较大,导致罪犯在不同地区的监狱服刑,受到的实际处遇标准不同。因此,为保证全国监狱经费保障水平的标准化、均等化,中央应继续加大对中西部地区监狱的投入,加大中央财政转移支付力度,逐步提高中西部地区监狱的保障水平、改善关押条件,缩小与东部地区监狱的差距。中西部地区监狱要借中央转移支付扶持发展的契机,充分利用和整合现有资源,加快监狱企业产业产品结构调整,不断挖掘自身潜力,在中央财政输血的同时,完善自身造血功能,提高监狱可持续发展的后劲。

同时,加快制定全国统一的减刑、假释标准。从全国范围看,各地在减刑、假释比例上差距过大,同样表现的罪犯在不同地区监狱获得减刑、假释的机会有很大差别,这在一定程度上会造成刑罚执行的不公平状况。因此,应尽快修订《监狱计分考评奖罚罪犯规定》,对考核标准、考核内容、考核办法进一步规范,对不同类型、不同等级、不同岗位的罪犯考核进一步细化分类,全面、客观、真实地反映罪犯改造的实际情况;同时修订《监狱提请减刑假释工作程序规定》,对减刑假释的程序、标准进一步规范、统一,体现公平、公正的原则,逐步改变各地在减刑、假释比例上差距过大的现象。

三、监狱管理机构的职能

由于机构设置的不同,国外矫治罪犯机构的职能也大为不同。

(一)较宽的监狱管理机构职能

从国外情况看,刑罚执行主要包括两个方面:一是以罪犯是否被监禁来分类,包括监禁刑和非监禁刑;二是以罪犯服刑期间是否变更刑期来分类,包括刑罚执行及其变更等内容。因此,国外监狱除基本的管理罪犯职能外,一部分国家监狱管理机构的职能还包括了假释、缓刑、减刑的审批或社区矫正工作等,假释作为附条件的提前释放,是监狱行刑后部分,而行刑场所的变更,并不涉及审判权,因此由监狱管理部门管理和审批,更有利于充分发挥假释的作用。一些国家监狱管理机构虽然不包括假释、缓刑、减刑、社区矫正等刑罚变更职能,但行使这些职能的部门同属于司法部,与监狱管理局同属于一个部门,便于工作上的协调。也有些国家的监狱管理机构除刑罚执行职能外,还负责罪犯的医疗、教育、职业培训以及矫正官员的录用、培训等。

加拿大公共安全和应急部下设惩教署和国家假释委员会,惩教署的职能有两项:一是管理联邦监狱,对判处 2 年以上徒刑者执行刑罚;二是管理社区矫正中心,负责假释、缓刑罪犯的社区矫正。国家假释委员会是独立的行政部门,负责对罪犯的假释、赦免进行审批。

法国司法部下设监狱管理局和刑事特赦司,监狱管理局负责管理全国监狱、拘留所和监外执行以及刑满释放人员的就业培训与指导工作,刑事特赦司负责赦免的上诉、计划赦免的法令及法令实施的监督,实施赦免措施的筹备、假释案件的预审等工作。

丹麦监狱和缓刑局的主要任务是执行刑事判决和候审关押判决并对缓刑犯、被判从事社区服务的人、假释的罪犯以及免予刑事处罚的人进行监督。全国有 15 个国家监狱、36 个地方监狱、23 个地方缓刑局、6 个寄宿中心以及 1 个职业培训中心。

意大利司法部监狱管理局有 1000 多人,直接管理全国 4.5 万监狱管理人员,共设 6 个部门,分别是人事管理部门、监狱工作人员培训部门、监察部门、狱政管理部门、社会服务管理部门、国际交流部门。监狱局负责整个系统监狱管理人员的管理、培训,监狱管理人员从招聘到退休,都由司法部监狱管理局负责。

韩国矫正局设 5 个处:一是人事处,负责矫正官员的录用、培训、监督、管理、制定规章制度,协调公共关系、国际交流等;二是一级安全处,负责罪犯入监、出监、假释、放假以及监管设施;三是二级安全处,负责特管罪犯的收押、罪犯的人权保护、武装警察等;四是生产处,负责监狱生产的规划、管理及销售;五是行政处,负责监狱经费开支、罪犯的衣食供给、存款、就医等。

菲律宾司法部下设3个相关部门，负责刑罚执行。一是矫正局，管理国家监狱；二是赦免和假释委员会，负责向总统提出赦免建议；三是假释与缓刑局，负责非监禁刑的执行。

俄罗斯联邦刑罚执行总局行使对在押罪犯的管理以及对法院判决暂缓服刑的罪犯和缓刑犯进行监督的职能。

（二）较窄的监狱管理机构职能

在一些国家，监狱不负责对罪犯的教育、医疗防疫、职业技能培训，监狱只是提供场所和其他便利条件，这些职能主要由教育、卫生、劳动部门负责，社会化程度较高，减轻了监狱的负担，纯化了监狱的管理职能。

英国、冰岛的罪犯教育业务由教育部管辖，教育部门统一向监狱派驻教师授课；俄罗斯对罪犯的文化知识教育由教育部门指派教师，在监狱设立专门教师、罪犯的学习情况由教师定期反馈给监狱，职业技术教育由劳动部门管辖；英国将罪犯医疗保健业务划归卫生部管理，监狱的医务人员是社会招聘或卫生部门派驻的；乌克兰监狱对罪犯的文化知识教育由教育部和刑罚执行总局协调，在监狱设立专门的教室，教师由教育部指派，罪犯的学习情况由教师定期反馈给监狱。

除监狱管理职能外，国外监狱很少存在办企业以补充监狱经费以及办社会以承担员工住房、家属安置、社区管理等职责。各国均把监狱生产作为矫正罪犯的重要手段，主要任务是为罪犯提供培训、劳动岗位和就业机会，不直接承担支持和弥补监狱管理经费的职能，监狱没有追求经济效益的目的和压力。如法国建立了规范有效、职能专业的监狱工业公司，监狱不承担组织生产的职能，集中精力、财力、人力履行执法的单一职能；加拿大监狱生产管理机构属于特殊的政府工作部门，专门负责为监狱矫正罪犯提供劳动岗位、培训劳动技能，生产管理机构存在的唯一理由是帮助罪犯重塑自我，使罪犯顺利回归社会。各国监狱都不承担员工住房、员工子女就业、社区管理等不属于监狱本身职能的事务，而是走社会化、市场化途径，交由社会负责。

（三）中外监狱机构职能比较

1. 监狱职能纯化问题。随着监狱体制改革的推进，我国新型监狱体制已基本建立，监狱职能得到了进一步纯化，但与国外相比，还不能说我国的监狱职能目前完全达到了纯化。由于财政经费保障水平低，部分地区项目支出经费仍存在较大缺口；从全国看，监狱生产的功能虽已弱化，但在一些地区，因解决职工问题、设施完善、布局调整等原因，离开生产还难以保障监狱的正常运转。因此，在我国，监企社混合的职能多元化体制在某种程度上仍然存在。

为进一步纯化监狱职能，应健全监狱经费动态增长机制，逐步改变监狱支出因物价上涨影响依靠监狱生产来弥补的现状，真正实现根据执法需要增长监狱经费的财政保障机制。加快偏远地区监狱布局调整的步伐，将这些监狱向城镇转移，从根本上解决生存和发展环境问题，以彻底分离监狱办社会职能。

2. 罪犯教育、培训和医疗问题。目前，我国罪犯的文化教育和职业技能培训没有纳入国家义务教育规划和劳动职业技能培训总体规划，主要依靠监狱自筹资金和组织人员进行培训和教育。国家试点的城镇居民基本医疗保险和新型农村合作医疗尚没有覆盖到罪犯这一特殊群体，患病罪犯索要昂贵药物和罪犯及其家属自费医疗的现象依然存在。

3. 社会力量参与问题。国外监狱与社会联系紧密，社会参与力量较为广泛。如意大利参与矫正罪犯的社会志愿者占罪犯人数的80%；西班牙参与矫正罪犯的社会志愿者占罪犯人数的60%。与国外社会力量广泛参与监狱工作的程度相比，我国监狱工作社会化程度还不高。

监狱工作社会化是监狱发展的大趋势，既节约了监狱的人力和财力，使监狱能够集中精力做好罪犯的管理，又充分利用了社会专业资源为监狱和罪犯提供优质服务、促进罪犯顺利回归社会，达到矫治罪犯的目的。因此，监狱要充分利用社会资源，将一些专业工作交由社会专业部门负责，不断提高监狱工作社会化的程度，使监狱执法与矫正的目的更加明确，从而更好地实现监狱执法与矫正目标。

四、监狱内部机构的设置

（一）国外监狱内部机构设置

国外大部分监狱的内部机构设置较为精简，机关工作人员较少，大部分警力在一线。

例如，日本大型刑务所依据法务省设置法和组织章程设所长1名，内部机构分为总务部、管理部、教育部、医疗部和分类审议室。加拿大监狱设监狱长1人，副监狱长1人，助理监狱长2～3人，按全国监狱机构设置的统一规定，一般设有行政、管教、生活卫生、财务、人事、后勤等部门，监狱机关工作人员占20%，80%的警力在监区一线工作。韩国矫正所内机构设置全国统一，一般设置6个部门，即公共事务处、安全处、监狱工厂工作处、后勤处、教育改造处和医疗卫生处，相对大的矫正所除了这些部门之外还包括一个分类处。英国监狱设监狱长1人，副监狱长分管罪犯活动处、安全处，秘书处处长分管卫生保健处、住宅处、财务处、人事处、建筑和修缮处等。西班牙监狱设监狱长1人，副监狱长1人，助理监狱长4～5人。监狱管理架构分为两个部分：一部分是首长决策，由监狱长负责日常行政管理，管辖警卫安全处、教育处、管理处、卫生处、后勤处，并直接领导信息中心、半开放处遇负责人、心理治疗和戒毒负责人及监狱劳动与培训自治组织在监狱的分支机构的工作。另一部分是集体决策，有四个具体的合议机构：一是教育委员会，由法律、心理、教育等方面专家组成，负责罪犯评估与分类；二是纪律委员会，负责决定对罪犯的惩罚；三是经济委员会，负责监狱经济管理事务；四是领导委员会，负责制订工作计划和重大活动计划。德国、芬兰的监狱不设机关科室，监狱长直接管理监区，即"监狱⟵⟶监区"，监区主管直接对监狱长负责，监狱警察到监狱上班就是进监管区对罪犯进行直接管理。

（二）中外监狱内部机构设置比较

1. 精简机构，充实一线警力

国外监狱大都是作为一个执法实体进行人员配置，内部机构设置都较为简单，机关工作人员较少，绝大多数警察在一线直接管理罪犯，不存在监狱机关化问题。我国绝大多数监狱内部机构设置繁杂，有的监狱内设近30个科室，机关人员较多，机关化、行政化较为严重。由于我国监狱的警囚比例本来就比较低，监区警力不足的矛盾因此比较突出。在警察人员结构上，普遍存在女警察比例较高的情况，加剧了一线警力不足的矛盾。

在押犯数量不断增加、管理任务日益繁重，又不可能大幅度增加警察编制的情况下，进行警务体制改革、逐步精简监狱内部机构、充实基层一线警力已成为当前解决警囚比例较低的一种现实手段。大幅度减少科室设置，精简非执法岗位警力，将压缩下来的警力充实到监区。同时，提高监区一线警察待遇。因为一线工作累，责任大，很多人不愿意到监区工作。因此，要想方设法将政治、物质、精神待遇等向一线警力倾斜，促进警察流向监区、稳在基层。充分利用女警资源，发挥女警在心理矫治、办公室内勤等岗位的作用，盘活现有警力资源。

逐步完善警察职务序列分类制度，加快落实监狱警察职务套改，将工资待遇与行政职务进行剥离，拓宽警员晋升通道，解决好警员的待遇问题，为精简机构提供一个较好的外部环境。

整合内设机构，合理配置人员。一些具有中国特色的部门，如纪检、政工、工青妇等机构，要进一步整合，发挥其独特的作用。对于监狱急需而又缺乏的部门，如分类中心、统计分析中心等要适时设置。国外大部分监狱有分类中心，如美国监狱设立入监诊断中心，韩国监狱设立收押分类科等，主要负责对新入监罪犯进行测试、评估，根据罪犯的不同情况进行初步分类，以制订分类管理、分类矫正方案，为矫正工作提供科学依据。此外，随着大数据时代的到来，信息化对监狱管理工作的影响将日益增大，要改变当前统计数据不及时、不准确、利用率不高的现状，设立专门的统计分析机构，对监狱所有的数据进行综合统计分析，为各部门决策和管理提供依据。

2. 改革完善监狱管理体制

国外监狱在发展过程中，不断探索体制上的变革，如私人监狱的出现。由于罪犯数量激增而造成的监狱过度拥挤，政府的监狱经费开支过大致使政府财政难以承受，从 19 世纪开始，在一些西方国家，出现了私营监狱。20 世纪 90 年代初期以来，私营监狱大量出现。从政府角度看，通过监狱私营化，可以解决监狱经费投入过多和监狱经费不足，以及增加罪犯劳动项目和提高职业技能培训水平、缓解监狱过度拥挤、解决罪犯增加过快而监狱发展滞后等问题。从私营公司来看，参与监狱的建设、管理和服务，可以获得经济上的利润。尽管私营监狱在西方国家已经有了一定发展，但是，对于私营监狱的存在一直争论不休，如涉及不适当地授权私营机构行使强制权的问题，会产生与可能使用致命武力有关的法律问题，会产生可能干扰罪犯正当程序的利益冲突，私营公司偏重追求营利而忽视公共利益、罪犯利益或监禁目的，等等。这些问题说明了监狱管理和运行不只是成本问题，监狱代表国家行使公共权力的本质问题始终无法回避。因此，监狱私营化并没有成为西方国家监狱的主要发展趋势，而只是局限在少数特定范围内存在，将来的发展仍需进一步的观察和研究。

我国监狱体制改革，已全面完成了“全额保障，监企分开、收支分开、规范运行”的改革任务，并取得了显著成效。通过改革，建立了监狱经费以省级财政为主、中央转移支付为辅的财政保障体制，实现了监狱经费按标准全额保障，从根本上改变了主要依靠监狱生产收入提供监狱经费的旧体制，为监狱切实履行执行刑罚职能奠定了坚实基础。建立了监管改造和生产经营两套管理体系，调整完善了监狱执法管理机构，组建了生产经营管理机构，“监企分开”基本实现。建立了监狱执法经费支出与监狱企业生产收入分开运行机制，明确了两种不同性质经费适用的会计制度和资金运行渠道，实现了监狱和监狱企业财务分开核算与管理。应该说，我国监狱体制改革是卓有成效的，对推动监狱持续、健康发展发挥了巨大作用。国外的经验教训虽然很难在我国得以复制，但对完善我国的监狱管理体制还是有一定的借鉴意义。

第二节　国外监狱工作人员管理制度

一、国外监狱工作人员分类

综观世界各国,因发展历程、经济基础、社会制度、政治制度、法律制度的不同,对监狱工作人员分类制定了不同的标准。监狱工作人员因承担着不同的工作任务,其权利义务、管理方式、待遇等方面存在较大差异。对监狱工作人员实施分类管理,提高工作的专业化程度,是国外监狱的普遍做法。

(一)根据岗位分为三类

一些国家根据岗位性质,将监狱工作人员分为看守人员、行政人员、专业人员三类。如英国、美国、俄罗斯等国家。

英国的专职监狱工作人员分为三大类:着制服人员(看守人员)、行政人员、专业人员。其中,着制服人员属于国家公务员,但不是警察,现有33,280人,占总数的74%。同时,分为六个等次:监狱长A级~D级(高级主管);监狱长助理E级~F级(中级主管);主管狱官(中级主管);高级狱官(一线主管);初级狱官(罪犯管理人员);运营支持官员(罪犯监管人员)。这些人员主要从事罪犯的直接管理工作,每三年进行岗位轮换一次,以防与罪犯过于熟悉而影响管理和执法公正。监狱长由国务大臣任命,负责监狱全面工作,包括监狱内部管理、工作人员招聘、监狱工作目标的拟定和实施等。行政人员主要从事行政管理事务,现有7390人,约占总数的16%。专业人员主要包括心理咨询师、技术辅导、护士、医生和牧师,有4371人,占总数的10%。[①] 此外,在监狱中工作的还有缓刑官和教师等,这些人员隶属于当地的缓刑委员会和教育学院,为监狱提供相应服务。监狱根据工作需要与当地缓刑委员会和教育学院签订合同。

美国监狱实行的是监狱长负责制,监狱长负责监狱全面工作。监狱长下设4个副监狱长,分别负责狱政、行政、计划和生产。监狱其他人员按照刑务人员、行政人员和专业人员分为三类。刑务人员参照军队系统的等级分别授予上士、中尉、上尉、少校等军衔,按照分工分别承担警戒、管理罪犯并负责应对狱内突发事件等工作。行政人员主要从事行政管理事务。专业人员主要从事心理咨询、教育、医务护理等专业性较强的工作。

---

① 邵雷:《中外监狱管理比较研究》,吉林人民出版社2015年版,第43页。

俄罗斯监狱工作人员分为军衔人员、文官和辅助工作人员三大类。军衔人员主要从事监管改造工作,绝大部分军衔人员毕业于刑罚执行总局开办的专业院校。文官主要从事医疗、生产指导等技术性工作,其来源可以由军衔人员转换,也可以由社会直接选聘。辅助工作人员主要从事电工、厨师、管道维护等工作,实行合同制管理。

在波兰和匈牙利,监狱工作人员分为职业军官、公务员和非政府员工。其中前两类人员纳入监狱管理人员编制,后一类为在监狱企业工作的聘用人员。职业军官主要从事管理、看守工作,其任用由监狱总局决定,被任用者必须通过严格的身体和心理检测;公务员主要从事行政后勤管理工作,其任用由监狱决定;非政府员工由监狱企业自行聘用。职业军官又分为军官和下级军官,军官指少尉以上,具有高等学历的管理人员;下级军官指准尉以下,一般只要求高中学历。现波兰全国监狱管理人员有2.6万人,其中,职业军官2.4万人,公务员(行政后勤人员)2000人。匈牙利全国监狱管理人员7511人,其中职业军官5900人,公务员1611人。[①]

(二)根据岗位分为两类

一些国家根据岗位性质,将监狱工作人员分为文职人员和警备人员两类,如韩国、墨西哥等国家。

韩国监狱工作人员分为矫正公务员和警备军人。矫正公务员又分为专职矫正官员和非专职官员。专职矫正官实行技术职务序列,共分9级:矫正局长(2级)、矫正主任(3级)、主管(4级)、主管助理(5级)、矫正工作监察员(6级)、矫正工作助理监察员(7级)、高级警卫(8级)、警卫(9级)。非专职官员主要是专业人员,负责罪犯教育、分类、医疗卫生、职业技术培训、劳动作业等工作。警备军人是现役人员,负责监狱的围墙和狱内安全警戒,由矫正机构统一领导、管理和指挥,服役期限为2年。

墨西哥监狱工作人员分为文职人员和联邦警察。文职人员属于国家公务员,要求具备大专学历,基本素质较高,从事对罪犯的刑罚执行、教育矫治、生产劳动、医疗卫生和执法监督等工作。联邦警察主要负责监狱的安全警戒。

(三)根据身份分为两类

一些国家根据身份,将监狱工作人员分为公务员和政府雇员两类,如西班牙、意大利等国家。

西班牙监狱工作人员分为公务员和政府雇员两部分。公务员分为三类,A类为

---

① 邵雷:《中外监狱管理比较研究》,吉林人民出版社2015年版,第44页。

法学、心理学、教育学、医学等专业的大学本科毕业以上人员，这类人员可以被提拔到监狱领导岗位或做监狱监督工作；B类占监狱公务员总数的12%左右，对专业没有要求，具备专科学历即可，其职责是负责监狱的日常事务处理和对罪犯的管理，这类人员也可以被提拔到领导岗位或做监狱监督工作；C类占监狱公务员总数的70%～72%，完成高中教育或中等教育即可，其职责是从事监狱看守、罪犯跟踪、康复等工作，这类人员通过考核可以提拔为部门负责人。政府雇员是监狱聘用的人员，在监狱内主要从事膳食、厨师、电工、水暖维修、卫生清洁、洗衣、护士、运动教练等辅助性工作。政府雇员与公务员一样，也按学历分组，共分8个组，分别从事不同的工作。在意大利，监狱工作人员也分为公务员和政府雇员两部分，其分类基本与西班牙类似。此外，在意大利还有诸多社会志愿者为监狱服务，主要从事罪犯的文化、技术教育等方面的工作，协助监狱实施对罪犯的矫正工作。

(四)分类与待遇

国外监狱工作人员的待遇与分类直接挂钩，岗位类别不同，待遇标准也不同。一般来讲，监狱看守类人员、行政人员多属于国家公务员，待遇大多与公务员一致，矫正官员待遇高于一般公务员。在韩国，矫正官员由中央政府直接管理，工资福利待遇高于一般公务员。西班牙公务员的待遇标准由国家统一规定，由政府拨款解决，但由于每类工作人员的工作性质不同，工资标准也不同。有的专业人员和监狱是雇佣关系，待遇可以与监狱协商后确定；有的专业人员是由相关政府部门派遣，其待遇也与公务员一致。政府雇员的待遇由聘用单位协商，不同地区的监狱待遇有所区别，政府雇员工资一般低于公务员。在墨西哥，监狱文职人员和政府雇员两类人员都由监狱局和监狱统一管理，但待遇相差较大。监狱文职公务员平均月收入2万比索(人民币约1.48万元)，政府雇员收入1万比索(人民币约0.74万元)。①

(五)中外监狱工作人员分类比较

1. 比较分析

国外多数国家实行了分类管理，即把监狱工作人员分为警戒人员、行政人员、专业人员。根据分类和岗位的不同，工作人员的身份、待遇、管理、考核、晋升等都有所不同。从国外监狱各类工作人员的配备情况看，监狱警戒类占了监狱工作人员的绝大多数，行政管理人员普遍较少，一般不超过15%。国外实行分类准入制度，为每类人员设定了不同的招录或选拔晋升条件。在分类管理中，每类工作人员各自的任务要求十分具体明确，便于管理和考核，有利于工作目标的实现，体现了工

① 邵雷：《中外监狱管理比较研究》，吉林人民出版社2015年版，第44页。

作的专业性和队伍的专业化。

相比而言,我国的监狱人民警察队伍目前还没有实施分类管理,各项工作要求与人员素质要求不统一、人员配置专业性的特点不突出、分工专业化的程度不高。特别是监狱企业由监狱警察管理,实行兼职不兼薪的做法,带来了企业激励性措施难以实施,用行政的方式管理企业,使企业难以适应市场规律等问题。从长远看,监狱企业作为企业,要遵循企业管理规则,监狱企业的管理人员必须纳入企业管理,实施企业人事管理政策,这样既能调动管理者的积极性,有利于企业的发展,降低运行成本,又符合市场运行的规律。在一些国家的监狱工作人员中,将监狱的警戒和看守实行现役军人制,如韩国称为警备军人,波兰和匈牙利称为职业军官,在美国虽然不是现役军人,却是参照军事系统等级分别授予上士、中尉、上尉、少校军衔,实际在管理上采用的是半军事化的做法。这种管理制度,优点是管理严格、训练有素、队伍年轻化(一般服役期限为 2 年),始终保持着旺盛的战斗力,不易被罪犯同化,能够有效地确保监狱的安全。我国的监狱警戒任务由武警负责,从围墙到大门均由武警看守,在这一点上同一些国家保持一致。所不同的是武警实行双重管理,在执行看守任务上由监狱统一指挥,在人员管理上由所在的辖区武警总队负责。

2. 借鉴思考

推进我国监狱工作人员分类管理应借鉴国外的有益做法,兼顾不同类别、不同层级公务员的特点,增强制度设计的整体性、针对性、协调性和前瞻性,用科学的制度设计引领和保障监狱工作的特有属性。在科学评估有关规定实施效果的基础上,综合运用"立、改、废"等多种手段,推进制度的定型化和成熟化。

具体而言,可以考虑根据岗位的性质和任务,将监狱人民警察分为罪犯管理类(负责直接管理、教育罪犯)、行政管理类(负责监狱行政事务)和专业技术类(负责罪犯分类、教育、心理矫治等相关技术含量较高的工作)三类,按类别提出不同的任用资格,实施不同的管理要求,对应不同的待遇标准和晋级渠道,提高分工和队伍专业化水平,拓宽警察晋升渠道,实现管理模式统一化。

同时,在分类的基础上设立矫治师制度。对矫治师任职资格条件提出要求,提升监狱一线从事罪犯矫正工作警察的专业水平,按专业序列管理、晋升,对特殊需要的专业人员实行聘用制和主管部门委派制,充分利用社会资源,降低监狱管理成本,提升监狱工作的社会化程度。

二、国外监狱工作人员配备

(一)国外监狱工作人员配备

监狱工作人员的配备是根据监狱押犯人数、性质、规模、戒备等级等相应的要求配备工作人员。国外监狱的监狱工作人员和押犯的比例一般在 1∶1.5 至 1∶3.3，如表 12－1 所示。

表 12－1　部分国家监狱工作人员和押犯比例

国家	监狱工作人员和押犯比例	占押犯数百分比
奥地利	1∶1.5	66.7%
芬兰	1∶1.6	62.5%
意大利	1∶1.8	55%
英国	1∶1.8	55%
新西兰	1∶1.9	52.6%
法国	1∶2.8	35.7%
日本	1∶3.3	30.3%

由于监狱戒备等级、押犯类型的不同，工作人员的配备也有所不同。以美国联邦监狱系统为例，美国联邦监狱系统的监狱分为最低度戒备、低度戒备、中度戒备、高度戒备四个等级，每个戒备等级的监狱工作人员配备比例都不相同。此外，美国还有管理型监狱和联邦矫正综合体（Federal Correctional Complexes，FCC）。管理型监狱有特殊功能，如关押患有严重疾病或慢性疾病罪犯、关押特别危险的罪犯等；联邦矫正综合体，在同一个监狱设有低度、中度和高度不同戒备等级的监区，各监区的人员配备差异很大。

高度戒备等级监狱，工作人员配备数占押犯数的 20% 以上。例如，在美国联邦监狱局的高度戒备监狱（High Security United States Penitentiaries，USPs）。监狱工作人员和押犯的比例最低为 20%，平均为 23%，如表 12－2 所示。

表 12－2　美国高度戒备监狱工作人员和押犯比例

监狱名称	性别	戒备等级	工作人员（人）	押犯（人）	比例
USP Hazelton	男/女	高度戒备附带低度男监狱和女子监狱	469	2375	20%
FCC Tucson	男/女	中度戒备男监狱，管理型男、女监狱，高度戒备附带低度男监区	466	1609	20%
FCC Victorville	男/女	高度和中度戒备男监区附带低度女子监区	870	4174	21%
USP A	男	高度附带低度男监区	321	1234	26%

续表

监狱名称	性别	戒备等级	工作人员(人)	押犯(人)	比例
USP Lewisburg	男	高度附带低度男监区	504	2129	24%
USP Pollock	男	高度附带低度男监区	372	1611	23%
FCC Terre Haute	男	中度附带低度监区,高度含特别的死刑犯监区	694	3049	23%
USP Big Sandy	男	高度附带低度男监区	366	1662	22%
USP Lee	男	高度附带低度男监区	376	1744	22%
总　　计			4438	19,587	23%

在中度戒备监狱,监狱工作人员和押犯的比例最高为28%,最低为18%,平均为22%,如表12－3所示。

表12－3　美国中度戒备监狱工作人员和押犯比例

监狱名称	性别	戒备等级	工作人员(人)	押犯(人)	比例
FCI Marianna	男/女	中度男监区附带低度戒备女监区	342	1512	23%
FCI Phoenix	男/女	中度男监区附带低度戒备女监区	303	1360	22%
FCI Pekin	男/女	中度男监区附带低度戒备女监区	282	1436	20%
FCI Greenville	男/女	中度男监区附带低度戒备女监区	280	1514	18%
FCI Ray Brook	男	中度男	249	1198	21%
USP Marion	男	中度附带低度戒备监区	344	1208	28%
FCI Otisville	男	中度附带低度戒备监区	286	1209	24%
FCI EI Reno	男	中度附带低度戒备监区	320	1396	23%
FCI Oxford	男	中度附带低度戒备监区	294	1295	23%
FCI Herlong	男	中度附带低度戒备监区	244	1076	21%
FCI Talladega	男	中度附带低度戒备监区	297	1386	20%
FCI Estill	男	中度附带低度戒备监区	289	1434	20%
FCI Fairton	男	中度附带低度戒备监区	305	1518	20%
FCI Umberland	男	中度附带低度戒备监区	291	1459	20%
FCI Memphis	男	中度附带低度戒备监区	300	1520	20%
总　　计			4426	20,521	22%

在低度戒备监狱，监狱工作人员和押犯的比例最高为27%，最低为17%，平均为20%，如表12－4所示。

表12－4　美国低度戒备监狱工作人员和押犯比例

监狱名称	性别	戒备等级	工作人员(人)	押犯(人)	比例
FCI Danbury	女	低度附带最低戒备监区	242	1451	17%
FCI Terminal Island	男	低度戒备	287	1056	27%
FCI Safford	男	低度戒备	167	768	22%
FCI Sandstone	男	低度戒备	238	1185	20%
FCI Waseca	男	低度戒备	214	1065	20%
FCI Fort Worth	男	低度戒备	288	1733	17%
总　计			1436	7258	20%

在最低度戒备监狱，监狱工作人员和押犯的比例最高为15%，最低为11%，平均为13%，如表12－5所示。

表12－5　美国最低度戒备监狱工作人员和押犯比例

监狱名称	性别	戒备等级	工作人员(人)	押犯(人)	比例
FPC Alderson	男	最低	171	1199	14%
FPC Bryan	男	最低	127	960	13%
FPC Morgantown	女	最低	173	1171	15%
FPC Yankton	女	最低	112	853	13%
FPC Montgomery	女	最低	110	953	12%
FPC Duluth	女	最低	89	834	11%
总　计			782	5970	13%

美国各监狱人员配备从人数上看差异不是很大，主要体现在安防、技防设施上，不同类别的监狱安防、技防设施差异很大。国外高度戒备监狱以设施和装备为监狱安全保障的屏障，首先是设施和装备安全到位，其次才是人员的配备和人员的要求。因此，不是单一强调警囚比例越高越好。

在国外，监狱工作人员配备是服务于监管和改造罪犯需要的，在一些特殊功能的监狱，如病犯监狱、关押高危险等级罪犯的监狱，工作人员配备的比例甚至超过了押犯数。如澳大利亚新南威尔士州精神病犯监狱，其工作人员与押犯数的比例超过1∶10。在瑞典的病犯监狱，其工作人员和罪犯的比例为1∶1（警察人数占押犯的100%）。

从另一个角度看，国外监狱工作人员配备是根据监狱职能和任务的变化而调整的，是动态的，而非一成不变的模式。如韩国1980年全国只有7185名矫正官员，1989年增加到10,780人，2005年已经达到13,854名，2006年增至近17,000人，比1980年增长了一倍以上。

英国监狱工作人员2004年度有47,224人，到2006年度增加至48,418人，占押犯总数的55%。增加人员的原因：一是工作目标从原来单纯的监禁转变为注重矫正，需要相应的矫正人员；二是专业化分工更细了，原有的人员结构比例需要调整；三是为提高队伍的专业化水平，人员需要定期不定期地参加培训，实施继续教育，掌握新的知识、技能。

（二）中外监狱工作人员配备比较

1. 比较分析

通过我国监狱和国外监狱的比较，可以看出在人员配备方面的主要差别有：

（1）国外监狱戒备等级是工作人员配备的标准和依据

随着戒备等级的提高，工作人员配备标准随之提高。最低度戒备等级的监狱，工作人员配备最高仅为15%，中度戒备等级监狱工作人员配备大都在20%以上。关押男犯的高度戒备监狱的工作人员配备普遍在22%以上。我国的监狱工作人员的配备，不分监狱戒备等级和监狱类型，因此难以体现不同监狱管理的实际需要。

（2）监狱关押罪犯类型是工作人员配备的重要依据

国外监狱大都实行了罪犯分类制度，根据罪犯危险性的不同，关押到相应戒备等级的监狱。如女子监狱、未成年犯监狱，在国外大都被视为中低度戒备等级监狱，在警力配备上一般较低。同时，有一些监狱属于功能性监狱，如病犯监狱、关押极度危险性罪犯的监狱，这类监狱的人员配备比例都普遍较高，有的功能性监狱工作人员和押犯数的比例甚至超过1∶1。

（3）国外监狱的编制随着监狱押犯和改造罪犯的需要进行动态调整

我国的监狱工作人员配备标准，不分情况，不分类别，实行“一刀切”，标准和人员配备过于简单化，不能随需求和形势任务的变化进行相应的调整，难以适应实际的需要。

2. 借鉴思考

借鉴国外监狱人员配备的有益经验，我国监狱工作人员配备标准应不断调整和改进，以适应监狱工作发展的需要。

（1）配备标准的确定

按照监狱戒备等级和监狱类型确定监狱工作人员配备标准。从实际需要看，高度戒备监狱的工作人员配备应不低于押犯数的25%，中度戒备监狱应不低于押犯数的18%，低度戒备监狱应不低于押犯数的13%，对特殊功能监狱应根据功能需要确定工作人员配备标准。工作人员可按照不同监狱的类型标准确定不同的配备比例，缺额部分由国家增编。从目前的情况看，总体配备标准提高2～3个百分点，对现有工作人员进行内部调整即可实现。

（2）建立动态调控机制

要依据监狱戒备等级、押犯类型、押犯规模的变化适时调整监狱不同岗位的人员配备标准。

（3）加大聘用社会专业人员的比重

监狱内的辅助性岗位、技术岗位应更多地使用社会聘用的技术人员和社会志愿者，这样既有利于优化监狱警察配备结构，也有利于推动监狱警察分类管理的开展，促进监狱工作专业化水平的提高。

三、国外监狱工作人员招录

监狱的职能从惩罚向教育矫正罪犯转变，这对提高监狱工作人员素质、改善监狱工作人员队伍结构提出了更高的要求。为了适应职能任务转变的要求，各国在招录监狱工作人员时按照岗位要求普遍设定了严格的招录条件和程序。

（一）国外监狱工作人员招录条件

《联合国囚犯待遇最低限度标准规则》第47条第1款对监狱工作人员应有的教育程度作了规定，“管理人员应具有教育和智力上的适当水平”；第48条对道德方面的要求为，“管理人员应随时注意言行，善尽职守，以身作则，感化囚犯改恶从善，以赢得囚犯尊重”；第46条对身体素质的规定要求是“体力适合”。同时，在专业方面，对从事不同岗位的监狱工作人员提出了不同的相应要求。联合国预防犯罪和罪犯待遇大会通过的有关文件，向其成员国建议：在挑选工作人员时，应特别审慎，注意只任用那些符合条件，即正直、具有人道精神、工作能力强、身体合适的人。

美国各监狱招募刑务人员的条件基本相同，求职者必须符合以下基本条件：18～21周岁，高中以上文化水平，无犯罪前科，美国国籍，本州居住，身心素质合格，两年以上普通工作经历或继续教育的经历，拥有驾照。

法国招录监狱看守人员资格条件是：法国国籍；无犯罪记录；男子身高1.65米

以上，女子身高1.55米以上，身体健康；年龄在19～30岁；初中以上文化水平。社会工作者则是依据司法部与政府有关部门签订的合作协议，由政府合作部门从具有职业资格的专业技术人员中选拔，派驻监狱，从事医疗、教育、文化和职业培训等工作。如卫生部派驻的医生、护士，教育部派驻的专职教师和图书管理员等。

澳大利亚招录监狱工作人员的基本条件为：被录用人员必须具有高中以上文化程度；体重、身高、视力要符合要求；不得有犯罪记录；必须进行心理测评；进行必要的考试和面试。要求被招录者具有良好的品性，富于同情心忍耐力，乐于奉献，熟悉法律，且经过专科学校或特殊培训合格后方可被正式录用。

（二）国外监狱工作人员招录方式

各国的招录方式大体相同，即报名者必须参加主管部门组织的统一专业考试，经过笔试和面试后根据考试成绩择优录取。国外司法部门在组织招聘监狱工作人员的资格考试时，对应试者是否有实践经验非常重视，一般情况下偏爱那些离开校门已经工作了一段时间的应聘者。尤其对管理人员的招录，有实践经验十分重要。在招录从事不同岗位的工作人员时，招聘的方式和考试的内容是不同的。

法国在组织招聘监狱管理人员的考试时，把考试分为内部考试和外部考试两种。内部考试的对象是在监狱工作过一段时间的看守人员，外部考试的对象则为社会上的一般人员。两种考试的侧重点不同，难易程度也有差异，在录取时，有向内部人员倾斜的政策。

英国招录计划由监狱总局下达给监狱，各监狱在计划编制内作出初步筛选。筛选过程一般要经过个人报名、笔试、心理及能力测试、体格检查等环节。筛选名单产生后上报地区负责人，由地区负责人组织专业人员面试后确定。监狱看守人员一部分从军队退伍人员中招录，一部分从社会上招录。专业人员，包括心理医生、护士、普通医生等，主要通过集中招聘来选拔。监狱长是通过中央管理机构招聘的，一般有三种途径：一是监狱内部选拔，如副监狱长、监狱长助理等升职。二是从其他行业选拔，如律师、教师、缓刑官、心理学家等。三是从监狱内部文职人员中选拔，如心理医生、医务类及行政主管等。

俄罗斯监狱佩戴军衔人员绝大部分来自刑罚执行总局的专业院校。院校每年根据监狱工作需要从社会招录合适人员进行培训，培训合格后分配到相关监狱，由监狱指定专人带其实习，实习期满经考核合格即可转为正式工作人员。监狱文官可由军衔人员转换，也可由刑罚执行总局直接从社会上选聘。社会工作者直接从社会招聘，实行合同制管理。

意大利和西班牙监狱招录，对符合资格条件者进行统一考试，其中专业考试的内容取决于招录的岗位。考试通过后,由公务员培训中心负责培训,培训合格后到监狱实习,实习合格后才能正式成为公务员。

（三）中外监狱工作人员招录比较

1. 比较分析

从我国和国外监狱工作人员的招录来看,招录人员的基本条件要求都非常明确,招录的程序也都比较严谨。所不同的是:

（1）招录制度上

在招录制度上,我国实行统一的公务员招录制度,招录的针对性不强,没有实行分级分类考试,不同层级、不同工作性质的公务员,采用相同的试卷、试题,考试内容难以体现岗位的特点,考试的科学性需要提高。公务员面试考官队伍的组织主要强调公平公开,避免暗箱操作,但不少面试考官往往不了解具体岗位的用人要求;有些考生经强化培训后,在答题上出现模式化,考官难以判断考生是否符合岗位需求。

（2）聘用制度上

我国没有实行聘用制,对专业技术人员和特殊需要的人员的招录与公务员招录采用一个渠道、一种方式,录用办法和标准一样,因此,专业人员和特殊需要人员难以顺利进入监狱工作人员队伍。而聘用制在国外很普遍,特别是专业技术人员和特殊需要的人员,大多实行聘用制。

（3）实践经验要求上

在实践经验要求上,国外大都采取从专科学校中招录,强调招录人员的专业性,而我国对此没有特殊要求,只强调单一的学历,即使招录人员从专科学校毕业,也要同其他院校的毕业生一同参加公务员招录考试。

（4）分类管理上

由于国外监狱工作人员实行分类管理,我国未实行分类管理,因此,在招录监狱工作人员时,要求与国外不同。有些国家注重是否具有社会实践经验或具有相关职业背景,而我国并没有硬性要求。

2. 借鉴思考

我国应借鉴国外有益的做法,改进监狱招录工作:

（1）招录条件方面

在招录条件方面,根据招录的岗位、职责等设定不同的报名条件,尤其特殊人才的招录,如医疗、卫生、专业技术、心理学等监狱需要的专业岗位人员,在招录条件上提出明确的规定。

(2)笔试、面试方面

在笔试、面试方面,根据不同的岗位要求,设定不同的命题,增加专业考试内容,面试考官队伍应吸收专业人员和岗位上的业务骨干参加,使招录与需求有机结合起来。

(3)招录方式方面

在招录方式中,增加心理测试环节,确保招录人员的心理素质能够体现、胜任监狱工作心理负荷重等工作特点。

(4)聘用制度方面

对一些专业技术要求高的岗位,尝试实行聘用制,以更加灵活的方式吸纳特殊需要的专业技术人才,改善监狱工作人员的知识结构和队伍结构,拓展人才进出的渠道。

四、国外监狱工作人员培训

对监狱工作人员实施培训是各国监狱工作人员管理中的一项重要内容。无论是新录用的工作人员,还是在岗工作人员,都要求定期、不定期地参加专业培训,并将培训结果作为考核晋升的重要依据。

(一)初任培训

《联合国囚犯待遇最低限度标准规则》第 47 条第 2 款规定:“管理人员就职前应在一般和特殊职责方面接受训练,并必须通过理论和实际测验。”联合国预防犯罪和罪犯待遇大会通过的《关于狱政人员的招收和培训的建议》特别强调:“狱政人员在任职前,要接受专业培训,并经理论和实践考核。”同时要求对监狱官员就职前的培训分为三个阶段进行:第一个阶段在监所内进行,目的是使应聘人员了解监狱的一般情况,熟悉职业要求。监狱机关在这个阶段则主要观察应聘人员是否具有所要求的素质。在狱内,应聘人员不负责任何具体工作,所有活动都在现职人员的带领和监督之下进行。第二个阶段应聘人员学习或参加由国家监狱部门组织的训练班,学会掌握运用心理学和犯罪学的基本观点与罪犯进行接触的技能。课程内容包括感化科学、监狱管理、刑法和其他有关学科的基础知识。在前两个阶段未被淘汰、对监狱工作表现出浓厚兴趣并且立志从事这项工作的应聘人员,参加第三个阶段的学习。这个阶段的培训内容主要是实际操作,掌握技能的运用。各国监狱对监狱工作人员上岗前的初任培训,在具体实施过程中,各有侧重,要求也不尽相同。

英国对新招募人员的上岗培训包括专业培训和岗位培训,时间为期 1 年。专业培训主要内容有:基本理论、工作职责、基本技巧(如搜查、毒品检测、对有暴力倾向罪犯的控制等)、罪犯违规的处置、惩罚手段的选择、对公共利益及罪犯利益的保护等。培训中有课堂教学、实物展示、监狱实习等内容,培训结束后进行考试,不及格者将被淘汰。上岗1年内,对培训效果、岗位适应情况进行跟踪考核。

西班牙监狱的应聘者通过考试后要到公务员培训中心进行培训,完成培训后到监狱进行实习,然后才能转为公务员。培训和实习时间因岗位而定,A组(主要从事监狱监督工作)培训20天,实习45天;B组(主要从事监狱看守、罪犯管理、罪犯跟踪等工作)培训30天,实习6个月。培训的目的是巩固专业知识,并学习在实践中如何运用知识,如B组的培训包括掌握一定的法律知识,犯罪心理等方面的知识,练习拟定报告、整理档案等基础工作。

芬兰监狱人事培训中心将初任培训分为基本知识培训和实习培训,时间各为半年。培训内容主要有刑事制裁的基本原则、方法及与罪犯沟通交流的技巧,对罪犯行为的判断,如何制定罪犯服刑规划以及基础医学、心理学等内容。实习期间学校通过远程指导,布置作业,与监狱保持网络联系。实习教官是精心挑选出来的资深监狱工作人员,且受过专门的训练。学员培训结束考核合格后方可录用为初级监狱工作人员,即安全警戒管理人员。

新加坡监狱总署对于监狱工作人员的培训有一套完整的计划,新任监狱工作人员必须在职业培训学校接受为期34周的培训且考试合格,才能正式上岗。

澳大利亚每个州都有一所专门培训监狱管理人员的矫正研修培训学院。新录用的矫正官员需进行为期10周的岗前培训,培训须通过法律、执法、书写报告、武器使用、防御技巧、现场警惕性等课程的测验评估。而后,进行为期38个月的工作实习。培训者要完成至少220小时的课程,通过14种不同的实地工作测验评估,才能正式上岗。

在很多国家,新招录的监狱工作人员在经过培训合格后,方可成为正式的监狱工作人员,不合格者则淘汰。由于培训严格,包括需要进行一些艰苦的体能、技能训练,加之监狱工作本身的危险性,致使一些人在培训阶段便自动退职。不少国家监狱应聘人员在培训阶段被淘汰的概率相当高,约占1/3。各国监狱新招录的工作人员在初任培训实习期间享受政府补贴,且有薪水。

(二)在职培训

《联合国保护被剥夺自由少年规则》第85条规定,“所有管理人员应通过参加在其任内定期举办的在职人员进修班,保持并提高其专业知识和业务能力”。联合国预防犯罪和罪犯处遇大会建议各成员国重视对监狱工作人员在职期间的培训,“应不时参加在职培训,以维持和提高他们的知识和专业能力”。各国监狱都十分重视对监狱工作人员在职期间的培训，但由于国情不同，所采取的方式方法及培训内容也不尽相同。

英国对在职人员培训，一般由各监狱长根据需要提出，在职人员也可自己申请。培训时间每年约6天。培训可在监狱或监狱学院进行，监狱培训称为二级培训或温习培训，监狱学院培训为一级培训，分高级、中级、初级培训，突出领导管理、一般管理、操作规程三个层面。培训方法有课堂教学、情景模拟、案例式、讨论式。师资主要从高层管理人员中选拔表达能力好的人员，也有部分是社会聘请的教师。教材大部分是实践教学，个别专业理论教材聘请社会大学教师编写。

西班牙的路易斯学院负责专门培训监狱工作人员。每年年初，学院在详细了解监狱总局各司、各监狱及受训人员的需求后，按照统一的教学大纲制订针对性的培训计划。根据不同的培训对象，采取不同方式，突出针对性培训。在培训中注重实用性、可操作性，尽量避免空洞的理论说教，着力教授实战知识。如详细讲解监狱管理人员如何在公众面前讲话、接受罪犯投诉、监管罪犯，以及如何自卫、和平处理争端、检测危险物品等，对语言语调、面目表情、身体眼光都作出示范并提出要求，对学员在工作岗上的实习情况进行跟踪，要求监狱指定有经验的管理人员进行辅导。

美国监狱刑务人员每90天进行一次手枪射击训练、警技训练和岗位工作训练，每个刑务人员都能熟知岗位工作标准，熟练使用警戒具和手枪射击、辣椒水（催泪器）。

澳大利亚每个州都有一所矫正研修培训学院，专门开展对监狱管理人员的在职培训。澳大利亚的矫正官员分为初、中、高三个等级，从初级官员开始，每晋升一个等级都要进行培训。对监狱保安人员培训的主要内容是对武器和械具使用、狱内防暴、安全和突发事件应对。培训学院的培训内容丰富，有土著文化、行为管理学、酒精与其他成瘾药物、个案管理、计算机软件、团队合作精神、文化包容、应急程序、犯罪行为法、安全保障措施、罪犯分类管理、残疾犯管理、女犯管理、精神病犯管理、性犯罪管理、青少年犯管理、假释培训、安全监察、矛盾处理、野外自救等。培训内容根据培训对象的需要而定，如岗前培训主要选择实用性较强的内容，中高级矫正官培训则主要选择管理学方面的内容。

（三）中外监狱工作人员培训比较

1. 比较分析

从我国和国外监狱工作人员的培训来看，尽管在培训对象、培训时间、培训内容以及培训机构及方式上都有比较明确的规定，但在实际运行中存在较大差异：

(1)行业特点上

我国监狱人民警察的培训规划主要参照公务员培训的有关规定实施,行业特点不够突出。

(2)培训时间上

在培训时间上,我国培训时间普遍较短,而国外培训时间一般比较长,尤其是初任培训。

(3)培训内容上

在培训内容上,我国更突出政治理论、法律法规等方面的培训,而国外则更注重培训的实用性和针对性。如随着新知识、新技术的发展,国外要求所有工作人员必须学会操作计算机,一线警察必须会射击、驾驶、格斗等,这一点与我国的要求不同。

(4)初任培训上

在初任培训上,国外在初任培训“宽进严出”,一旦不能通过,将会被淘汰,而我国基本上采取的是“宽进宽出”,没有硬性的考核,未实行淘汰制。国外将培训与考核、晋级、提升挂钩。凡培训考核不合格的不予晋升,而我国没有硬性要求,这在一定程度上削弱了培训应有的约束力和作用。

(5)培训教材上

许多国家有统一编写的培训教材,而我国目前尚未形成完整系统的教材体系。

2. 借鉴思考

借鉴国外监狱工作人员培训,完善我国的培训工作体制、机制,提高培训工作的效能,应从以下几个方面入手:

(1)组织培训教材编写

尽快组织编写既符合我国国情,又适应监狱工作实战需要的培训教材,增强培训工作的指导性和针对性。

(2)改变传统培训模式

推行分类培训,针对不同的岗位、不同职级的监狱人民警察开展有针对性的岗位培训,改变“一勺烩”的单一培训模式。

(3)严格培训考核制度

严把初任培训关,尝试推行初任培训淘汰制,在完善培训体制的同时,提升培训考核的有效作用。

(4)培训与职级晋升挂钩

将各类培训与监狱人民警察晋级升职挂钩,未经培训考核合格的不得晋级升职,提升培训的约束力。

五、国外监狱工作人员考核与奖惩

(一)国外监狱工作人员考核

对监狱工作人员进行考核是督促其更好履行职责的重要手段和主要措施。但由于国情各异,各国的考核侧重点不一,体现出的作用也有所不同。

英国皇家监狱总局下设审计工作小组,编制为12人,是常设机构。每两年对监狱长进行一次专项审计。专项审计不仅仅是对监狱财务的审计,而且是对监狱全面工作的审计。具体实施中,针对每项监狱工作目标管理的要求进行审查(考核),包括监狱安全工作情况、管理人员守纪情况、财务运行状况、罪犯权益保障情况及各项任务完成情况等诸多内容。监狱要求管理人员每半年做一次回顾,向主管领导汇报自己工作完成情况和下一步工作期望。一年进行一次总结评估考核,对不称职的作出相应的处罚。

新加坡监狱将考核、评价机制视为其管理的"核心机密"。新加坡监狱采取的是"绩效+潜质"的考核标准,既注重监狱警察的工作绩效,又注重是否具有"潜质"。其中,绩效,即工作实绩;"潜质",通俗地讲,就是根据警察现有的表现,推定可能将在工作中发挥的作用。"潜质"评价越高,评价等级就越高。潜质的评价通常包括:学历、年龄、上司的主观印象、工作能力、人际关系等几个方面。为实现执行力的效能化,新加坡监狱警察考核主要是由上司负责,而后由监狱总署各主管部门负责人集中对所有监狱警察进行总体综合评价。每年的9月、10月监狱总署都要对全国监狱的所有监狱警察集中进行考核,以职级为单位分为不同级组,进行比较评价,最终评出A、B、C、D、E五等。警察评价实行的是正态分布的控制比例,A等和E等各5%,其余的都在B、C、D三个等级上。考评结果决定监狱警察的晋升和当年的年终津贴发放。A等的最优秀;E等是最差的。被评为E等的监狱警察,给予第一封警告信,同时中止薪水增长和奖金发放。在其后的6个月里,观察其是否有改进,如果没有改进,则给予第二封警告信,在其后的3个月里如仍无改进,则予以解雇。通过奖惩分明的管理,保证了整个队伍的廉洁、高效、生机与活力。

事实上,各国监狱在年终都要对其监狱工作人员进行工作考核。考核一般由专门的机构组织实施。考核的结果存入其本人的工作档案,作为晋升、晋级和处罚的重要依据。

(二)国外监狱工作人员奖惩

奖励是调动监狱工作人员积极性的有效手段,而惩罚却是约束监狱工作人员守纪守法的有效办法。各国都十分重视对监狱工作人员的奖惩工作。

南非监狱较为重视对警察的激励。除工资薪金相对较高外,将警察职级分为10级,对人员进行分类(最高管理人员、专门矫正组、专门巡查组、专门档案组等),并根据不同的级别和类别实施不同的待遇政策。日常工作中,对表现较好的警察,以组织家庭聚餐,发放荣誉证书,发放年度奖金,刊登报刊宣传等多种形式激发警察职业自豪感。同时,南非监狱系统十分重视惩戒工作,对犯一般错误的监狱警察,给予谈话教育;对屡教不改的给予口头或书面警告,另扣1~3月工资,或予以降职;对犯有严重错误的,上报监狱主管部门予以解职。

匈牙利为鼓励管理人员终生服务,对养老金政策进行了精心设计:一是退休时年龄不满50岁的,只按标准养老金的一半发放,年满50岁的方可享受全额养老金;二是规定对工作满25年、30年、40年的管理人员,分别一次性支付相当于月薪2倍的养老金奖金,增加退休前12个月的平均工资基数。工龄越长,养老金奖金越多,标准养老金基数就越高,因此,有效地促进了监狱管理人员终生服务理念的形成。

奥地利没有专门奖励制度,对表现好的监狱警察提供培训的机会,培训时间一般为1~2年,为日后获得职务晋升提供机会,对被处罚者按照公务员法律规定实行。

英国对考核结果的使用是采取有惩无奖制度。这来源于西方文化理念,认为工作干得好是应该的,这是岗位职责的要求,但工作做得不好的必须接受惩罚。

在法国和比利时,十分重视和尊重监狱工作的专业性、特殊性,对监狱工作人员实行危险岗位津贴和工作30年退休制度。

(三)中外监狱工作人员考核奖惩比较

1. 比较分析

从我国和国外监狱工作人员的考核与奖惩来看,各国都高度重视运用考核和奖惩手段来激励和约束监狱工作人员,都明确了相应的考核办法和奖惩措施,但由于国情和体制不同,其考核与奖惩的方式方法均有所不同:

(1)考核内容方面

在考核内容方面,由于我国未出台行政执法类和专业技术类公务员管理规定,公务员管理考核奖惩基本实行统一模式,无论是从事综合管理,还是专业技术岗位、执法执勤岗位的公务员,基本上按同样模式考核、奖惩。我国虽然明确考核德、能、勤、绩、廉五个方面,但是每一个方面又没有量化的硬性指标,弹性过大,难以完全准确反映真实情况。

(2)考核结果方面

在考核结果方面,我国对考核结果虽然也划分为优秀、称职、基本称职和不称职四个等次,但只设定优秀等次的比例,对不称职等次没有比例设定,这就导致了考核结果缺乏差异性,人人都称职,很难体现出考核应有的作用,应借鉴国外明确规定最差考核结果所应占的比例的做法。

(3)考核结果运用方面

在考核结果运用方面,我国考核完成后,并没有形成相应的应用机制,而国外则把考核结果作为培养人才的重要依据。在奖励方面,我国虽然也注重物质奖励,但是更多地注重精神奖励,提倡奉献精神,而在国外靠的是利益制度保障。

在惩戒方面,我国虽然也规定了比较严厉的惩戒措施,比如开除,但实践中却极少运用,在一定的程度上干好干坏一个样的现象十分普遍,在某种程度上影响了监狱人民警察努力工作的积极性。

2.借鉴思考

为了更好地发挥考核与奖惩的应有作用,我们面临和要解决的问题主要有:

(1)实施分类考核

制定执法类和专业技术类公务员管理规定,对综合管理类、专业技术类、执法执勤类公务员分类管理、分类考核。

(2)细化考核内容

细化考核内容,把德、能、勤、绩、廉五个方面的内容,细化为具有可操作性的量化考核指标体系,使考核更具针对性和可操作性。

(3)确立考核等次

确立考核等次的比例,尤其是设定优秀和不称职等次所占的比例。体现优中选优、相比之差的作用。

(4)运用考核奖惩结果

加强对考核及奖惩结果的运用,对考核结果优秀和受到奖励的监狱人民警察,不仅要在物质上奖励,而且要在使用上有所体现,解决考核结果与公务员升迁脱节的问题。对考核不称职或需要惩戒的,探索试行警告和淘汰制。

(5)推进警察激励机制建设

推进监狱人民警察激励机制建设,拓展晋升晋级渠道,加大物质奖励力度,优化人员管理机构配置,充分调动监狱人民警察队伍工作的积极性和主动性。

六、国外监狱工作人员纪律规定

加强对监狱工作人员的纪律要求,对约束监狱工作人员的行为有着重要作用。

为了体现监狱的特殊性，世界各国普遍制定了严格的纪律规定，不少国家甚至采用了半军事化的管理，要求监狱工作人员像军人一样遵守纪律、服从纪律，以保障监狱更严格、更有效、更准确地依法行使职权，体现司法公正。由于各国监狱制度的不同，纪律要求的内容和监督机构的设置也不尽相同。

（一）国外监狱工作人员纪律规定

国外监狱普遍制定了较为严格、系统的纪律规定，明确提出了监狱工作人员哪些是应当做的、哪些是禁止做的要求。

日本法务省矫正局颁布了监狱工作人员职责禁令手册《刑务官必携》。该手册从刑务官的礼仪、衣着、站姿到报告使用的语言、工作日志、填写各类报表及申请、应对紧急事件的要领等方面都有明确的规定，囊括了工作的方方面面。刑务官必须随时牢记的基本工作原则：视线内警戒原则；适当警戒位置原则；人员掌控原则；锁门确认原则，被收容者不得接触门锁；护送出庭等使用捕绳时，捕绳一端必须紧握在手原则；禁止单独开启保护房门原则；禁止交谈原则；禁止无故离开指定位置原则；根据规定行动原则；刑务作业中，禁止与外部人员接触原则；动静观察、准确把握心态原则；作业、运动、如浴、出入、护送等场所移动时，对身着衣服进行检查原则；物品、设备切实检查原则，避免为脱逃等提供工具；检查水、电、气开关原则；异常情况原因确认原则，特别是外域作业时，异样的声音、气味、可疑的人员等；按时、准确、简洁报告原则，紧急情况立即报告；交接班原则，不能遗忘任何应当告诉下一班的情况；保持严肃的勤务态度原则等。刑务官事前消除各类风险隐患的方法包括：全神贯注工作；上班时慎谈个人私事；拒绝诱惑；解除傲慢心态；牢记自己是组织的一员，忠实地执行命令，不得随意变更规则，遇到问题时，应当通过组织整体的力量加以解决；规正个人生活；注意服装、容姿整洁；禁止出入氛围不良的餐饮、娱乐场所；在外不谈工作；不要担心报告自己的失误已经为时已晚，意识到自己“错了”的时候，向上级报告是第一重要的，隐瞒很小的失误可能导致重大事故等。

英国要求监狱工作人员必须认真履行其职责，但不得过于严苛，除自卫以外，不得殴打罪犯；在任何时候不得使用不必要的武力。没有监狱长的命令不得处罚罪犯，或扣除罪犯生活必需品。不得同罪犯讲与其职责无关的话、做任何可能激怒罪犯的事情、不允许同罪犯密切来往、让罪犯听到关于职责履行的话题、不允许罪犯（直接或间接地）为私人干活、同罪犯进行金钱或其他方面的交易、为私人利益而去使用罪犯、向探监者收费、向监狱的契约人谋取任何利益、经营商店、开办学校或接收房客。未经允许不得在监狱内接待来访者、不得同罪犯的朋友们通信、出版涉及监狱各部门的书籍以及同新闻界建立任何非官方的联系。监狱工作人员将自己由于职务关系而得到的消息透露给不应该得知的任何人为违法行为，应判处2年以下的监禁徒刑（可酌情附加劳役或不附加）或者判处罚金，或同时判处两者。监狱工作人员为罪犯带进或带出钱、衣物、食物、烟、信、报纸或其他物品，将被即刻停职。大门看守必须检查所有通过大门的物品，可以扣留任何被怀疑带进禁物或带出监狱财物的人。

（二）中外监狱工作人员纪律规定比较

1. 比较分析

通过比较我国和国外监狱工作人员的纪律要求可见，由于政治体制、社会制度、法律制度的不同，对纪律要求的侧重点有所不同：

（1）纪律规章建设上

我国没有形成系统、统一的监狱人民警察纪律要求规范，多散见于不同的法律规章中，国外监狱管理部门大都有一套系统完整的纪律规定。

（2）纪律要求上

国外许多国家将要求内容明确为监狱工作人员应该做什么，而我国则把内容设定为禁止做什么，而对监狱人民警察的义务仅仅体现在《监狱法》第13条“监狱的人民警察应当严格遵守宪法和法律，忠于职守，秉公执法，严守纪律，清正廉洁”这一高度概括性表述。

（3）监督机制上

虽然我国也建立了监狱内部、外部等多种形式的监督，但在实际操作中，事前预防少，事后监督多的现象十分普遍，由于体制、机制等原因，很难真正发挥监督体系的整体作用。

2. 借鉴思考

建立和完善我国监狱的监督体系，当前应该着重解决两个问题：

（1）纪律规定标准方面

制定系统的纪律规定标准，明确监狱人民警察应当做什么，严禁做什么，同时加大惩治处罚的力度。

（2）监督体系建设方面

健全完善监督体系，应形成内部监督、外部监督、社会监督一体化的格局，明确监督部门的责任和权力及监督的程序，同时加大执法的透明度，公开执法的内容及程序，建立执法人员责任终身制和责任追究制。

第三节　国外监狱工作人员经费保障

一、国外监狱工作人员经费保障体制

国外监狱经费保障体制均与监狱行政管理体制相匹配,目前主要有两种模式:

(一)垂直管理(或直接管理)的机构实行由中央政府一级保障的体制

部分国家由中央政府主管部门垂直领导和直接管理全国监狱,如俄罗斯联邦刑罚执行总局是全国监狱的主管部门,独立于司法部,俄罗斯监狱系统实行联邦内垂直管理,经费由联邦财政全额保障;哥伦比亚、智利等国,由司法部监狱管理总局直接管理全国监狱,监狱经费由中央财政予以保障;韩国法务部设矫正本部主管全国的矫正机构,人、财、物全部由中央财政提供。

此外,一部分国家由中央监狱管理部门设立中间机构(如地区分局),由这些中间机构直接管理监狱。如意大利司法部监狱管理局在全国设 16 个监狱管理分局,监狱管理分局直接管理本辖区的监狱;英国司法部下设监狱管理总局管理全国监狱事务,其中总局在 10 个行政区分别设有派出机构,每个地区管理约 13 所监狱;日本法务省设矫正局主管全国的行刑设施,全国监狱下设 8 个地方支局的矫正管区,作为法务省的派出机构,管理所属监狱;瑞典监狱和缓刑局是统一管理全国监狱的政府部门,将全国划分为 6 个区域,分别管理所属监狱。在财政保障上,上述国家均由中央监狱管理部门拨付经费,经费主要由中央政府直接予以保障。

(二)按隶属关系实行由联邦、州和地方政府分级保障的体制

一些联邦制的国家实行地方高度自治的同时,联邦政府也会根据监狱的隶属关系,给予州政府财政转移支付资金。如根据行政管辖权的不同,美国监狱分为联邦监狱、州监狱和地方监狱三级,与实行分级管理的监狱行政管理体制相适应,美国监狱经费实行按隶属关系分别由联邦、州、县或市分级保障的体制。德国监狱隶属于州,其经费由各州负责。西班牙设两个监狱总部,内政部监狱总局和加泰罗尼亚自治区监狱局,分别管理下属的监狱,相应的经费也由各自财政保障。瑞士共分 3 个区,每个区都有监狱,各区拨付下属监狱的经费。澳大利亚没有全国性的监狱管理部门,各州政府设立矫正部管辖监狱。澳大利亚的监狱制度具有鲜明的联邦制特点,没有全国性监狱管理法规,也没有中央监狱管理机构,各州自行制定监狱法,管理州内的监狱,各州负责建设和管理监狱,经费由各州保障。

（三）中外监狱管理人员经费保障体制比较

实行分级保障的国家如美国、德国、澳大利亚、瑞士等，这些国家均为经济发达国家，地区间经济发展水平相对均衡，即便采取了分级保障体制，与采取垂直管理、垂直保障的国家无明显差异，监狱经费保障水平在全国范围内大致平衡，较好地体现了监狱均等化的发展目标。

我国仍为发展中国家，地区间经济发展水平差距较大，所属监狱的经费保障、硬件设施等方面的差异较大，导致罪犯在不同地区监狱服刑，保障标准也不相同。如 2013 年北京年人均罪犯生活费拨款达 6868 元，黑龙江、江西、河北、云南等地仍为 2100 元。在硬件设施建设方面，由于历史原因，有的监狱特别是中西部地区监狱，设施落后，装备陈旧，距离监狱建设标准还存在较大差距，监狱发展非均等化现象依然存在。

监狱发展均等化是指国家为各个监狱提供基本的、与经济社会发展水平相适应的、能够体现公平原则的均等保障，促进所有监狱同步发展，这是体现现代国家基本公共服务均等化的标志之一。党的十八届三中全会以来，国家不断推进政府职能转变，改变全能型政府模式，使政府由原来对微观主体的指令性管理，逐渐转换到市场主体服务上来，政府提出了完善公共财政制度、加大财政转移支付力度、努力实现基本公共服务均等化的新要求。监狱经费保障改革的目标设计，也是通过中央对省级的支付、缩小中西部地区与东部地区保障水平的差距来体现。国家明确中央监狱体制改革资金，主要是用于帮助中西部等经济欠发达地区进行监狱体制改革，实现监狱经费按标准财政全额保障，建立监狱经费动态增长机制。中央财政逐年增加地方监狱补助专款，在监狱经费保障机制上率先推进均等化，逐步缩小地区之间监狱经费保障水平的差距，逐步实现监狱经费保障全国统一化。

二、国外监狱工作人员经费来源

世界各国的监狱法律中都明确规定，监狱经费由国家保障，并纳入预算管理，所需资金按科目由财政拨款。但是，随着物价上涨和关押成本的提升，一些国家监狱经费保障存在缺口，需要其他资金渠道帮助解决。因此，出现了多元化的保障渠道。目前，国外监狱经费资金来源主要有：

（一）国家财政拨款

在国外，绝大多数国家监狱经费实行国家全额保障制。

日本政府在 1900 年（明治 33 年）4 月批准了监狱费用由国库支出。美国、巴西建立了比较健全的法治化财政保障制度，以立法的形式保证监狱机关的经费来源，确保监狱机关不因经费方面的问题影响执法和受控于其他机关或个人。法国、比利时监狱经费实行国家全额保障的政策，所有经费纳入财政预算管理。西班牙、加拿大监狱经费全部由政府拨款。澳大利亚监狱经费全部由各州财政拨款。

世界各国除了政府对监狱直接拨款外，还有一种以项目运作的财政拨款，即政府先将款项拨给相关教育、劳工、卫生等部门，这些部门在各自负责的领域，如罪犯教育、罪犯职业技能培训、罪犯医疗卫生等方面根据监狱工作的需要，拨付相应款项。如意大利、西班牙两国的罪犯医疗、心理矫治、残疾人治疗都由当地卫生医疗专门机构负责，所需经费、人员也均由当地医疗机构承担，监狱仅负责提供场所和设施；文化及学历教育由教育部门指派教师到监狱执教，罪犯的职业技能培训由劳动职业技能部门指派专业培训人员到监狱进行培训，上述教育及培训所需经费分别由教育部门、劳动部门提供，监狱只负责提供基本的场所和设施；瑞士监狱罪犯医疗全部由国家保障，监狱的医疗由所在地区医院负责，罪犯享受的医疗保障、社会保障同社会上普通居民相近；澳大利亚监狱罪犯医疗费统一由州卫生部门根据每年的预算安排拨付。

（二）监狱生产收入和罪犯劳务

少数国家监狱经费保障存在较大缺口，满足不了监狱运转需要。如乌克兰、俄罗斯等国家的狱政设施维修有相当一部分资金要靠监狱生产收入来补充。菲律宾的监狱建设经费不足部分主要依靠监狱生产收入和罪犯劳务补充。

（三）预算外专项基金

《俄罗斯联邦关于执行剥夺自由刑罚的机构和机关的法律》规定，刑事执行系统的中央与地方管理机关有权设立预算外的专项基金，用于对某些执行刑罚的机构和执行刑罚机构的企业予以资金帮助，执行刑罚机构的生产活动所取得的收入和执行刑罚机构的企业获得的利润首先用于偿还相应预算中必须支付的款项，专项基金从其余额中提取，但不得超过30%；巴西监狱的主要经费由各州负责，联邦政府通过专项基金给予一定补贴。

由于监狱关押人数剧增和关押成本的不断上升，西方国家以美、英等国为首率先在20世纪90年代初探索建立私营监狱，引进私营企业的资金建设新监狱或将监狱运营承包给私营企业，这一做法曾引起不少国家的效仿。监狱引进私营企业资金或承包给私营企业的根本用意在于减少日益增长的财政开支，降低运行成本。但是，这种为了减少财政开支、降低运行成本而将监狱私营化的做法，很快遭到社会各界人士的普遍指责。因此，这一做法并未在各国兴起，而是趋于停滞状态。如英国目前共有138所监狱，其中公立监狱127所，私营监狱只剩11所。

（四）中外监狱管理人员经费来源比较

1. 国家保障经费。监狱经费由国家保障，是世界各国的普遍做法，对此大多数国家建立了比较健全的监狱经费财政保障制度，要求从监狱执法实际需要出发，落实监狱经费，确保监狱机关不因经费方面的问题影响执法和受控于其他机关和个人。

2. 项目形式的财政拨款。一些国家采取项目运作形式的财政拨款在我国还未实行。应该讲，这样的一种制度安排，尤其是教育、生产、医疗等费用由行业主管部门承担，不仅有利于资源的整合和配置，发挥资源最大效能化，而且有利于服务专业化程度的提升，减少监狱的额外人员开支和后顾之忧。借鉴一些国家采取项目运作形式拨付罪犯教育、职业技能培训、医疗等费用的保障方式，有利于实现我国财政拨款专业化、专门化、科学化的目标。

3. 监狱预算管理。世界各国对监狱预算管理工作的要求均较为严格，从预算编制、预算审批到预算执行都需遵循严格的法定程序，讲究审批程序，国会严格审议。国外在严格规范预算管理的同时，大都制定了一系列的规则，以保证预算执行的灵活性，避免管理过于强化而产生负面效应。如允许监狱预留机动经费，以解决预算执行中各种不确定的增支因素等。

我国实行每年一次人大审议国家各项预算，在预算管理上不允许监狱预留机动经费，与国外相比，监狱预算管理缺乏灵活性，特别是遇到自然灾害、物价上涨、突发事件等特殊情况，由于缺乏预留机动经费、监狱不得不降低标准或动用企业生产收入作为应急补充。因此，应借鉴国外做法，进一步增强监狱经费预算编制的灵活性，允许监狱部门在年度预算中预留一定比例的机动经费以应急使用。

三、国外监狱工作人员经费保障范围

国外监狱经费保障范围包括监狱所需的所有必要开支，主要体现为以下两个部分：

（一）监狱日常运营开支

监狱日常运营开支（约占总拨款的90%），包括监狱管理人员工资（加班费、环境补贴、奖金等）、行政公用开支、罪犯生活费（伙食、衣服、洗涤用品等）、医疗费用、教育矫治费用、监管设施维护费用等。

（二）狱政设施维修及设备投资

狱政设施维修及设备投资（约占总拨款的10%），包括监狱修缮和购置交通工具、医疗设备、劳动生产设施等。

如美国的法律规定,被逮捕或关押的人,以及执行法院对他们的任何判决所需的开支,应依照法律规定的方式,由合众国财政部支付。英国相关监狱法律规定,为了管理监狱与罪犯所需费用,根据《监狱条例》由国家提供,罪犯的费用包括罪犯从入监开始直到释放这段时间的膳食、服装、监管以及转监等所有必要开支。

(三)中外监狱经费保障范围比较

目前世界大多数国家面临监狱资金投入不足问题。虽然监狱生产经费属于财政保障范围,但近年来大多数国家发展监狱生产仍面临着资金不足的困境。其原因在于增加的财政预算主要用于兴建监狱、增加工作人员等开支,用于发展监狱生产的资金非常有限。

一些国家单独安排监狱建设经费,不纳入监狱年度的财政拨款预算。如哥伦比亚、智利新建监狱建设费用不纳入监狱预算,由司法部单独编报,议会作专项预算审批。巴西监狱建设经费由联邦政府承担80% ~90%,主要来源于政府预算、体育彩票收入的3%和基金会补助。澳大利亚新建监狱建设经费也由政府单独安排预算。

我国与世界大多数国家一样,面临监狱资金投入不足的困难。根据我国监狱经费保障范围面窄,仍然需要企业收入弥补的实际情况,按照监狱法和监狱体制改革单位财务管理办法等相关规定,从监狱执法实际需要出发,加强充实项目库,确保财政预算不漏项、不留缺口,制定科学、合理的分类分地区的监狱经费保障标准,完善与经济社会发展和财政收入增长相适应,与监狱职能调整、物价上涨、政策性增支等情况变化相适应的监狱动态经费增长机制。同时,在制定有关保障政策时,要在充分了解基层实际需要的基础上明确最低标准,并按照"限低不限高"的原则,给地方留有调控空间。中央部门要强化政策执行的刚性要求,将政策是否落实到位与考核奖惩挂钩,进一步完善预算及财政专款的监督检查程序。

四、国外监狱工作人员经费保障水平

各国高度重视监狱经费投入,并将其作为公共支出的重点予以保障,监狱经费保障水平与经济社会发展水平相适应,主要体现在:

(一)监狱经费增长幅度

监狱经费投入保持了较高的增长幅度。如英国监狱支出占中央政府公共支出的8.3%,年均增长6%;德国各州都将维护本州范围的社会安全作为州政府的主要任务之一,其中监狱支出占州公共支出的比例较高。经费最富裕的巴伐利亚州监狱支出占公共支出的19.3%,经济发展水平差距较大的柏林州占11.6%。

(二)监狱经费预算比重

监狱经费预算占国家财政总预算的比重较高。如美国各州在财政预算中非常重视增加对监狱的投入。30 年前,加利福尼亚州监狱系统从州政府得到拨款占州预算总额的4%,如今已经增长到10%。意大利监狱经费预算占国家财政总预算的3.5%。

(三)不同类别罪犯保障水平

不同类别的罪犯保障水平不同。随着社会、经济的发展,人们对监狱行刑目的的认识趋向矫正化,各国监狱都普遍实行了罪犯分类制。设置不同戒备等级的监狱,分类建设监狱,分类关押罪犯,对不同类别的罪犯分类保障,是现代监狱制度的一个基本特征。

英国的监狱对所有入监的罪犯进行安全风险等级评估,并按照不同的危险等级安排不同的监舍,享受不同的处遇。并且在罪犯服刑期间,定期对罪犯进行风险评估,将罪犯在各戒备等级的监狱之间调动。从经费保障上看,高风险等级的罪犯(A 级)一年花费约 3 万英镑,低风险等级的罪犯(C 级)一年花费约 1.5 万英镑。澳大利亚全日监禁的罪犯每人每日花费为 222.9 澳元(综合开支),半开放式监禁的罪犯每人每日花费为 194.1 澳元(综合开支)。瑞典封闭式监狱每名罪犯每日花费 2400 克朗(约合 290 美元),开放式监狱每名罪犯每日花费 1600 克朗(约合 190 美元)。意大利低度戒备等级监狱的罪犯伙食费为每日 4 欧元,杂物费为每月 80 欧元,标准为每月 200 欧元(不含管理费用)。

(四)在押罪犯监禁成本

在押罪犯年人均监禁成本较高。世界刑罚发展的趋势之一是限制自由刑的适用。限制自由刑可以通过两个方面实现:一是判决时就从源头上减少自由刑的判罚;二是对罪犯实施非监禁处遇,即以社会化的行刑措施替代自由刑。

目前,社区矫正已被世界各国广泛使用。加拿大使用社区矫正的比例在全世界最高,达到79.76%,澳大利亚达到77.48%,新西兰为76.15%,法国为72.63%,美国为70.25%,韩国和俄罗斯较低,但也分别达到45.9%和44.58%。社区矫正的广泛使用,使监狱在押罪犯数量减少,如果财政拨款保持不变,则每名罪犯占用的监禁费用就较多。在押罪犯年人均监禁成本呈逐步上升的趋势。据欧盟发布的一项报告显示,荷兰的监狱成本高达平均每人每天 202 欧元,位居欧洲第五。报告显示,监狱成本最高的国家为瑞典,日均成本达 620 欧元,最低的国家为保加利亚,日均成本仅 3 欧元,欧盟平均水平为 103 欧元。

在涉及罪犯切实利益的医疗保障方面,国外监狱罪犯的医疗保障水平普遍较高。如英国实行全民免费医疗，罪犯的所有医疗费均由国家卫生部门一次拨付，罪犯年人均2000英镑。瑞士监狱罪犯医疗全部由国家保障，监狱的医疗都由所在地区医院负责，罪犯病重是否外出就诊、去哪家医院就诊，完全由医生决定。澳大利亚监狱一般设有监狱医院，医院在行政管理上并不从属于监狱，而是统一由州卫生部门负责和管理，卫生部门负责提供医疗设备和药品、培训医护人员、向医院统一派驻医护人员、管理监狱医院内医护人员的工资晋升等。帮助戒除毒瘾和酒瘾、控制和治疗精神病等有重大疾病的罪犯会产生数额不菲的医疗费用，但这些费用并不由矫正部门承担，而是统一由州卫生部门根据每年的预算安排全额拨付。即便实际发生费用超出原拨付额，监狱只需向卫生部门呈交相关费用清单即可获得追加拨款。

（五）中外监狱经费保障水平比较

国外监狱经费预算占国家财政总预算的比重明显高于我国。目前我国监狱生产收入在监狱经费收入来源中仍占一定比重，总体来看，我国的监狱经费财政保障水平低于西方发达国家。

另外，由于我国社区矫正的比例仍然偏低，监狱在押犯数量逐年攀升，造成了财政保障压力增大，罪犯保障水平难以提高的一个重要原因。

我国是一个发展中国家，完全靠增加投入来解决监狱经费保障的困难，会受到多方面的制约，也不符合我国实际国情。为此，应进一步加快健全监狱分类体系，切实将高度戒备监狱与中、低度戒备监狱的保障水平拉开差距。进一步扩大社区矫正的范围，降低在押罪犯数量，节约监狱成本。继续推进司法部门设施共建，实现资源共享，以减少重复投资，提高公共资金使用效益。同时，切实增强效益观念，促进监狱部门尽可能通过有效整合现有资源完成新的工作任务，从内涵和质量上提高监狱经费保障水平。

——— 案例 ———

美国的犯罪率高、“监狱人口”众多已成为全球公认的事实。据美国司法部司法统计局公布的资料显示，截至2009年9月，全美关押在监狱中或处于保释状态的接受管教人员达690万人之众，相当于美国成人人口总数的3.2%左右，且呈现增长趋势。其中联邦直属监狱的在押犯人数已超过预定限额的40%，在犯罪人口比例最高的路易斯安那州、密西西比州、得克萨斯州、俄克拉荷马州等，州属监狱的超负荷运转现象尤为突出。

从1980年至2000年的短短20年间，美国监狱的犯人总数剧增了4倍，原有的监狱设施远远不能满足需要，政府不得不大兴土木建造新的监狱。20世纪90年代，美国各州共建造了3300所新监狱,花费达250亿美元。为维持监狱的正常运转,全国每年还得投入高达300亿美元的管护经费。据统计,美国政府在监狱方面的投资是对教育投资的6倍多。

由于罪犯越来越多,美国联邦和各州政府在监狱兴建和管理上的开支也越来越大,公立监狱日渐陷入资金不足、管理混乱的尴尬局面。与此同时,虐待囚犯和监狱暴力事件时有发生,同性别犯人的暴力性侵犯等丑闻引起了国际人权观察组织的密切关注。为了应对这一局面,美国政府不得不将监狱逐步私营化,以求解救整个监狱行业。于是,美国私营监狱应运而生。

与公立监狱相比,私营监狱有以下优势:一是成立的手续比较简单。政府增建监狱要通过复杂的批准程序,资金还要受政府预算的限制。私人监狱只要有利润就能立即上马,而且通过市场融资可以节省20%的成本。二是私营监狱的人员管理比较灵活。管理人员上岗前至少需要经过150小时的培训,上岗后每年还要继续培训40小时。虽然他们的工资比较低,福利待遇也不如政府监狱里的监管人员,但公司通过给员工配股的办法,激励员工与公司同舟共济,努力工作。三是私营监狱有更强的创新动力。私营监狱要在市场中竞争占据更大的份额,就要不断改进监管技术。这使它们更愿意采取中央监控系统、热红外探测器、计算机管理系统等新的监管技术。

美国私营监狱业风生水起的同时,也招来了不少批评。美国的人权斗士们指责说,这些私营监狱对被关押者的健康保障有不足之处,有些公司对待非法移民就像对待罪犯一样,无必要地限制他们的行动。因此,有专家建议,与私营企业签订合同的政府机构至少要保证在每一所监狱派一个训练有素的监管人员。

根据上述材料分析:(1)私营监狱有何特点?(2)你认为私营监狱适合中国国情吗?为什么?

本章参考文献

[1]邵雷:《中外监狱管理比较研究》,吉林人民出版社2015年版。

[2]王怡然、郭远远:《外国监狱官员激励机制及其启示》,载《湖北第二师范学院学报》2015年第1期。

[3]张晶:《中外监狱哲学比较》,载《唯实》2011年第6期。

[4]张桂荣:《美国量刑与矫正改革及其经验借鉴》,载《中国司法》2019年第6期。

[5]张金革:《英国监所管理借鉴与思考》,载《警察技术》2016年第1期。

[6]夏宗素、朱济民:《中外监狱制度比较文集》,法律出版社2001年版。

[7]徐久生、田越光编译:《德国监狱制度——实践中的刑罚执行》,中国人民公安大学出版社1993年版。

[8]吴宗宪:《当代西方监狱学》,法律出版社2005年版。

[9]司法部监狱管理局:《外国监狱法规汇编》(五),中国政法大学出版社2002年版。

[10]中华人民共和国司法部:《亚太地区矫正现状与展望》,中国工商出版社 2000 年版。
[11]潘华仿:《外国监狱史》,社会科学文献出版社 1994 年版。
[12]郭建安:《联合国监狱管理规范概述》,法律出版社 2001 年版。
[13]郭建安主编:《西方监狱制度概论》,法律出版社 2003 年版。

附　录

中华人民共和国公务员法

（2005 年 4 月 27 日第十届全国人民代表大会常务委员会第十五次会议通过　根据 2017 年 9 月 1 日第十二届全国人民代表大会常务委员会第二十九次会议《关于修改〈中华人民共和国法官法〉等八部法律的决定》修正　2018 年 12 月 29 日第十三届全国人民代表大会常务委员会第七次会议修订）

第一章　总　　则

第一条　为了规范公务员的管理，保障公务员的合法权益，加强对公务员的监督，促进公务员正确履职尽责，建设信念坚定、为民服务、勤政务实、敢于担当、清正廉洁的高素质专业化公务员队伍，根据宪法，制定本法。

第二条　本法所称公务员，是指依法履行公职、纳入国家行政编制、由国家财政负担工资福利的工作人员。

公务员是干部队伍的重要组成部分，是社会主义事业的中坚力量，是人民的公仆。

第三条　公务员的义务、权利和管理，适用本法。

法律对公务员中领导成员的产生、任免、监督以及监察官、法官、检察官等的义务、权利和管理另有规定的，从其规定。

第四条　公务员制度坚持中国共产党领导，坚持以马克思列宁主义、毛泽东思想、邓小平理论、“三个代表”重要思想、科学发展观、习近平新时代中国特色社会主义思想为指导，贯彻社会主义初级阶段的基本路线，贯彻新时代中国共产党的组织路线，坚持党管干部原则。

第五条　公务员的管理，坚持公开、平等、竞争、择优的原则，依照法定的权限、条件、标准和程序进行。

第六条　公务员的管理，坚持监督约束与激励保障并重的原则。

第七条　公务员的任用，坚持德才兼备、以德为先，坚持五湖四海、任人唯贤，坚持事业为上、公道正派，突出政治标准，注重工作实绩。

第八条　国家对公务员实行分类管理，提高管理效能和科学化水平。

第九条　公务员就职时应当依照法律规定公开进行宪法宣誓。

第十条　公务员依法履行职责的行为，受法律保护。

第十一条　公务员工资、福利、保险以及录用、奖励、培训、辞退等所需经费，列入财政预算，予以保障。

第十二条　中央公务员主管部门负责全国公务员的综合管理工作。县级以上地方各级公务员主管部门负责本辖区内公务员的综合管理工作。上级公务员主管部门指导下级公务员主管部门的公务员管理工作。各级公务员主管部门指导同级各机关的公务员管理工作。

第二章　公务员的条件、义务与权利

第十三条　公务员应当具备下列条件：

（一）具有中华人民共和国国籍；

（二）年满十八周岁；

（三）拥护中华人民共和国宪法，拥护中国共产党领导和社会主义制度；

（四）具有良好的政治素质和道德品行；

（五）具有正常履行职责的身体条件和心理素质；

（六）具有符合职位要求的文化程度和工作能力；

（七）法律规定的其他条件。

第十四条　公务员应当履行下列义务：

（一）忠于宪法，模范遵守、自觉维护宪法和法律，自觉接受中国共产党领导；

（二）忠于国家，维护国家的安全、荣誉和利益；

（三）忠于人民，全心全意为人民服务，接受人民监督；

（四）忠于职守，勤勉尽责，服从和执行上级依法作出的决定和命令，按照规定的权限和程序履行职责，努力提高工作质量和效率；

（五）保守国家秘密和工作秘密；

（六）带头践行社会主义核心价值观，坚守法治，遵守纪律，恪守职业道德，模范遵守社会公德、家庭美德；

（七）清正廉洁，公道正派；

（八）法律规定的其他义务。

第十五条　公务员享有下列权利：

(一)获得履行职责应当具有的工作条件;

(二)非因法定事由、非经法定程序,不被免职、降职、辞退或者处分;

(三)获得工资报酬,享受福利、保险待遇;

(四)参加培训;

(五)对机关工作和领导人员提出批评和建议;

(六)提出申诉和控告;

(七)申请辞职;

(八)法律规定的其他权利。

第三章 职务、职级与级别

第十六条 国家实行公务员职位分类制度。

公务员职位类别按照公务员职位的性质、特点和管理需要,划分为综合管理类、专业技术类和行政执法类等类别。根据本法,对于具有职位特殊性,需要单独管理的,可以增设其他职位类别。各职位类别的适用范围由国家另行规定。

第十七条 国家实行公务员职务与职级并行制度,根据公务员职位类别和职责设置公务员领导职务、职级序列。

第十八条 公务员领导职务根据宪法、有关法律和机构规格设置。

领导职务层次分为:国家级正职、国家级副职、省部级正职、省部级副职、厅局级正职、厅局级副职、县处级正职、县处级副职、乡科级正职、乡科级副职。

第十九条 公务员职级在厅局级以下设置。

综合管理类公务员职级序列分为:一级巡视员、二级巡视员、一级调研员、二级调研员、三级调研员、四级调研员、一级主任科员、二级主任科员、三级主任科员、四级主任科员、一级科员、二级科员。

综合管理类以外其他职位类别公务员的职级序列,根据本法由国家另行规定。

第二十条 各机关依照确定的职能、规格、编制限额、职数以及结构比例,设置本机关公务员的具体职位,并确定各职位的工作职责和任职资格条件。

第二十一条 公务员的领导职务、职级应当对应相应的级别。公务员领导职务、职级与级别的对应关系,由国家规定。

根据工作需要和领导职务与职级的对应关系,公务员担任的领导职务和职级可以互相转任、兼任;符合规定资格条件的,可以晋升领导职务或者职级。

公务员的级别根据所任领导职务、职级及其德才表现、工作实绩和资历确定。公务员在同一领导职务、职级上,可以按照国家规定晋升级别。

公务员的领导职务、职级与级别是确定公务员工资以及其他待遇的依据。

第二十二条 国家根据人民警察、消防救援人员以及海关、驻外外交机构等公务员的工作特点,设置与其领导职务、职级相对应的衔级。

第四章 录 用

第二十三条 录用担任一级主任科员以下及其他相当职级层次的公务员,采取公开考试、严格考察、平等竞争、择优录取的办法。

民族自治地方依照前款规定录用公务员时,依照法律和有关规定对少数民族报考者予以适当照顾。

第二十四条 中央机关及其直属机构公务员的录用,由中央公务员主管部门负责组织。地方各级机关公务员的录用,由省级公务员主管部门负责组织,必要时省级公务员主管部门可以授权设区的市级公务员主管部门组织。

第二十五条 报考公务员,除应当具备本法第十三条规定的条件以外,还应当具备省级以上公务员主管部门规定的拟任职位所要求的资格条件。

国家对行政机关中初次从事行政处罚决定审核、行政复议、行政裁决、法律顾问的公务员实行统一法律职业资格考试制度,由国务院司法行政部门商有关部门组织实施。

第二十六条 下列人员不得录用为公务员:

(一)因犯罪受过刑事处罚的;

(二)被开除中国共产党党籍的;

(三)被开除公职的;

(四)被依法列为失信联合惩戒对象的;

(五)有法律规定不得录用为公务员的其他情形的。

第二十七条 录用公务员,应当在规定的编制限额内,并有相应的职位空缺。

第二十八条 录用公务员,应当发布招考公告。招考公告应当载明招考的职位、名额、报考资格条件、报考需要提交的申请材料以及其他报考须知事项。

招录机关应当采取措施,便利公民报考。

第二十九条 招录机关根据报考资格条件对报考申请进行审查。报考者提交的申请材料应当真实、准确。

第三十条 公务员录用考试采取笔试和面试等方式进行,考试内容根据公务员应当具备的基本能力和不同职位类别、不同层级机关分别设置。

第三十一条 招录机关根据考试成绩确定考察人选,并进行报考资格复审、考察和体检。

体检的项目和标准根据职位要求确定。具体办法由中央公务员主管部门会同国务院卫生健康行政部门规定。

第三十二条 招录机关根据考试成绩、考察情况和体检结果，提出拟录用人员名单，并予以公示。公示期不少于五个工作日。

公示期满，中央一级招录机关应当将拟录用人员名单报中央公务员主管部门备案；地方各级招录机关应当将拟录用人员名单报省级或者设区的市级公务员主管部门审批。

第三十三条 录用特殊职位的公务员，经省级以上公务员主管部门批准，可以简化程序或者采用其他测评办法。

第三十四条 新录用的公务员试用期为一年。试用期满合格的，予以任职；不合格的，取消录用。

第五章 考 核

第三十五条 公务员的考核应当按照管理权限，全面考核公务员的德、能、勤、绩、廉，重点考核政治素质和工作实绩。考核指标根据不同职位类别、不同层级机关分别设置。

第三十六条 公务员的考核分为平时考核、专项考核和定期考核等方式。定期考核以平时考核、专项考核为基础。

第三十七条 非领导成员公务员的定期考核采取年度考核的方式。先由个人按照职位职责和有关要求进行总结，主管领导在听取群众意见后，提出考核等次建议，由本机关负责人或者授权的考核委员会确定考核等次。

领导成员的考核由主管机关按照有关规定办理。

第三十八条 定期考核的结果分为优秀、称职、基本称职和不称职四个等次。

定期考核的结果应当以书面形式通知公务员本人。

第三十九条 定期考核的结果作为调整公务员职位、职务、职级、级别、工资以及公务员奖励、培训、辞退的依据。

第六章 职务、职级任免

第四十条 公务员领导职务实行选任制、委任制和聘任制。公务员职级实行委任制和聘任制。

领导成员职务按照国家规定实行任期制。

第四十一条　选任制公务员在选举结果生效时即任当选职务;任期届满不再连任或者任期内辞职、被罢免、被撤职的,其所任职务即终止。

第四十二条　委任制公务员试用期满考核合格,职务、职级发生变化,以及其他情形需要任免职务、职级的,应当按照管理权限和规定的程序任免。

第四十三条　公务员任职应当在规定的编制限额和职数内进行,并有相应的职位空缺。

第四十四条　公务员因工作需要在机关外兼职,应当经有关机关批准,并不得领取兼职报酬。

第七章　职务、职级升降

第四十五条　公务员晋升领导职务,应当具备拟任职务所要求的政治素质、工作能力、文化程度和任职经历等方面的条件和资格。

公务员领导职务应当逐级晋升。特别优秀的或者工作特殊需要的,可以按照规定破格或者越级晋升。

第四十六条　公务员晋升领导职务,按照下列程序办理:

(一)动议;

(二)民主推荐;

(三)确定考察对象,组织考察;

(四)按照管理权限讨论决定;

(五)履行任职手续。

第四十七条　厅局级正职以下领导职务出现空缺且本机关没有合适人选的,可以通过适当方式面向社会选拔任职人选。

第四十八条　公务员晋升领导职务的,应当按照有关规定实行任职前公示制度和任职试用期制度。

第四十九条　公务员职级应当逐级晋升,根据个人德才表现、工作实绩和任职资历,参考民主推荐或者民主测评结果确定人选,经公示后,按照管理权限审批。

第五十条　公务员的职务、职级实行能上能下。对不适宜或者不胜任现任职务、职级的,应当进行调整。

公务员在年度考核中被确定为不称职的,按照规定程序降低一个职务或者职级层次任职。

第八章　奖　　励

第五十一条　对工作表现突出,有显著成绩和贡献,或者有其他突出事迹的公务员或者公务员集体,给予奖励。奖励坚持定期奖励与及时奖励相结合,精神奖励与物质奖励相结合、以精神奖励为主的原则。

公务员集体的奖励适用于按照编制序列设置的机构或者为完成专项任务组成的工作集体。

第五十二条 公务员或者公务员集体有下列情形之一的,给予奖励:

(一)忠于职守,积极工作,勇于担当,工作实绩显著的;

(二)遵纪守法,廉洁奉公,作风正派,办事公道,模范作用突出的;

(三)在工作中有发明创造或者提出合理化建议,取得显著经济效益或者社会效益的;

(四)为增进民族团结,维护社会稳定做出突出贡献的;

(五)爱护公共财产,节约国家资财有突出成绩的;

(六)防止或者消除事故有功,使国家和人民群众利益免受或者减少损失的;

(七)在抢险、救灾等特定环境中做出突出贡献的;

(八)同违纪违法行为作斗争有功绩的;

(九)在对外交往中为国家争得荣誉和利益的;

(十)有其他突出功绩的。

第五十三条 奖励分为:嘉奖、记三等功、记二等功、记一等功、授予称号。

对受奖励的公务员或者公务员集体予以表彰,并对受奖励的个人给予一次性奖金或者其他待遇。

第五十四条 给予公务员或者公务员集体奖励,按照规定的权限和程序决定或者审批。

第五十五条 按照国家规定,可以向参与特定时期、特定领域重大工作的公务员颁发纪念证书或者纪念章。

第五十六条 公务员或者公务员集体有下列情形之一的,撤销奖励:

(一)弄虚作假,骗取奖励的;

(二)申报奖励时隐瞒严重错误或者严重违反规定程序的;

(三)有严重违纪违法等行为,影响称号声誉的;

(四)有法律、法规规定应当撤销奖励的其他情形的。

第九章 监督与惩戒

第五十七条 机关应当对公务员的思想政治、履行职责、作风表现、遵纪守法等情况进行监督,开展勤政廉政教育,建立日常管理监督制度。

对公务员监督发现问题的，应当区分不同情况，予以谈话提醒、批评教育、责令检查、诫勉、组织调整、处分。

对公务员涉嫌职务违法和职务犯罪的，应当依法移送监察机关处理。

第五十八条 公务员应当自觉接受监督，按照规定请示报告工作、报告个人有关事项。

第五十九条 公务员应当遵纪守法，不得有下列行为：

（一）散布有损宪法权威、中国共产党和国家声誉的言论，组织或者参加旨在反对宪法、中国共产党领导和国家的集会、游行、示威等活动；

（二）组织或者参加非法组织，组织或者参加罢工；

（三）挑拨、破坏民族关系，参加民族分裂活动或者组织、利用宗教活动破坏民族团结和社会稳定；

（四）不担当，不作为，玩忽职守，贻误工作；

（五）拒绝执行上级依法作出的决定和命令；

（六）对批评、申诉、控告、检举进行压制或者打击报复；

（七）弄虚作假，误导、欺骗领导和公众；

（八）贪污贿赂，利用职务之便为自己或者他人谋取私利；

（九）违反财经纪律，浪费国家资财；

（十）滥用职权，侵害公民、法人或者其他组织的合法权益；

（十一）泄露国家秘密或者工作秘密；

（十二）在对外交往中损害国家荣誉和利益；

（十三）参与或者支持色情、吸毒、赌博、迷信等活动；

（十四）违反职业道德、社会公德和家庭美德；

（十五）违反有关规定参与禁止的网络传播行为或者网络活动；

（十六）违反有关规定从事或者参与营利性活动，在企业或者其他营利性组织中兼任职务；

（十七）旷工或者因公外出、请假期满无正当理由逾期不归；

（十八）违纪违法的其他行为。

第六十条 公务员执行公务时，认为上级的决定或者命令有错误的，可以向上级提出改正或者撤销该决定或者命令的意见；上级不改变该决定或者命令，或者要求立即执行的，公务员应当执行该决定或者命令，执行的后果由上级负责，公务员不承担责任；但是，公务员执行明显违法的决定或者命令的，应当依法承担相应的责任。

第六十一条 公务员因违纪违法应当承担纪律责任的，依照本法给予处分或者由监察机关依法给予政务处分；违纪违法行为情节轻微，经批评教育后改正的，可以免予处分。

对同一违纪违法行为，监察机关已经作出政务处分决定的，公务员所在机关不再给予处分。

第六十二条 处分分为：警告、记过、记大过、降级、撤职、开除。

第六十三条 对公务员的处分，应当事实清楚、证据确凿、定性准确、处理恰当、程序合法、手续完备。

公务员违纪违法的，应当由处分决定机关决定对公务员违纪违法的情况进行调查，并将调查认定的事实以及拟给予处分的依据告知公务员本人。公务员有权进行陈述和申辩；处分决定机关不得因公务员申辩而加重处分。

处分决定机关认为对公务员应当给予处分的，应当在规定的期限内，按照管理权限和规定的程序作出处分决定。处分决定应当以书面形式通知公务员本人。

第六十四条 公务员在受处分期间不得晋升职务、职级和级别，其中受记过、记大过、降级、撤职处分的，不得晋升工资档次。

受处分的期间为：警告，六个月；记过，十二个月；记大过，十八个月；降级、撤职，二十四个月。受撤职处分的，按照规定降低级别。

第六十五条 公务员受开除以外的处分，在受处分期间有悔改表现，并且没有再发生违纪违法行为的，处分期满后自动解除。

解除处分后，晋升工资档次、级别和职务、职级不再受原处分的影响。但是，解除降级、撤职处分的，不视为恢复原级别、原职务、原职级。

第十章 培　　训

第六十六条 机关根据公务员工作职责的要求和提高公务员素质的需要，对公务员进行分类分级培训。

国家建立专门的公务员培训机构。机关根据需要也可以委托其他培训机构承担公务员培训任务。

第六十七条 机关对新录用人员应当在试用期内进行初任培训；对晋升领导职务的公务员应当在任职前或者任职后一年内进行任职培训；对从事专项工作的公务员应当进行专门业务培训；对全体公务员应当进行提高政治素质和工作能力、更新知识的在职培训，其中对专业技术类公务员应当进行专业技术培训。

国家有计划地加强对优秀年轻公务员的培训。

第六十八条 公务员的培训实行登记管理。

公务员参加培训的时间由公务员主管部门按照本法第六十七条规定的培训要求予以确定。

公务员培训情况、学习成绩作为公务员考核的内容和任职、晋升的依据之一。

第十一章 交流与回避

第六十九条 国家实行公务员交流制度。

公务员可以在公务员和参照本法管理的工作人员队伍内部交流,也可以与国有企业和不参照本法管理的事业单位中从事公务的人员交流。

交流的方式包括调任、转任。

第七十条 国有企业、高等院校和科研院所以及其他不参照本法管理的事业单位中从事公务的人员,可以调入机关担任领导职务或者四级调研员以上及其他相当层次的职级。

调任人选应当具备本法第十三条规定的条件和拟任职位所要求的资格条件,并不得有本法第二十六条规定的情形。调任机关应当根据上述规定,对调任人选进行严格考察,并按照管理权限审批,必要时可以对调任人选进行考试。

第七十一条 公务员在不同职位之间转任应当具备拟任职位所要求的资格条件,在规定的编制限额和职数内进行。

对省部级正职以下的领导成员应当有计划、有重点地实行跨地区、跨部门转任。

对担任机关内设机构领导职务和其他工作性质特殊的公务员,应当有计划地在本机关内转任。

上级机关应当注重从基层机关公开遴选公务员。

第七十二条 根据工作需要,机关可以采取挂职方式选派公务员承担重大工程、重大项目、重点任务或者其他专项工作。

公务员在挂职期间,不改变与原机关的人事关系。

第七十三条 公务员应当服从机关的交流决定。

公务员本人申请交流的,按照管理权限审批。

第七十四条 公务员之间有夫妻关系、直系血亲关系、三代以内旁系血亲关系以及近姻亲关系的,不得在同一机关双方直接隶属于同一领导人员的职位或者有直接上下级领导关系的职位工作,也不得在其中一方担任领导职务的机关从事组织、人事、纪检、监察、审计和财务工作。

公务员不得在其配偶、子女及其配偶经营的企业、营利性组织的行业监管或者主管部门担任领导成员。

因地域或者工作性质特殊，需要变通执行任职回避的，由省级以上公务员主管部门规定。

第七十五条 公务员担任乡级机关、县级机关、设区的市级机关及其有关部门主要领导职务的，应当按照有关规定实行地域回避。

第七十六条 公务员执行公务时，有下列情形之一的，应当回避：

（一）涉及本人利害关系的；

（二）涉及与本人有本法第七十四条第一款所列亲属关系人员的利害关系的；

（三）其他可能影响公正执行公务的。

第七十七条 公务员有应当回避情形的，本人应当申请回避；利害关系人有权申请公务员回避。其他人员可以向机关提供公务员需要回避的情况。

机关根据公务员本人或者利害关系人的申请，经审查后作出是否回避的决定，也可以不经申请直接作出回避决定。

第七十八条 法律对公务员回避另有规定的，从其规定。

第十二章 工资、福利与保险

第七十九条 公务员实行国家统一规定的工资制度。

公务员工资制度贯彻按劳分配的原则，体现工作职责、工作能力、工作实绩、资历等因素，保持不同领导职务、职级、级别之间的合理工资差距。

国家建立公务员工资的正常增长机制。

第八十条 公务员工资包括基本工资、津贴、补贴和奖金。

公务员按照国家规定享受地区附加津贴、艰苦边远地区津贴、岗位津贴等津贴。

公务员按照国家规定享受住房、医疗等补贴、补助。

公务员在定期考核中被确定为优秀、称职的，按照国家规定享受年终奖金。

公务员工资应当按时足额发放。

第八十一条 公务员的工资水平应当与国民经济发展相协调、与社会进步相适应。

国家实行工资调查制度，定期进行公务员和企业相当人员工资水平的调查比较，并将工资调查比较结果作为调整公务员工资水平的依据。

第八十二条 公务员按照国家规定享受福利待遇。国家根据经济社会发展水平提高公务员的福利待遇。

公务员执行国家规定的工时制度，按照国家规定享受休假。公务员在法定工作日之外加班的，应当给予相应的补休，不能补休的按照国家规定给予补助。

第八十三条 公务员依法参加社会保险，按照国家规定享受保险待遇。

公务员因公牺牲或者病故的，其亲属享受国家规定的抚恤和优待。

第八十四条 任何机关不得违反国家规定自行更改公务员工资、福利、保险政策，擅自提高或者降低公务员的工资、福利、保险待遇。任何机关不得扣减或者拖欠公务员的工资。

第十三章 辞职与辞退

第八十五条 公务员辞去公职，应当向任免机关提出书面申请。任免机关应当自接到申请之日起三十日内予以审批，其中对领导成员辞去公职的申请，应当自接到申请之日起九十日内予以审批。

第八十六条 公务员有下列情形之一的，不得辞去公职：

（一）未满国家规定的最低服务年限的；

（二）在涉及国家秘密等特殊职位任职或者离开上述职位不满国家规定的脱密期限的；

（三）重要公务尚未处理完毕，且须由本人继续处理的；

（四）正在接受审计、纪律审查、监察调查，或者涉嫌犯罪，司法程序尚未终结的；

（五）法律、行政法规规定的其他不得辞去公职的情形。

第八十七条 担任领导职务的公务员，因工作变动依照法律规定需要辞去现任职务的，应当履行辞职手续。

担任领导职务的公务员，因个人或者其他原因，可以自愿提出辞去领导职务。

领导成员因工作严重失误、失职造成重大损失或者恶劣社会影响的，或者对重大事故负有领导责任的，应当引咎辞去领导职务。

领导成员因其他原因不再适合担任现任领导职务的，或者应当引咎辞职本人不提出辞职的，应当责令其辞去领导职务。

第八十八条 公务员有下列情形之一的，予以辞退：

（一）在年度考核中，连续两年被确定为不称职的；

（二）不胜任现职工作，又不接受其他安排的；

（三）因所在机关调整、撤销、合并或者缩减编制员额需要调整工作，本人拒绝合理安排的；

(四)不履行公务员义务，不遵守法律和公务员纪律，经教育仍无转变，不适合继续在机关工作，又不宜给予开除处分的；

(五)旷工或者因公外出、请假期满无正当理由逾期不归连续超过十五天，或者一年内累计超过三十天的。

第八十九条 对有下列情形之一的公务员，不得辞退：

(一)因公致残，被确认丧失或者部分丧失工作能力的；

(二)患病或者负伤，在规定的医疗期内的；

(三)女性公务员在孕期、产假、哺乳期内的；

(四)法律、行政法规规定的其他不得辞退的情形。

第九十条 辞退公务员，按照管理权限决定。辞退决定应当以书面形式通知被辞退的公务员，并应当告知辞退依据和理由。

被辞退的公务员，可以领取辞退费或者根据国家有关规定享受失业保险。

第九十一条 公务员辞职或者被辞退，离职前应当办理公务交接手续，必要时按照规定接受审计。

第十四章 退 休

第九十二条 公务员达到国家规定的退休年龄或者完全丧失工作能力的，应当退休。

第九十三条 公务员符合下列条件之一的，本人自愿提出申请，经任免机关批准，可以提前退休：

(一)工作年限满三十年的；

(二)距国家规定的退休年龄不足五年，且工作年限满二十年的；

(三)符合国家规定的可以提前退休的其他情形的。

第九十四条 公务员退休后，享受国家规定的养老金和其他待遇，国家为其生活和健康提供必要的服务和帮助，鼓励发挥个人专长，参与社会发展。

第十五章 申诉与控告

第九十五条 公务员对涉及本人的下列人事处理不服的，可以自知道该人事处理之日起三十日内向原处理机关申请复核；对复核结果不服的，可以自接到复核决定之日起十五日内，按照规定向同级公务员主管部门或者作出该人事处理的机关的上一级机关提出申诉；也可以不经复核，自知道该人事处理之日起三十日内直接提出申诉：

（一）处分；

（二）辞退或者取消录用；

（三）降职；

（四）定期考核定为不称职；

（五）免职；

（六）申请辞职、提前退休未予批准；

（七）不按照规定确定或者扣减工资、福利、保险待遇；

（八）法律、法规规定可以申诉的其他情形。

对省级以下机关作出的申诉处理决定不服的，可以向作出处理决定的上一级机关提出再申诉。

受理公务员申诉的机关应当组成公务员申诉公正委员会，负责受理和审理公务员的申诉案件。

公务员对监察机关作出的涉及本人的处理决定不服向监察机关申请复审、复核的，按照有关规定办理。

第九十六条　原处理机关应当自接到复核申请书后的三十日内作出复核决定，并以书面形式告知申请人。受理公务员申诉的机关应当自受理之日起六十日内作出处理决定；案情复杂的，可以适当延长，但是延长时间不得超过三十日。

复核、申诉期间不停止人事处理的执行。

公务员不因申请复核、提出申诉而被加重处理。

第九十七条　公务员申诉的受理机关审查认定人事处理有错误的，原处理机关应当及时予以纠正。

第九十八条　公务员认为机关及其领导人员侵犯其合法权益的，可以依法向上级机关或者监察机关提出控告。受理控告的机关应当按照规定及时处理。

第九十九条　公务员提出申诉、控告，应当尊重事实，不得捏造事实，诬告、陷害他人。对捏造事实，诬告、陷害他人的，依法追究法律责任。

第十六章　职位聘任

第一百条　机关根据工作需要，经省级以上公务员主管部门批准，可以对专业性较强的职位和辅助性职位实行聘任制。

前款所列职位涉及国家秘密的，不实行聘任制。

第一百零一条　机关聘任公务员可以参照公务员考试录用的程序进行公开招

聘,也可以从符合条件的人员中直接选聘。

机关聘任公务员应当在规定的编制限额和工资经费限额内进行。

第一百零二条 机关聘任公务员,应当按照平等自愿、协商一致的原则,签订书面的聘任合同,确定机关与所聘公务员双方的权利、义务。聘任合同经双方协商一致可以变更或者解除。

聘任合同的签订、变更或者解除,应当报同级公务员主管部门备案。

第一百零三条 聘任合同应当具备合同期限,职位及其职责要求,工资、福利、保险待遇,违约责任等条款。

聘任合同期限为一年至五年。聘任合同可以约定试用期,试用期为一个月至十二个月。

聘任制公务员实行协议工资制,具体办法由中央公务员主管部门规定。

第一百零四条 机关依据本法和聘任合同对所聘公务员进行管理。

第一百零五条 聘任制公务员与所在机关之间因履行聘任合同发生争议的,可以自争议发生之日起六十日内申请仲裁。

省级以上公务员主管部门根据需要设立人事争议仲裁委员会,受理仲裁申请。人事争议仲裁委员会由公务员主管部门的代表、聘用机关的代表、聘任制公务员的代表以及法律专家组成。

当事人对仲裁裁决不服的,可以自接到仲裁裁决书之日起十五日内向人民法院提起诉讼。仲裁裁决生效后,一方当事人不履行的,另一方当事人可以申请人民法院执行。

第十七章　法 律 责 任

第一百零六条 对有下列违反本法规定情形的,由县级以上领导机关或者公务员主管部门按照管理权限,区别不同情况,分别予以责令纠正或者宣布无效;对负有责任的领导人员和直接责任人员,根据情节轻重,给予批评教育、责令检查、诫勉、组织调整、处分;构成犯罪的,依法追究刑事责任:

(一)不按照编制限额、职数或者任职资格条件进行公务员录用、调任、转任、聘任和晋升的;

(二)不按照规定条件进行公务员奖惩、回避和办理退休的;

(三)不按照规定程序进行公务员录用、调任、转任、聘任、晋升以及考核、奖惩的;

(四)违反国家规定,更改公务员工资、福利、保险待遇标准的;

（五）在录用、公开遴选等工作中发生泄露试题、违反考场纪律以及其他严重影响公开、公正行为的；

（六）不按照规定受理和处理公务员申诉、控告的；

（七）违反本法规定的其他情形的。

第一百零七条　公务员辞去公职或者退休的，原系领导成员、县处级以上领导职务的公务员在离职三年内，其他公务员在离职两年内，不得到与原工作业务直接相关的企业或者其他营利性组织任职，不得从事与原工作业务直接相关的营利性活动。

公务员辞去公职或者退休后有违反前款规定行为的，由其原所在机关的同级公务员主管部门责令限期改正；逾期不改正的，由县级以上市场监管部门没收该人员从业期间的违法所得，责令接收单位将该人员予以清退，并根据情节轻重，对接收单位处以被处罚人员违法所得一倍以上五倍以下的罚款。

第一百零八条　公务员主管部门的工作人员，违反本法规定，滥用职权、玩忽职守、徇私舞弊，构成犯罪的，依法追究刑事责任；尚不构成犯罪的，给予处分或者由监察机关依法给予政务处分。

第一百零九条　在公务员录用、聘任等工作中，有隐瞒真实信息、弄虚作假、考试作弊、扰乱考试秩序等行为的，由公务员主管部门根据情节作出考试成绩无效、取消资格、限制报考等处理；情节严重的，依法追究法律责任。

第一百一十条　机关因错误的人事处理对公务员造成名誉损害的，应当赔礼道歉、恢复名誉、消除影响；造成经济损失的，应当依法给予赔偿。

第十八章　附　　则

第一百一十一条　本法所称领导成员，是指机关的领导人员，不包括机关内设机构担任领导职务的人员。

第一百一十二条　法律、法规授权的具有公共事务管理职能的事业单位中除工勤人员以外的工作人员，经批准参照本法进行管理。

第一百一十三条　本法自 2019 年 6 月 1 日起施行。

中华人民共和国人民警察法

（1995年2月28日第八届全国人民代表大会常务委员会第十二次会议通过　根据2012年10月26日第十一届全国人民代表大会常务委员会第二十九次会议《关于修改〈中华人民共和国人民警察法〉的决定》修正）

第一章　总　　则

第一条　为了维护国家安全和社会治安秩序，保护公民的合法权益，加强人民警察的队伍建设，从严治警，提高人民警察的素质，保障人民警察依法行使职权，保障改革开放和社会主义现代化建设的顺利进行，根据宪法，制定本法。

第二条　人民警察的任务是维护国家安全，维护社会治安秩序，保护公民的人身安全、人身自由和合法财产，保护公共财产，预防、制止和惩治违法犯罪活动。

人民警察包括公安机关、国家安全机关、监狱、劳动教养管理机关的人民警察和人民法院、人民检察院的司法警察。

第三条　人民警察必须依靠人民的支持，保持同人民的密切联系，倾听人民的意见和建议，接受人民的监督，维护人民的利益，全心全意为人民服务。

第四条　人民警察必须以宪法和法律为活动准则，忠于职守，清正廉洁，纪律严明，服从命令，严格执法。

第五条　人民警察依法执行职务，受法律保护。

第二章　职　　权

第六条　公安机关的人民警察按照职责分工，依法履行下列职责：

（一）预防、制止和侦查违法犯罪活动；

（二）维护社会治安秩序，制止危害社会治安秩序的行为；

（三）维护交通安全和交通秩序，处理交通事故；

（四）组织、实施消防工作，实行消防监督；

（五）管理枪支弹药、管制刀具和易燃易爆、剧毒、放射性等危险物品；

（六）对法律、法规规定的特种行业进行管理；

（七）警卫国家规定的特定人员，守卫重要的场所和设施；

（八）管理集会、游行、示威活动；

（九）管理户政、国籍、入境出境事务和外国人在中国境内居留、旅行的有关事务；

（十）维护国（边）境地区的治安秩序；

（十一）对被判处拘役、剥夺政治权利的罪犯执行刑罚；

（十二）监督管理计算机信息系统的安全保护工作；

（十三）指导和监督国家机关、社会团体、企业事业组织和重点建设工程的治安保卫工作，指导治安保卫委员会等群众性组织的治安防范工作；

（十四）法律、法规规定的其他职责。

第七条 公安机关的人民警察对违反治安管理或者其他公安行政管理法律、法规的个人或者组织，依法可以实施行政强制措施、行政处罚。

第八条 公安机关的人民警察对严重危害社会治安秩序或者威胁公共安全的人员，可以强行带离现场、依法予以拘留或者采取法律规定的其他措施。

第九条 为维护社会治安秩序，公安机关的人民警察对有违法犯罪嫌疑的人员，经出示相应证件，可以当场盘问、检查；经盘问、检查，有下列情形之一的，可以将其带至公安机关，经该公安机关批准，对其继续盘问：

（一）被指控有犯罪行为的；

（二）有现场作案嫌疑的；

（三）有作案嫌疑身份不明的；

（四）携带的物品有可能是赃物的。

对被盘问人的留置时间自带至公安机关之时起不超过二十四小时，在特殊情况下，经县级以上公安机关批准，可以延长至四十八小时，并应当留有盘问记录。对于批准继续盘问的，应当立即通知其家属或者其所在单位。对于不批准继续盘问的，应当立即释放被盘问人。

经继续盘问，公安机关认为对被盘问人需要依法采取拘留或者其他强制措施的，应当在前款规定的期间作出决定；在前款规定的期间不能作出上述决定的，应当立即释放被盘问人。

第十条 遇有拒捕、暴乱、越狱、抢夺枪支或者其他暴力行为的紧急情况，公安机关的人民警察依照国家有关规定可以使用武器。

第十一条 为制止严重违法犯罪活动的需要，公安机关的人民警察依照国家有关规定可以使用警械。

第十二条 为侦查犯罪活动的需要,公安机关的人民警察可以依法执行拘留、搜查、逮捕或者其他强制措施。

第十三条 公安机关的人民警察因履行职责的紧急需要,经出示相应证件,可以优先乘坐公共交通工具,遇交通阻碍时,优先通行。

公安机关因侦查犯罪的需要,必要时,按照国家有关规定,可以优先使用机关、团体、企业事业组织和个人的交通工具、通信工具、场地和建筑物,用后应当及时归还,并支付适当费用;造成损失的,应当赔偿。

第十四条 公安机关的人民警察对严重危害公共安全或者他人人身安全的精神病人,可以采取保护性约束措施。需要送往指定的单位、场所加以监护的,应当报请县级以上人民政府公安机关批准,并及时通知其监护人。

第十五条 县级以上人民政府公安机关,为预防和制止严重危害社会治安秩序的行为,可以在一定的区域和时间,限制人员、车辆的通行或者停留,必要时可以实行交通管制。

公安机关的人民警察依照前款规定,可以采取相应的交通管制措施。

第十六条 公安机关因侦查犯罪的需要,根据国家有关规定,经过严格的批准手续,可以采取技术侦察措施。

第十七条 县级以上人民政府公安机关,经上级公安机关和同级人民政府批准,对严重危害社会治安秩序的突发事件,可以根据情况实行现场管制。

公安机关的人民警察依照前款规定,可以采取必要手段强行驱散,并对拒不服从的人员强行带离现场或者立即予以拘留。

第十八条 国家安全机关、监狱、劳动教养管理机关的人民警察和人民法院、人民检察院的司法警察,分别依照有关法律、行政法规的规定履行职权。

第十九条 人民警察在非工作时间,遇有其职责范围内的紧急情况,应当履行职责。

第三章　义务和纪律

第二十条 人民警察必须做到:

(一)秉公执法,办事公道;

(二)模范遵守社会公德;

(三)礼貌待人,文明执勤;

(四)尊重人民群众的风俗习惯。

第二十一条　人民警察遇到公民人身、财产安全受到侵犯或者处于其他危难情形，应当立即救助；对公民提出解决纠纷的要求，应当给予帮助；对公民的报警案件，应当及时查处。

人民警察应当积极参加抢险救灾和社会公益工作。

第二十二条　人民警察不得有下列行为：

（一）散布有损国家声誉的言论，参加非法组织，参加旨在反对国家的集会、游行、示威等活动，参加罢工；

（二）泄露国家秘密、警务工作秘密；

（三）弄虚作假，隐瞒案情，包庇、纵容违法犯罪活动；

（四）刑讯逼供或者体罚、虐待人犯；

（五）非法剥夺、限制他人人身自由，非法搜查他人的身体、物品、住所或者场所；

（六）敲诈勒索或者索取、收受贿赂；

（七）殴打他人或者唆使他人打人；

（八）违法实施处罚或者收取费用；

（九）接受当事人及其代理人的请客送礼；

（十）从事营利性的经营活动或者受雇于任何个人或者组织；

（十一）玩忽职守，不履行法定义务；

（十二）其他违法乱纪的行为。

第二十三条　人民警察必须按照规定着装，佩带人民警察标志或者持有人民警察证件，保持警容严整，举止端庄。

第四章　组织管理

第二十四条　国家根据人民警察的工作性质、任务和特点，规定组织机构设置和职务序列。

第二十五条　人民警察依法实行警衔制度。

第二十六条　担任人民警察应当具备下列条件：

（一）年满十八岁的人民；

（二）拥护中华人民共和国宪法；

（三）有良好的政治、业务素质和良好的品行；

（四）身体健康；

（五）具有高中毕业以上文化程度；

（六）自愿从事人民警察工作。

有下列情形之一的,不得担任人民警察:

(一)曾因犯罪受过刑事处罚的;

(二)曾被开除公职的。

第二十七条 录用人民警察,必须按照国家规定,公开考试,严格考核,择优选用。

第二十八条 担任人民警察领导职务的人员,应当具备下列条件:

(一)具有法律专业知识;

(二)具有政法工作经验和一定的组织管理、指挥能力;

(三)具有大学专科以上学历;

(四)经人民警察院校培训,考试合格。

第二十九条 国家发展人民警察教育事业,对人民警察有计划地进行政治思想、法制、警察业务等教育培训。

第三十条 国家根据人民警察的工作性质、任务和特点,分别规定不同岗位的服务年限和不同职务的最高任职年龄。

第三十一条 人民警察个人或者集体在工作中表现突出,有显著成绩和特殊贡献的,给予奖励。奖励分为:嘉奖、三等功、二等功、一等功、授予荣誉称号。

对受奖励的人民警察,按照国家有关规定,可以提前晋升警衔,并给予一定的物质奖励。

第五章 警务保障

第三十二条 人民警察必须执行上级的决定和命令。

人民警察认为决定和命令有错误的,可以按照规定提出意见,但不得中止或者改变决定和命令的执行;提出的意见不被采纳时,必须服从决定和命令;执行决定和命令的后果由作出决定和命令的上级负责。

第三十三条 人民警察对超越法律、法规规定的人民警察职责范围的指令,有权拒绝执行,并同时向上级机关报告。

第三十四条 人民警察依法执行职务,公民和组织应当给予支持和协助。公民和组织协助人民警察依法执行职务的行为受法律保护。对协助人民警察执行职务有显著成绩的,给予表彰和奖励。

公民和组织因协助人民警察执行职务,造成人身伤亡或者财产损失的,应当按照国家有关规定给予抚恤或者补偿。

第三十五条 拒绝或者阻碍人民警察依法执行职务,有下列行为之一的,给予治安管理处罚：

（一）公然侮辱正在执行职务的人民警察的；

（二）阻碍人民警察调查取证的；

（三）拒绝或者阻碍人民警察执行追捕、搜查、救险等任务进入有关住所、场所的；

（四）对执行救人、救险、追捕、警卫等紧急任务的警车故意设置障碍的；

（五）有拒绝或者阻碍人民警察执行职务的其他行为的。

以暴力、威胁方法实施前款规定的行为，构成犯罪的，依法追究刑事责任。

第三十六条 人民警察的警用标志、制式服装和警械，由国务院公安部门统一监制，会同其他有关国家机关管理，其他个人和组织不得非法制造、贩卖。

人民警察的警用标志、制式服装、警械、证件为人民警察专用，其他个人和组织不得持有和使用。

违反前两款规定的，没收非法制造、贩卖、持有、使用的人民警察警用标志、制式服装、警械、证件，由公安机关处十五日以下拘留或者警告，可以并处违法所得五倍以下的罚款；构成犯罪的，依法追究刑事责任。

第三十七条 国家保障人民警察的经费。人民警察的经费，按照事权划分的原则，分别列入中央和地方的财政预算。

第三十八条 人民警察工作所必需的通讯、训练设施和交通、消防以及派出所、监管场所等基础设施建设，各级人民政府应当列入基本建设规划和城乡建设总体规划。

第三十九条 国家加强人民警察装备的现代化建设，努力推广、应用先进的科技成果。

第四十条 人民警察实行国家公务员的工资制度，并享受国家规定的警衔津贴和其他津贴、补贴以及保险福利待遇。

第四十一条 人民警察因公致残的，与因公致残的现役军人享受国家同样的抚恤和优待。

人民警察因公牺牲或者病故的，其家属与因公牺牲或者病故的现役军人家属享受国家同样的抚恤和优待。

第六章 执法监督

第四十二条 人民警察执行职务，依法接受人民检察院和行政监察机关的监督。

第四十三条 人民警察的上级机关对下级机关的执法活动进行监督，发现其作出的处理或者决定有错误的，应当予以撤销或者变更。

第四十四条 人民警察执行职务，必须自觉地接受社会和公民的监督。人民警察机关作出的与公众利益有直接有关的规定，应当向公众公布。

第四十五条 人民警察在办理治安案件过程中，遇有下列情形之一的，应当回避，当事人或者其法定代理人也有权要求他们回避：

（一）是本案的当事人或者是当事人的近亲属的；

（二）本人或者其近亲属与本案有利害关系的；

（三）与本案当事人有其他关系，可能影响案件公正处理的。

前款规定的回避，由有关的公安机关决定。

人民警察在办理刑事案件过程中的回避，适用刑事诉讼法的规定。

第四十六条 公民或者组织对人民警察的违法、违纪行为，有权向人民警察机关或者人民检察院、行政监察机关检举、控告。受理检举、控告的机关应当及时查处，并将查处结果告知检举人、控告人。

对依法检举、控告的公民或者组织，任何人不得压制和打击报复。

第四十七条 公安机关建立督察制度，对公安机关的人民警察执行法律、法规、遵守纪律的情况进行监督。

第七章 法律责任

第四十八条 人民警察有本法第二十二条所列行为之一的，应当给予行政处分；构成犯罪的，依法追究刑事责任。

行政处分分为：警告、记过、记大过、降级、撤职、开除。对受行政处分的人民警察，按照国家有关规定，可以降低警衔、取消警衔。

对违反纪律的人民警察，必要时可以对其采取停止执行职务、禁闭的措施。

第四十九条 人民警察违反规定使用武器、警械，构成犯罪的，依法追究刑事责任；尚不构成犯罪的，应当依法给予行政处分。

第五十条 人民警察在执行职务中，侵犯公民或者组织的合法权益造成损害的，应当依照《中华人民共和国国家赔偿法》和其他有关法律、法规的规定给予赔偿。

第八章 附则

第五十一条 中国人民武装警察部队执行国家赋予的安全保卫任务。

第五十二条 本法自公布之日起施行。1957 年 6 月 25 日公布的《中华人民共和国人民警察条例》同时废止。

中华人民共和国监狱法

（1994年12月29日第八届全国人民代表大会常务委员会第十一次会议通过　根据2012年10月26日第十一届全国人民代表大会常务委员会第二十九次会议《关于修改〈中华人民共和国监狱法〉的决定》修正）

第一章　总　则

第一条　为了正确执行刑罚，惩罚和改造罪犯，预防和减少犯罪，根据宪法，制定本法。

第二条　监狱是国家的刑罚执行机关。

依照刑法和刑事诉讼法的规定，被判处死刑缓期二年执行、无期徒刑、有期徒刑的罪犯，在监狱内执行刑罚。

第三条　监狱对罪犯实行惩罚和改造相结合、教育和劳动相结合的原则，将罪犯改造成为守法公民。

第四条　监狱对罪犯应当依法监管，根据改造罪犯的需要，组织罪犯从事生产劳动，对罪犯进行思想教育、文化教育、技术教育。

第五条　监狱的人民警察依法管理监狱、执行刑罚、对罪犯进行教育改造等活动，受法律保护。

第六条　人民检察院对监狱执行刑罚的活动是否合法，依法实行监督。

第七条　罪犯的人格不受侮辱，其人身安全、合法财产和辩护、申诉、控告、检举以及其他未被依法剥夺或者限制的权利不受侵犯。

罪犯必须严格遵守法律、法规和监规纪律，服从管理，接受教育，参加劳动。

第八条　国家保障监狱改造罪犯所需经费。监狱的人民警察经费、罪犯改造经费、罪犯生活费、狱政设施经费及其他专项经费，列入国家预算。

国家提供罪犯劳动必需的生产设施和生产经费。

第九条　监狱依法使用的土地、矿产资源和其他自然资源以及监狱的财产，受法律保护，任何组织或者个人不得侵占、破坏。

第十条 国务院司法行政部门主管全国的监狱工作。

第二章 监　　狱

第十一条 监狱的设置、撤销、迁移,由国务院司法行政部门批准。

第十二条 监狱设监狱长一人、副监狱长若干人,并根据实际需要设置必要的工作机构和配备其他监狱管理人员。

监狱的管理人员是人民警察。

第十三条 监狱的人民警察应当严格遵守宪法和法律,忠于职守,秉公执法,严守纪律,清正廉洁。

第十四条 监狱的人民警察不得有下列行为:

(一)索要、收受、侵占罪犯及其亲属的财物;

(二)私放罪犯或者玩忽职守造成罪犯脱逃;

(三)刑讯逼供或者体罚、虐待罪犯;

(四)侮辱罪犯的人格;

(五)殴打或者纵容他人殴打罪犯;

(六)为谋取私利,利用罪犯提供劳务;

(七)违反规定,私自为罪犯传递信件或者物品;

(八)非法将监管罪犯的职权交予他人行使;

(九)其他违法行为。

监狱的人民警察有前款所列行为,构成犯罪的,依法追究刑事责任;尚未构成犯罪的,应当予以行政处分。

第三章 刑罚的执行

第一节 收　　监

第十五条 人民法院对被判处死刑缓期二年执行、无期徒刑、有期徒刑的罪犯,应当将执行通知书、判决书送达羁押该罪犯的公安机关,公安机关应当自收到执行通知书、判决书之日起一个月内将该罪犯送交监狱执行刑罚。

罪犯在被交付执行刑罚前,剩余刑期在三个月以下的,由看守所代为执行。

第十六条 罪犯被交付执行刑罚时,交付执行的人民法院应当将人民检察院的起诉书副本、人民法院的判决书、执行通知书、结案登记表同时送达监狱。监狱没有收到上述文件的,不得收监;上述文件不齐全或者记载有误的,作出生效判决的人民法院应当及时补充齐全或者作出更正;对其中可能导致错误收监的,不予收监。

第十七条 罪犯被交付执行刑罚,符合本法第十六条规定的,应当予以收监。罪犯收监后,监狱应当对其进行身体检查。经检查,对于具有暂予监外执行情形的,监狱可以提出书面意见,报省级以上监狱管理机关批准。

第十八条 罪犯收监,应当严格检查其人身和所携带的物品。非生活必需品,由监狱代为保管或者征得罪犯同意退回其家属,违禁品予以没收。

女犯由女性人民警察检查。

第十九条 罪犯不得携带子女在监内服刑。

第二十条 罪犯收监后,监狱应当通知罪犯家属。通知书应当自收监之日起五日内发出。

第二节 对罪犯提出的申诉、控告、检举的处理

第二十一条 罪犯对生效的判决不服的,可以提出申诉。

对于罪犯的申诉,人民检察院或者人民法院应当及时处理。

第二十二条 对罪犯提出的控告、检举材料,监狱应当及时处理或者转送公安机关或者人民检察院处理,公安机关或者人民检察院应当将处理结果通知监狱。

第二十三条 罪犯的申诉、控告、检举材料,监狱应当及时转递,不得扣压。

第二十四条 监狱在执行刑罚过程中,根据罪犯的申诉,认为判决可能有错误的,应当提请人民检察院或者人民法院处理,人民检察院或者人民法院应当自收到监狱提请处理意见书之日起六个月内将处理结果通知监狱。

第三节 监外执行

第二十五条 对于被判处无期徒刑、有期徒刑在监内服刑的罪犯,符合刑事诉讼法规定的监外执行条件的,可以暂予监外执行。

第二十六条 暂予监外执行,由监狱提出书面意见,报省、自治区、直辖市监狱管理机关批准。批准机关应当将批准的暂予监外执行决定通知公安机关和原判人民法院,并抄送人民检察院。

人民检察院认为对罪犯适用暂予监外执行不当的,应当自接到通知之日起一个月内将书面意见送交批准暂予监外执行的机关,批准暂予监外执行的机关接到人民检察院的书面意见后,应当立即对该决定进行重新核查。

第二十七条 对暂予监外执行的罪犯,依法实行社区矫正,由社区矫正机构负责执行。原关押监狱应当及时将罪犯在监内改造情况通报负责执行的社区矫正

机构。

第二十八条 暂予监外执行的罪犯具有刑事诉讼法规定的应当收监的情形的，社区矫正机构应当及时通知监狱收监；刑期届满的，由原关押监狱办理释放手续。罪犯在暂予监外执行期间死亡的，社区矫正机构应当及时通知原关押监狱。

第四节 减刑、假释

第二十九条 被判处无期徒刑、有期徒刑的罪犯，在服刑期间确有悔改或者立功表现的，根据监狱考核的结果，可以减刑。有下列重大立功表现之一的，应当减刑：

（一）阻止他人重大犯罪活动的；

（二）检举监狱内外重大犯罪活动，经查证属实的；

（三）有发明创造或者重大技术革新的；

（四）在日常生产、生活中舍己救人的；

（五）在抗御自然灾害或者排除重大事故中，有突出表现的；

（六）对国家和社会有其他重大贡献的。

第三十条 减刑建议由监狱向人民法院提出，人民法院应当自收到减刑建议书之日起一个月内予以审核裁定；案情复杂或者情况特殊的，可以延长一个月。减刑裁定的副本应当抄送人民检察院。

第三十一条 被判处死刑缓期二年执行的罪犯，在死刑缓期执行期间，符合法律规定的减为无期徒刑、有期徒刑条件的，二年期满时，所在监狱应当及时提出减刑建议，报经省、自治区、直辖市监狱管理机关审核后，提请高级人民法院裁定。

第三十二条 被判处无期徒刑、有期徒刑的罪犯，符合法律规定的假释条件的，由监狱根据考核结果向人民法院提出假释建议，人民法院应当自收到假释建议书之日起一个月内予以审核裁定；案情复杂或者情况特殊的，可以延长一个月。假释裁定的副本应当抄送人民检察院。

第三十三条 人民法院裁定假释的，监狱应当按期假释并发给假释证明书。

对被假释的罪犯，依法实行社区矫正，由社区矫正机构负责执行。被假释的罪犯，在假释考验期限内有违反法律、行政法规或者国务院有关部门关于假释的监督管理规定的行为，尚未构成新的犯罪的，社区矫正机构应当向人民法院提出撤销假释的建议，人民法院应当自收到撤销假释建议书之日起一个月内予以审核裁定。人民法院裁定撤销假释的，由公安机关将罪犯送交监狱收监。

第三十四条 对不符合法律规定的减刑、假释条件的罪犯，不得以任何理由将其减刑、假释。

人民检察院认为人民法院减刑、假释的裁定不当，应当依照刑事诉讼法规定的期间向人民法院提出书面纠正意见。对于人民检察院提出书面纠正意见的案件，人民法院应当重新审理。

第五节　释放和安置

第三十五条　罪犯服刑期满，监狱应当按期释放并发给释放证明书。

第三十六条　罪犯释放后，公安机关凭释放证明书办理户籍登记。

第三十七条　对刑满释放人员，当地人民政府帮助其安置生活。

刑满释放人员丧失劳动能力又无法定赡养人、扶养人和基本生活来源的，由当地人民政府予以救济。

第三十八条　刑满释放人员依法享有与其他公民平等的权利。

第四章　狱政管理

第一节　分押分管

第三十九条　监狱对成年男犯、女犯和未成年犯实行分开关押和管理，对未成年犯和女犯的改造，应当照顾其生理、心理特点。

监狱根据罪犯的犯罪类型、刑罚种类、刑期、改造表现等情况，对罪犯实行分别关押，采取不同方式管理。

第四十条　女犯由女性人民警察直接管理。

第二节　警　　戒

第四十一条　监狱的武装警戒由人民武装警察部队负责，具体办法由国务院、中央军事委员会规定。

第四十二条　监狱发现在押罪犯脱逃，应当即时将其抓获，不能即时抓获的，应当立即通知公安机关，由公安机关负责追捕，监狱密切配合。

第四十三条　监狱根据监管需要，设立警戒设施。监狱周围设警戒隔离带，未经准许，任何人不得进入。

第四十四条　监区、作业区周围的机关、团体、企业事业单位和基层组织，应当协助监狱做好安全警戒工作。

第三节　戒具和武器的使用

第四十五条　监狱遇有下列情形之一的，可以使用戒具：

（一）罪犯有脱逃行为的；

（二）罪犯有使用暴力行为的；

（三）罪犯正在押解途中的；

（四）罪犯有其他危险行为需要采取防范措施的。

前款所列情形消失后，应当停止使用戒具。

第四十六条 人民警察和人民武装警察部队的执勤人员遇有下列情形之一，非使用武器不能制止的，按照国家有关规定，可以使用武器：

（一）罪犯聚众骚乱、暴乱的；

（二）罪犯脱逃或者拒捕的；

（三）罪犯持有凶器或者其他危险物，正在行凶或者破坏，危及他人生命、财产安全的；

（四）劫夺罪犯的；

（五）罪犯抢夺武器的。

使用武器的人员，应当按照国家有关规定报告情况。

第四节 通信、会见

第四十七条 罪犯在服刑期间可以与他人通信，但是来往信件应当经过监狱检查。监狱发现有碍罪犯改造内容的信件，可以扣留。罪犯写给监狱的上级机关和司法机关的信件，不受检查。

第四十八条 罪犯在监狱服刑期间，按照规定，可以会见亲属、监护人。

第四十九条 罪犯收受物品和钱款，应当经监狱批准、检查。

第五节 生活、卫生

第五十条 罪犯的生活标准按实物量计算，由国家规定。

第五十一条 罪犯的被服由监狱统一配发。

第五十二条 对少数民族罪犯的特殊生活习惯，应当予以照顾。

第五十三条 罪犯居住的监舍应当坚固、通风、透光、清洁、保暖。

第五十四条 监狱应当设立医疗机构和生活、卫生设施，建立罪犯生活、卫生制度。罪犯的医疗保健列入监狱所在地区的卫生、防疫计划。

第五十五条 罪犯在服刑期间死亡的，监狱应当立即通知罪犯家属和人民检察院、人民法院。罪犯因病死亡的，由监狱作出医疗鉴定。人民检察院对监狱的医疗鉴定有疑义的，可以重新对死亡原因作出鉴定。罪犯家属有疑义的，可以向人民检察院提出。罪犯非正常死亡的，人民检察院应当立即检验，对死亡原因作出鉴定。

第六节 奖 惩

第五十六条 监狱应当建立罪犯的日常考核制度，考核的结果作为对罪犯奖励和处罚的依据。

第五十七条 罪犯有下列情形之一的，监狱可以给予表扬、物质奖励或者记功：

（一）遵守监规纪律，努力学习，积极劳动，有认罪服法表现的；

（二）阻止违法犯罪活动的；

（三）超额完成生产任务的；

（四）节约原材料或者爱护公物，有成绩的；

（五）进行技术革新或者传授生产技术，有一定成效的；

（六）在防止或者消除灾害事故中作出一定贡献的；

（七）对国家和社会有其他贡献的。

被判处有期徒刑的罪犯有前款所列情形之一，执行原判刑期二分之一以上，在服刑期间一贯表现好，离开监狱不致再危害社会的，监狱可以根据情况准其离监探亲。

第五十八条 罪犯有下列破坏监管秩序情形之一的，监狱可以给予警告、记过或者禁闭：

（一）聚众哄闹监狱，扰乱正常秩序的；

（二）辱骂或者殴打人民警察的；

（三）欺压其他罪犯的；

（四）偷窃、赌博、打架斗殴、寻衅滋事的；

（五）有劳动能力拒不参加劳动或者消极怠工，经教育不改的；

（六）以自伤、自残手段逃避劳动的；

（七）在生产劳动中故意违反操作规程，或者有意损坏生产工具的；

（八）有违反监规纪律的其他行为的。

依照前款规定对罪犯实行禁闭的期限为七天至十五天。

罪犯在服刑期间有第一款所列行为，构成犯罪的，依法追究刑事责任。

第七节 对罪犯服刑期间犯罪的处理

第五十九条 罪犯在服刑期间故意犯罪的，依法从重处罚。

第六十条 对罪犯在监狱内犯罪的案件,由监狱进行侦查。侦查终结后,写出起诉意见书,连同案卷材料、证据一并移送人民检察院。

第五章 对罪犯的教育改造

第六十一条 教育改造罪犯,实行因人施教、分类教育、以理服人的原则,采取集体教育与个别教育相结合、狱内教育与社会教育相结合的方法。

第六十二条 监狱应当对罪犯进行法制、道德、形势、政策、前途等内容的思想教育。

第六十三条 监狱应当根据不同情况,对罪犯进行扫盲教育、初等教育和初级中等教育,经考试合格的,由教育部门发给相应的学业证书。

第六十四条 监狱应当根据监狱生产和罪犯释放后就业的需要,对罪犯进行职业技术教育,经考核合格的,由劳动部门发给相应的技术等级证书。

第六十五条 监狱鼓励罪犯自学,经考试合格的,由有关部门发给相应的证书。

第六十六条 罪犯的文化和职业技术教育,应当列入所在地区教育规划。监狱应当设立教室、图书阅览室等必要的教育设施。

第六十七条 监狱应当组织罪犯开展适当的体育活动和文化娱乐活动。

第六十八条 国家机关、社会团体、部队、企业事业单位和社会各界人士以及罪犯的亲属,应当协助监狱做好对罪犯的教育改造工作。

第六十九条 有劳动能力的罪犯,必须参加劳动。

第七十条 监狱根据罪犯的个人情况,合理组织劳动,使其矫正恶习,养成劳动习惯,学会生产技能,并为释放后就业创造条件。

第七十一条 监狱对罪犯的劳动时间,参照国家有关劳动工时的规定执行;在季节性生产等特殊情况下,可以调整劳动时间。

罪犯有在法定节日和休息日休息的权利。

第七十二条 监狱对参加劳动的罪犯,应当按照有关规定给予报酬并执行国家有关劳动保护的规定。

第七十三条 罪犯在劳动中致伤、致残或者死亡的,由监狱参照国家劳动保险的有关规定处理。

第六章 对未成年犯的教育改造

第七十四条 对未成年犯应当在未成年犯管教所执行刑罚。

第七十五条 对未成年犯执行刑罚应当以教育改造为主。未成年犯的劳动,应当符合未成年人的特点,以学习文化和生产技能为主。

监狱应当配合国家、社会、学校等教育机构,为未成年犯接受义务教育提供必要的条件。

第七十六条　未成年犯年满十八周岁时,剩余刑期不超过二年的,仍可以留在未成年犯管教所执行剩余刑期。

第七十七条　对未成年犯的管理和教育改造,本章未作规定的,适用本法的有关规定。

第七章　附　　则

第七十八条　本法自公布之日起施行。

监狱和劳动教养机关人民警察违法违纪行为处分规定

(2012 年 5 月 21 日监察部、人力资源社会保障部、司法部令第 25 号公布　自 2012 年 7 月 1 日起施行)

第一条　为了严明监狱和劳动教养机关纪律,规范监狱和劳动教养机关人民警察的行为,保证监狱和劳动教养机关人民警察依法履行职责,根据《中华人民共和国人民警察法》、《中华人民共和国监狱法》、《中华人民共和国行政监察法》、《中华人民共和国公务员法》、《行政机关公务员处分条例》等有关法律、行政法规,制定本规定。

第二条　监狱和劳动教养机关人民警察违法违纪,应当承担纪律责任的,依照本规定给予处分。

法律、行政法规、国务院决定对监狱和劳动教养机关人民警察处分另有规定的,从其规定。

第三条　监狱和劳动教养机关人民警察违法违纪,应当承担纪律责任的,由任免机关或者监察机关按照管理权限依法给予处分。

监狱和劳动教养机关有违法违纪行为,应当追究纪律责任的,对负有责任的领导人员和直接责任人员给予处分。

第四条 对受到处分的监狱和劳动教养机关人民警察,应当依照有关规定延期晋升、降低或者取消警衔。

第五条 监狱和劳动教养机关人民警察违法违纪涉嫌犯罪的,应当移送司法机关依法追究刑事责任。

第六条 监察机关派驻同级司法行政机关监察机构可以调查下一级监察机关派驻同级司法行政机关监察机构管辖范围内的监狱和劳动教养机关人民警察违法违纪案件,必要时也可以调查所辖各级监察机关派驻同级司法行政机关监察机构管辖范围内的监狱和劳动教养机关人民警察违法违纪案件。

监察机关派驻同级司法行政机关监察机构经派出它的监察机关批准,可以调查下一级司法行政机关具有人民警察身份的领导人员和监狱、劳动教养机关领导人员的违法违纪案件。

调查结束后,按照管理权限,监察机关派驻同级司法行政机关监察机构应当向处分决定机关提出处分建议,由处分决定机关依法作出处分决定。

第七条 有下列行为之一的,给予开除处分:

(一)殴打、体罚、虐待或者指使、纵容他人殴打、体罚、虐待罪犯、劳动教养人员致死的;

(二)包庇或者纵容罪犯、劳动教养人员从事犯罪活动的;

(三)私放罪犯、劳动教养人员逃离监狱、劳动教养场所的。

第八条 违反规定办理罪犯减刑、假释、暂予监外执行,或者违反规定办理劳动教养人员减期、提前解教、所外就医、所外执行的,给予记过或者记大过处分;情节较重的,给予降级或者撤职处分;情节严重的,给予开除处分。

有前款规定行为并从中牟取私利的,从重处分。

第九条 有下列行为之一的,给予记过或者记大过处分;情节较重的,给予降级或者撤职处分;情节严重的,给予开除处分:

(一)殴打、体罚、虐待或者指使、纵容他人殴打、体罚、虐待罪犯、劳动教养人员的;

(二)对罪犯、劳动教养人员超期禁闭的;

(三)违反规定办理罪犯、劳动教养人员收监、收容的;

(四)扣压、销毁罪犯、劳动教养人员申诉、控告、检举材料,或者向被举报人透露举报情况的。

第十条 有下列行为之一的,给予记过或者记大过处分;情节较重的,给予降

级或者撤职处分;情节严重的,给予开除处分:

(一)违反规定办理罪犯离监探亲、特许离监或者违反规定办理劳动教养人员放假的;

(二)为罪犯、劳动教养人员奖惩提供虚假材料的;

(三)私带罪犯、劳动教养人员离开监狱、劳动教养场所的;

(四)擅自安排罪犯、劳动教养人员会见,造成不良后果的;

(五)违反规定允许罪犯、劳动教养人员携带、使用通讯工具等违禁品或者为其传递违禁品的;

(六)违反规定为罪犯、劳动教养人员提供特殊待遇,造成不良影响的。

有前款规定行为并从中牟取私利的,从重处分。

第十一条 有下列行为之一的,给予记过或者记大过处分;情节较重的,给予降级或者撤职处分;情节严重的,给予开除处分:

(一)因工作失职致使罪犯、劳动教养人员伤残、死亡或者脱逃、逃跑的;

(二)因工作失职致使发生罪犯、劳动教养人员聚众闹事、斗殴等狱(所)内重大案件或者群体性事件的;

(三)因工作失职致使发生罪犯、劳动教养人员集体食物中毒或者感染传染病等重大疫情的;

(四)因工作失职致使发生安全生产、环境污染等重大事故的;

(五)发生罪犯脱逃、劳动教养人员逃跑或者其他事故,不及时上报或者隐瞒不报的。

第十二条 有下列行为之一的,给予警告或者记过处分;情节较重的,给予记大过处分;情节严重的,给予降级或者撤职处分:

(一)在值班、执勤时擅离岗位的;

(二)违反规定将管理罪犯、劳动教养人员的职权交予他人行使的;

(三)因工作失职致使违禁品进入监狱、劳动教养场所的。

第十三条 有下列行为之一的,给予记过或者记大过处分;情节较重的,给予降级或者撤职处分;情节严重的,给予开除处分:

(一)违反规定利用或者插手监狱、劳动教养场所的基建等工程招投标、政府采购,为本人或者特定关系人牟取不正当利益的;

(二)索取、接受、侵占罪犯、劳动教养人员及其亲属财物的;

(三)接受罪犯、劳动教养人员及其亲属宴请、娱乐等活动安排的;

(四)向罪犯、劳动教养人员及其亲属借钱、借物,或者利用罪犯、劳动教养人员及其亲属为自己或者他人牟取不正当利益的。

第十四条 有下列行为之一的,给予警告、记过或者记大过处分;情节较重的,给予降级或者撤职处分;情节严重的,给予开除处分:

(一)拒绝执行上级依法作出的决定、命令,或者在执行任务时不服从指挥的;

(二)违反规定办理监狱和劳动教养机关人民警察录用、考核、任免、奖惩、调任、转任的。

第十五条 有下列行为之一的,给予警告、记过或者记大过处分;情节较重的,给予降级或者撤职处分;情节严重的,给予开除处分:

(一)非因工作需要携带枪支进入监区、劳动教养人员宿舍或者生产场所的;

(二)携带枪支饮酒的;

(三)有其他违反公务用枪管理使用规定行为的。

第十六条 有下列行为之一的,给予警告或者记过处分;情节较重的,给予记大过或者降级处分;情节严重的,给予撤职或者开除处分:

(一)违反警车管理使用规定,或者违反规定使用警灯、警报器的;

(二)违反规定转借、赠送、出租、抵押、转卖警用车辆、警车号牌、警服、警用标志或者证件的;

(三)违反规定使用警械、武器的;

(四)携带违禁品进入监狱、劳动教养场所的。

第十七条 违反规定发表反映监狱、劳动教养工作内容的言论或者传播反映监狱、劳动教养工作内容的录音、录像、图片、文字等,造成不良影响的,给予警告处分;情节较重的,给予记过或者记大过处分;情节严重的,给予降级、撤职或者开除处分。

第十八条 工作时间饮酒或者在公共场所酗酒滋事的,给予警告、记过或者记大过处分;造成后果的,给予降级或者撤职处分;造成严重后果的,给予开除处分。

酒后驾驶机动车,造成严重后果的,给予开除处分。

第十九条 有下列行为之一,造成不良影响的,给予警告处分;情节较重的,给予记过处分;情节严重的,给予记大过处分:

(一)对待罪犯、劳动教养人员亲属或者其他人员态度蛮横、推诿、刁难的;

(二)不按规定着装,严重损害人民警察形象的;

(三)非因公务着警服进入营业性娱乐场所的。

第二十条 监狱和劳动教养机关人民警察有本规定没有规定的其他违法违纪行为的,依照《行政机关公务员处分条例》等规定处理。

第二十一条　处分的程序和不服处分的申诉,依照《中华人民共和国行政监察法》、《中华人民共和国公务员法》、《行政机关公务员处分条例》等有关法律法规的规定办理。

第二十二条　本规定所称监狱和劳动教养机关人民警察是指司法行政机关和监狱、劳动教养场所及其直属单位中在编在职的人民警察。

第二十三条　对承担戒毒工作任务的人民警察违法违纪行为的处分,适用本规定。

第二十四条　本规定由监察部、人力资源社会保障部、司法部负责解释。

第二十五条　本规定自2012年7月1日起施行。

监狱劳动教养人民警察着装管理规定

(2002年1月25日司法部令第67号发布施行)

第一条　为加强监狱劳动教养人民警察队伍正规化建设,规范人民警察着装行为,树立人民警察良好形象,根据《中华人民共和国人民警察法》等法律、法规的有关规定,结合监狱劳动教养人民警察队伍的实际,特制定本规定。

第二条　监狱劳动教养人民警察(以下简称人民警察),按照规定穿着全国统一的制式服装。

新录用或调入的人民警察必须经省(区、市)司法厅(局)政治部警务部门培训合格后,方可着装。

第三条　下列人民警察工作时间必须着装:

(一)监狱、劳教单位的人民警察;

(二)警察专业技术单位的人民警察;

(三)到下级单位调研、检查工作的上级机关人民警察;

(四)警车驾驶员;

(五)经省(区、市)司法厅(局)批准着装的其他有关人员。

第四条　人民警察着装时,必须按照规定配套穿着:

(一)执勤、训练、劳动、抢险救灾、处置突发性事件、执行追捕等任务时,通常着执勤服。其他场合通常着常服，也可以着执勤服。

（二）着常服时，内着衬衣，扎系制式领带。外着制式衬衣时，衬衣下摆扎于裤腰内，并扎系制式腰带。着长袖衬衣时，扎系制式领带。着短袖衬衣时，不扎系领带。

三级警监以上警衔的人民警察，着白色衬衣、扎系深蓝色领带；一级警督以下警衔的人民警察，着铁色衬衣、扎系浅灰色领带。

（三）着多功能服附内胆时，内着衬衣、冬常服。不附内胆时，内着衬衣、春秋常服。

（四）着常服时，佩带硬肩章。着作训服或者外着制式衬衣时，佩带扣式软肩章。着多功能服时，佩带套式软肩章。

（五）除工作需要或者其他特殊情形外，应当着制式皮鞋、胶鞋。

（六）参加授衔、宣誓、阅警等重大仪式或者外事活动时的着装，按照主管（主办）单位规定执行。

第五条 人民警察着装时，除在办公区、宿舍内或者其他不宜戴警帽的情形外，应当戴警帽。

（一）着常服、多功能服或者外着制式衬衣时，男人民警察戴大檐帽，女人民警察戴翻檐帽。着执勤服时，戴警便帽。

（二）戴大檐帽、翻檐帽、警便帽时，帽檐前缘应当与眉齐高。大檐帽饰带应当并拢，并保持水平。戴冬帽时，护脑下缘应当距眉一至三指。

（三）进入室内时，通常脱帽并将其挂在衣帽钩上（帽徽朝下）；无衣帽钩时立姿可以将警帽用左手托夹于左腋下（帽顶向体外侧，帽徽朝前）坐姿可以将警帽置于桌（台）前沿左侧或者用左手托放于左侧膝上（帽顶向上，帽徽朝前）。

在宿舍内时，警帽应当统一放置在衣帽架或者床铺被褥上。

（四）驾驶或者乘坐警用摩托车时，必须戴警用头盔。

第六条 人民警察着装时，应当按照规定缀钉、佩带警衔标志、警号、胸徽、帽徽、领花、臂章等。警号佩带于外衣左胸处，胸徽佩带于外衣右胸处，臂章佩带于外衣左臂处。不得佩带其他与人民警察身份或者执行公务无关的标志。

第七条 人民警察着装时，必须严格遵守下列规定：

（一）不得警服和便服混穿；

（二）不得歪戴警帽，不得披衣、敞怀、挽袖、卷裤腿。常服内着毛衣（衫）或者衬衣，内着内衣时，毛衣（衫）、内衣不得外露；

（三）不得在外露的腰带上系挂钥匙或者饰物；

（四）不得赤脚穿鞋或者赤足。男人民警察鞋跟不得高于 3 厘米，女人民警察鞋跟不得高于 4 厘米；

（五）不得系扎围巾，不得染指甲、留长指甲，不得染彩发、化浓妆、戴首饰；

（六）男人民警察不得留长发、大鬓角、卷发（自然卷除外）、剃光头或者蓄胡须，女人民警察发辫不得过肩；

（七）除工作需要或者眼部有严重伤疾外，不得戴有色眼镜。

第八条 人民警察着装时，应当举止文明。不得边走边吃东西、扇扇子；不得背手、袖手、插兜、搭肩、挽臂、揽腰；不得嬉笑打闹、高声喧哗；不得席地倒卧等有损人民警察形象的不文明举止。

第九条 人民警察着装时，非因工作需要，不得进入营业性娱乐场所。不得在禁止吸烟的公共场所吸烟。除参加重大礼仪性活动需要外，不得在公共场所饮酒，在任何情况下严禁酗酒。

第十条 人民警察着装时，必须随身携带由司法部统一监制的警官证。

第十一条 人民警察着装执行公务时，应当按照规定携带必要的警械装备。

第十二条 两名以上人民警察着装外出时，应当两人成行、三人成列，威严有序。

第十三条 人民警察必须爱护和妥善保管警服、警衔标志、警号、胸徽、帽徽、领花、臂章、警官证等，不得变卖、出租、抵押、伪造、变造或者擅自拆改，不得赠送、转借给非人民警察，警官证如有遗失，本人要及时向警务管理部门报告，由警务部门按规定处理。

第十四条 人民警察季节换装的时间由各省（区、市）司法厅（局）规定。

第十五条 人民警察有下列情形之一的，不得着装：

（一）非工作时间；

（二）女人民警察怀孕后体型发生显著变化的；

（三）因涉嫌违法违纪被停止执行职务、接受审查的；

（四）辞职、辞退、开除公职的；

（五）其他不宜或者不需要着装的。

第十六条 退（离）休人员、调离非人民警察岗位的人员不得着装。

第十七条 对违反本规定的人民警察，由所在单位或上级机关警务管理部门进行纠察和处理：

（一）情节轻微的，当场进行批评教育和纠正；

（二）情节严重、影响恶劣的，扣留其证件，并向其所在单位开具《违反警容风纪通知单》,必要时,带离现场进行教育。

第十八条 违规者所在单位收到《违反警容风纪通知单》后,视情节轻重,按警务管理部门有关规定进行严肃处理。

第十九条 各单位要加强警容风纪的教育和管理,每年十一月作为警容风纪检查月。对模范遵守警容风纪规定的单位和个人,要及时予以表彰,并作为年终评比的重要依据之一。要及时通报检查情况。

第二十条 司法行政系统其他按规定评定授予人民警察警衔人员的着装参照本规定执行。

第二十一条 本规定由司法部负责解释。

第二十二条 本规定自发布之日起施行。凡与本规定不一致的,以本规定为准。

中华人民共和国人民警察使用警械和武器条例

(1996 年 1 月 16 日国务院令第 191 号发布施行)

第一章 总 则

第一条 为了保障人民警察依法履行职责,正确使用警械和武器,及时有效地制止违法犯罪行为,维护公共安全和社会秩序,保护公民的人身安全和合法财产,保护公共财产,根据《中华人民共和国人民警察法》和其他有关法律的规定,制定本条例。

第二条 人民警察制止违法犯罪行为,可以采取强制手段;根据需要,可以依照本条例的规定使用警械;使用警械不能制止,或者不使用武器制止,可能发生严重危害后果的,可以依照本条例的规定使用武器。

第三条 本条例所称警械,是指人民警察按照规定装备的警棍、催泪弹、高压水枪、特种防暴枪、手铐、脚镣、警绳等警用器械;所称武器,是指人民警察按照规定装备的枪支、弹药等致命性警用武器。

第四条 人民警察使用警械和武器,应当以制止违法犯罪行为,尽量减少人员伤亡、财产损失为原则。

第五条 人民警察依法使用警械和武器的行为,受法律保护。

人民警察不得违反本条例的规定使用警械和武器。

第六条 人民警察使用警械和武器前,应当命令在场无关人员躲避;在场无关人员应当服从人民警察的命令,避免受到伤害或者其他损失。

第二章 警械的使用

第七条 人民警察遇有下列情形之一,经警告无效的,可以使用警棍、催泪弹、高压水枪、特种防暴枪等驱逐性、制服性警械:

(一)结伙斗殴、殴打他人、寻衅滋事、侮辱妇女或者进行其他流氓活动的;

(二)聚众扰乱车站、码头、民用航空站、运动场等公共场所秩序的;

(三)非法举行集会、游行、示威的;

(四)强行冲越人民警察为履行职责设置的警戒线的;

(五)以暴力方法抗拒或者阻碍人民警察依法履行职责的;

(六)袭击人民警察的;

(七)危害公共安全、社会秩序和公民人身安全的其他行为,需要当场制止的;

(八)法律、行政法规规定可以使用警械的其他情形。

人民警察依照前款规定使用警械,应当以制止违法犯罪行为为限度;当违法犯罪行为得到制止时,应当立即停止使用。

第八条 人民警察依法执行下列任务,遇有违法犯罪分子可能脱逃、行凶、自杀、自伤或者有其他危险行为的,可以使用手铐、脚镣、警绳等约束性警械:

(一)抓获违法犯罪分子或者犯罪重大嫌疑人的;

(二)执行逮捕、拘留、看押、押解、审讯、拘传、强制传唤的;

(三)法律、行政法规规定可以使用警械的其他情形。

人民警察依照前款规定使用警械,不得故意造成人身伤害。

第三章 武器的使用

第九条 人民警察判明有下列暴力犯罪行为的紧急情形之一,经警告无效的,可以使用武器:

(一)放火、决水、爆炸等严重危害公共安全的;

(二)劫持航空器、船舰、火车、机动车或者驾驶车、船等机动交通工具,故意危害公共安全的;

(三)抢夺、抢劫枪支弹药、爆炸、剧毒等危险物品,严重危害公共安全的;

（四）使用枪支、爆炸、剧毒等危险物品实施犯罪或者以使用枪支、爆炸、剧毒等危险物品相威胁实施犯罪的；

（五）破坏军事、通讯、交通、能源、防险等重要设施，足以对公共安全造成严重、紧迫危险的；

（六）实施凶杀、劫持人质等暴力行为，危及公民生命安全的；

（七）国家规定的警卫、守卫、警戒的对象和目标受到暴力袭击、破坏或者有受到暴力袭击、破坏的紧迫危险的；

（八）结伙抢劫或者持械抢劫公私财物的；

（九）聚众械斗、暴乱等严重破坏社会治安秩序，用其他方法不能制止的；

（十）以暴力方法抗拒或者阻碍人民警察依法履行职责或者暴力袭击人民警察，危及人民警察生命安全的；

（十一）在押人犯、罪犯聚众骚乱、暴乱、行凶或者脱逃的；

（十二）劫夺在押人犯、罪犯的；

（十三）实施放火、决水、爆炸、凶杀、抢劫或者其他严重暴力犯罪行为后拒捕、逃跑的；

（十四）犯罪分子携带枪支、爆炸、剧毒等危险物品拒捕、逃跑的；

（十五）法律、行政法规规定可以使用武器的其他情形。

人民警察依照前款规定使用武器，来不及警告或者警告后可能导致更为严重危害后果的，可以直接使用武器。

第十条 人民警察遇有下列情形之一的，不得使用武器：

（一）发现实施犯罪的人为怀孕妇女、儿童的，但是使用枪支、爆炸、剧毒等危险物品实施暴力犯罪的除外；

（二）犯罪分子处于群众聚集的场所或者存放大量易燃、易爆、剧毒、放射性等危险物品的场所的，但是不使用武器予以制止，将发生更为严重危害后果的除外。

第十一条 人民警察遇有下列情形之一的，应当立即停止使用武器：

（一）犯罪分子停止实施犯罪，服从人民警察命令的；

（二）犯罪分子失去继续实施犯罪能力的。

第十二条 人民警察使用武器造成犯罪分子或者无辜人员伤亡的，应当及时抢救受伤人员，保护现场，并立即向当地公安机关或者该人民警察所属机关报告。

当地公安机关或者该人民警察所属机关接到报告后，应当及时进行勘验、调查，并及时通知当地人民检察院。

当地公安机关或者该人民警察所属机关应当将犯罪分子或者无辜人员的伤亡

情况，及时通知其家属或者其所在单位。

第十三条　人民警察使用武器的，应当将使用武器的情况如实向所属机关书面报告。

第四章　法 律 责 任

第十四条　人民警察违法使用警械、武器，造成不应有的人员伤亡、财产损失，构成犯罪的，依法追究刑事责任；尚不构成犯罪的，依法给予行政处分；对受到伤亡或者财产损失的人员，由该人民警察所属机关依照《中华人民共和国国家赔偿法》的有关规定给予赔偿。

第十五条　人民警察依法使用警械、武器，造成无辜人员伤亡或者财产损失的，由该人民警察所属机关参照《中华人民共和国国家赔偿法》的有关规定给予补偿。

第五章　附　　则

第十六条　中国人民武装警察部队执行国家赋予的安全保卫任务时使用警械和武器，适用本条例的有关规定。

第十七条　本条例自发布之日起施行。1980 年 7 月 5 日公布施行的《人民警察使用武器和警械的规定》同时废止。

图书在版编目(CIP)数据

监狱人民警察管理理论与实务 / 王怡然主编. -- 北京 : 法律出版社, 2021(2023.2 重印)
ISBN 978-7-5197-5298-9

Ⅰ. ①监… Ⅱ. ①王… Ⅲ. ①监狱-管理-中国-教材 Ⅳ. ①D926.7

中国版本图书馆 CIP 数据核字(2021)第 020420 号

监狱人民警察管理理论与实务
JIANYU RENMIN JINGCHA GUANLI LILUN YU SHIWU

王怡然 主编

责任编辑 慕雪丹
装帧设计 汪奇峰

出版发行 法律出版社
编辑统筹 法商出版分社
责任校对 赵明霞
责任印制 胡晓雅
经　　销 新华书店

开本 710 毫米×1000 毫米 1/16
印张 24.25 **字数** 420 千
版本 2021 年 6 月第 1 版
印次 2023 年 2 月第 2 次印刷
印刷 三河市兴达印务有限公司

地址:北京市丰台区莲花池西里 7 号(100073)
网址:www.lawpress.com.cn
投稿邮箱:info@lawpress.com.cn
举报盗版邮箱:jbwq@lawpress.com.cn

销售电话:010-83938349
客服电话:010-83938350
咨询电话:010-63939796

书号:ISBN 978-7-5197-5298-9
定价:58.00 元